# APRÈS LA FIN DE L'HISTOIRE

PROBLÈMES ET CONTROVERSES
Directeur : Jean-François COURTINE

# APRÈS LA FIN DE L'HISTOIRE

## Temps, monde, historicité

*édité par*

**Joselyn BENOIST et Fabio MERLINI**

*Ouvrage publié avec le concours de la Fondation pour le 450e anniversaire de l'Université de Lausanne*

PARIS
LIBRAIRIE PHILOSOPHIQUE J. VRIN
6, Place de la Sorbonne, Ve

1998

*Imprimé en France*

ISSN 0249-7875

ISBN 2-7116-1372-0

AVANT-PROPOS

# PENSER L'HISTOIRE APRÈS L'HISTOIRE

*à Fulvio Papi*

« La fin de l'Histoire » est un slogan qui peut s'entendre en plusieurs sens.

Dans une première acception, il s'agit de l'histoire *réelle* si l'on peut dire, c'est-à-dire du mouvement historique dans lequel sont pris les hommes et les choses – pour ces dernières sans doute du fait de leur être aux hommes. Ce que Marx eût nommé « le mouvement réel ».

De ce point de vue, il est impossible de soutenir que l'histoire soit finie. Au moins tant qu'il y aura un homme pour la vivre, peut-être au delà, ce ne saurait être le cas.

Mais évidemment, en un second sens, on peut assigner pour fin à l'histoire une situation où certes nous survivrions, mais où il n'arriverait plus rien de notable, où les jeux seraient joués une fois pour toutes. Comme la stabilisation de l'histoire en son point d'équilibre. Il y a fort à parier que c'est en ce sens qu'il faut généralement recevoir ce thème, lorsque, comme ce fut de mode il y a quelques années, il est véhiculé par les médias et les idéologues de la (post-)modernité.

Ce « constat » (car cela veut généralement en être un) a lui-même un statut ambigu : il peut traduire l'exaltation d'un libéralisme triomphant, une fois le morcellement du bloc communiste confirmé ; mais il peut aussi porter avec lui l'inquiétude de la fin en un sens plus morose et nihiliste : maintenant que l'ennemi a disparu, la civilisation démocratique avancée des États-Unis, de l'Europe de l'Ouest et peut-être aussi du Japon se trouverait en proie à ses propres maux, résiduels mais insuppressibles, ainsi qu'au ressassement indéfini de sa propre histoire et de sa propre victoire. De ce point de vue, le thème de la fin de l'histoire devait s'avérer à double détente chez ceux qui, au cœur des années quatre-vingt, le reprirent d'une certaine lecture française de Hegel des années 30 et 50[1] afin de penser ce qu'ils estimaient être la fin du communisme, et au premier chef chez le publiciste nippo-américain qui en fut le maître d'œuvre[2].

Assurément, l'écorce idéologique de ce propos devait rapidement se craqueler, et sa fonction herméneutique ne pouvait guère résister aux faits. Encore la persistance et l'intensification des guerres et du terrorisme, aux marges de la civilisation occidentale et sur ses marches y compris prochaines, était-elle en partie compatible avec un modèle théorique qui, non sans cynisme, prévoyait la rémanence pour ainsi dire archaïque du conflit et de la violence au niveau local, et le maintien d'une forte inégalité de développement au niveau international. Mais l'aggravation des problèmes posés dans le monde d'aujourd'hui devait bien finir par laisser supposer l'existence de nouvelles tensions et de nouveaux mouvements historiques au delà de la chute du communisme – ou l'amplification d'anciennes lignes de fractures jusque là plus ou moins bien recouvertes dans notre conscience historique. Yalta les avait plutôt déguisées qu'autre chose, et on peut se demander si ce n'était pas l'état de choses qui en résultait qui, plus que sa débâcle, aurait dû donner artificiellement l'impression d'une situation de « fin de l'histoire », c'est-à-dire d'une histoire arrêtée, et pour ainsi dire gelée quelque part sur le glacis américano-soviétique. Au contraire, l'éclatement du bloc soviétique s'est d'abord traduit, pour la première fois depuis longtemps, par la guerre ouverte sur le sol européen, avec la tragédie yougoslave. Ce qu'on pouvait croire impossible il y a encore dix ans s'est produit. Pouvait-on rêver une rentrée plus flagrante – et plus cauchemardesque – sur la scène de l'histoire ?

Et pourtant, on persistera à penser qu'il y avait quelque chose de juste, et, une fois l'idéologie surmontée, voire retournée, de profond dans ce thème de la « fin de l'histoire ». Il se pourrait bien en effet que quelque chose soit, au moins provisoirement, fini.

C'est ici qu'on touche le *troisième sens* possible de la « fin de l'histoire ». Le deuxième sens, au delà de la simple contingence des événements, qui continuent, inlassablement, de défiler, mettait en jeu une forme d'orientation, et de nécessité, qui se seraient accomplies dans l'état

1. Cf. ci-dessous la contribution de Jean-Claude Monod.

2. Francis Fukuyama, auteur notamment de *La fin de l'histoire et le dernier homme*, tr. fr. Denis-Armand Canal, Paris, Flammarion, 1992, auquel la contribution de Jocelyn Benoist est consacrée.

présent de l'histoire et, par là même, s'y seraient épuisées. Le parachèvement de cette nécessité, tout autant que son déploiement passé, nous paraîtront aujourd'hui douteux. Mais il se pourrait que ce doute ratifie une fin plus obscure, et difficile à cerner au niveau de la seule conscience commune : celui de ce sens pour la fin même, qui pourrait être précisément ce qu'on nomme d'habitude « histoire ».

La fin dont il est alors question, ce n'est plus celle de l'histoire comme mouvement réel, ni même comme nécessité (théorique) de ce mouvement, mais celle de l'histoire comme *paradigme* de ce mouvement et de sa nécessité. Le fait particulièrement grave et important qui pourrait s'énoncer à travers la formule-cliché de la « fin de l'histoire » serait en ce sens le suivant : à un certain moment, nous avons cessé de croire à l'histoire. Il importe alors de comprendre comment et pourquoi.

C'est ce à quoi voudrait s'employer ce collectif, dans un retour philosophique sur un débat idéologique et culturel de la fin des années quatre-vingt dont il serait présomptueux de croire que nous l'ayons surmonté. *Qu'en est-il de l'histoire aujourd'hui ?* C'est aussi bien la portée réelle que pourrait avoir une enquête sur le thème de la « fin de l'histoire », ses tenants et ses aboutissants pratiques et théoriques.

Il est certain – et la chute du communisme en est peut-être l'expression ultime plus que la cause déterminante – que quelque chose s'est décroché dans le rapport à l'histoire de notre époque. Après quelques brefs instants d'euphorie néo-libérale sur fond de crise mondiale qui n'ont trompé que ceux qui voulaient bien l'être, le monde développé se trouve devant cette évidence : nous ne savons plus très bien nous allons. Le rapport conflictuel au communisme institutionnel de l'empire soviétique a donné un horizon au monde de nos pères : celui dont ils souhaitaient ou ne souhaitaient pas se rapprocher. Mais c'en est fini, et avec cette fin, nous sommes reconduits à cette évidence qui, sans nul doute, la dépasse : insensiblement, lentement mais sûrement, nous avons perdu l'adresse de l'histoire.

Ce qui est en question, c'est notre capacité à nous représenter notre devenir collectif comme une histoire. De ce point de vue, on ne peut se défaire de l'impression qu'un seuil a été franchi.

Faut-il s'en réjouir, faut-il s'en plaindre ? Y reconnaître, pour s'en féliciter, un signe de maturité de la conscience historique de l'homme, ou au contraire, en termes nietzschéens, une marque inquiétante de fatigue et de désillusion ? Il ne faut pas non plus souscrire trop vite à un « constat » supposé qui a des effets – et des présupposés – bien réels, et peut-être indésirables. Partout où il y a de la domination *donc*, aimerait-on dire, des luttes, il est probable qu'au niveau local se reconstitue de façon déterminée quelque chose comme une orientation téléologique de l'histoire. Cette orientation a une valeur pratique, et, risquons le mot, éthique, dont il serait léger de faire trop vite bon marché, comme le faisait remarquer dans nos discussions Raphaël Célis[1]. Mais d'autant, c'est le sens d'une orientation globale, destinale, absolue qui semble avoir été perdu. Il est probable qu'aujourd'hui, si la question de la Révolution se pose encore, elle doive l'être en de tout autres termes, non eschatologiques – ou qui ne le soient plus de la même façon[2] – qui demeurent à inventer. C'est du moins le sentiment que donne la désillusion de cette époque par rapport à l'histoire.

Où va l'histoire ? Faut-il continuer à raisonner sur elle comme si elle allait quelque part ? Faut-il même continuer à employer le vocable d'« histoire » – qui précisément est chargé de tout cela ? Telles sont les questions posées au philosophe, nous semble-t-il, par le vrai faux débat sur la fin de l'histoire telle que l'actualité le ramène parfois encore sur le devant de la scène médiatique.

S'il y a une fin philosophique de l'histoire – c'est-à-dire de l'histoire comme paradigme, qu'on invoque comme mode de contrôle de certaines situations et de certains énoncés – que faut-il entendre par elle exactement ?

Le thème est évidemment, pour les raisons que nous avons dites, mais aussi pour des raisons proprement philosophiques (ayant trait à la configuration même du *discours* historique, aujourd'hui comme hier), à manier avec précaution. Nous continuons à être entourés par des événements qui se succèdent, se superposent, agissent et rétroagissent les uns sur les autres, se limitent mutuellement – et cela sans qu'une raison compréhensive ait cessé de s'interroger sur leur possible intelligibilité. Ce qui, aujourd'hui comme avant, se traduit souvent au niveau gnoséologique dans l'effort d'un encadrement capable de les plier à l'ordre d'*une* cohérence et de les reconduire à celui d'*une* direction, qui reproduit *mutatis mutandis* la figure du *telos* de la tradition moderne de l'ontologie historique. Ce n'est donc pas simplement du point de vue du « mouvement réel » dont nous avons parlé plus haut, mais aussi du point de vue théorique (celui d'une épistémologie de la raison historique), qu'il semble y avoir quelque risque d'inconsistance du thème de la « fin de l'histoire ». Comme hier, on continue bien sûr à écrire non seulement des histoires, mais, quelle que soit la tendance moderne à la localisation, aussi *l'Histoire*, tout comme (sous le

1. Valeur dont la question se pose évidemment de savoir si elle peut s'accommoder de cette dimension « locale » que nous soulignons. Cf. la contribution de Frédéric Thibault sur le thème de la fin de l'histoire chez Marx.

2. Pour des éléments de critique de cette prétention à dépasser toute eschatologie, voir la contribution de Philippe Büttgen, et sur la façon dont une certaine eschatologie peut jouer *contre* l'histoire, celle de Michel Vanni.

feu de la même urgence ?) on continue à réfléchir sur un présent qui puisse établir une ou plusieurs lignes de continuité avec le passé, et aussi bien sûr avec une image du futur que l'on ressent tantôt souhaitable, tantôt menaçant, mais en tout cas très proche. Enfin, nous continuons aujourd'hui comme hier à percevoir des transformations, surtout lorsque le poids de leurs effets se rabat sur le déroulement de nos vies. Et nous continuons de les percevoir exactement sous cette même *forme* qui a toujours été la leur : celle d'une « réalité » s'imposant à nous de l'extérieur, avec une nécessité et parfois une virulence presque sans appel.

En vertu de quoi alors, et en quel sens, arguer d'une certaine forme de fin philosophique de l'histoire (dans un monde qui par ailleurs n'a jamais été autant – culturellement – historicisé, dans la conception, qui prévaut aujourd'hui dans tous les domaines de la culture, du musée), au point de l'élever au rang de problème philosophique ?

Par « fin de l'Histoire », il faudrait certainement alors entendre l'entrée en crise, problématique mais réelle, de ce singulier collectif qui, à partir d'un moment donné (localisable sans doute à la fin du XVI$^{e}$ siècle), s'est affirmé comme la structure dominante du temps intersubjectif : universalisation de son sens dans la prétention à constituer l'essence même du monde humain. L'abandon de cette Histoire (avec un grand H : la *Weltgeschichte* hégélienne[1]) se traduirait principalement par l'impossibilité de continuer à reconnaître la vraisemblance de cette identité. Ce qui, à notre sens, ne mettra pas tant en jeu quelque « fin de l'homme » en un sens général, suivant ce thème tout droit sorti des années 60 avec lequel celui de la « fin de l'histoire » pourrait bien avoir quelque chose à voir, que la fin de cette forme déterminée d'homme qui pouvait trouver dans « l'Histoire », et dans l'accord avec les forces qui en organisaient et en dirigeaient le mouvement, l'occasion de son universalisation, ou (pour parler le langage de l'idéalisme) de son passage d'une singularité simplement *substantielle* à une singularité spécifiquement *humaine*, comme réalisation subjective de l'universalité.

À ce niveau, c'est bien du *sujet* qu'il est question dans le débat ouvert ici avec l'histoire et sur le sens de l'histoire. Quel type de subjectivation penser par rapport à une histoire qui aurait fait l'économie de son présupposé comme Histoire, c'est-à-dire comme devenir subjectif de l'humanité[2] ? Un tel affranchissement est-il même possible ? Ou encore

1. Christophe Bouton reviendra dans ce collectif, au delà de toute mythologisation, sur les conditions proprement hégéliennes (à vrai dire très restrictives) du thème de la fin de l'Histoire.

2. Une certaine figure heideggerienne du « peuple », discutée ici par Jean-François Courtine, pourrait bien en constituer un possible de sinistre mémoire.

faut-il par rapport à l'histoire renoncer à la figure de tout sujet ? Les auteurs de cette préface – sans engager en rien ceux dont les contributions sont ici réunies – caressent quant à eux l'hypothèse d'une pensée du sujet *dans* l'histoire – de la possibilité, dans une certaine configuration du donné historique, de déterminer un sens pour le « sujet » – plus que d'aucun « sujet de l'Histoire » – ce qui suppose, au premier chef, qu'on ait renoncé à traiter l'histoire elle-même comme un Sujet.

On voit dans quel équilibre difficile se tiendrait cette position, et dans quel paradoxe aussi. Car à quelle « histoire » en est-il alors appelé ? La convoquer à déconstruire l'Histoire elle-même, n'est-ce pas prolonger, au delà de ses limites, le paradigme même de l'historicisme, et, dans sa critique, le confirmer, en faisant un usage implicite de cet opérateur de vérité qu'on prétend mettre en question ou dont on veut enregistrer l'épuisement : l'Histoire ?

De ce point de vue, le rapport entretenu par les observations consignées dans ce volume avec l'historicisme pourrait rester complexe et mériter plus d'éclaircissements que nous ne pouvons encore en donner : est-il possible de parler de l'obsolescence de la figure de l'Histoire selon un discours qui ne fait que discerner des *transformations* et des *changements* dans l'expérience du monde, jusqu'à reproduire, au moins à un premier niveau, la thèse herméneutique de l'homme comme être *historique* détrôné du rôle de *subjectum* ? N'est-ce pas aller, d'une certaine façon, jusqu'au bout de la contradiction ? « Transformations » et « changements », même quand ils concernent le déclin de l'horizon de l'Histoire, ne supposent-ils pas une reconnaissance implicite de l'Histoire comme phénomène insurmontable – trait qui ne peut du reste que marquer de son sceau toute métamorphose concevable ?

Le titre choisi pour le volume, avec son point d'interrogation, donne en la matière une première indication. L'Histoire peut se dire *finie* si l'on détermine par rapport à elle l'espace d'un *après*. Mais alors un « après » à ne pas confondre ontologiquement avec l'« après » en tant que conséquence logique d'un « avant » se plaçant sur un même axe – que celui-ci soit dessiné de façon dialectique ou simplement linéaire, cumulative au sens progressif ou au sens régressif, peu importe. Car « après » voudrait au contraire ici pointer l'espace qui fait suite à l'effondrement de cette articulation même du rapport avant/après (passé, présent et futur comme moments d'une même séquence) avec les grandes téléologies historiques du XIXe siècle, ou, mieux, qui ne se reconnaît plus dans l'idée de l'unité signifiante des temps locaux véhiculée par une telle articulation.

Ce présupposé théorique porte indirectement l'impossibilité de faire coïncider la trop fameuse « fin de l'Histoire » :

– soit avec la réalisation satisfaite d'une condition au delà de laquelle rien ne serait plus à espérer. Par exemple lorsqu'on pense le rapport entre Histoire et économie de marché en termes de subordination de l'une à l'autre, afin de pouvoir faire du marché un *telos* de l'Histoire, ou lorsqu'on parle de la civilisation globale (la « mondialisation ») comme diffusion, à l'échelle universelle, du temps de la *Neuzeit*, un temps à la prétention universelle qui serait indépendant de tout particularisme communautaire[1] à raison de sa modernité même – attribut qui lui ôterait son origine locale ;

– soit avec l'idée qu'au delà de l'Histoire avec un grand H rien n'est plus possible, comme si le seul « possible » concevable (dans ce cas les événements) n'était que celui qui s'affirme en respectant un *ordre du sens* consubstantiel avec *le sens qui ordonne* quotidiennement nos actions[2].

Assurément, la fin de l'histoire, si fin de l'histoire il y a, n'est pas la fin de toute expérience possible de l'historicité[3]. Au contraire, aborder l'histoire par la question de son « au-delà » (si l'on peut raisonner ainsi en termes eschatologiques sur ce qui pourrait supposer la fin de toute eschatologie) révèle à nos yeux toujours plus la nécessité de s'interroger sur les modalités d'affirmation d'une historicité (et donc aussi d'une forme précise de subjectivité) qui se trouve aujourd'hui en situation d'avoir à faire son deuil du Temps historique.

Penser une conversion « historique » possible à travers la question de la fin de l'Histoire, ce serait alors simplement, d'un point de vue méthodologique, reconnaître l'existence d'un certain nombre de points de non-retour, et accepter d'en faire jouer les contenus dans le champ de l'analyse des formations discursives et des attitudes de vie et de pensée auxquelles nous sommes confrontés. Nous parlons de « reconnaître » et d'« accepter », en toute humilité, car aucune acquisition – au premier chef, celle de la tradition historiciste – ne pourrait plus alors être reçue comme devant sa persistance à quelque chose comme une cumulativité, et un sens, déterminé *a priori* et joué une fois pour toutes, propre au « Temps ».

Autour de l'idée d'une historicité qui ne se confond pas avec les destinées de l'Histoire, mais qui à l'inverse détermine des processus (divers) de subjectivation supplantant celui qui avait donné lieu au sujet historique, nous avons ainsi pensé pouvoir rouvrir un débat constructif autour des problèmes soulevés par le déclin de l'*ontologie* de l'histoire

1. Pour une mise en perspective problématique, à la lumière de Nietzsche, du rapport entre « communauté » et fin de l'histoire, voir la contribution de Marc Crépon.

2. La recherche d'un autre sens du possible, qui laisse leur ouverture et leur liberté aux événements, sans renoncer ni à les penser, ni à agir par rapport à eux, devrait être au centre d'une investigation se situant « après la fin de l'histoire ».

3. Sur tout ce qui suit, voir la contribution de Fabio Merlini.

(détermination que, par son extension, nous préférons à celle, plus circonscrite à la seule spéculation philosophique, de « métaphysique historique »). Un débat que nous voudrions délié de la « vieille » question de la légitimité du monde moderne. Non pas parce que nous croyons que ses principes normatifs n'ont plus rien à nous dire. Simplement parce que, à en rester là, on oublierait que ce n'est pas dans l'*abstrait* d'une théorie de la modernité que de tels principes peuvent être mis à l'épreuve, mais seulement sur le terrain des événements et des expériences engendrés par eux à chaque fois. Cela conduit assurément à percevoir la modernité comme lieu d'un entrelacement contradictoire de mouvements dont le sens n'est pas encore intelligible et de sens dont le mouvement n'est pas encore réalisé et ne se réalisera peut-être jamais. Rien qui puisse ressembler à et se rassembler dans cette *unité* que le débat moderne/post-moderne, dans son jeu d'échos positifs et négatifs, et croyons-nous passablement stérile, veut accréditer comme chiffre de ce qui serait encore une « époque ». Pour nous les clés d'intelligibilité seront ailleurs, largement encore à trouver, dans les expériences – et, nous y insistons, la *pluralité* des expériences – dans lesquelles passe quelque chose comme une référence à l'historique et la constitution d'historique aujourd'hui. On comprendra dès lors que, pour engager le débat, on ait choisi un thème aussi concret par certains de ses aspects – et chargé idéologiquement – que celui de « la fin de l'histoire », tel qu'il fut au centre des discussions de la fin des années quatre-vingt, et qu'il revient encore parfois, et tel qu'il fait décidément question, aujourd'hui, pour le regard que le philosophe ne peut pas manquer de jeter sur le cours des choses – elles se chargent de se rappeler à lui quand il les oublie.

Ces réflexions voudraient ainsi constituer une première approche d'un travail de recherche engagé depuis 1996 au sein du Groupe de Recherches sur l'Ontologie de l'Histoire, animé entre l'École Normale Supérieure de Paris (Archives-Husserl) et la section de philosophie de l'Université de Lausanne par Jean-François Courtine, Raphaël Célis, Jocelyn Benoist et Fabio Merlini. Le recueil qui suit rassemble un certain nombre des travaux déjà effectués dans ce cadre informel, ainsi que quelques contributions qui nous ont semblé pouvoir nourrir le débat, autour du thème de « la fin de l'histoire ». Dans ce premier état public d'un chantier en cours, on voudrait voir, plutôt que quelques supposés « résultats » scientifiques, l'ouverture d'un certain nombre de problèmes, et peut-être – sans naturellement que cela engage tous les contributeurs, chacun intervenant librement, suivant ses options et ses compétences, depuis un horizon personnel – l'affirmation d'une sensibilité aux questions historiques, et au problème laissé pendant pour la philosophie aujourd'hui que constitue l'histoire. La question, comme souvent en philosophie, particulièrement aujourd'hui, est de renoncer à quelques illusions sans abdiquer en rien les exigences d'intelligibilité qui sont celles de la philosophie, loin de cette dialectique répétitive et passablement stérile entre absolutisme et nihilisme qui semble souvent constituer la rançon de notre modernité (ou faut-il dire : post-modernité ? mais il se pourrait que l'une et l'autre constituent le revers et l'avers d'une même illusion). Le « programme » deviendrait alors le suivant : surmonter l'illusion métaphysique de l'histoire, sans démissionner devant les exigences pratiques indiscutables (à valeur politique et éthique) que véhiculait cette illusion, de façon peut-être indissociable. *Penser l'histoire après l'histoire*, en d'autres termes.

Jocelyn BENOIST
Fabio MERLINI

# LA FIN DE L'HISTOIRE COMME FORME ULTIME DU PARADIGME HISTORICISTE

> *« L'abîme de l'histoire est assez grand pour tout le monde »*
>
> Paul Valéry

> *« Le vierge, le vivace et le bel aujourd'hui »*
>
> Mallarmé

> L'histoire c'est la justice, l'histoire c'est la résurrection dans la justice, c'est la résurrection, mais comme au Jugement dernier : que chacun revienne avec ses actes, avec ses œuvres, et que chacun soit couvert de sa responsabilité, de sa bonne volonté ou de son iniquité, mais au moins de sa bonne volonté. Voilà ce que c'est que l'histoire. [1]

Tout le problème est là : peut-on soustraire l'Histoire à l'horizon du Jugement ? Est-il possible de penser une Histoire sans fin, étant entendu que ceci signifierait une Histoire sans justice ?

D'un point de vue moral, il est clair que non. Tout notre être se révolte à la perspective d'une Histoire sans justice, où les choses ne feraient qu'arriver ce qu'elles sont, et où rien ne se verrait rétribuer, ni les morts, ni les attentes, ni les souffrances sans nom. Comment accepter la triste évidence formulée par Kundera dans *L'insoutenable légèreté de l'être* : tout sera oublié, et cela sans exception, quelle que soit l'intensité ou la charge qu'on y place maintenant.

Mais du moral au métaphysique, ou à l'ontologique, le pessimisme de notre siècle nous l'a appris, la conséquence n'est pas bonne. Aujourd'hui,

1. Jules Michelet, *Cours au Collège de France*, éd. Paul Viallaneix, Oscar A. Haac et Irène Tieder, Paris, Gallimard, 1995, T. II, p. 689.

en règle générale, nous ne croyons plus à l'Histoire, au sens exact où nous ne croyons plus à la justice de l'Histoire, au fait qu'il y ait une justice dans l'Histoire en un sens réel. Pour dire les choses brutalement, le *progrès* n'est plus une idée qui paraisse recevable.

C'est très précisément ce qui est compris d'habitude sous le titre de « post-moderne ». Les post-modernes sont ceux qui viennent après les modernes. Or ici la modernité n'a pas un sens seulement historique (si tant est précisément que l'Histoire, avec son cortège de déterminations lourdes, puisse jamais être de l'ordre du « seulement »), mais métaphysique. Elle caractérise une attitude, un discours : celui du progrès de l'humanité précisément, comme nécessité intangible et jamais remise en question, présupposé d'une époque dans toute son ampleur, tel que Lessing ou Condorcet ont pu l'énoncer en leur temps. Or cette époque, dit-on, est révolue. Nous sommes dans l'ère de l'*après*, après du progrès qui en mesure les effets, souvent désastreux, et surtout qui passe son temps à entériner la disparition de l'éthique ou des croyances fondatrices de ce dernier. D'une certaine façon cet après est celui-là même de l'Histoire, au sens où en lui est remise en cause la conviction que l'Histoire puisse continuer d'avancer comme on a cru qu'elle pouvait le faire, et par là-même c'est aussi bien un certain sens pour l'Histoire ou de l'Histoire qui s'effondre. C'est la croyance même en l'Histoire, telle qu'elle a pu nourrir l'âge moderne de la pensée, et traverser comme son moteur « ce stupide XIX^e siècle », dont on peut penser qu'il ne s'est vraiment achevé qu'avec la disparition des derniers régimes communistes, qui est ébranlée. Nous sommes revenus de ces croyances, *croyons*-nous.

Il y a en effet quelque chose de très historique dans la façon qu'ont aujourd'hui les post-modernes de donner congé à l'Histoire, et c'est ce que je voudrais creuser ici, dans une analyse critique du mythe de la fin, tel qu'il habite la réflexion contemporaine sur l'Histoire. Ce qu'il faut interroger, c'est la croyance en le fait d'être *après*, la métaphysique qui peut être contenue dans cette conviction caractéristique de nombre de nos contemporains d'être des Tard-Venus, selon la formule nietzschéenne, comme s'il y avait là quoi que ce soit d'évident, et même quoi que ce soit dont il est évident que cela fasse sens. Dans ce genre de déterminations n'est compris rien d'autre que l'illusion de l'Histoire, dont on prétend alors être revenu. Les plus blasés sont aussi les plus religieux, c'est ce que nous voudrions montrer en termes simples, apportant par là-même notre modeste pierre, dans le sens d'une pensée concrète de l'Histoire, à la nécessaire critique de l'historicisme, ce grand fléau de notre époque.

Dans la dissolution même de ce qui, à tort ou à raison, est tenu pour un certain nombre d'illusions, on ne peut qu'être frappé par la propension de l'homme contemporain à se placer en position d'être infiniment plus intelligent (même si, voire *parce que*, en une inférence particulièrement discutable, infiniment plus malheureux) que ses prédécesseurs. Nous sommes revenus de Dieu, de l'Homme et de l'Histoire, mais ceci ne peut s'expliquer qu'en vertu de notre situation destinale, voire finale : nous sommes *après*. Et cela non pas au sens où nous succéderions à d'autres simplement, et où se ménageraient déjà le temps et le lieu de notre propre *après*. Non, il n'est pas ou guère concevable que d'autres viennent encore réellement après. Réellement au sens où il se passerait quelque chose, où les termes du problème seraient profondément changé. Si l'homme fut un problème, nous l'avons épuisé ; la pièce est jouée, et nous sommes définitivement et irrémédiablement *après*, un après dont on ne sort pas. C'est ce sens de la fin qui semble constituer la toile de fond commune de nombre de pensées contemporaines, et peut-être, à un moindre titre, le vague sentiment de l'homme de la rue. Le monde n'est pas rentré dans une autre phase, mais pour ainsi dire dans sa vérité, dans la mesure où, avec la mondialisation, on ne voit pas bien ce qui pourrait le faire sortir de l'orbe dans lequel il se trouve maintenant placé. Quelque chose de définitif s'est accompli, mais, qui plus est – c'est le point qui importe – ce définitif n'ouvre pas vraiment, comme on disait au bon vieux temps, sur l'horizon d'une Histoire, en rupture avec ce qui ne fut que la préhistoire de l'humanité, mais plutôt sur le piétinement ou l'arrêt, la petite événementialité, d'un achèvement voué à la seule mémoire et aux révolutions de palais, hors l'Histoire. Définitivement, nous sommes *après*.

De ce point de vue, le débat idéologique qui eut lieu il y a quelques années autour du thème de la fin de l'Histoire, dans le contexte de l'effondrement des régimes communistes, est loin d'être insignifiant, et mérite d'être instruit philosophiquement. Les positions des différents protagonistes réfractent certainement beaucoup des présupposés métaphysiques de notre modernité.

Le sens idéologique du message qui venait d'Outre-Atlantique, symboliquement sous la plume d'un nippo-américain, était assez clair : le triomphe du libéralisme et, après la chute de la Sparte moderne, l'absence, supposée définitive, de solution alternative au capitalisme nord-américain (avec une hésitation toutefois sur une éventuel japonisation de l'Esprit, suivant Kojève). Mais le langage naïvement et puissamment hégélien dans lequel tout cela était dit, et qui devait immanquablement attirer la critique, était, ainsi que celui de ses critiques, assurément digne d'intérêt. Beaucoup de l'incapacité de la philosophie contemporaine à liquider son passé, comme de l'arrogance de cette même philosophie vis-à-vis du passé lui-même (mais alors en général) s'y trouvait cristallisé. Revenons donc sur cette scène déjà un peu oubliée. Fukuyama et ses critiques comme symptômes de la post-modernité.

La sortie de l'Histoire, ici comme ailleurs, n'avait d'autre sens certainement que de mesurer une impossibilité : impossibilité qu'il se passe quelque chose, que quelque chose change vraiment après la fin annoncée. Ce en quoi Fukuyama ne faisait à coup sûr que rejoindre un sentiment assez communément partagé, celui, alternativement, de la sagesse supérieure ou de la décadence de notre époque, dont les variantes contraires et jumelles pourraient constituer le fond commun de la dite post-modernité. La position de Fukuyama, à première vue, pouvait sembler ressortir à une foi naïve et dira-t-on bien américaine dans le progrès, celle d'un homme du XIXe siècle égaré dans le nôtre finissant, mais au fond la distance était-elle si grande avec le nihilisme bon teint des post-modernes, sis en la fin de l'Histoire ? Ce qui unit ce discours à l'autre – celui aussi bien tenu par exemple par Derrida commentant Fukuyama, auquel nous ferons un sort particulier – c'est un opérateur commun : l'Histoire précisément, qui porte elle-même sa fin, et n'intervient dans la geste de fondation qui en est attendue que sous la figure de « la fin de l'Histoire » justement. Et la force du « petit livre clair, net, intelligent », du Dr Fukuyama est assurément d'en exprimer la conscience aiguë, ne renvoyant que trop nettement l'image de sa troublante parenté avec ses critiques. La question du nihilisme, c'est son principal mérite, est en effet au cœur même du livre de Fukuyama.

L'intervention de cet opérateur qu'est la fin de l'Histoire, conformément à la grande tradition des philosophies de l'Histoire, issue de la fin du XVIIIe siècle, passe d'abord par la forclusion et pour ainsi dire la réduction de l'histoire réelle, telle qu'elle est donnée, de cette sphère première d'événementialité où ce qui est c'est ce qui arrive, telle que, d'une façon ou d'une autre, elle nous est restituée ordinairement par ceux qu'on nomme les historiens[1]. En dépassement de cette événementialité que par construction rien n'arrête – rien ne saurait l'arrêter que la disparition des protagonistes, et encore serait-elle alors *arrêtée*, et non *achevée* – et pourtant non sans renvoi constitutif à elle, dans une nouvelle articulation du doublet empirico-transcendantal bien relevée par Jacques Derrida, se déploie alors chez Fukuyama comme l'espace d'une *autre* Histoire, pour

1. Quel que soit le brouillage de la notion d'événement notamment dans l'historiographie française contemporaine, il nous paraît impossible de déconnecter l'histoire comme pratique historiographique d'un rapport à une événementialité première, quelle qu'elle soit – et assurément plus nécessairement (ni même jamais par principe, car un événement n'est pas un fait) entendue comme « fait » – ne serait-ce alors qu'au sens de « l'intrigue » dont parle Paul Veyne, *Comment on écrit l'histoire*, Paris, Seuil, Points, 1996, p. 51 *sq*. Sur ce débat, voir Paul Ricœur, *Temps et récit*, I, Paris, Seuil, 1983, p. 138 *sq*.

ainsi dire transcendantale, qui détient le sens de la première et en annule éventuellement l'aptitude à changer. En bout de course de la vocation transcendantale de l'Histoire, pour reprendre des distinctions classiques de la philosophie de l'existence, l'histoire continue à être – il continue de se produire des choses, des événements – mais cesse d'exister – la capacité de ces choses à faire sens et même à être constituées comme événements, au sens d'événements porteurs d'un certain sens et donc qui se remarquent, ce qui est peut-être constitutif de la notion d'événement, est remise en question. Notons une fois de plus que ce schéma est commun à une perspective eschatologique dans laquelle le sens du monde en définitive est accompli, et le monde pour ainsi dire saturé de son sens, et à celle nihiliste dans laquelle on aurait perdu définitivement le sens des choses ou le sens pour le sens, le désir de leur donner un sens. Que l'on n'ait plus rien à attendre de l'Histoire ou que l'on n'en attende plus rien, le résultat est le même : l'arrivée des choses, si elle peut encore avoir lieu, comme il est probable, et comme chaque jour nous le prouve avec son lot d'horreurs et de miracles, ne peut plus avoir le même sens, peut-être plus de sens du tout et en tout cas plus de sens historique. Voilà ce qui est compris sous le titre de fin de l'Histoire, en héritage ambigu d'un Hegel révisé par Kojève [1], où la quête du sens entretient un voisinage inquiétant avec la fascination de l'insignifiance.

Que le niveau visé soit trancendantal, ou du moins idéal, c'est ce qui est clairement énoncé dès le début du livre où Fukuyama répond à ses critiques, trop empressés de le prendre aux pièges des événements, et développe son point de vue pour l'étendre à toute la surface et à l'ampleur du monde, comme en toute bonne philosophie de l'Histoire, qui est universelle et absolue ou n'est pas. Lorsque Fukuyama fait de la démocratie libérale la phase ultime du développement de l'humanité, c'est, précise-t-il, que *l'idéal* de la démocratie libérale ne peut être amélioré dans son principe [2]. Cette idéalité d'un sens ou d'un système qui ne peut être amélioré, de ce qui reste une aspiration, mais, en tant qu'aspiration, est une aspiration *ultime*, en appelle d'*un sens non-événementiel de l'Histoire*. C'est ce qui est répété avec force à plusieurs reprises tout au long du livre de Fukuyama, qui, s'il ne dit pas exactement ce qu'est l'Histoire, nous explique assurément avec clarté *ce qu'elle n'est pas, à savoir ce qu'on pourrait croire*, les événements précisément. Sans doute y a-t-il là un geste de dénégation de l'empiricité constitutif de toutes les philosophies de

1. Sur le rôle joué par cette problématique déjà dans le développement de la philosophie française d'après-guerre, voir Vincent Descombes, *Le même et l'autre*, Paris, Minuit, 1979.

2. Francis Fukuyama, *La fin de l'histoire et le dernier homme*, tr. fr. Denis-Armand Canal, Paris, Flammarion, 1992, p. 11.

l'Histoire, dans leur recherche de ce spectre qui est le leur : l'Histoire, qui les constitue en philosophies et qu'elles constituent en objet.

> Ce dont je suggérais la fin n'était évidemment pas l'histoire comme succession d'événements, mais l'Histoire, c'est-à-dire un processus simple et cohérent d'évolution qui prenait en compte l'expérience de tous les peuples en même temps. Cette acception de l'histoire est très proche de celle du grand philosophe allemand G. W. F. Hegel.[1]

La cohérence à laquelle il en est appelé ici devient bientôt celle d'un « ordre » et d'un « sens » : « l'Histoire, c'est-à-dire un ordre cohérent et sensé dans la vaste carrière des événements humains »[2]. Fukuyama se rattache à la tradition inaugurée par Kant et selon lui accomplie par Hegel, celle qui voit dans l'histoire autre chose qu'un catalogue, mais le lieu de production d'un sens :

> Une histoire universelle de l'humanité n'est pas la même chose qu'une histoire de l'univers. C'est dire que ce n'est pas un catalogue encyclopédique de tout ce qu'on sait sur l'humanité, mais plutôt un essai pour trouver un schéma d'explication sensé au développement général des sociétés humaines.[3]

On notera la persistance du vocabulaire du « sens », indéclinablement associé à celui de l'Histoire, dont cela paraît alors constituer le plan propre. Non seulement l'Histoire a un « sens », mais elle se joue essentiellement au niveau du sens. D'où la liberté relative qui peut être prise avec les faits. « Commençons donc par écarter tous les faits » …

Et pourtant, dans la mesure précisément où on n'est pas dans une pensée anthropologique de la genèse (du « premier homme »), pensée à laquelle Fukuyama consacre du reste de longs développements pour s'en dissocier, opposant Hegel à Hobbes, Locke et Rousseau, mais dans une pensée de l'Histoire, on ne peut se contenter d'écarter ainsi tous les faits. C'est que l'Histoire est l'opérateur philosophique qui sert à plier à la loi du sens certains faits. Il exige alors par construction un certain tri, une certaine sélection des faits, mais loin de les évacuer purement et simplement, il investit ceux qu'il retient de la puissance du transcendantal, du pouvoir de la constitution et du sens. Ces faits deviennent alors des moments réels de la fondation historique même, sans laquelle il n'y a pas d'Histoire – l'Histoire ainsi vue philosophiquement n'est rien d'autre qu'un gigantesque processus de fondation collective.

1. *Op. cit.*, p. 12.
2. *Op. cit.*, p. 28.
3. *Op. cit.*, p. 81.

D'où l'attention paradoxale de cette interminable dissertation de style sciences po ou énarque philosophe qu'est l'essai de Fukuyama, aux faits, au fourmillement des faits (Fukuyama en donne décidément beaucoup), ou tout au moins de certains faits – ceux qui vont dans le bon sens, bien sûr, mais éventuellement aussi les mauvais, bancals ou déviants, qui classiquement sont en fait les plus intéressants dans la perspective d'une théodicée. L'institution de toute théologie de l'Histoire ne se passe décidément pas de ce moment décisif qui est celui de l'illustration, qui n'est assurément pas une vérification, mais une réalisation, une effectuation. À quoi pourrait servir l'Histoire, si ce n'est à contrôler, à enrégimenter le fait ?

Mais par là-même, dans un échange de propriétés constitutif des philosophies de l'Histoire, l'ouvrage de Fukuyama ne se comprendrait pas sans une événementialité première, celle que son sens justement est chargé d'investir – dans cet échange précisément tient « l'Histoire » du philosophe.

La fin de l'Histoire n'est certes rien d'empiriquement assignable, puisqu'il y va d'une réalité conceptuelle, et qu'il arrive à Fukuyama, empruntant le lexique d'un spiritualisme néo-hégélien, de qualifier de spirituelle, de toute façon idéale. Mais le télos du sens qu'elle représente ne se manifesterait et ne s'annoncerait pas comme tel si des événements n'étaient là pour en dispenser la nouvelle, événements qui sont à la source même du débat instigué par l'article puis le livre de Fukuyama, et qui expliquent la façon dont ceux-ci ont pu faire époque, exprimant effectivement « l'esprit » de l'heure. Ainsi s'ouvrait l'article source de cette vraie fausse querelle des années 80 finissantes :

> Quand on observe le cours des événements de la dernière décennie, il est difficile d'éviter l'impression que quelque chose de très fondamental s'est produit dans l'histoire du monde.[1]

Cette impression, dans l'effondrement des régimes communistes et du partage du monde qui avait constitué l'horizon indépassable de notre enfance, force est d'avouer que nous l'avons tous plus ou moins eue. Comment échapper au choc de l'événement, de la *glasnost* à la chute du Mur et à la réunification accélérée d'une Allemagne qu'on avait cru définitivement séparée ?

Seulement les événements ne se suffisent jamais à eux-mêmes. S'ils sont si notables, c'est qu'ils font sens, se manifestent toujours comme porteurs de sens. Il s'est passé quelque chose. Mais ce quelque chose ne se

1. Francis Fukuyama, « La fin de l'histoire ? », *National Interest*, été 1989, tr. fr. in *Commentaire*, automne 1989, vol. 12, n° 47, p. 457.

remarque précisément que dans la mesure où c'est « très fondamental ». D'où le passage immédiat du discours de l'événement à celui de l'essence, qui éclaire l'Histoire même dans son idéalité. Les événements notables de notre époque doivent nous conduire très naturellement à rechercher un « cadre conceptuel » pour « distinguer ce qui est essentiel de ce qui est contingent ou accidentel dans l'histoire du monde »[1]. Le propre des grands événements historiques comme ceux que nous nous accorderons tous à avoir vécus au tournant des années 80-90, c'est précisément d'arracher à l'écume de ce qui arrive (les événements au sens naïf et contingent du terme) quelque chose comme une essence, le sens de l'Histoire en marche. Certains événements fonctionnent ainsi comme une annonciation, révélateurs de l'Histoire elle-même, de l'Histoire comme telle, au delà de la petite histoire des événements quotidiens et / ou irréductiblement événementiels.

Que cette structure évangélique soit à la base du discours de Fukuyama, voilà qui est explicite, et ce que Derrida a eu une fois de plus raison de relever : « la bonne nouvelle est arrivée »[2]. Que cette bonne nouvelle soit celle du libéralisme mondial peut certes nous prêter à sourire ou à grimacer, mais il n'empêche que l'on retrouve là la structure eschatologique de toutes les théologies de l'Histoire. Le libéralisme de Fukuyama pourrait bien être la dernière forme de religion messianique de l'Histoire, une fois disparue ou mise à mal cette grande utopie mobilisatrice que fut le communisme révolutionnaire. Certes, c'est une religion étrange, plutôt médiocre et démobilisatrice, qui prône l'affaiblissement de l'attente et l'apaisement du conflit, une religion peut-être à la mesure de la médiocrité du « dernier homme » de Nietzsche ou de Tocqueville, sans espoir et sans attente, ce qui constitue certainement tout à la fois la difficulté, mais aussi la pointe de l'analyse de Fukuyama, dont le but conscient est de théoriser cette aporie. Il n'en reste pas moins qu'il y a là une structure d'appel et d'attente, de Bonne Nouvelle, si paradoxale qu'elle soit, dans l'annulation consciente et résignée (« post-moderne ») de l'attente même, qui est typiquement religieuse. Et comme tous les théologiens athées ou tout au moins laïcs de l'Histoire, Fukuyama ne manque pas de rendre grâce au christianisme, qui, le premier, nous a délivré un concept d'Histoire universelle, eschatologiquement orientée vers la « fin »[3].

Cette orientation vers une fin donne à l'Histoire un sens, sens auquel se mesure précisément la capacité des événements de faire sens. Toute la théorie de Fukuyama se constitue contre ce qu'on pourrait appeler pour

1. Art. cit., *loc. cit.*
2. *La fin de l'histoire et le dernier homme*, p. 13.
3. *Op. cit.*, p. 82.

faire vite (et peut-être pas inadéquatement) une conception matérialiste de l'Histoire, suivant les simplifications conceptuelles mêmes qui sont les siennes. Parler d'Histoire suppose qu'elle aille dans un certain sens au sens où elle a un moteur, où il existe une force qui la pousse vers l'avant. Il faut qu'il y ait un Dieu dans la machine, comme dirait Walter Benjamin, dans un marxisme ironique. Fukuyama le voit dans ce conglomérat conceptuel pour le moins aventureux qu'il nomme « la science moderne ». « La science moderne », c'est-à-dire l'ensemble des moyens intellectuels et mécaniques mis en œuvre par l'homme à partir du XVII^e^ siècle pour maîtriser et améliorer son environnement et ses conditions d'existence, dans le sens d'une satisfaction de plus en plus grande des besoins et d'un mieux-être économique global. Cette explication dite « matérialiste » (« la science moderne » comme facteur de progrès de l'humanité et moteur de l'Histoire en général) ne l'est à vrai dire pas vraiment. Elle est même carrément intellectualiste. Mais le point fort de l'argumentation de Fukuyama est qu'elle demeure selon lui *insuffisante*. En effet, de ce seul point de vue, il n'y aurait pas de progrès et pas d'Histoire. Il y aurait un processus causal orienté et probablement dans une certaine mesure irréversible (même les destructions causées par « la science moderne » en cas de naufrage techno-scientifique de l'humanité ne seraient pas de l'ordre d'un retour à l'identique d'une nature vierge antérieure à l'existence de l'humanité), mais il n'y aurait pour autant rien *vers quoi* on irait au sens de rien vers quoi cela aurait un sens d'aller. La seule logique du bonheur, tout à la fois close (il n'y a rien dans le bonheur qui aille *au delà* de lui et de l'existence immédiate qu'il fait mener) et infinie (on peut toujours être plus heureux, au sens où on peut accumuler plus de moyens de consommation et de satisfaction des besoins, ceux-ci étant en soi parfaitement indéterminés) ne suffit pas à assurer un sens et un télos, un objectif collectif à l'Histoire, à l'aune duquel puisse se mesurer son progrès. Aussi l'analyse de Fukuyama, à ce facteur causal en un sens quasiment efficient (« la science moderne », comme techno-science et économie), entrelace un facteur causal-final, qui se veut hégélien et qui est celui de la *lutte pour la reconnaissance* et la liberté. Celle-ci constitue le véritable sens de l'Histoire, puisqu'elle place l'Histoire dans la sphère du sens produit par l'homme et dont la production peut ou non être assumée (c'est l'enjeu) par lui, et c'est à elle – et non à des raisons simplement économiques – qu'il faut par exemple rapporter la chute du communisme. C'en est exactement le « sens », puisque cet événement, dans sa dimension « évangélique », a un « sens »[1].

1. Cf. *op. cit.*, p. 18 *sq.*

Croyant jouer Hegel contre Marx (on pourra éventuellement voir dans cette évacuation du marxisme le véritable sens de l'opération) Fukuyama opte donc résolument pour une Histoire idéaliste, voire spiritualiste, celle des formes de conscience comme acteurs réels de la marche de l'Histoire, orientée dans le sens d'une lutte pour la reconnaissance comme mise en conscience de la conscience elle-même. Une sorte de dualisme traverse toute l'argumentation : il y a un « autre » désir qui se cache derrière celui de l'*homo economicus*, « une pulsion totalement non économique », à savoir le désir de reconnaissance[1]. Cette altérité qui est celle du désir de reconnaissance joue tout à la fois le rôle de moteur caché de l'Histoire et de son horizon eschatologique. L'Histoire s'accomplira le jour où la reconnaissance sera accomplie, dans le retour de la conscience sur elle-même. Alors, d'une certaine façon, l'Histoire sera « sue », et, même si des événements peuvent alors se produire – mais qui ne soient plus en aucun cas des avènements – il n'y aura plus de « sens » qui puisse vraiment s'y ajouter. On ne verra plus ce qui pourrait y changer – si ce n'est *anecdotiquement*.

Tout ceci ne fait que reproduire le dipositif classique, et bien connu, des philosophies de l'Histoire, qui ne peut certainement qu'être « idéaliste » (habité par une telle aspiration ou une telle idée), non pas par choix, mais par fonction : l'Histoire déjà en elle-même n'est qu'une telle « idée », elle est le nom secret de sa propre aspiration. Ce qui fait l'Histoire, depuis son invention vers la fin du XVIIIe siècle au terme du processus de la sécularisation, c'est certainement ce sens qui depuis toujours l'attend. Selon le sens qu'on entend, on a évidemment une autre Histoire, et il y a assurément une différence entre l'horizon eschatologique du libéralisme mondial et celui de la révolution mondiale, mais on est de toute façon dans l'ordre d'un sens qu'on attend, et qui, d'une certaine façon, avant nous, nous attend.

Il y a pourtant peut-être une différence, différence en vertu de laquelle le libéralisme mondial ne peut pas constituer un horizon eschatologique, et la révolution mondiale si. Cette différence, qui n'est pas à proprement parler une différence de valeur, ou de contenu (même s'il y va certainement du statut de la valeur dans notre vie), se manifeste à ce qui, au premier abord, fait la singularité, officiellement hégélienne, de la position de Fukuyama : le fait de parler dans la perspective d'une eschatologie non pas à venir, mais prétendument advenue. Il y a certes plus qu'une nuance entre raisonner en termes d'une fin de l'Histoire à venir, crainte, souhaitée et /ou préparée et proclamer celle-ci réalisée et advenue. Le Grand Soir des mouvements révolutionnaires est toujours pour demain – c'est ce qui fait la

1. *Op. cit.*, p. 165.

dimension intrinsèquement eschatologique des mouvements révolutionnaires. La fin de l'Histoire de Fukuyama est arrivée, pourrait-on croire. Cela semble même constituer l'essentiel du message de Fukuyama : nous sommes à la fin de l'Histoire, il n'est donc plus possible (ni souhaitable du point de vue de l'auteur sans doute) de bouger ni de faire bouger les choses. Cette divergence entre une Histoire qui est essentiellement passé – donc refermée – et une qui est essentiellement avenir – donc à construire, ou plutôt (post-modernisme oblige) à espérer, juste à espérer, est au centre de l'analyse critique que Jacques Derrida a livrée de la prose de Fukuyama dans son brillant essai en défense d'un passé pourtant (les mânes de Marx errant à travers l'Europe en mal d'Histoire)[1]. Il faut pourtant relever deux choses. 1) ces deux conceptions, si antithétiques soient-elles, partagent au fond un même paradigme, celui de l'Histoire comme épopée du sens et de l'inévitablement associée fin de l'Histoire précisément 2) il n'est pas sûr du tout que l'on puisse vraiment écarter ce qui semble constituer la faiblesse ou l'excès de la forme d'historicisme pour laquelle se prononce Fukuyama, car dans sa naïve assurance, celle-ci ne fait qu'exprimer ce qui sans doute constitue une intuition commune à notre époque, et certainement partagée par Derrida : celle d'être *à la fin*, c'est-à-dire tout au moins *après*, au bout d'un processus, et cela de façon irréversible, et suffisamment globale pour qu'on ait le sentiment d'être à la fin d'une certaine Histoire, cette fin se trouvant peut-être bien être fâcheusement celle de l'Histoire elle-même, c'est-à-dire du sentiment de l'Histoire et par là-même du sens pour l'Histoire. En ce sens-là, il paraît bien vrai à nos interlocuteurs, pourtant et peut-être *parce qu*'historicistes, dans leurs oppositions mêmes, que l'Histoire est « finie ». Il suffit de lire Derrida pour se rendre compte que dans sa paradoxale apologie d'un marxisme fantômatique (le marxisme lui-même l'est fort peu, dans sa tentative, sur laquelle on reviendra, de proposer une « théorie matérialiste de l'histoire »), ce n'est certes pas à un retour *à* Marx, ni même à un retour sérieux *de* Marx, qu'il pense, mais bien à l'advenir d'autre chose à la place de Marx, mais qui ne serait pas vraiment autre chose que Marx, un Marx d'après-Marx en quelque sorte. De même son affirmation du maintien du sens eschatologique d'un à venir qui serait pur à venir ne déploie-t-elle pour nous aucun horizon eschatologique concret qui serait celui d'une fin de l'Histoire annoncée, qui serait encore à venir, maintien alors de l'horizon de l'Histoire : bien plutôt, dans cette fin qui n'en est pas une, dans ce qui pourrait bien passer pour une Promesse sans contenu, faut-il reconnaître le spectre de comme une Histoire sans Histoire, une *Histoire d'après l'Histoire*, sans plus d'horizon assignable. On maintient l'appel,

1. Jacques Derrida, *Spectres de Marx*, Paris, Galilée, 1993.

mais on partage au fond avec l'adversaire qui le dit résolu et révolu, définitivement *répondu*, comme la conviction de la perte du sens ou identiquement celle que le sens est saturé, celle que l'on vient *après* et que le challenge du sens ne peut plus être tenu tel quel. « Je ne vais tout de même pas vous resservir une philosophie de l'Histoire », semble nous dire Derrida, dans son plaidoyer même pour une Histoire défunte. Tous, au fond, pensent tout bas ce que Fukuyama dit tout haut : à un certain niveau, il est bien vrai que l'Histoire est terminée, au sens où en effet on ne peut plus se représenter simplement « l'Histoire », celle-ci n'existe plus comme telle. Mais ceux qui voudraient y voir une « fin » au sens d'un accomplissement ou inversement au sens de la résidualité d'une promesse qui ne serait plus que promesse, sans « contenu » (ce serait en fait une figure de la « fin de l'Histoire », dans la perte supposée des illusions historiquement attachées aux différents « contenus », et qui ont fait l'Histoire), les uns comme les autres continuent paradoxalement de lire cette perte de sens ou de lisibilité de la conscience historique, ce qui pourrait être simplement la sortie de l'humanité du mode de raisonnement « historique » ou « historiciste », comme un phénomène lui-même historique, ou destinal.

Ne nous hâtons donc pas de récuser le témoignage à vrai dire intéressant de Fukuyama, excellent produit de la conscience post-moderne, dont il faudra dire que s'il est sur un certain plan atterrant de naïveté, ce n'est pas (seulement) la sienne, mais celle de toute une époque – qui est la première à raisonner en termes d'« époques », en continuation et en achèvement du paradigme historiciste hérité du XIXe siècle.

La forme de ce témoignage semble pourtant soulever quelques questions tenant à ses propres défauts logiques, questions dont nous croyons que d'une certaine façon on pourrait les étendre à toute la modernité ou à la dite « post-modernité » – c'est en effet celles ayant trait à *leur capacité à se reconnaître elles-mêmes*. Si à la fin de l'Histoire nous sommes, en effet, comment le reconnaître ? On comprend que l'aporie de Fukuyama ici tient à sa prétention de repérer ou d'annoncer une fin de l'Histoire *réelle*, advenue. Aussi Derrida pense-t-il s'en tirer à bon compte en la repoussant *sine die*, en en faisant la figure d'un perpétuel à venir, ouvert à jamais. Mais comment être sûr de l'évacuation pour cette fin de tout sens d'être un *futur*, de sa dissociation définitive de tel ou tel *sens* qu'elle porterait, par contruction passé ? Placer l'Histoire dans un avenir dont la radicalité s'ouvrirait maintenant pour nous pose les mêmes problèmes que de supposer son sens révolu et réalisé. De quel droit, *nous*, disons-nous tout cela ? Voilà une question de conditions de possibilité que le moderne idéaliste hégélien comme le post-moderne nihiliste messianique feraient bien de préalablement poser.

Derrida a bien analysé au moins les difficultés et la circularité dans lesquelles s'enlise alors le discours de Fukuyama. Dans une lecture idéaliste de l'Histoire – mais l'Histoire est, pourrait-on dire, par essence idéaliste (les hommes ont fabriqué son essence) – la fin de l'Histoire ne peut avoir lieu que pour des raisons idéelles et structurelles, et tenir en vertu de ces raisons idéelles et structurelles. Si on me demande si aujourd'hui nous sommes bien à la fin de l'Histoire – si cette question a un sens – ma réponse ne peut à proprement parler *se fonder* sur aucun fait. Car des faits, il y en a toujours d'autres, qui peuvent bien modifier la somme que je croyais établie, tant tout au moins que je n'ai pas mis au point un principe de discrimination adéquat. La fin de l'Histoire en ce sens-là n'est pas un fait, au sens de tel ou tel fait particulier, comme la mort du tyran. Elle réside plutôt dans un ensemble de faits, une cohérence générale du réel et plus particulièrement du réel qui nous intéresse alors, à savoir le devenir des sociétés humaines. Cette cohérence doit être telle que rien d'autre ne peut en sortir (mais une certaine figure de l'Autre absolu, ne pouvant plus être visé que dans sa pure absoluité, « messianique sans messianisme », pourrait revenir au même, dans son inscription dans le point de non retour atteint, point d'usure des messianismes alors passés). C'est ce que Fukuyama énonce dans le langage pseudo-hégélien de l'absence de contradictions. Sommes-nous à la fin de l'Histoire ? se traduit en : Y a-t-il aujourd'hui encore des contradictions majeures qui puissent faire avancer l'Histoire[1] ? La contradiction n'est bien sûr rien d'empiriquement et directement observable, mais on peut dans une certaine mesure en construire un modèle dans le réel, elle existe comme principe d'intelligibilité de certaines situations. Là où ce principe d'intelligibilité s'estompe, et en un sens à la mesure de l'opacité dont il nous semble souvent aujourd'hui que c'est celle de notre monde, on pourrait soupçonner qu'on est effectivement sorti de l'Histoire, c'est-à-dire précisément de la marche active des contradictions – ruse ultime d'une pensée historique pour donner un sens historique même à ce qui ne l'est pas, au défaut de sens historique, comme sortie de l'Histoire alors. Dans ce genre de perspectives néo-hégéliennes, ce qui est intéressant, ce sont les conflits. Notre monde actuel est riche en conflits, et en menaces. Mais, selon Fukuyama, aucun de ces conflits n'est réellement porteur d'une contradiction motrice, c'est-à-dire qui puisse trouver sa solution dans une autre configuration historique, un autre sens donné à l'Histoire. Il y a assurément des possibilités – et importantes – de régressions, de retour au moins partiel à certaines solutions du passé (comme les gouvernements autoritaires à caractère religieux), mais précisément s'agirait-il alors de retours ou de répétitions, et non de la

1. Fukuyama, *La fin de l'histoire et le dernier homme*, p. 166.

création d'un sens nouveau, création qui seule pourrait avoir une portée historique – l'Histoire ne se joue que là où il y a « le sens » décidément.

La distinction entre les conflits porteurs de contradictions et ceux (d'aujourd'hui) qui ne le sont pas a quelque chose du tour de passe-passe (la philosophie de l'Histoire en est familière), surtout au vu du formidable défi idéologique et non seulement économique ou militaire, lancé à l'Occident par l'islamisme radical par exemple, comme conception du monde et pratique de gouvernement, alternative et *nouvelle*, non simple résurgence du passé, contrairement à ce que croit Fukuyama. On peut aussi s'étonner de l'affirmation du caractère non contradictoire de nos systèmes sociaux, qui sont traversés par bien autre chose que par la lutte pour le seul accès à un même idéal de vie. Le capitalisme paraît un peu vite exonéré de la contradiction. Mais le mouvement de va-et-vient par lequel Fukuyama, partant des problèmes et des concepts, va aux faits, et demande « y a-t-il là une contradiction ? » demeure certainement intéressant. Il y a là une manifestation criante du doublet empirico-transcendantal qui a été depuis le début le prix à payer pour toutes les pensées de l'Histoire. L'optimisme (de la fin) n'est pas prouvé par les faits – il sert bien plutôt à les interpréter – mais il y trouve comme une sorte de contre-épreuve, de vérification négative, car le pessimisme, quant à lui, est « contredit par le flot empirique des événements »[1]. Les événements qui iraient dans le mauvais sens, c'est-à-dire un autre sens que le sens global qui est dessiné, manifestent, par leur insignifiance, par l'impossibilité de leur attribuer un sens et une portée réelle (l'ampleur d'une « contradiction »), la pertinence du sens par rapport auquel on les a *quand même* ordonnés. Cette possibilité de retrouver dans l'Histoire le sens qu'on y a déposé, envers et contre toute évidence du fait déviant, a toujours constitué la seule preuve qu'une pensée de l'Histoire puisse apporter. Il ne faut pas se hâter d'en rire, car la transparence de l'Histoire ne mesure ici rien d'autre que sa *vérité* – car que serait-elle d'autre que cette adéquation, celle de ce qui arrive au sens de ce qui arrive : à partir de là il y a valeur de témoignage (et non de confirmation) de l'événement, dont il est difficile de se détacher. Le témoignage est ce qui, de l'événement, renvoie à la présence du sens, mais du sens comme ce qui précisément dépasse l'événement.

C'est ce que commente Derrida dans de fort belles pages :

> *D'une part*, l'évangile du libéralisme politico-économique a besoin de l'*événement* de la bonne nouvelle qui consiste en ce qui se serait effectivement passé (ce qui s'est passé en cette fin de siècle, en particulier, la prétendue mort du marxisme et la prétendue réalisation de

1. *Op. cit.*, p. 96.

> l'État dans la démocratie libérale). Il ne peut pas se passer du recours à l'événement, mais comme, *d'autre part*, l'histoire effective et tant d'autres réalités d'apparence empirique contredisent cet avènement de la démocratie libérale parfaite, il faut en même temps poser cette perfection comme un simple idéal régulateur et transhistorique.[1]

Qu'il y ait de l'événementiel et du non-événementiel dans le discours de Fukuyama, et que l'un et l'autre s'entrelacent, comme dans toute bonne théologie historique, comme contrôle projeté sur les événements, ce n'est pas douteux. Que la fin de l'Histoire s'y atteste dans certains faits, et en même temps qu'elle soit toujours aussi exhaussée, voire en un sens différée comme au-delà des faits, c'est sûr aussi. Mais est-on en droit pour autant de reprocher à Fukuyama de, selon que cela sert sa thèse ou non, définir « la démocratie libérale tantôt comme une réalité effective, tantôt comme un simple idéal »[2] ? Certes, « l'événement, c'est tantôt la réalisation, tantôt l'annonce de la réalisation »[3]. Mais cette ambiguïté n'est-elle pas même celle de tout discours de l'Histoire ? Celui-ci porte nécessairement sa « fin ». Mais comment cette « fin » pourrait-elle être, si ce n'est tout à la fois en cours de réalisation et partiellement réalisée ? Le propre de la fin de l'Histoire, comme effet de discours propre au discours de l'Histoire, c'est tout à la fois d'être à venir (sinon ce ne serait pas la fin) et pourtant d'être toujours aussi déjà là (sinon, on ne parlerait pas de l'Histoire, celle-ci perdrait sa merveilleuse intelligibilité). De ce point de vue la pensée de Fukuyama est beaucoup moins originale que ne pourrait le faire croire l'arrogance feinte d'une fin de l'Histoire prématurément annoncée. Il ne fait que révéler la dimension d'attente et en même temps d'événement (d'événement comme avènement) qu'il y a dans tout discours de la fin, et dans le discours de la fin de l'Histoire en tant que lui-même opérateur historique. De ce point de vue, quoi qu'il en coûtera aux intellectuels post-modernes de le reconnaître, il demeure bien à sa manière messianique – il est même très exactement *kantien*. On notera, à ce titre, la fleur qui lui est envoyée au passage par Derrida, en mal de messianité : en critiquant l'incapacité de Fukuyama à avoir une véritable « pensée de l'événement », nous relèverons toutefois dans son discours, et prendrons au sérieux « l'idée qu'une annonce ou une promesse constituent des événements irréductibles ».

Fukuyama ne se contente pas en effet d'annoncer une fin qui serait une fin de fait. Le discours de la fin a ici – comme sans doute c'est inévitable – une fonction beaucoup plus ambiguë. Légitimante, certainement, mais

1. Derrida, *Spectres de Marx*, p. 107-108.
2. *Op. cit.*, p. 108.
3. *Op. cit.*, *loc. cit.*

aussi exigeante, celle d'un idéal, dont l'évidence se manifeste donc aujourd'hui comme celle d'un idéal, et non d'une réalisation.

Tenant le dicours de l'événement novateur et conclusif, Fukuyama est aussi naturellement amené à tenir celui de l'éternité, des valeurs éternelles qui le valident et le confirment comme tel. Comment en effet reconnaître la fin, si ce n'est par sa conformité à une essence, en l'occurrence l'essence de l'homme ? L'éternel de l'Homme de toujours, idéalité absolue d'une espèce par rapport à ses incarnations singulières, est appelé à mesurer l'historicité du moment qui est vécu, dans le mouvement de va-et-vient bien connu de l'idéal au réel, de l'empirique au transcendantal sur lequel ironise Derrida.

> Sans un concept sous-jacent de l'homme déterminant une hiérarchie de ses caractéristiques essentielles et non essentielles, il serait impossible de savoir si une paix sociale apparente représente la satisfaction véritable des désirs humains.[1]

Le discours de l'essence revient, double inévitable de celui de l'Histoire. On pourrait croire que l'historicisation des concepts contribue à leur relativisation, dans le sens de ce relativisme un peu mou que Fukuyama attribue à Hegel[2]: tout est déterminé par le *Zeitgeist* de l'époque dans laquelle on se trouve. Mais par rapport à quoi les *Zeitgeister* s'enchaînent-ils et les époques prennent-elles un sens ? Quel sens y a-t-il même à raisonner en termes de *Zeitgeist* et d'époque ? C'est là qu'intervient inévitablement l'essence, qui est la contrepartie et la norme de l'Histoire, la structure par rapport à laquelle s'assignent ses variations, et qui devrait se révéler dans l'état final de celles-ci, comme mesure de leurs propres limites. En fait la redétermination apparemment relativiste de la nature humaine (son historicisation) conduit à sa confirmation comme nature au niveau de l'essence (comme ce qui est historicisé, ce qui se joue à proprement parler dans l'Histoire) et imprime en négatif la forme – celle qui est appelée à la « fin », précisément – de son accomplissement.

L'Histoire convoque donc l'éternel ou le transhistorique comme son double, son reflet dans la conceptualité même qui sert à échafauder l'Histoire et à en faire *une* Histoire, fût-ce pour relativiser et désagréger ses objets. Nous qui la regardons de l'œil prétendument relativiste, perspectif, de celui qui se tient à la fin, nous en savons quelque chose. Combien de certitudes éternitaires dissimule encore et toujours notre relativisme ? Du prix de quelle métaphysique sont payées nos perspectives ? Comme si

1. Fukuyama, *La fin de l'histoire et le dernier homme*, p. 167.
2. *Op. cit.*, p. 89-90.

nous pouvions avoir une vue de dessus sur tout cela et le relativiser à notre gré.

On ne sera donc pas étonné de voir Fukuyama, qui quant à lui, en bon moderne/post-moderne, oscille entre relativisme sceptique et universalisme messianique parler si aisément la langue de l'éternel et du transhistorique, voire – scandale pour les intellectuels sophistiqués, qui croient ne plus croire à ces choses-là – celui de la *nature*, pour instituer l'Histoire à ce prix – l'Histoire, depuis Kant ou saint Augustin, fut-elle jamais instituée autrement ? Une nature historique ou, c'est la même chose (*parce que*, faudra-t-il dire), transhistorique, voilà qui nous embarrasse assurément. Mais faisons notre examen de conscience : il est si dur de renoncer à l'Éternel.

> En fin de compte, il peut paraître impossible de parler d''Histoire', et encore plus d''Histoire universelle', sans référence à un critère transhistorique permanent, c'est-à-dire sans référence à la nature. L''histoire' n'est pas une donnée, ni simplement un catalogue de tout ce qui s'est produit dans le passé, mais un effort délibéré d'abstraction par lequel nous séparons ce qui est important de ce qui ne l'est pas. [1]

Au bout du compte donc, une nature, qui plus est une nature humaine, une essence de l'homme. Ne sommes-nous pas dans l'accomplissement de cette forme d'onto-théo-anthropologisme dans lequel Heidegger diagnostiquait la fin de la métaphysique, c'est-à-dire aussi bien son accomplissement ? L'Histoire – ce qui arrive – n'est pas ouverte ici dans toute sa liberté originaire et dernière (celle qui ne peut être originaire en vertu de cette impossibilité qu'est l'Histoire elle-même qu'il y ait origine), mais bien plutôt refermée et verrouillée à la mesure d'une essence déterminée, qui plus est la plus lourde et la plus globalisante qui soit – précisément parce qu'elle est censée renvoyer à une nature qui a la particularité fondatrice d'être « culturelle », si ce terme a un sens – à savoir l'essence de l'Homme. Mais le concept d'Histoire a-t-il jamais servi à autre chose, et, en tant que *concept* précisément, *peut-il* servir à autre chose ?

Ici on s'empresse d'attribuer à Fukuyama un concept réifiant de cette nature, qui fonde son conservatisme avéré et tous les compromis silencieux qui l'accompagnent. Fukuyama croirait que l'homme *est* une certaine chose, et reconnaîtrait la fin de l'Histoire au retour du devenir réel de l'humanité sur ce concept, fixé au départ et censé intangible, en lui-même anhistorique.

La réalité n'est pas si simple. Si l'appel à l'éternel nous permet de nous libérer de la « tyrannie du présent », ce n'est certainement pas pour

1. *Op. cit.*, p. 168-69.

retomber dans la fiction d'un présent absolu qu'il s'agirait de rejoindre, comme il se tiendrait déjà là au départ, et avec lequel l'Histoire n'aurait plus qu'à coïncider. D'une certaine façon, l'éternel est dans l'Histoire elle-même, en tant qu'il n'échappe pas à son propre devenir[1] : il est ce qui y est articulé. D'autre part, en tant qu'il y échappe, il n'est pas en quelque présent anhistorique, à côté ou en dehors d'elle : il est *devant* elle, en tant que définitivement non présent, ce pur *avenir* auquel en appelle Derrida, avenir qui en lui-même, Fukuyama en serait le premier d'accord, ne peut être un présent ni un présent modifié. Dans cette duplicité de sa référence à l'éternité d'une nature de l'homme tout à la fois mesurée par le rythme de ses changements mêmes, comme la « structure » qui y apparaît, et repoussée à jamais en dehors de l'échelle de ces changements comme son télos et sa visée à l'infini, Fukuyama se rapproche à vrai dire plus de Kant que de Hegel.

> Le simple fait que la nature humaine n'est pas créée "une fois pour toutes" mais se crée elle-même "au cours du *temps historique*" ne nous dispense pas de la nécessité de parler d'elle, soit comme d'une structure dans le cadre de laquelle l'autocréation de l'homme par lui-même se déroule, soit comme d'un point terminal ou *télos*, vers quoi le développement historique humain apparaît en marche. Par exemple, si la raison humaine, comme le suggère Kant, ne peut se développer entièrement que comme le résultat d'un processus social long et cumulatif, elle ne constitue pas pour autant un aspect moins "naturel" de l'homme.[2]

L'idéalité qui est alors visée, et qui donne son sens à la "fin" est un idéal d'*universalisation*. La force du modèle apparemment violemment occidentalocentriste et sans doute capitalocentriste (au sens où il met le marché, comme libre association d'individus, c'est-à-dire aussi bien comme formule même de la démocratie, au centre) du développement historique proposé par Fukuyama, c'est qu'il est en lui-même porteur d'idéalité – et peut-être cela même est-ce fidèle à Hegel. L'universalisation n'est pas simplement universalisation de fait, au sens de la diffusion et de la domination d'une culture anthropologiquement déterminée, pas plus que la fin de l'Histoire ne serait une fin de fait, marquée par la réalisation de ce qui devait être réalisé et le simple accès au modèle recherché. Ce modèle est une exigence, et a un sens qui le dépasse nécessairement, puisque l'histoire de l'universalisation qu'on voit si ce n'est accomplie, tout au moins promise sous nos yeux (ce qui n'est pas la même chose) est celle de la prise de conscience de ce que l'universalisation est à faire, l'histoire du

1. *Op. cit.*, p. 90 : « la nature de l'homme n'est pas d'*avoir* une nature ni d'*être* quelque chose, mais de *devenir* autre que ce qu'elle était avant ».
2. *Op. cit.*, p. 168.

passage au rang de Principe de l'universel, et par là-même l'histoire de l'accès de l'Histoire au niveau des principes, comme façon de poser son problème à elle-même, de faire de l'Histoire elle-même objet de problèmes. Ce qui est intéressant alors est qu'arrive un moment de l'Histoire où on puisse se demander ce qui est bon pour l'Homme en tant qu'homme[1], ce qui ne veut pas dire pour autant alors que l'homme se confonde avec cet Homme en tant qu'homme : c'est cet horizon téléologique, voire dans une certaine mesure eschatologique qu'ouvre en définitive Fukuyama. Tout son discours est du reste marqué par un appel de l'ailleurs, de cette transcendance que représente à ses yeux le désir de la liberté, et de la reconnaissance de cette liberté, comme débordement de la simple satisfaction des besoins apportée par le libéralisme économique, et véritable moteur de l'Histoire, dans l'horizon d'un libéralisme politique qui certainement reste toujours à construire, dans la dignité toujours à réinstituer des citoyens, qui est le grand problème de notre époque, « à la fin de l'Histoire ».

Que le discours de Fukuyama soit réellement messianique de ce point de vue-là, et ne se contente pas de prendre acte d'un état de fait, ou de le proclamer, il n'y a certes pas lieu de s'en étonner. L'Histoire est à ce prix, et la théologie de l'Histoire au nom même de laquelle l'auteur peut s'aventurer à caresser l'idée de sa fin, ou de la proximité de sa fin, ne peut se passer aussi bien de la différance infinie de cette « messianité », qui la charge de sens. Penseur de l'Histoire, ou voulant en relancer la pensée, Fukuyama en répète inévitablement les gestes fondateurs, sans variante décisive par rapport au canevas obligé.

Reste qu'il y a chez lui autre chose certainement, comme un désir ou une appréhension (c'est la même chose) de mort qui qualifie assurément sa pensée comme post-moderne, et place le sens de la fin de l'Histoire ailleurs, et bien en cette fin de XX^e^ siècle qui est la nôtre. La répétition est décidément parodique et il est bien évident qu'il y a quelque chose de frelaté dans cette théologie de l'Histoire pour expert du département d'État ou étudiant en sciences politiques. Quelque chose comme une complaisance et une virtuosité gratuite ; pour tout dire comme un manque de sincérité qui va très loin au delà ou en deçà du problème de l'idéologie. On est dans le fantômatique (le fantôme de l'Histoire) ou dans le spectre, comme l'est toute notre (post-)modernité. C'est qu'à vrai dire, dans cette tentative de relancer le thème de l'Histoire (après la sortie, il faut le rappeler, d'un monde gelé dans une opposition bipolaire que tout indiquait statique), flotte au fond comme le soupçon qu'il serait trop tard, et qu'on ne

1. *Op. cit.*, p. 169-70. Cet « homme en tant qu'homme » qui est un *idéal* (celui de la démocratie) réapparaît aussi comme mesure de l'Histoire et critère « transhistorique » p. 324.

pourrait plus vraiment donner à cela un sens « historique », précisément. Il est vrai que dans ce délitement du sens historique, dans la mesure où il est amené et annoncé historiquement, réintégré à la marche même de l'Histoire comme sa conclusion inévitable et logique, il ne faut pas voir la pure et simple désagrégation de la vieille structure des théologies de l'Histoire, mais bien plutôt son renversement, et son accomplissement dans sa négation narcissique. C'est un athéisme de croyant déçu – ce qui est encore une façon de croire certainement –, cultivant le sentiment du vide ou du manque, que cela soit pour en jouir (esthétiquement) ou le regretter. Les ambiguïtés mêmes de Fukuyama sur le caractère de la « fin » qui nous attend sont alors passionnantes, pour ce qu'elles révèlent des structures constitutives de notre (post-) modernité, et du fond de théologie qu'il y a au fond de ce qu'il faudra appeler son « nihilisme » même.

L'article séminal du débat s'achevait déjà sur une note très surprenante :

> La fin de l'histoire sera une période fort triste. La lutte pour la reconnaissance, la disposition à risquer sa vie pour une cause purement abstraite, le combat idéologique mondial qui faisait appel à l'audace, au courage et à l'imagination, tout cela sera remplacé par le calcul économique, la quête indéfinie de solutions techniques, les préoccupations relatives à l'environnement et la satisfaction des exigences de consommateurs sophistiqués. Dans l'ère post-historique, il n'y aura plus que l'entretien perpétuel du musée de l'histoire de l'humanité. Je ressens moi-même, et je vois autour de moi d'autres ressentir, une nostalgie puissante de l'époque où l'histoire existait. Cette nostalgie continuera, pour quelques temps encore, à alimenter la concurrence et le conflit dans le monde post-historique lui-même. Même si je reconnais qu'elle est inévitable, j'éprouve les sentiments les plus ambivalents à l'égard de la civilisation qui s'est créée en Europe après 1945, avec ses surgeons américains et asiatiques. Et peut-être la perspective même des siècles d'ennui qui nous attendent après la fin de l'histoire va-t-elle servir à remettre l'histoire en marche… [1]

Cet ennui et cette nostalgie constituent l'envers de l'Histoire, le point auquel le sentiment de l'historicité dans lequel nous sommes pris se retourne en son contraire, en saturation et en résignation, comme par delà un accomplissement au delà duquel il n'y aurait rien à faire. Mais alors la fin prend bien le sens d'une sortie. Il y va précisément de la perte de l'attente comme eschatologie. La difficile question touchée par Fukuyama, sans doute d'avoir trop cru (en la nécessité du processus) et de nous avoir trop demandé de croire, est celle de la disparition de la

1. « La fin de l'histoire ? », p. 469.

possibilité du messianisme historique. Que reste-t-il à croire après avoir cru ? Évidemment on pourrait répondre que la question ne se pose pas, la croyance restant toujours à venir, et la tâche infinie. Elle ne peut se poser que pour un point de vue pour lequel la fin est arrivée et les conditions attendues par la croyance sont remplies – qui manque toujours déjà de cet essentiel messianisme historique qui doit être maintenu dans sa radicalité, et non être monnayé au présent. Mais ce n'est pas si simple. Il est essentiellement de la croyance que de pouvoir se retourner en saturation et en sentiment de perte du sens, symétrique du sens attendu. Ne peut ne plus rien attendre que celui dont le rapport au réel est essentiellement structuré par l'attente.

À la fin de l'Histoire se lève alors une hypothèse particulièrement intéressante, et qui semble à vrai dire souvent pertinente par rapport à l'attitude de l'homme contemporain, et c'est celle de la perte de l'Histoire comme sens et attente. Il se pourrait bien qu'aujourd'hui nous ayons perdu le sens de l'ailleurs, ce sens si nécessaire à la continuation de l'Histoire et même à la compréhension des choses elles-mêmes comme historiques, ordonnées à un destin qui serait le leur. « Aujourd'hui [...] nous avons du mal à imaginer un monde qui soit radicalement meilleur que le nôtre. [...] Nous ne saurions nous figurer un monde qui serait *essentiellement* différent du monde présent. »[1] Ce n'est pas là constat satisfait de l'excellence de notre monde, mais un regret beaucoup plus ambigu, celui de la perte du sens de l'Histoire comme ailleurs précisément, perte dont le seul sens (sens du non-sens) ne peut être que d'être rapportée au mouvement même de l'Histoire, comme sa « fin » au sens de son épuisement. « Si nous en sommes à présent au point de ne pouvoir imaginer un monde substantiellement différent du nôtre, dans lequel aucun indice ne nous montre la possibilité d'une amélioration fondamentale de notre ordre courant, alors il faut prendre en considération la possibilité que l'Histoire elle-même puisse être à sa fin. »[2]

Cette absence d'horizon, ou le fait que l'horizon soit bouché, semble caractéristique de la conscience époquale (qui ne se veut plus celle d'une époque précisément, mais d'après les époques) de notre post-modernité. Mais en fait, loin de s'opposer purement et simplement à la religion de l'Histoire du stupide XIXe siècle, elle entretient avec elle une connivence de principe. C'est sur fond d'historicisme, et paradoxalement de messianisme historique qu'on a perdu le sens de l'Histoire. Le paradoxe constitutif de notre (post)modernité, dans la complémentarité inéluctable de l'une à l'autre, c'est que *l'Histoire tue l'Histoire*.

1. *La fin de l'histoire et le dernier homme*, p. 72.
2. *Op. cit.*, p. 77.

En fait, le problème, c'est que *la conscience d'horizon supprime l'horizon*. L'hégélianisme diffus des deux derniers siècles nous a appris à raisonner en termes d'horizons, mesurant chaque époque à ce qu'elle vise, comme ce qui est précisément susceptible de la rassembler en une époque. Cette conscience est nécessaire à l'horizon eschatologique de l'Histoire elle-même : nous avons appris à voir notre Histoire elle-même comme tenue dans un horizon, qui est celui du Messie, au delà de tout horizon, mais qui est pourtant comme un horizon tout de même (un horizon d'au delà de l'horizon) et n'est encore possible précisément que sur fond de conscience d'horizon. Or voilà qu'aujourd'hui l'horizon vacille : nous ne sommes plus sûrs de voir une sortie ou un point de fuite à l'Histoire – et par là même nous tenons dans l'inertie et le ressassement de sa « fin ». Mais l'hypothèse formulée par Fukuyama est intéressante, dans le paradoxe même qu'elle formule : en fait, ce serait notre connaissance même de l'Histoire qui rendrait la transcendance (et par là-même paradoxalement l'Histoire) impossible. La conscience d'horizons supprime l'horizon comme tel, le fait percevoir comme un mirage. « C'est pourquoi l'homme moderne est le *dernier* homme : l'expérience de l'histoire l'a blasé, il est désabusé quant à la possibilité d'une expérience directe des valeurs » [1].

Au fond, nous sommes bien d'accord avec Fukuyama : l'homme contemporain est *malade de l'Histoire*. Le paradoxe de cette saturation par l'Histoire qui investit chacune des velléités d'action de l'homme occidental, et qui fait que sa philosophie par exemple ne peut se déployer que comme historicisme, ressassement des figures passées de la philosophie, ou, de façon tout aussi suspecte, comme apparente superficialité et oubli de l'histoire (il y aurait beaucoup à dire de ce point de vue sur la situation « historique » d'une certaine entente de la philosophie analytique en milieu anglo-saxon, entendue comme refus de l'Histoire *sur fond d'historicisme mal dépassé ou impensé*) conduit directement à cette figure étrange, empruntée à Kojève lecteur de Hegel, que Fukuyama assimile au « dernier homme » nietzschéen : celle de « l'animal spirituel » [2], qui n'est plus qu'un reflet d'homme, confit dans la naturalité de l'anti-nature qu'est son « esprit ». Celui-ci ne fait que mimer l'histoire défunte, répéter ses gestes, purement en esprit, tellement celle-ci s'est déréalisée à ses yeux, à la mesure de sa pure historicité. Ici l'Histoire a rattrapé l'Histoire, et en a annulé « le sens », le réduisant précisément à n'être plus que du « sens », auquel le rapport ne peut guère qu'être esthétique, selon la figure de ce que

1. *Op. cit.*, p. 346.
2. Cf. *op. cit.*, p. 351.

Kojève avait envisagé, non sans ironie, comme une « japonisation » de l'esprit[1].

Le dernier homme « sait », mais précisément est-il écrasé par son savoir. Ici, dans la désagrégation même du sens historique (vide du trop-plein), le mythe de l'Histoire est présupposé et tacitement reconduit. En lui, le sens de l'Histoire vient se bousculer et brasser toutes les époques dans la confusion du non-sens : comment y croire, encore, puisque tout est *historique* ? La superposition des croyances nourries par les sens historiques d'une humanité s'étant construit la représentation d'une Histoire produit un vide immense : tout retombe dans la marche de cette même Histoire, et à la fin supposée de cette marche il ne reste à vrai dire que le vide.

C'est cette tentation du vide qui fait la force de la reprise du thème bien connu du progrès historique par Fukuyama. La foi moderne dans le progrès historique y regarde dans les yeux sa sœur jumelle : la certitude post-moderne de la vanité de tout cela. D'où comme un vague espoir de reprise, fort peu optimiste ou « historique », à la fin de l'article ou du livre de Fukuyama. À nous qui pourrions avoir perdu la capacité du « rêve » (or c'est cela aussi l'Histoire, la messianité de l'ailleurs), il se pourrait que le réel se découvre autre qu'il n'est, porteur en lui-même d'une différence immaîtrisable qui l'empêche de se figer en cette représentation de lui-même que pourrait être la fin de l'Histoire[2], à savoir la pure différence de la *différence* elle-même. C'est l'hypothèse et l'objection (qu'il dit « nietzschéenne de droite ») affrontée non sans complaisance par Fukuyama. Pour lui, tout le cours de l'Histoire est commandé par un facteur thymotique, de recherche de reconnaissance et de personnalité qui, selon lui, ne peut être satisfait que par l'invention et la mise en place, toujours à parfaire et qui à sa manière déploie une tâche infinie, de la démocratie. Celle-ci est fondée sur l'égalité, et donc la reconnaissance égale du *thymos* de chacun. Or, n'y a-t-il pas en l'homme aussi un principe de différence – les Grecs auraient dit de *megalothymia* – qui conduit à la recherche et au désir de l'inégalité pour elle-même ? N'y a-t-il pas une volonté de se distinguer, voire plus précisément de dominer, qui rentre en contradiction directe avec le désir de reconnaissance établissant une communauté de personnes égales, qui est au principe de la construction démocratique ? Il est possible que, quelles que soient les nombreuses

1. Cf. Alexandre Kojève, *Introduction à la lecture de Hegel,* Paris, Gallimard, 1968, note de la seconde édition, p. 436-37.

2. D'où la multiplication, dans l'historiographie contemporaine, des études du style « L'image de l'image de… », au détriment des recherches sur les choses elles-mêmes : nous sommes supposés avoir perdu ces « choses ». Ne reste que leur représentation.

sources d'inégalité et de compétition maintenues par les sociétés libérales modernes, la démocratie soit un régime intrinsèquement ennuyeux et médiocre, et en cela même instable. Ici Fukuyama introduit ou tout au moins envisage quelque chose comme une pulsion de mort de la liberté, en cela aussi bien moderne certainement. Porteuse de son propre scepticisme, l'Histoire ne peut-elle l'être de son nihilisme ?

L'Histoire nous aurait conduit ou serait en passe de nous conduire à l'homme moyen. Or il n'est pas d'exemple historique que l'homme ait supporté d'être l'homme moyen. Mais on remarquera de nouveau le préjugé fortement historiciste d'une telle conception, ou ne serait-ce que d'une telle hypothèse. Comme s'il était évident que nous soyons arrivés ou que nous allions au régime de l'homme moyen, au sens où cet énoncé ferait particulièrement sens par rapport aux autres époques, où il y aurait là un trait de notre époque par rapport aux autres, et qui la caractériserait tout de même comme la dernière des « époques », au sens de la dernière à faire époque – après, il n'y a plus que la perspective des « guerres de l'esprit », qui éventuellement, pour le simple plaisir de différer, seront très réelles et feront beaucoup de morts, mais, contrairement aux guerres « historiques » (la guerre de libération fichtéenne) seront en elles-mêmes insignifiantes. On croit toujours qu'il y ait ou qu'il y ait eu une Histoire et en être à la fin.

Bien sûr, tout cela est assez confus, et ne vaut pas Derrida ou Hegel. On a le choix entre trois versions successives et mêlées de la même fin : la fin présente du libéralisme tromphant, la fin future et idéale de la démocratie rêvée, et la fin déjà passée du nihilisme esthétisant. Il y a là les marques de très réelles tensions – et confusions – dans la pensée de Fukuyama. Mais ce tout et n'importe quoi est celui-là même du thème historique et de ses résonances. Le mérite de Fukuyama est de condenser tout le fond contradictoire d'historicisme, d'espoir, de désespoir, de goût, de jeu, de vanité, de certitude, de scepticisme que peut placer dans l'Histoire l'homme contemporain. Nous vivons décidément dans les religions du XIX^e siècle, c'est la gloire de Fukuyama de l'avoir prouvé (comme toujours la seconde fois en comédie), grand prêtre de l'Histoire aujourd'hui, qui, sous ses multiples facettes et le jour un peu amer que la post-modernité donne à tout, reste en définitive une hypothèse inentamée.

Face à cette rhétorique, retournée en rhétorique de la fin (que l'Histoire pourrait-elle être autre que rhétorique, elle dont le principe est de se construire en récit, dont on salue après coup la valeur performative même ?), nous ne voyons pour notre part d'autre solution que de proposer carrément de *sortir de l'Histoire*. Cette « sortie de l'Histoire » pour nous n'est pas une « fin », ni à proprement parler un « dessein », mais se résume à l'abandon d'un paradigme, de fait devenu usé et qui aujourd'hui tombe de lui-même, quelles que soient les ruses des religions de la post-modernité à s'inventer toujours de nouveaux dieux, en connivence avec la faux qui les fait tomber. Il ne saurait donc s'agir d'une fin de l'Histoire elle-même (il n'y a, pas plus que d'Histoire, pas de telle « fin »), mais de la fin du paradigme historiciste, qui a assez longtemps servi de rempart de certitude et/ou de scepticisme à notre post-modernité. Par là-même, nous proposons aussi bien une sortie de l'âge post-moderne de la pensée, c'est-à-dire, faudra-t-il le dire, un retour à une attitude de pensée modeste à défaut d'être « faible » (ce qui ordinairement est bien peu modeste), qui ne se considère pas comme une fin, ou un *après*, mais essaie de penser, tout simplement, assurément sans faire fi de son ancrage et de sa situation historique. Que l'on nous comprenne bien : il ne s'agit pas de refuser toute pertinence aux déterminations historiques acquises aujourd'hui par la pensée. Mais il faut purger l'Histoire de l'Éternel, qui la hante comme un spectre ; et c'est aussi bien en fait la purger de ce qu'on a nommé l'Histoire elle-même – c'est la première idole dont il faille se débarrasser.

Mais une équivoque se crée ici. Ce que nous décrivons et appelons de nos vœux, n'est-ce pas tout simplement une sortie de l'âge *moderne* de la pensée, et de la constellation hégélienne, qui est la sienne ? ce qui définirait très exactement l'attitude derridienne, dans sa lutte à sa manière contre « l'Histoire » elle-même (au sens de Hegel), et précisément l'âge post-moderne de la pensée, que nous prétendons congédier !

C'est là que nous revendiquons si ce n'est notre originalité en tout cas notre fermeté. Nous ne saurions quant à nous souscrire au prétendu dépassement derridien de Hegel. Les manœuvres de Derrida dans *Spectres de Marx,* autour du cadavre trop vite tué de Fukuyama, pour construire l'idée d'une messianité sans messianisme, à moins que cela ne soit le contraire (ce que du reste nous ne comprenons absolument pas) ne nous convainquent pas, dans la mesure même où à nos yeux, il n'y va encore de rien d'autre que d'une certaine idée, intrinsèquement métaphysique, de l'Histoire. Peut-être est-ce d'ailleurs ce que veut dire Derrida avec ses « spectres » : l'Histoire, comme autres idéaux, chassée par la porte, revient par la fenêtre. Il y a sans doute là quelque chose de juste et de profond : on ne se défait pas si aisément du corps de ses idéaux assassinés ; mais il n'empêchera que ce constat un peu rapide, et énoncé dans des termes trop mystiques pour ne pas donner à penser, nous paraisse suspect.

La recherche de Derrida se veut très spéculative, puisqu'elle aborde de front la question de la logique éventuelle de l'historicité, ou du débordement de celle-ci par rapport à la logique et au système d'oppositions habituelles dans lequel celle-ci se trouve prise. En fait, dit-il, il faut sortir de l'opposition binaire entre *effectivité* et *idéalité* telle précisément que l'a constituée la logique, et à laquelle se mesure habituellement l'histoire comme Histoire, qui a un sens [1]. Ces réflexions, qui font signe vers ce qu'il y a de meilleur chez le premier Derrida (la critique de ce qu'il y a de téléologique, et infiniment idéal, dans le discours de la présence comme effectivité, tel qu'on le rencontre chez Husserl par exemple, y compris sur le terrain même de la philosophie de l'histoire) méritent assurément l'attention. Elles délimitent certainement avec exactitude la difficulté autour de laquelle se cristallisent beaucoup d'aspects de la pensée contemporaine, qui est celle d'une véritable pensée de l'événement, qui le fasse échapper au sort de la simple effectivité inerte qui remet nécessairement à l'idéalité le rôle de lui conférer la plénitude de son sens, difficulté qui bien sûr appelle nécessairement un jour ou l'autre une confrontation avec les dites « philosophies de l'histoire », et la proposition de quelque alternative à elles. On ne saluera jamais assez le sens diagnostique de Jacques Derrida.

Mais la « solution » ou même les termes de l'aporie nous satisfont moins. En effet, Derrida se lance alors dans l'affirmation du caractère « virtuel » ou « spectral » (entremêlant à la sienne la langue de Deleuze, qui dit autre chose) de bon nombre de choses qui se passent dans l'Histoire – « aujourd'hui », précise-t-il, comme si ce n'était pas déjà vrai hier, reprenant encore à sa manière le mythe de la « fin ». L'idée, suggérée plus qu'énoncée, est qu'il y aurait des *événements sans effectivité*, et que, bien entendu, ce serait à ceux-là que se manifesterait l'irréductibilité de l'Histoire à une simple succession de données effectives. Mais, pour notre part, nous avons le plus grand mal à comprendre ce que serait une événementialité déconnectée de toute effectivité. Nous ne voyons pas pourquoi l'effectivité se verrait systématiquement réduite à endosser la tenue de la banalité positiviste. L'effectivité est en vérité un concept fort intéressant et prometteur. Elle est le pur fait précisément de ce qui déjoue toute actualité au sens d'une actualisation (d'une venue du sens ou au sens) et de ce couple acte/puissance que Derrida voue ici aux gémonies, le contrant par le passage au virtuel et au spectral généralisé. Qu'est-ce que l'effectivité, si ce n'est l'acte sans puissance, mais aussi sans virtualité, ce qui est tout simplement ce que cela est, et comme tel, le principe le plus actif de critique de la métaphysique ? Chose difficile à entendre assurément pour les métaphysiciens repentis, mais au fond d'eux-mêmes restés métaphysiciens (comme si la sortie de la métaphysique était une affaire de « conversion », répétant le geste de la métaphysique elle-même). Derrida mélange hardiment virtualité, spectre et prothèse (caractère « prothétique » de la réalité moderne ou post-moderne). Nous lui laisserons volontiers les premiers termes (même si pour le premier, comme nous

1. Derrida, *Spectres de Marx*, p. 108.

l'avons dit, nous le soupçonnons de recel indu), mais certainement pas la « prothèse ». Ce qui fait le caractère pro-thétique de l'événement, c'est le contraire de ce qui serait censé le faire spectral, c'est sa pure positivité dénuée de sens qui s'oppose à ce flottement du sens en dehors de toute réalité qui est celui du fantôme. La pro-thèse, c'est ce qui vient « en plus », mais qui par là-même est le paradigme de tout ce qui vient. Il n'est rien qui vienne qui, en tant que cela vient, ne vienne « en plus », en dehors de tout système à somme nulle et de toute économie, fût-elle fantômatique. La prothèse n'est pas un supplément, fût-il originaire : elle n'apporte rien, elle arrive, et c'est dans la mesure et dans la seule mesure où cela arrive (quelque sens qu'il en soit fait par ailleurs) qu'il y a « pro-thèse ». La prothèse (le caractère « pro-thétique » de l'événement) est un sain principe d'objectivation que la métaphysique de l'histoire contemporaine, dans ses pas gagnés pour sortir de « l'Histoire », gagnerait à intérioriser – mais cela l'obligerait à s'extérioriser par rapport à elle-même et au souci de soi qui la caractérise.

Contrepartie de ces événements qui ne sont pas des événements – les « spectres », dont nous savons tous pourtant que Spinoza eut le mérite de les expulser du réel – un futur qui n'est pas un futur. La dénégation est décidément la grande arme (d'une réduction qui n'en est pas une, ou qui est son négatif, son double parodique) de cette pensée. Vous croyez avoir affaire à telle ou telle chose, mais détrompez-vous ! Ce n'est pas ... mais ...

Ainsi Derrida propose-t-il d'opposer à ce qui à ses yeux n'est que le *futur* envisagé par Fukuyama, un *avenir*, dont on ne voit pas bien ce qu'il est, si ce n'est précisément un futur qui *n'est pas* un futur.

> Nous proposerons toujours de parler de démocratie *à venir*, non pas de démocratie *future*, au présent futur, non pas même d'une idée régulatrice, au sens kantien, ou d'une utopie – dans la mesure du moins où leur inaccessibilité garderait encore la forme temporelle d'un *présent futur*, d'une modalité future du *présent vivant*. [1]

L'attaque contre Fukuyama est claire, mais aussi bien contre Kant, Husserl, Hegel, les philosophies de l'Histoire, et la philosophie comme métaphysique de la présence en général. L'avenir est ce qui déborde radicalement le présent comme modalité de l'effectivité. C'est la transcendance pure et simple, qui s'oppose à celle de l'idéalité, dans la mesure où celle-ci (logique du Même) ne vit que de l'impôt prélévé sur l'effectivité, de l'évacuation *et* de l'idéalisation de laquelle elle s'entretient, dans la reconstitution d'une sorte de présent idéal, pôle et limite, qui ne cesse pas pour autant d'être un « présent ». L'avenir, c'est l'Autre

1. Derrida, *Spectres de Marx*, p. 110.

absolu, qui s'oppose au petit autre, dialectique, nécessaire à boucler l'Histoire sur elle-même, fût-ce et surtout dans l'idéalité de la Conscience. On est évidemment ici au plus près de Lévinas, dans sa critique de Hegel, et de ses épigones reconnus ou supposés.

On ne peut que partager une certaine sympathie pour ce que ce discours de l'excès ou de l'excédent, dans sa mise à mal de l'idéal (dans ce qu'il peut comporter de mêmeté mal liquidée, et mal sortie d'elle-même, c'est-à-dire de la logique du concept), peut receler d'empirisme radical, et de révolte de l'événementialité, pur advenir, contre le sens qu'on a toujours tout prêt pour elle. Mais il faut bien dire que nous avons précisément du mal à retrouver là l'événement comme tel, c'est-à-dire toujours aussi comme *effectivité*, et positivité – c'est là, et nulle part ailleurs, qu'est l'avenir, dans le surgissement même de l'événement, qui est toujours « au présent » si l'on veut, mais comme rien que cela aurait sens ou intérêt de caractériser comme « présent » (l'important est qu'il « arrive »). À vrai dire, nous avons du mal à comprendre de quoi parle Derrida, ou nous le comprenons trop bien – tant est persistant le désir du Messie, à défaut du Messie lui-même, une fois perdu celui-ci, comme illusion ultime, et tenace, de la conscience historiciste de la post-modernité. « L'avenir » dont il nous parle aurait-il un sens, serait-il possible ? Sauf précisément à l'assigner comme limite critique dressée par l'*effectivité* elle-même, qui est un autre sens (le « vrai » sens, car il n'y en a pas d'autre, nous n'avons que ces mots là pour le dire) du *présent*. Pourquoi le présent serait-il voué à la « métaphysique » ? Une fois qu'on lui a restitué sa dimension constitutive (ou au contraire dé-constitutive, limite de toute « constitution » ou prestation de sens) d'« arrivée », d'*événementialité* fondamentale, on peut en douter. Nul besoin, pourrait-on dire, d'avenir radical pour cela. Le présent événementiel (véritable et quotidien avenir) est même au contraire ce qui relègue l'avenir radical au rang des impostures éternitaires (sauf à, comme Derrida, le rendre impossible à penser, dans ce mouvement de rature ou de théologie négative typique de la pensée post-moderne), tout comme l'avenir radical est ce qui, chez Derrida, en ultime et nihiliste, « négatif », théologien du sens, empêche d'entendre la quotidienneté et l'actualité (sans puissance et sans « sens ») de l'événementialité elle-même.

Le fond du problème est simple : pourquoi l'événement devrait-il toujours se dire sous la figure de l'*eschatologie* ? Derrida parle de « ce rapport eschatologique à l'avenir d'un événement et d'une singularité, d'une altérité inanticipable »[1]. Nous sommes bien d'accord avec lui sur le fait que l'événement est singularité pure et sur le caractère d'altérité inanticipable de cette singularité, mais pourquoi cette singularité –

1. *Op. cit.*, p. 111.

l'événement – serait-elle *à venir* ? Pourquoi l'événement serait-il *avènement* ? Ce n'est pas par indifférence à sa singularité que nous plaidons pour que l'on dépouille l'événement de son être-avènement, bien au contraire, mais c'est par fidélité à elle, pour en préserver tout l'écho. Pourquoi ordonner l'événement à autre chose que lui-même ? Pourquoi le réfléchir dans le miroir d'une altérité absolue, qui le dépasse ? Son altérité est là où il est, nulle part ailleurs que lui-même – il est essentiellement altération, de celle qui dépose roses et rides, joies et peines sur nos visages, jusqu'à ce que mort s'ensuive, ce qui est encore un événement. Pourquoi emprisonner, ou enrégimenter (à la mesure d'une « ouverture » proclamée, mais le grand Autre ne vaut guère mieux que l'être ici, comme machine à sécréter les essences) l'événement à la mesure d'une « attente » ?

> Attente sans horizon d'attente, attente de ce qu'on n'attend pas encore ou de ce qu'on attend plus, hospitalité sans réserve, salut de bienvenue d'avance accordé à la surprise absolue de l'*arrivant* auquel on ne demandera aucune contrepartie, ni de s'engager selon les contrats domestiques d'aucune puissance d'accueil (famille, État, nation, territoire, sol ou sang, langue, culture en général, humanité même), *juste* ouverture qui renonce à tout droit de propriété, à tout droit en général, ouverture messianique à ce qui vient, c'est-à-dire à l'événement qu'on ne saurait attendre *comme tel*, ni donc reconnaître d'avance, à l'événement comme l'étranger même, à celle ou à celui pour qui on doit laisser une place vide, toujours, en mémoire de l'espérance.[1]

En ce qu'on pourrait appeler « lévinasien débridé », Derrida a accompli le tour de force de réduire l'Histoire à la forme de l'injonction éthique (qui n'a plus rien d'éthique au demeurant, dans sa dépersonnalisation extrême) ou de l'appel à l'état pur, appel de l'ouverture à un pur autrui qu'on doit toujours être prêt à recevoir et au feu duquel on est toujours exposé au préalable – notre embarquement dans l'Histoire est à ce prix. L'Histoire demeure bien le lieu et l'opérateur de la justice comme justification – de ce qu'on ait toujours déjà à se justifier soi-même d'y être. C'est le sens que prend ici l'appel de l'ailleurs. Or, nous semble-t-il, s'il est vrai qu'il y a altération dans l'Histoire, qu'elle soit ouverture et accueil à un autrui, c'est chose beaucoup plus discutable et prédéterminée. Pourquoi l'ouverture à ce qui vient aurait-elle nécessairement la gloire d'être « messianique » ? Pourquoi serait-elle affaire de « justice » ? L'historicité, comme pur advenir de ce qui vient, n'est-elle pas plus simplement et modestement – de façon à strictement parler rigoureusement *insignifiante* – en deçà de la justice, mais d'un en-deçà en lui-même point du tout insignifiant, car, dans

1. *Op. cit., loc. cit.*

son irréductible contingence, il *résiste*, introduit une zone d'ombre en l'homme et fait problème par rapport à la justice ? Voilà une piste que se garde bien d'examiner Derrida.

Mais c'est qu'il ne tarde pas alors à avouer ses sources, allant en un sens jusqu'au bout de ses choix. Il tient à l'Histoire au fond, dans et par la « déconstruction » même, *qui est un historicisme, qui plus est messianique*. C'est qu'en fait, comme tout bon lecteur de *La grammatologie* déjà l'avait compris, Derrida, le critique éclairé de l'idéalité du transcendantal husserlien, est tout sauf un empiriste. Il tient, « en dernier appel », au transcendantal, et son retour spectral vers les philosophies de l'Histoire, au fil conducteur d'une méditation sur les résurgences et survivances de l'héritage marxiste, ne doit pas étonner : l'Histoire n'est ici (comme elle l'a toujours été depuis son invention à la fin du XVIII$^{e}$ siècle) que l'opérateur obligé de cette synthèse qui est celle du transcendantal, fût-il placé alors dans la pure transcendance (apparemment anti-transcendantale, dans l'empiricité radicale de l'indéductible) de la pure attente. D'être pure attente, d'avoir raturé tous ses contenus, l'attente (ou le messianisme absolu, « à vide ») est alors l'opérateur transcendantal idéal. D'où le retour, inévitable, du discours sur les *conditions de possibilité*. Il y a des événements, tout arrive – et nous serons bien d'accord avec cela – mais il faudra déterminer leurs conditions de possibilité, qui sont bien dans une certaine mesure des conditions de fondation – et nous décrochons, car à notre sens rien ne précède l'événement, dont le sens, simple, est de nous emmener à un niveau de l'expérience hors-fondation, qui est aussi bien un constituant de l'expérience au sens ordinaire, le plus « naturel », de ce terme.

> Une telle hospitalité sans réserve, condition pourtant de l'événement et donc de l'histoire (rien ni personne n'arriverait autrement, hypothèse qu'on ne peut jamais exclure, bien entendu), il serait facile, trop facile de montrer qu'elle est l'impossible même, et que cette *condition de possibilité* de l'événement est aussi sa *condition d'impossibilité*, comme ce concept étrange de messianisme sans contenu, du messianique sans messianisme, qui nous guide ici comme des aveugles. Mais il serait tout aussi facile de montrer que sans cette expérience de l'impossible, il vaudrait mieux renoncer et à la justice, et à l'événement.[1]

On fera valoir que Derrida parle de « condition d'impossibilité », mais n'importe quel lecteur de *Sein und Zeit* sait que des conditions de possibilité qui se retournent en conditions d'impossibilité constituent l'ultime figure (mortelle) de l'idéalisme transcendantal. La fondation par

1. *Op. cit.*, *loc. cit.*

l'impossibilité est l'ultime et la plus radicale des possibilisations. C'est celle à laquelle nous confronte ici le prophétisme de Derrida, qui transfère sur la Bonne Nouvelle (laquelle, on ne sait, mais c'est là la pointe « post-moderne » du raisonnement) certaines propriétés du rapport à la mort du *Dasein* heideggerien. L'expérience de l'impossible possibilise et la justice, et l'événement. Dans cette « hospitalité » (« ouverture ») il y a une condition « de l'événement *donc* de l'histoire » (un *donc* déjà qui est curieux, et qui referme la possibilité, plus subversive, que l'événement joue contre l'Histoire, et qu'il n'y ait qu'en dehors de l'Histoire place pour des événements), « sans laquelle rien ni personne n'arriverait ». Que sans cela « personne » n'arrive, au sens d'aucune « personne », d'aucun être de responsabilité morale, nous en sommes bien d'accord, et si Derrida voulait dire par là que l'Histoire est essentiellement un concept éthique, nous n'y verrions pas d'objection – sauf qu'il faudrait alors rappeler, avec le dernier Foucault, que l'éthique aussi est constituée. Mais il se garde évidemment bien d'adopter cette limitation – et cet affaiblissement – de son propos, qui serait alors sans doute aussi moins post-moderne, et rejoindrait un kantisme prétendument dépassé. C'est le caractère global de la phrase qui nous paraît inacceptable : sans « l'hospitalité » proclamée et l'impossible justice (ou justice de l'impossibilité), réserve faite des personnes, il n'est en effet pas vrai que *rien* n'arriverait. Dans cette déduction par l'impossible on peut du reste reconnaître une forme rénovée, « post-moderne », de la bonne vieille métaphysique (« pourquoi il y a quelque chose *plutôt que rien* », comme si le « quelque chose » avait à se justifier d'être plutôt que le rien). Certes on dira que « rien » ne serait dans l'Histoire si les personnes n'étaient pas, et que ce n'est que par rapport à l'existence des personnes que ce qui arrive a un sens et *donc* que quelque chose peut arriver. Mais dans un retour de flamme de l'idéalisme du « sens » historique, c'est complètement faire abstraction de l'aspect inverse et complémentaire de l'Histoire – même s'il ne fait assurément pas somme avec celui-ci – qui est que, dans l'Histoire, les personnes ne sont assurément jamais seulement ou absolument des personnes, mais s'échappent à elles-mêmes, sont toujours aussi des « choses » ou tout au moins des positivités, s'éparpillent dans les événements qui « arrivent » précisément, et, dans cette « arrivée » même, ont toujours une teneur fondamentale d'*impersonnalité*. C'est là justement que s'assigne l'historicité des dits événements, celle qui nous transforme en simples corps et actions (y compris dites « spirituelles », mais qui seront alors justiciables des sciences humaines) déposés à même « le cours des événements ». À tout cela il n'y a pas de « conditions de possibilité », mais c'est cela même qui les crée. L'Histoire n'est qu'en vertu d'un sens, mais le sens n'est lui-même qu'en vertu de l'arrivée de faits qui se produisent, il a des conditions réelles, et le sens n'est qu'inscrit sur le corps même de positivités, qui, comme on dit, ont elles-mêmes une histoire – mais celle-ci ne peut être simplement réintégrée au compte d'une Histoire unifiante, qui serait celle d'un sens précédant le fait. D'une certaine façon, *elle n'a absolument pas de conditions de possibilité.*

C'est cette pure arrivée qu'a toujours essayé de neutraliser la métaphysique, et ici, en rejeton tardif, Derrida après d'autres. D'où un concept (théologiquement et métaphysiquement) surchargé de l'événement, qui ne sert à rien d'autre qu'à nous menacer de devoir « renoncer » à l'événement si nous n'acceptons pas si ce n'est Dieu et l'attente eschatologique en tout cas l'un de ses doubles post-modernes. Tant l'homme, dans la remise en question même des versions naïves du discours de la fin, a besoin de « fin ». Or, en bon empirisme, nous serions pour notre part tenté de penser que l'événement est un principe absolument simple, celui de l'arrivée de ce qui arrive, et nous ne voyons absolument pas pourquoi nous serions, au nom de sa « recevabilité » (c'est raisonner encore transcendantalement), obligés d'accepter tout ce dont on nous menace.

Bien sûr des questions se posent par rapport à la temporalité de cet « événement » que nous exhibons comme non-principe ultime – ce en vertu de quoi il ne peut pas y avoir d'« ultime » précisément. Et Derrida nous paraît plus intéressant lorsqu'il entame une critique de la *successivité*, comme refermant sur ce qui arrive (pour lui, « l'attente ») le piège du présent continué. « Tant qu'on se fiera à une temporalité générale ou à une temporalité historique faite de l'enchaînement *successif* de présents identiques à eux-mêmes et d'eux-mêmes contemporains »[1], on ne pourra avoir accès au sens de l'événementialité, comme pur « avenir ». Nous ne serions certainement pas d'accord sur la « pureté » de cet avenir – qui pour nous au contraire est essentielle « impureté » de l'effectivité, qui est toujours advenir *déterminé* – mais il faut retenir cette déconstruction de son pseudo-enrégimentement historique comme « présent » mis en succession. À notre sens, il faudrait bien plutôt revenir à l'intuition humienne[2] (impression, *datum*) d'une événementialité *antérieure* à toute « successivité » – et pourtant en rien « plus originaire » qu'elle, puisque ce à partir de quoi cela n'a plus de sens de raisonner en termes d'origine. Mais ceci n'est précisément pas une décision sur le temps : notre thèse en vérité serait qu'il faut penser le temps à partir de l'événement (comme, dans une tentative dont on n'a pas encore mesuré toute l'étrangeté, Hume a essayé de le faire au Livre I, Deuxième Partie, du *Traité*) et non l'inverse. Il faut renoncer au

1. *Op. cit.*, p. 119.

2. Cf. notre essai « Qu'est-ce qui est donné ? La pensée et l'événement », *Archives de philosophie*, 1996.

discours transcendantal sur le temps comme fondation de l'événementialité de l'événement – ce à quoi nous ne sommes pas sûr que Derrida ne sacrifie pas encore à sa manière dans sa déconstruction même du présent comme forme obligée de l'entente métaphysique du temps, son messianisme, qui est épreuve pure du temps, oblige. Le paradoxe, pressenti par Hume historien aussi, est sans doute que, pour reconquérir l'historicité, il faudrait commencer par déboulonner le prestige du Temps, fil rouge du contrat phénoménologique qui traverse la pensée occidentale, comme l'a bien décelé Heidegger en aboutissement d'une tradition plus qu'en subversion. Il se peut en vérité que les *dates* [1], pure émergence de données flottant sur la surface de l'Histoire, soient irréductibles (à l'épreuve de quelque « datation ») au Temps de la conscience à laquelle elles s'arrachent, fût-il à venir, et en un sens plus « fondamentales » que lui (dans l'impossibilité même de toute « fondation »), dans ce qu'elles peuvent soustraire à l'illusion du contrôle que nous en avons, et dans ce qu'elles peuvent avoir par là-même de réfractaire au sens que nous en faisons.

Le « programme » avancé par Derrida à la fin de cette analyse critique du livre de Fukuyama est très explicite, et porte toutes les contradictions d'une théologie de l'Histoire qui voudrait se débarrasser de la théologie, ou d'un historicisme du divin qui voudrait dépasser « l'Histoire », et qui finit nécessairement par conserver les deux, de trop tenir à l'un ou à l'autre, à l'un *et* à l'autre, dans un « dépassement » qui en réalité, comme toute la modernité, n'échappe pas au paradigme historiciste.

> Une certaine démarche déconstructrice, du moins celle dans laquelle j'ai cru devoir m'engager, consistait dès le départ à mettre en question le concept onto-théo – mais aussi archéo-téléologique – de l'histoire chez Hegel, Marx ou même dans la pensée épochale de Heidegger. Non pas pour y opposer une fin de l'histoire ou une anhistoricité mais au contraire pour démontrer que cette onto-théo-archéo-téléologie verrouille, neutralise et finalement annule l'historicité. Il s'agissait alors de penser une autre historicité – non pas une nouvelle histoire ou encore moins un "new historicism", mais une autre ouverture de l'événementialité comme historicité qui permît de ne pas y renoncer mais au contraire d'ouvrir l'accès à une pensée affirmatrice de la promesse messianique et émancipatoire comme promesse : comme *promesse* et non comme programme ou dessein onto-théologique ou téléo-eschatologique. Car loin qu'il faille

1. Sans doute une des principales insuffisances de *Sein und Zeit*, dans le mépris affiché du temps calendaire, est-elle l'incapacité – sans doute liée à des raisons structurelles, aux limites mêmes de la phénoménologie dans la mesure où celle-ci est attachée à la fiction du « Temps » – à élaborer une véritable phénoménologie, ou à défaut philosophie, de la datation (dans sa dimension irréductiblement non subjective) ou des dates, prenant acte de l'impossibilité, qui en est constitutive, de les reconduire entièrement à toute opération de « datation » subjective.

> renoncer au désir émancipatoire, il faut y tenir plus que jamais, semble-t-il, et d'ailleurs comme à l'indestructible même du "il faut". C'est là la condition d'une re-politisation, peut-être d'un autre concept du politique.[1]

Qu'il ne faille pas renoncer au « désir émancipatoire », nous en tomberons aisément d'accord avec Derrida, mais c'est parce qu'il est désir – et en cela même émancipatoire – et non « en vue de » l'émancipation, qui se tiendrait au delà. Pourquoi, une fois l'Histoire déconstruite, ce qui resterait devrait-il se dire sous l'espèce de la « promesse » ? Pourquoi ce besoin de messianisme, au delà – ou ce qu'on prétend « au delà », car c'est contradictoire dans les termes – de l'eschatologie ? Un messianisme « sans eschatologie » du reste est-il possible ? Derrida nous assène avec toute la force et la violence silencieuse de la métaphysique le « Il faut » de ce qui pourrait bien en dernier lieu se révèler un impératif catégorique. Mais est-ce là la lecture du « Il faut » qui fait l'événement, comme constitutif de l'événement lui-même, ou ne faut-il pas reconnaître encore là comme une fausse monnaie de l'Éternité – celle qui justement est matière à « Histoire » ? En d'autres termes, le « Il faut » du désir – puisque c'est de celui-là qu'il s'agit – est-il nécessairement messianique ? N'a-t-il pas au contraire une évidence, une *présence* – celle du pain de Jean Valjean dans la vitrine de la boulangerie – qui se passe de tout Messie ?

Il faudra sans doute proposer une autre théorie de l'émancipation, et de la libération, qui se passe de toute « théologie » associée. Il faudra penser l'émancipation comme libération elle-même d'une positivité (celle de l'événement pur du désir, précisément), d'une effectivité, et non d'une promesse, comme « évidence ». « Nous pouvons faire cela », tel est le sens du « mythe » collectif, opérateur révolutionnaire et figure active de l'émancipation, qui, comme l'avait compris Sorel, n'est pas un « spectre », ni une « utopie ».

Quant à la (magnifique) formule ultime de Derrida sur la nécessité d'un « autre concept de la politique », au risque de passer pour conservateur, nous serons obligé de la récuser. Il n'y a pas d'« autre concept de la politique ». L'Autre appelé n'est que dans la politique (telle qu'elle est, il n'y en a pas d'autre), où il est *les autres*, et prend la figure concrète du rapport historique (mais en dehors de toute « Histoire ») que nous sommes capables de construire avec eux.

Mais qu'est-ce dire ceci ? Comment accepter sereinement une Histoire soustraite – si ce n'est éthiquement, ce qui est un problème personnel,

1. Derrida, *Spectres de Marx*, p. 125-26.

c'est-à-dire aussi, il faudra s'habituer à l'entendre dire, extrêmement limité – à ce que Derrida après d'autres appelle la Justice ? Comment même la penser ? N'avons-nous pas besoin de la justification et de la « fin », sous ses formes multiples ?

Il faudra pourtant sans doute apprendre à s'en passer, par fidélité même à la donnée des dits « événements historiques » et au sens de « l'Histoire », qui est de n'en pas être – ou jamais entièrement – une. Dans *L'homme sans qualités*, à Walter, qui, de façon un peu âpre, somme Ulrich de dire s'il faut renoncer à donner tout sens à la vie, l'anti-héros musilien demande en retour « pourquoi, somme toute, il lui fallait un sens »[1]. C'est bien le problème de Fukuyama, qui, depuis le début nous tient le discours de « l'ordre » et du « sens » – ce qui définit une Histoire, précisément. Derrida, dans sa subversion du conservatisme libéral, qui croit la Bonne Nouvelle arrivée, maintenant quant à lui infiniment la procrastination de la « différance », nous a sauvé de l'ordre – mais n'est-ce pas pour mieux préserver, et porter à sa puissance extrême, dans la pureté (et la vacuité, qui toujours frôle le nihilisme) même de l'injonction, le besoin du sens ? On dira qu'ici le « sens » est réduit à son pur besoin, sans plus avoir la charge d'être aucun « sens » en particulier. Mais ceci, n'est-ce pas « la religion » à l'état pur, et le fond même du discours du « sens » – le sens est toujours à venir, sinon il ne serait pas ? L'Histoire a décidément du mal à se défaire de sa théologie – c'est qu'elle est en elle-même un concept théologique, les atermoiements des post-modernes avec Dieu, dans lesquels seuls ils trouvent la force d'être *post*, devraient encore aujourd'hui le prouver.

Il est possible que cette théologie, du point de vue moral, qui est toujours aussi un peu plus que moral (« révolutionnaire »), soit un mal nécessaire. Mais il faut prendre garde ici au degré auquel la morale peut se faire constitutive, et prendre la figure équivoque de l'ontologie – ce qui est d'ailleurs souvent un obstacle à la morale elle-même, dans ses grandes déviations historicistes que sont le fatalisme et le fanatisme, illusions jumelles de qui a trop demandé de morale au réel, ou a trop placé la morale dans le réel. Il faut se résigner à l'admettre, l'optimisme comme le pessimisme sont faux – ou n'ont de valeur qu'*éthique* – et le réel n'est que le réel, c'est-à-dire tout et n'importe quoi. C'est ce sens de la positivité et de la contingence, sans aucun pathos destinal de la « fin », qu'il importe de reconquérir aujourd'hui, si l'on veut reconquérir les voies non pas d'une philosophie de l'Histoire (ce sera tout le contraire), mais d'une philosophie qui tienne compte de l'histoire.

1. Robert Musil, *L'homme sans qualités*, tr. fr. Philippe Jaccottet, Paris, Seuil, 1956, T. I, p. 259.

Mais comment ne pas céder alors à la tentation du « non-sens », qui est l'envers du sens, et la même illusion, et conduit directement à la figure obligée de la « fin », double de « l'accomplissement », qu'il faudrait aujourd'hui l'un et l'autre dépasser ? Tout le problème est celui d'un dépassement qui ne peut pas en être un, car, par nécessité, nous ne croyons pas plus alors au dépassement qu'à l'Histoire – puisque nous ne « croyons » pas, tout simplement – mais ce que nous appellerons une « sortie », une sortie sur la pointe des pieds de l'Histoire et de la métaphysique, sans drame ni réfutation, mais juste en fidélité à « ce qui arrive » précisément.

La solution n'est donc certainement pas d'évacuer purement et simplement le thème de la fin de l'Histoire en décrétant et en affirmant haut et fort que « l'Histoire n'a pas de sens ». L'imputation de non-sens relève du discours du sens ; surtout ce genre de propos maintient *l'Histoire* comme objet de thèses, ce qu'il s'agirait de discuter précisément. Mais la conviction bien assurée que « l'Histoire n'existe pas », rejetant et la théologie et l'historicisme relativiste (envers et avers de la même monnaie) de notre époque, conviction qui pourrait être la nôtre, suffira-t-elle aussi ? Il est bien évident que la hauteur de ce genre de thèses en dépasse la portée nivelante et en nourrit la propre réfutation. On ne peut échapper si simplement au discours de l'Histoire, faire comme si elle n'existait pas, purement et simplement – ce serait jouer le jeu de cet opérateur transcendantal, dont resterait alors la place manquante, le défaut, combien fascinant et paralysant pour la pensée. Le cadavre de l'Histoire doit lui-même être réduit et déconstruit à la mesure de ce qui arrive, qu'il était censé normer. Il n'est pas vrai que la suppression ou la dédramatisation du sens historique – qui lui restitue aussi bien son sens, relatif, d'« intrigue », fonction d'une attention, d'un intérêt, et d'une certaine forme d'événementialité – dédouane de tout discours sur la façon que les choses qui arrivent (les « événements ») ont d'arriver. L'impossibilité de toute déduction transcendantale de l'événement laisse entièrement ouverte la question de sa grammaire, du codage et du décodage des séries où viennent se produire ses occurrences disjointes, entre l'action et l'écrit, sans qu'aucune conscience où instance transcendantale puisse jamais en unifier l'Histoire en une geste ou en un « sens ». On pourra donc dire avec Foucault : « Je n'ai pas nié l'histoire, j'ai tenu en suspens la catégorie générale et vide du changement pour faire apparaître des transformations de niveaux différents »[1].

Ici exactement, nous semble-t-il, se pose en effet ce qu'on pourrait appeler le problème de Foucault : affranchir l'histoire de sa sujétion

1. Michel Foucault, *L'archéologie du savoir*, Paris, Gallimard, 1969, p. 261.

transcendantale, ce qui ne supprime en rien les problèmes d'ordre et de grammaire « historiques », mais permet de les réouvrir, à la mesure de l'événement (c'est-à-dire toujours *des* événement*s*) précisément. L'Histoire n'est plus alors un opérateur transcendantal (fondation des règles), mais pur advenir de ce qui n'advient jamais sans règle, mais dont les règles elles-mêmes adviennent. Décliner ainsi les règles instituées et destituées, c'est éprouver les conditions mêmes – « réelles », comme on disait dans le temps, mais qui sont largement discursives – de la pensée, qui ne sont le lieu d'aucune fondation, mais bien plutôt d'un retard, d'une impossibilité constitutive mais non constituante, « positive » faudra-t-il dire, pour la pensée de ressaisir sa propre origine. À celui qui se proposait :

> d'analyser cette histoire, dans une discontinuité qu'aucune téléologie ne réduirait par avance ; de la repérer dans une dispersion qu'aucun horizon préalable ne pourrait refermer ; de la laisser se déployer dans un anonymat auquel nulle constitution transcendantale n'imposerait la forme du sujet ; de l'ouvrir à une temporalité qui ne promettrait le retour d'aucune aurore [1],

les vrais et faux débats contemporains sur « la fin de l'Histoire » auraient assurément prêté à sourire, dans la reconduction du « narcissisme transcendantal » par lui dénoncé. Dans la « fin », la rhétorique néo-hégélienne qui l'entoure le prouve assez, il y va d'une certaine figure de la « conscience », ou d'une certaine « attitude » du *Dasein*, fût-il arc-bouté en dépassement de lui-même dans la Promesse. Mais l'histoire – lorsqu'elle cesse d'être « Histoire » justement, et opérateur transcendantal – est ce qui excède le pouvoir de synthèse de tout « sujet » [2], fût-il – et surtout – d'au delà du sujet, figure même, alors, de la Synthèse. Par là-même, elle est ce qui se met à exister lorsqu'elle cesse d'être un *a priori* [3], même celui de cette forme d'idéalisme transcendantal paradoxal, ou limite, qui est celui du *Dasein* [4], ou de Derrida encore – puisant ses ressources de fondation alors dans le thème de « la fin », « les fins de l'Homme » étant ce qui survit à l'Homme du thème transcendantal.

Ce n'est donc pas un sens de la fin (la fin du sentiment ou de l'illusion de l'Histoire) que nous voudrions opposer à un autre (la fin de l'Histoire elle-même), mais une incapacité à finir, ou une absence de sens pour la fin.

1. *Op. cit.*, p. 264-65.
2. Cf. *op. cit.*, p. 23-24.
3. Ce qu'elle est d'abord comme Histoire, en premier fruit de l'âge du transcendantal, qu'elle porte aussi à sa limite. Cf. Michel Foucault, *Les mots et les choses*, Paris, Gallimard, p. 231.
4. Sur l'échappement de l'histoire à toute fondation dans l'ontologie fondamentale du *Dasein* ou à toute historialité du même *Dasein*, voir Paul Veyne, *Comment on écrit l'histoire*, p. 101-102 n.

Sans doute le sentiment de la vanité et de l'irrécupérabilité de la trace qui domine les dernières pages de *L'archéologie du savoir* en donne-t-il dans une certaine mesure le ton, même si, en connivence avec les illusions alors dépassées, il ne va pas peut-être sans encore trop de joie mauvaise pour être entièrement net de fictions. Tout à la fois il n'est pas vrai qu'on ne laisse rien, que rien ne se dépose, qu'il n'y ait pas de « trace », et il n'est pas vrai non plus que ce qui est ainsi déposé fasse sens selon la façon dont cela l'est, ni même au delà – l'au–delà investissant alors de sa propre certitude le dépôt. L'histoire est dans cette perte même du sens de l'histoire qui en est constitutive, et qui est perte du sens en général – sans gloire d'aucun non-sens non plus : c'est le destin naturel du sens, dans le train d'événements où il est pris. Sans doute est-ce ce que Foucault entend, lorsque, de façon ultime, en allusion transparente à Hegel, il énonce l'impossibilité de toute « réconciliation » avec la mort – réconciliation dont le nom serait : le Sens, précisément – cela sans aucune tragédie (qui est la façon de faire sens du non-sens, c'est-à-dire de croire que le concept de « non-sens » ait un sens) :

> Le discours n'est pas la vie : son temps n'est pas le vôtre ; en lui, vous ne vous réconcilierez pas avec la mort ; il se peut bien que vous ayez tué Dieu sous le poids de tout ce que vous avez dit ; mais ne pensez pas que vous ferez, de tout ce que vous dites, un homme qui vivra plus que vous. [1]

On n'a jamais que l'histoire qu'on a – ce qui arrive, de l'extérieur, « sans nous » pour ainsi dire, et où nous sommes pourtant. C'est aussi ce qu'on trouvait déjà chez Marx sans doute, tout au moins le Marx purgé de théologie (et de récupération par la conscience et par « l'Histoire » précisément) du « matérialisme historique », comme l'avait bien diagnostiqué Foucault avant de renier Marx. Il faudra répéter la critique bien connue faite à Hegel, au titre d'une « théorie matérialiste de l'histoire » :

> L'histoire n'est rien que la succession des générations, qui viennent l'une après l'autre et dont chacune exploite les matériaux, les capitaux, les forces productives légués par toutes les générations précédentes ; par conséquent, chacune d'elle continue, d'une part, l'activité traditionnelle dans des circonstances entièrement modifiées et, d'autre part, elle modifie les anciennes conditions par une activité totalement différente. Grâce à des artifices spéculatifs, on peut nous faire croire que l'histoire à venir est le but de l'histoire passée. Ainsi, par exemple, on attribue à la découverte de l'Amérique un but, celui d'avoir permis le déclenchement de la Révolution française. Grâce à quoi l'histoire se voit assigner des fins particulières et devient une "personne parmi des personnes" (telles que "Conscience de soi, Critique, Unique", etc.) tandis que ce que l'on dési-

1. Foucault, *L'archéologie du savoir*, p. 275.

> gne par les termes "vocation", "but", "germe", "Idée" de l'histoire antérieure est tout simplement une abstraction de l'histoire ultérieure, une abstraction de l'influence active que l'histoire passée exerce sur l'histoire récente.[1]

C'est bien de cette « illusion biographique »[2], selon laquelle l'Histoire est une *personne* – avec le discours de la vocation, de l'ipséité et éventuellement de la responsabilité ontologisée, devenue principe de l'Histoire elle-même, qui l'accompagne alors[3] –, dont il faut se défaire. La question se pose de savoir si elle ne fait pas fond sur une conception erronée de l'autobiographie elle-même : comme s'il y avait un *Soi* qui lui préexistait, ou même qui s'y actualisait – s'y bouclait, pour ainsi dire, sur son ipséité. L'important serait alors toujours qu'il y ait un Soi, même là où ce Soi devient celui de l'homme malade[4] – celui de la « fin de l'Histoire ».

L'Histoire pas plus que l'homme individuel – si cette entité existe, c'est-à-dire est légitime – n'a de Soi, parce qu'il n'y a pas d'Histoire. Cependant à cette absence même s'arrache l'historicité des événements quotidiens, comme pure contingence, mais contingence qui n'est pas sans règle – non celle de la nécessité d'aucun « Sens », mais celles des processus objectifs, d'héritages et de changements, qui nous échappent dans leur événement même. C'est cette neutralité de processus objectifs qui puisent dans leur anonymat leur capacité d'investir nos « personnes » et d'en déterminer le jeu (ce qui est indépendant de la dramaturgie de toute liberté qu'on « limite », parce qu'indifférent à elle tout comme celle-ci en un sens – dans l'illusion nécessaire de ses « représentations » – demeure toujours indifférente à lui) que Marx a sans nul doute appréhendée dans cette première conception, apparemment naïvement « générationnelle », de l'Histoire, enfoncée dans la générativité de l'homme, c'est-à-dire dans une *nature* au sens où il y a là le lieu toujours aussi d'une « histoire naturelle »,

1. Marx, *L'idéologie allemande*, Pléiade, T. III, p. 1069. Cf., ici même, la contribution de F. Thibault, p. 135-136.

2. Dont la persistance dans le discours de Fukuyama est bien relevée par Irving Kristol dans son article dans le numéro spécial de *Commentaire*, automne 1989.

3. Pour une critique de ce discours – et donc de la notion de *personne* – sur le terrain de l'analytique de l'individualité, voir notre essai « Être soi-même : Heidegger et l'obsession de l'identité », *Revue philosophique de Louvain*, 94, 1996, p. 69-91. C'est le même genre d'analyse que nous appliquons ici à « l'Histoire », double spéculatif de la « personne », à la mesure de la « conscience » ou du « Sens », toutes instances qu'il faut déstabiliser et déréifier, remettre en mouvement à l'épreuve d'une pensée réellement *critique* – et non *transcendantale*.

4. Sur cette obstination dans l'ipséité, jusque dans la négativité même, voir encore et toujours les dernières lignes de *La généalogie de la morale*, qui pourraient bien dévoiler quelque chose de l'habitus de ceux qui veulent aujourd'hui se représenter comme « le dernier homme ».

dans cet échappement à soi des *corps* dont l'usure et le dépôt constituent les marques de l'Histoire, comme flux de positivités sans retour. Certes, on peut suspecter ici encore quelque abstraction et quelque inconséquence : qu'est-ce « l'histoire passée », censée exercer (en bloc ?) son influence sur « l'histoire récente » ? Mais l'histoire ainsi décrite – ou plutôt forgée de toute pièce, comme mythe nécessaire d'explication causale, en dehors de tout contrat phénoménologique où se réfléchirait son sens déjà donné – est *une histoire sans conscience*, cela non pas, comme dans les débats éculés entre marxisme et existentialisme, au sens où elle ne s'accompagnerait pas de conscience de la part des individus, mais au sens où en et pour elle-même, dans la pure nudité de ce qui y arrive, et du pur advenir (successivité générationnelle) qu'elle est, elle se passe radicalement de conscience, elle précède radicalement le sens qui en est fait, et toute donation de sens qui prétendrait la clôre. C'est le sens certainement, loin ou en deçà de tout simple « déterminisme », du discours marxiste sur les « conditions objectives » de la situation et le « mouvement réel ». Les conditions objectives y précèdent la situation et non l'inverse, et l'important est que le mouvement soit *réel*, non qu'il soit mouvement, comme si un supplément de sens devait s'adjoindre ici au réel – alors que c'est plutôt une condition (et une délimitation critique) qui est énoncée sur le mouvement, en borne au discours de l'Histoire, que Marx met à mal. Il faut se débarrasser de « l'Histoire » (de la personne « Histoire »), avec la Conscience, le texte ne peut être plus clair. Cesse alors, dans l'inventaire des *conditions* – c'est cela, le sens non transcendantal de la *critique* – l'illusion du mouvement rétrograde du vrai, et de la fin qui est toujours aussi un télos. Seule l'épreuve de l'événementialité générique – on découvrira bientôt que ce n'est pas la seule – à laquelle est exposée l'Homme, celle de « l'économie » en un sens très large, celui des conditions d'existence, a pu ici bousculer les « artifices spéculatifs », et, par là-même, spéculation et spécularité ultimes (celle de l'Histoire en elle-même, qui la constitue comme telle), le mythe de « la fin de l'Histoire ».

Resterait alors à interroger les lois de cette successivité dans laquelle une lecture anti-idéaliste de Marx, fidèle à certains énoncés marxistes, réinscrirait l'Histoire. Si cette successivité est celle d'une diachronie, qu'on déploierait comme un récit, il y a gros à parier qu'on n'échapperait pas là au roman nécessaire de l'Histoire. Mais dans la souplesse pour ainsi dire objectivée, toute extérieure et en un sens absurde, des déplacements évoqués par Marx, celle, *anachronique* au sens strict du terme (c'est-à-dire défiant toute chronologie) des « survivances » (continuer « d'une part, l'activité traditionnelle dans des circonstances entièrement modifiées ») et des « mutations » (modifier « les anciennes conditions par une activité totalement différente »), on pourrait aussi reconnaître le travail d'*une autre temporalité* qui se fait jour, qui n'est plus celle d'un destin ni d'un récit, et qui, par là-même, n'a pas de « fin » sans que cela ait sens de la dire « infinie ».

Si on ne croit plus à l'Histoire, on pourrait penser que la seule solution, c'est une théorie des cycles à la Spengler ou toute théorie de la décadence des régimes ou des civilisations et de leur succession (Toynbee). Mais ce serait donner certainement *trop* de sens au fait qu'il n'y ait pas de sens, suivant une illusion familière. Reste évidemment le désordre pur. Mais celui-là, sous l'ombre du « non-sens », dont la dramaturgie accompagne la plupart du temps son affirmation, pourrait bien constituer une hypothèse fort métaphysique. Si tout cela, en un sens (celui du « Sens » précisément, tel qu'on l'utilise ordinairement pour tout boucler) n'a « pas de sens », cela ne se passe pas pour autant n'importe comment, ni même sans « direction », sans processus en un sens causaux et relativement (mais de façons non nécessairement convergentes ou congruentes) cumulatifs. Preuve assurément de quelque chose comme une « nature », pour parler comme Fukuyama, mais qui n'est certainement pas une « essence ».

Cette nature, qui s'atteste aussi bien (c'est-à-dire se fait, car elle n'a d'autre lieu de consistance que celui de son existence, des pratiques qui l'effectuent et, l'effectuant, loin de l'« actualiser », la produisent, la créent, cela pourrait être le sens, purement actualiste et « postiviste » du prétendu « matérialisme *dialectique* ») dans le mouvement réel et le passage d'une génération ou d'une série d'hommes à une autre, il est tentant de l'interpréter dans le langage du mécanisme probabiliste de Musil, qui est une anti-philosophie de l'Histoire, mais qui, dans son obstination à évacuer l'Histoire de la boîte aux commandes de laquelle le XIX^e^ siècle l'a mise, a la mesure et l'ampleur d'une philosophie de l'Histoire – celle d'un scepticisme critique et éclairé, qui ne se paie pas le luxe malhonnête du pessimisme.

Comme l'a remarqué Jacques Bouveresse, qui en a fait un livre, il arrive en effet que s'esquisse, sous la plume de l'auteur de *L'homme sans qualités*, quelque chose comme une théorie de l'histoire, marquée également par sa modernité (son sens très moderne de la progressivité et de la successivité du développement de l'humanité) et son scepticisme et son absence de sens pour « l'Histoire » et corrélativement pour la « fin ». Cette théorie pourrait être baptisée « théorie cinétique de l'histoire »[1], et la machinerie qu'elle déploie devrait certainement être reçue plus comme le

1. Cf. Jacques Bouveresse, *L'homme probable. Robert Musil, le hasard, la moyenne et l'escargot de l'histoire*, Combas, L'Éclat, 1993. Pour le concept de « théorie cinétique de l'histoire » chez Musil, voir p. 210 *sq.*

principe d'une ignorance (la nôtre) dans la mesure même de l'évidence d'une positivité (celle de ce qui arrive) que comme le procédé de construction d'un savoir dogmatique. Il s'agit d'entendre l'histoire comme le lieu des possibles, mais ni des *puissances* à actualiser, ni des *virtualités* qui scintillent de ce qu'elles réfléchissent définitivement d'avenir, mais des *probables*, qui *sont* tout simplement, qui ne sont rien d'autre que du « possible réel », mesuré et irrémédiablement *donné*, comme les « conditions objectives » de la situation. Là est l'histoire, précisément, dans le *probable*, qui est le seul possible à la mesure de ce qui arrive, au lieu de le mesurer inversement comme quelque *a priori*, ce qui est l'usage habituel, et métaphysique, de l'Histoire comme instance ultime de possibilisation. Comme l'irrégularité de mouvement de molécules de gaz au niveau microscopique se condense dans le passage réglé de ce gaz d'un contenant à un autre au niveau macroscopique, l'événementialité de chacun des supposés faits primordiaux (le mouvement de *chacune* des molécules) étant mesurée par le coefficient d'ignorance même que nous sommes obligés d'admettre en ce qui les regarde si nous voulons dire quelque chose du phénomène global, de même peut-on envisager une interprétation « cinétique » de l'histoire, qui lui restitue cette espèce d'intelligibilité – mais alors explicative, voire purement légale, et non compréhensive, en dehors de tout « sens » qui donnerait à ce cours un principe – globale au prix de laquelle elle est une « histoire ». Mais ce serait alors sur fond d'ignorance reconnue, ce qui constituerait la base d'une théorie *critique* de l'histoire, qui s'interdirait toute réification du processus au niveau individuel comme au niveau général, et qui, dans son interprétation purement statistique ou « moyenne » du phénomène, commencerait par se passer précisément de se référer à « l'Histoire », comme s'il y avait là quoi que ce soit de réel ou de pertinent en soi (un facteur causal ou compréhensif quelconque).

Laisser – au départ, à l'an-archie du non-principe – une place à l'événementialité, cela tout en conservant une clé d'intelligibilité du ou des processus, tout en saisissant comment ces intrigues dans lesquelles se composent et se recomposent les événements sont porteuses de leur propre régularité, régularité toute statistique et dépourvue de sens, mais en elle-même source de sens, par rapport à laquelle notre action est condamnée à s'orienter tout en la déjouant parfois, tel serait certainement le cahier des charges d'une nouvelle (non-) philosophie de l'histoire, ayant brûlé tous ses mythes, c'est-à-dire peut-être porté un certain sens de la contingence jusqu'au bout, au delà de la tentation même d'en faire (de nouveau) un principe.

Sans doute alors l'Histoire s'évanouirait-elle jusqu'à un certain point avec sa « fin » et devrions-nous renoncer à la gloire ambiguë du dernier homme. Que se passera-t-il *après* ? *Nous n'en savons rien*. Mais dans ce non-savoir même se décide déjà la marge d'erreur de ce qui adviendra, dont le plus suprenant serait qu'il le soit vraiment, selon une profonde intuition humienne [1]. Nous ne disposons de rien, pas même de notre mort – ce qui ne nous a jamais empêché de faire ce que nous avons à faire (notre action au contraire s'y appuie souvent, dans la séparation même d'avec son propre sujet, c'est-à-dire du sens que voudrait lui donner son sujet, séparation à laquelle elle n'échappe pas). Là se tient le paradoxe de l'histoire, qui est tout sauf un « mystère ».

Les philosophies se trompent qui croient pouvoir faire bon marché de notre contingence et court-circuiter le fait que nous soyons dans la nasse, notre être-historique. Ne s'y réfléchit jamais que cette pauvre évidence que l'homme ne veut pas mourir. Mais une philosophie qui passerait son temps à rappeler à l'homme qu'il doit mourir (*memento mori*) et cultiverait le sens de la « fin », comme on le voit si souvent aujourd'hui en nihilisme bon teint et destinal, partagerait leur erreur. De toute façon, il y a autre chose à faire. Et là pourrait résider le véritable sens de l'histoire, de transgresser toute économie – et toute dramaturgie – du sens et du non-sens, en acceptation d'un hasard très ordinairement et globalement réglé.

Jocelyn Benoist

1. Cf. l'Essai sur les miracles (*Enquête sur l'entendement humain*, section X).

# ESCHATOLOGIE, FIN DE L'HISTOIRE, ONTOLOGIE DE L'ACTUALITÉ

## Sur quelques déplacements historiques et religieux chez Luther et Fichte

*À Bernard Cantrel*

### Retour sur un refus
### Löwith, Foucault et la fin de l'histoire

À qui voudrait s'expliquer l'étrange levée de boucliers qu'a provoquée, en France, le regain des réflexions sur la fin de l'histoire, il faudrait sans doute se diriger vers deux sources, d'inégale ancienneté et de provenances différentes. La première se trouve dans la critique par Karl Löwith des philosophies de l'histoire et de leur présupposé théologique. L'idée d'une fin de l'histoire semblait tomber naturellement sous le coup de cette critique et illustrer la thèse principale de Löwith, qui assimile les philosophies de l'histoire à des eschatologies sécularisées[1]. Cette thèse, selon laquelle les philosophies de l'histoire seraient nées de la croyance biblique en un accomplissement final, est devenue plus qu'un classique : elle a créé un véritable réflexe de lecture, vouant tout un genre et toute une entreprise spéculative à un durable soupçon[2].

1. Cf. Karl Löwith, *Weltgeschichte und Heilsgeschehen. Die theologischen Voraussetzungen der Geschichtsphilosophie,* Stuttgart, W. Kohlhammer, 1953, *passim* et en particulier p. 11-12. L'ouvrage parut d'abord en traduction anglaise sous le titre *Meaning in History,* Chicago University Press, 1949.

2. Il se pourrait toutefois que la position de Löwith soit plus nuancée que l'usage qu'on en fait : à preuve la réserve, vite oubliée, selon laquelle la philosophie de l'histoire n'est pas en mesure de donner une expression adéquate à la croyance eschatologique dont pourtant elle descend. Cf. *ibid.*, p. 179-180, qui, à propos de la « philosophie chrétienne de l'histoire »,

L'autre source est plus récente, et vient de France. Le *revival* de la fin de l'histoire tenté dans l'ouvrage de Francis Fukuyama[1] trouvait en face de lui le projet d'une « ontologie de l'actualité » formulé par Foucault dans ses textes sur l'opuscule de Kant *Was ist Aufklärung ?*[2] Dans cet essai d'« ontologie du présent », ou encore d'« ontologie de nous-mêmes », il y avait de quoi, apparemment, penser l'histoire en faisant l'économie du concept de fin : la question de l'ontologie de l'actualité n'était plus : « Vers quel but nous dirigeons-nous ? », mais : « Qu'est-ce qui se passe aujourd'hui ? », « Qu'est-ce donc précisément que ce présent auquel j'appartiens ? », « Quelle est mon actualité ? »[3] De nouveaux concepts, autour de l'« aujourd'hui »[4], remplaçaient ainsi ceux de progrès, de fin et de sens, jusqu'ici obligés dans toute réflexion, même critique, sur l'histoire. De là vient peut-être l'impression de désuétude que donna la tentative de Fukuyama dès sa parution ; et il est significatif qu'une partie des objections qu'elle suscita soit venue, en France, de connaisseurs de l'œuvre de Foucault[5].

Entre ces deux sources, bien différentes à première vue, il se pourrait qu'il y ait eu une sorte de répartition des tâches : la critique des dérives eschatologiques en philosophie renforçait les convictions laïques, le projet d'une ontologie renouvelée par l'histoire satisfaisant de son côté les ambitions théoriques. Certes, le projet d'une ontologie de l'actualité faisait éclater l'alternative posée par Löwith entre « les deux grandes conceptions de l'Antiquité et du christianisme, mouvement cyclique et orientation

parle d'une « construction artificielle », d'un « composé contradictoire ». Cette réserve était déjà inscrite dans le concept de sécularisation, qui constitue le point de départ de Löwith et résume sans doute sa propre philosophie de l'histoire : l'évolution des philosophies de l'histoire suit celle de l'« histoire moderne », « chrétienne par son origine et antichrétienne dans son résultat » (p. 184).

1. F. Fukuyama, *La Fin de l'histoire et le dernier homme,* tr. fr. D.-A. Canal, Paris, Flammarion, 1992.

2. Les deux textes principaux portent le même titre et sont parus en 1984 : « What is Enlightenment ? », trans. C. Porter in P. Rabinow (ed.), *The Foucault Reader,* New York, Pantheon Books, 1984, p. 32-50 et « Qu'est-ce que les Lumières ? », *Le Magazine littéraire* 207, mai 1984, p. 35-39 [cours du Collège de France, janvier 1983]. Nous les citons dans l'édition des *Dits et écrits* [abr. *DE*], ed. D. Defert et F. Ewald avec la coll. de J. Lagrange, Paris, Gallimard, 1994, T. IV, p. 562-578 et 681-688. Il convient d'ajouter une conférence importante non reprise dans *DE*, « Qu'est-ce que la critique ? [Critique et *Aufklärung*] », c. r. de la séance du 27 mai 1978, in *Bulletin de la Société française de Philosophie,* T. LXXXIV, Paris, A. Colin, 1990, p. 35-63.

3. Cf., pour ces trois dernières questions, « Qu'est-ce que les Lumières ? », *DE*, T. IV, p. 679-681. Pour éviter toute confusion, nous citons les titres dans leur langue de première parution.

4. Cf. « What is Enlightenment ? », *DE*, T. IV, p. 568.

5. Voir Pierre Macherey, « La faim de l'histoire. Chronique du dinosaure III », *Futur antérieur* 11, 1992/3, p. 90-93.

eschatologique », censées « épuis[er] » toute réflexion sur l'histoire[1]. L'essentiel se situe toutefois ailleurs : dans le fait que c'est à chaque fois du *présent*, et de l'exigence de sa compréhension, que les deux auteurs partaient pour rejeter toute trace d'eschatologie de la philosophie. La prémisse restait indirecte chez Löwith, mais se déduisait *a contrario* du postulat que « la conception chrétienne et postchrétienne de l'histoire est dans son principe futuriste »[2] : de là venait la critique du « présupposé théologique de la philosophie de l'histoire », que Löwith voyait orientée comme la théologie vers un but et un avenir. Plus explicitement, Foucault prenait soin de démarquer l'ontologie de l'actualité de la théologie de l'histoire, au motif que celle-ci « interrog[eait] le présent pour essayer de déchiffrer en lui les signes annonciateurs d'un événement prochain »[3].

À partir de là, les deux auteurs en arrivaient à une vision globale de l'histoire de la philosophie. Chez Löwith, l'idée d'une sécularisation de l'eschatologie s'appliquait à *toutes* les philosophies de l'histoire, de Joachim de Flore à Marx, en passant par Bossuet, Hegel et les penseurs des Lumières. De même, pour Foucault, l'ontologie de l'actualité offrait une perspective sur toute l'histoire de la philosophie moderne. L'interrogation sur la spécificité du moment présent dans le *Was ist Aufklärung ?* de Kant instaurait « toute une dynastie de questions philosophiques »[4] : la question des Lumières, celle de la modernité et de la révolution, reprises par tout un courant de « pensée critique », l'« ontologie de nous-mêmes », incluant Hegel, Nietzsche, Weber, l'École de Francfort et Foucault lui-même[5].

Que ces deux histoires ne se recouvrent pas totalement importe moins que ceci : l'ambition était la même chez les deux auteurs, et elle engendrait une méthode commune. Il s'agissait de rendre intelligible l'histoire de la philosophie par la recherche de ses « dynasties » et de ses « traditions », autrement dit par sa « généalogie »[6]. En dernière instance, c'est donc le projet généalogique (nietzschéen) qui aura constitué, en France, le barrage contre la fin de l'histoire, avec ceci de remarquable qu'il aura servi à la fois

1. Löwith, *Weltgeschichte und Heilsgeschehen, op. cit.*, p. 26.

2. *Ibid.*, p. 15.

3. Cf. Foucault, What is Enlightenment ? », *DE*, T. IV, p. 563, qui cite là-dessus saint Augustin.

4. Foucault, « Qu'est-ce que les Lumières ? », *DE*, T. IV, p. 686. Cf. aussi p. 682 et « What is Enlightenment ? », *DE*, T. IV, p. 571, qui évoquent l'instauration d'une « certaine façon de philosopher ».

5. *Ibid.*, p. 687-688.

6. Foucault reprend le mot dans ce contexte : cf. « What is Enlightenment ? », *DE*, T. IV, p. 574. Sur ce point, voir R. Castel, « Présent et généalogie du présent : une aproche non évolutionniste du changement » in *Au risque de Foucault*, textes réunis par D. Franche, S. Prokhoris, Y. Roussel et *al.*, Paris, Éditions du Centre Georges-Pompidou, 1997, p. 161-168.

de crible auquel passer la fin de l'histoire, et de modèle concurrent auquel l'opposer[1]. Et la généalogie, ici, reposait sur une seule prémisse, plus ou moins explicite : il s'agissait de rendre ses droits au présent en redressant un regard trop porté vers les achèvements, les accomplissements, l'avenir.

Or les deux généalogies de Löwith et de Foucault se heurtent à un même problème : celui de la nature exacte du prétendu ascendant religieux des philosophies de l'histoire. Chez Löwith, au-delà des rapprochements audacieux sur lesquels repose sa thèse (« D'Isaïe à Marx ... »[2]), la difficulté principale se situe du côté des termes de comparaison dont il fait usage : la « conception juive et chrétienne de l'histoire », la « théologie chrétienne de l'histoire » et même la « théologie chrétienne », la « tradition biblique »[3]. On ne peut certes pas dire que de telles formules pèchent par excès de précision. Tout se passe comme si pour Löwith l'histoire de la théologie s'était arrêtée à l'eschatologie du Nouveau Testament. La raison tient sans doute à ses sources, qu'il puise dans la théologie biblique de son temps[4]. La découverte du « christianisme originaire » a fait oublier ce fait simple que les théologies ont eu une histoire après les Apôtres et que cette histoire n'est pas précisément une : on devine sans peine que la « tradition biblique » de Hegel n'est pas celle de Bossuet. Dès lors, la thèse de Löwith ne peut qu'apparaître abusivement généralisatrice, voire anachronique dans sa manière de rapprocher les philosophies de l'histoire d'une théologie biblique qu'elles ne pouvaient pas connaître dans les termes où Löwith la décrit.

Pour éviter cet écueil, le détour passe par une double historicisation : historicisation des philosophies de l'histoire, mais aussi des théologies. Or c'est précisément dans cette direction que l'idée foucaldienne d'une tradition de l'ontologie de l'actualité permet d'avancer. Il faut ajouter que c'est avant tout par ses difficultés qu'elle nous retiendra ici, par les doutes et les hésitations qui s'y révèlent. On trouve en effet une énigmatique indication dans un texte de 1978, la Préface à la traduction américaine du *Normal et le Pathologique* de Georges Canguilhem. Pour expliquer les

1. Sur Foucault et Löwith, cf. la Chronologie de *DE*, T. I, p. 26, qui signale une rencontre en 1964, lors du colloque Nietzsche à Royaumont.

2. Löwith, *Weltgeschichte und Heilsgeschehen*, *op. cit.*, p. 26.

3. *Ibid.*, p. 15, 176, 177, 179.

4. Löwith cite les travaux de Bultmann (*Offenbarung und Heilsgeschehen*, 1941), Dodd (*History and the Gospel*, 1938) et surtout Oscar Cullmann (*Christus und die Zeit*, 1946), notamment dans son chap. final sur « L'interprétation biblique de l'histoire », *op. cit.*, p. 168-174 (cf. aussi la n. 1, p. 225). Une étude intéressante consisterait à systématiser le rapport, très fort jusque vers 1950, entre le renouvellement de la théologie (notamment protestante et exégétique) et la formation des projets philosophiques. On pense bien sûr à Bultmann et Heidegger, mais pas seulement : Löwith fournit une autre illustration très parlante de ce rapport.

destinées divergentes de la question de l'*Aufklärung* en France et en Allemagne, Foucault cite le nom de Luther :

> S'il fallait chercher hors de France quelque chose qui corresponde au travail de Cavaillès, de Koyré, de Bachelard et de Canguilhem, c'est sans doute du côté de l'école de Francfort qu'on le trouverait. Et pourtant, les styles sont bien différents comme les manières de faire et les domaines traités. Mais les uns et les autres posent finalement le même genre de questions, même s'ils sont hantés ici par le souvenir de Descartes et, là, par l'ombre de Luther.[1]

Au-delà de l'école de Francfort, qui constitue un point d'arrivée[2], c'est toute la tradition de *Was ist Aufklärung ?* qui est mise sous « l'ombre de Luther ». Il semble qu'on ait là le point d'ancrage qui manquait chez Löwith : faudrait-il alors voir dans l'ontologie de l'actualité un projet originellement luthérien ?

Sur ce point, on relève de curieuses hésitations chez Foucault. Les premiers textes de 1978 sur l'ontologie de l'actualité sont remplis de références à l'événement historique de la Réforme[3]. En revanche, dans les dernières formulations du projet, ces références ont disparu. Le cours de 1983 affirme désormais le caractère absolument inédit de la question *Was ist Aufklärung ?*[4] Plus encore : en comparant les deux versions de la Préface à Canguilhem, on s'aperçoit que Foucault, entre 1978 et 1984, a supprimé deux références à Luther qui s'ajoutaient à celle déjà citée[5].

1. « Introduction par Michel Foucault » (1978), *DE*, T. III, p. 432-433. Cf. aussi p. 442, sur la distinction (empruntée à Cavaillès) entre philosophies du sens et philosophie du concept et p. 431-433, sur la généalogie de la phénoménologie et de l'histoire des sciences à partir de la question de l'*Aufklärung*. Ce dernier point est esquissé la même année dans « Qu'est-ce que la critique ? », *loc. cit.*, p. 44. La version française originale de la Préface à Canguilhem est parue, modifiée, dans la *Revue de métaphysique et de morale* 90/1 (1985), p. 3-14 (*DE*, T. IV, p. 763-776).

2. Sur l'école de Francfort, cf. « Qu'est-ce que la critique ? », *loc. cit.*, p. 45, qui évoque, avec d'autres textes de 1978 (cf. *DE*, T. IV, p. 72-75), une « fraternité ».

3. Voir notamment « Qu'est-ce que la critique ? », *loc. cit.*, p. 43, qui voit dans la Réforme le « premier mouvement critique comme art de n'être pas gouverné ». C'est la moindre réussite de la Réforme qui expliquerait, selon Foucault, qu'« en France cette notion d'*Aufklärung* avec tous les problèmes qu'elle posait n'ait pas eu une signification aussi large, et d'ailleurs qu'elle n'ait jamais pris une référence historique d'aussi longue portée qu'en Allemagne. »

4. Cf. p. ex. « Qu'est-ce que les Lumières ? », *DE*, T. IV, p. 679 : « La question qui me semble apparaître *pour la première fois* dans ce texte de Kant, c'est la question du présent, la question de l'actualité. » Nous soulignons.

5. Cf. *supra*, n. 1 de cette même page, sur les deux versions du texte. On comparera *DE*, T. III, p. 432 et T. IV, p. 766, sur l'héritage de l'*Aufklärung* en Allemagne. La première version mentionnait la Réforme comme « moment privilégié » d'une « réflexion historique et politique » axée sur le problème de « l'expérience religieuse dans son rapport avec l'économie et l'État ».

Comment interpréter cette évolution ? Faut-il y voir un véritable revirement de la part de Foucault, une nouvelle manière d'aborder l'ontologie du présent, ou s'agit-il d'une mise à l'écart provisoire de la Réforme, en vue d'un autre travail que la mort n'aura pas permis de mener à son terme ?[1] Dans tous les cas, c'est l'incertitude qui domine l'usage fait de Luther par le dernier Foucault.

À partir de ces hésitations, il semble qu'on puisse envisager un programme de recherche qui examinerait, au fil de l'ontologie de l'actualité, la référence luthérienne dans les philosophies de l'histoire de langue allemande. Ce programme permettrait de réévaluer, sur des bases historiques plus solides, la thèse répandue selon laquelle on ne fait pas de philosophie de l'histoire sans verser *ipso facto* dans la théologie. S'agissant de luthéranisme et d'eschatologie, on aboutit en effet à des résultats étonnants :

*1)* En premier lieu, Luther fera apparaître que l'eschatologie n'est nullement incompatible avec une réflexion sur l'actualité, mieux encore, qu'elle la rend peut-être possible : à supposer donc que les philosophies de l'histoire aient une ascendance chrétienne, il n'est pas vrai que celle-ci ait forcément détourné les regards du présent vers le futur. Par là, on remettra en cause l'argumentation de Löwith, qui voyait dans le « futurisme » de la philosophie de l'histoire le signe même de son appartenance religieuse.

*2)* L'eschatologie reste cependant l'eschatologie, et, à la lier sans réserve à l'ontologie de l'actualité, on ne ferait que confirmer *a fortiori* la thèse de Löwith : si même l'ontologie de l'actualité a une provenance eschatologique, c'est dire la force du « présupposé théologique »… Il est donc nécessaire d'examiner le destin à la fois de l'eschatologie et de la référence à Luther dans les textes qui peuvent être rattachés à la tradition de l'ontologie de l'actualité. C'est ce qu'on commencera à faire ici, à partir de quelques textes de Fichte, pour montrer à quel point il est difficile de tracer des filiations linéaires entre christianisme et philosophies de l'histoire.

On aura compris qu'il ne s'agit pas ici d'entreprendre une quelconque réhabilitation de la thèse de la fin de l'histoire. Simplement, dans la mesure où la critique de cette thèse a spontanément emprunté les voies d'une généalogie, il nous semble nécessaire de mettre cette généalogie à l'épreuve, et de la compliquer. Ce qu'on trouvera ici, c'est donc, appliquée à la fin de l'histoire, la généalogie d'une généalogie.

1. On sait que le tome V de l'*Histoire de la sexualité* devait porter sur l'époque de la Réforme.

## Luther : eschatologie et actualité [1]

Foucault n'a pas toujours vu dans Kant l'émergence de la question de l'actualité. Dans un entretien de 1977, où il fait de la « question de ce présent qui est nous-mêmes » la « question de la philosophie », il la rattache à la « pensée des premiers siècles chrétiens » – celle-là même dont partait Löwith. Et il est frappant que sa formulation prenne ici un tour nettement eschatologique, sur le « retour de Dieu qui nous est promis » [2].

Il y a là, s'agissant de la généalogie propre à l'ontologie de l'actualité, une nouvelle hésitation de Foucault, qui conduit à s'interroger sur l'exclusion qu'il opère de l'eschatologie [3]. Contrairement à ce que dit Foucault, l'*Aufklärung* n'a en effet pas été la première époque à se nommer elle-même [4] : la Réforme l'avait fait avant elle. Plus exactement, de même que l'*Aufklärung* comme époque s'est posé la question de savoir si l'*Aufklärung* comme idéal a été ou non atteinte [5], de même Luther s'est constamment demandé si le temps de la Réforme était arrivé. La formulation la plus adéquate consisterait donc à dire que « Réforme » et « *Aufklärung* » désignent des problèmes d'après lesquels les époques se sont nommées, et que la Réforme, au même titre que l'*Aufklärung*, a constitué un problème pour elle-même. Certes, ce problème ne se pose pas dans les mêmes termes : le sujet de la Réforme n'est pas, comme celui de l'*Aufklärung*, l'esprit humain travaillant à susciter son autonomie dans le temps, mais Dieu, qui décide du moment. Le célèbre passage des *Resolutiones* sur les Indulgences, en 1518, le montre bien : « l'Église a

1. Nous reprenons et prolongeons ici des analyses antérieures : cf. « Luther et les livres des autres. Fonction du paratexte et statut du livre dans la pensée du Réformateur » in *Les Pouvoirs du livre au* XVIe *siècle*, Paris, Études et Rencontres de l'École Nationale des Chartes, 1998, p. 127-142, en particulier p. 128-134, et « Eschatologie et temps présent chez Martin Luther », *Metamorphosen der Zeit*, hrsg. von É. Alliez, G. Schröder et al., München, Wilhelm Fink, à paraître.

2. Cf. « Non au sexe-roi » (sur *La Volonté de savoir*), *DE*, T. III, p. 266 : « Je dirai seulement ceci, et peut-être un peu par jeu. La pensée des premiers siècles chrétiens avait eu à répondre à la question : "Qu'est-ce qui se passe actuellement ? Qu'est-ce que ce temps qui est nôtre ? Comment et quand se fera ce retour de Dieu qui nous est promis ? Que faire de ce temps qui est comme en trop ? Et que sommes-nous, nous qui sommes ce passage ? " » Un autre problème serait de savoir en quoi il y a « jeu ».

3. Cf. *supra*, p. 63.

4. « Qu'est-ce que les Lumières ? », *DE*, T. IV, p. 681-682.

5. Cf. la distinction de Kant dans *Was ist Aufklärung ?*, AK VIII, 40, tr. fr. H. Wismann in Kant, *Œuvres philosophiques* [abr. *OP*], éd. F. Alquié, Paris, Gallimard, Bibliothèque de la Pléiade, 1980-1986, T. II, p. 215 : « Si l'on demande maintenant : vivons-nous actuellement dans une époque *éclairée (in einem* aufgeklärten *Zeitalter)* ?, on doit répondre : non, mais nous vivons dans une époque de *propagation des lumières (in einem Zeitalter der* Aufklärung*).* »

besoin d'une réforme », mais « le temps de cette réforme est connu de celui-là seul qui a créé tous les temps »[1].

Ce changement de paradigme n'empêche pas cependant, de la part de Luther, une attention très soutenue aux traits qu'il estime caractéristiques de son temps. Le diagnostic sur le présent fonctionne régulièrement chez lui comme moyen de légitimation des décisions à prendre. C'est le cas dès 1520, au moment de rompre avec Rome, dans l'adresse inaugurale du discours *À la noblesse allemande :* « le temps du silence est passé et le temps de parler est venu, comme dit l'Ecclésiaste »[2]. C'est encore le cas pendant la guerre des Paysans, lorsque Luther entend justifier la répression princière : « les temps sont aujourd'hui si extraordinaires qu'un souverain peut mériter le ciel en versant le sang, mieux que d'autres par des prières »[3].

Des temps « extraordinaires » : chez Luther, les adjectifs abondent pour qualifier l'époque, qui est aussi « dangereuse », « atroce », « agitée », « infâme »[4]. On ne conclura pourtant pas trop vite à un diagnostic pessimiste. S'il est vrai que les teintes obscures dominent, tout un pan du jugement de Luther sur son temps est au contraire consacré à célébrer la venue de l'Évangile, la bénédiction que Dieu envoie de nouveau par sa Parole[5]. Sur ce point, le texte le plus révélateur se trouve dans une Préface à Melanchthon de 1528. Luther y loue son époque, où « l'inexprimable grâce de Dieu a fait, dans sa miséricorde, que l'Évangile est revenu, à

1. Cf. *Resolutionum disputationum de indulgentiarum virtute* (1518), Conclusio LXXXIX, WA 1, 627, 27-31. Nous citons les textes de Luther dans l'édition de Weimar, *Dr. Martin Luthers Werke. Kritische Gesamtausgabe*, Weimar, Böhlau, à partir de 1883, en abrégé WA, suivi des indications de tome, page et ligne. Sur la difficile question de l'auto-compréhension de la Réforme chez Luther, on lira H. A. Oberman, « Martin Luther : Vorläufer der Reformation » [1985] in *Die Reformation. Von Wittenberg nach Genf*, Göttingen, Vandenhœck & Ruprecht, 1986, p. 162-188 et B. Lohse, « Luthers Selbsteinschätzung » [1985] in *Evangelium in der Geschichte,* hrsg. von L. Grane, B. Moeller und O. H. Pesch, Göttingen, Vandenhœck & Ruprecht, 1988, p. 158-175, en particulier p. 162-166, en réponse à Oberman.

2. *An den christlichen Adel deutscher Nation von des christlichen Standes Besserung* (1520), WA 6, 404, 11-12. On notera la déformation du verset d'Eccl. 3, 7 : « Omnia tempus habent [...] tempus tacendi tet tempus loquendi ».

3. *Wider die räuberischen und mörderischen Rotten der Bauern* (1525), WA 18, 361, 4-6.

4. Cf. respectivement *De captivitate Babylonica ecclesiae praeludium* (1520), WA 6, 506, 2-3 ; *Heerpredigt wider den Türken* (1529), WA 30/II, 196, 2-4 ; Lettre à Tilemann Schnabel et à tous les pasteurs de Hesse rassemblés à Homberg, 26 juin 1533, WA Briefwechsel [BR] 6, n°2033, 497, 6 ; *Vorrede zu Johan Spangenbergs Postilla deutsch* (1543), WA 53, 218, 27.

5. Cf. p. ex. *Die drei Symbole oder Bekenntnisse des Glaubens Christi...* (1538), WA 50, 272, 9-10 : « Aber nu das Euangelion kompt... » et *Vorrede zu Bugenhagens* In Librum psalmorum Interpretatio (1524), WA 8, 3-9.

moins qu'il ne vienne d'apparaître »[1]. On notera l'hésitation entre l'idée – qui passe pour typiquement « protestante » – d'un retour de l'Évangile, d'une restitution de la primitive Église, et celle d'une apparition inédite de la Parole de Dieu, d'une nouvelle étape dans l'histoire du salut. Pour Luther cependant, ce retour ou cette venue de l'Évangile fait d'abord apparaître « combien la chrétienté est misérablement bouleversée, détruite et déchirée »[2]. En cela même qu'il a de libérateur, l'Évangile est donc révélateur du malheur des temps.

Cette idée d'une double face du temps présent est une constante chez le Réformateur[3]. Elle provoque en lui l'affect qui définit en propre son attitude devant son époque : l'étonnement. Luther en fait part dès son commentaire à l'Épître aux Romains de 1515-1516, en commençant son long corollaire à Rom. 13, 1 : « il faut s'étonner des très épaisses ténèbres de notre époque »[4]. Beaucoup plus tard, dans une lettre de 1543, l'ambivalence du présent continue de l'étonner :

> Le monde me semble faire aujourd'hui des choses étonnantes. Soit je n'ai jamais vu le monde, soit c'est un monde nouveau qui naît tous les jours pendant mon sommeil. [...] En vérité, c'est aujourd'hui le temps où la justice est apparue et continue d'apparaître à profusion. Et pourtant, il n'y a de paix nulle part, mais une profuse agitation.[5]

À cet étonnement luthérien, seule l'eschatologie est en mesure d'apporter des réponses. Encore ne faut-il pas entendre par « eschatologie » un chapitre séparé de la théologie du Réformateur. La recherche insiste depuis quelque temps sur le fait que l'eschatologie constitue une condition *sine qua non* de compréhension des énoncés théologiques de Luther[6]. Autrement dit, il n'y a pas là qu'un inévitable à-côté, un simple trait d'époque qu'il suffirait de ramener aux « mentalités » du temps. L'eschatologie de Luther, présente dans toute son œuvre, pose au contraire des problèmes qui vont au cœur de sa théologie[7].

1. *Vorrede zu Melanchthons Unterricht der Visitatoren* (1528), WA 26, 197, 12-13.

2. *Ibid.*, WA 26, 197, 14-15.

3. Cf. encore le texte important de la *Vorrede zu Robertus Barn's Glaubensbekenntnis* (1540), WA 51, 451, 10-12 : « Es ist eine selige zeit der aufferwelten Heiligen Christi, Und ein unselige, leidige zeit des Teuffels, der Gotteslesterer und feinde, Und sol noch erger werden. »

4. *Vorlesung über den Römerbrief* (1515-1516), WA 56, 476, 28.

5. Lettre à Nikolaus Amsdorf, 18 août 1543, WA BR 10, n°3903, 370, 9-15.

6. Cf. H. A. Oberman, « Martin Luther : Zwischen Reformation und Neuzeit » [1983], in *Die Reformation, op. cit.*, p. 196 : « si l'on évacue l'apocalyptique de Luther, on ne comprend plus sa théologie ».

7. Cf. O. Modalsli, « Luther über die Letzten Dinge » in *Leben und Werk Martin Luthers von 1526 bis 1546. Festgabe zu seinem 500. Geburtstage*, hrsg. von H. Junghans, Göttingen, Vandenhœck & Ruprecht, 1983, p. 331-345, et en particulier 336-344. Le problème théologique est notamment celui-ci : quel sens y a-t-il à parler d'un Jugement dernier si, comme le

Les jugements de Luther sur la fin des temps présentent plusieurs modalités. La fin du monde est d'abord une prière que Luther formule très tôt et qu'il maintiendra toute sa vie : « Dieu fasse qu'on en finisse vite », « j'espère que le Jugement dernier est proche »[1]. Mais c'est aussi une évidence, soutenue tantôt par le bon sens[2], tantôt par la raison, qui doit elle-même se résoudre à l'imminence du Jugement[3] : les choses vont de plus en plus mal, et le monde ne peut pas continuer ainsi. Une telle confirmation par la raison est pour le moins surprenante sous la plume de Luther, surtout sur un tel sujet ; à plus forte raison, on comprendra qu'il y a là, aux yeux du Réformateur, une échéance qui ne se discute pas.

C'est cette évidence eschatologique qui gouverne toutes les descriptions que Luther fait de son temps : on a pu parler, à ce propos, d'une « interprétation du présent eschatologiquement orientée »[4]. Cela veut dire, aussi bien, que seule une interprétation eschatologique permet d'unifier les diverses caractéristiques de l'époque dans une seule et même description, un seul et même jugement. Les contradictions du temps présent s'expliquent par l'imminence de la fin : cette idée parcourt toute l'œuvre de Luther, et constitue à proprement parler sa thèse sur l'actualité. La formulation la plus claire s'en trouve dans une préface de 1537 :

> C'est une ancienne opinion, répétée par beaucoup de docteurs, que celle selon laquelle, après la révélation de l'Antéchrist, les gens deviendront si sauvages qu'ils ne voudront rien savoir ni rien penser de Dieu, et que chacun fera selon son bon vouloir, comme l'enseignent le Diable et la chair. Ce temps est à présent accompli sous nos yeux. Car maintenant que par la grâce merveilleuse et extraordinaire de Dieu, les infâmes et

professe Luther, le chrétien est déjà sauvé par la foi ? Sur l'eschatologie luthérienne, voir aussi P. Althaus, « Luthers Gedanken über die letzten Dinge », *Luther-Jahrbuch* 23 (1941), p. 9-34 et W. Thiede, « Luthers individuelle Eschatologie », *Luther-Jahrbuch* 49 (1982), p. 7-50.

1. Lettre à Spalatin, 5 août 1514, WA BR 1, n° 9, 28, 24-25 et Postface à *Ein Urtheil der Theologen zu Paris über die Lehre Doctor Luthers* (1521), WA 8, 294, 14-15. Bien plus tard, en 1541, Luther verra dans le comportement de ses adversaires une manière de « précipiter » le Jugement dernier : « Amen, Amen, mein lieber Herr Jhesu Christe, kome doch, und kome balde, AMEN ! » (*Vorrede zu Ein Sermon D. Kaspar Güttel, auf den Gottesacker zu Eisleben gethan*, WA 51, 633, 13-16).

2. Cf. *Vorwort zu dem Libellus de ritu et moribus Turcorum* (1530), WA 30/II, 207, 14 : « [...] sicut solent omnia cum tempore in peius prolabi. » Il semble que dans ce passage l'eschatologie trouve appui dans la sagesse des nations.

3. Cf. *Vorrede zu Ambrosius Moibanus, Das herrliche Mandat Jesu Christi unsers Herrn und Heilandes* (1537), WA 50, 119, 2-12 et la Postface à la *Verlegung des Alcoran Bruder Richardi, Prediger Ordens* (1542), WA 53, 393, 7-8.

4. Cf. W. Maurer, « Luthers Anschauungen über die Kontinuität der Kirche » [1967] in *Kirche und Geschichte. Gesammelte Aufsätze*, Bd. I, *Luther und das evangelische Bekenntnis*, hrsg. von E.-W. Kohls und G. Müller, Göttingen, Vandenhoeck & Ruprecht, 1970, p. 79.

terrifiants mensonges de l'Antéchrist, c'est-à-dire de la papauté, sont révélés et portés au grand jour, voilà que les gens commencent à ne plus croire en rien. Et comme ils se sentent libres et débarrassés des liens et des rets de la Papauté, il veulent aussi être libres et débarrassés de ceux de l'Évangile et de tous les commandements de Dieu : désormais, doit être juste et bon ce qui leur plaît et leur semble bon. Voilà ce qui apparaîtra à la fin de la chanson, si Dieu veut.[1]

Ce texte rassemble toutes les composantes de l'interprétation luthérienne du présent. On y retrouve d'abord l'idée que l'époque présente est celle du savoir et de la révélation : révélation de la Parole de Dieu, et par là même révélation du Pape en Antéchrist. L'Évangile révélé fait apparaître la Papauté pour ce qu'elle est : de là l'idée que l'époque est devenue un carnaval, où les masques de la Papauté ne dissimulent plus rien[2]. En même temps, la révélation de la vérité a des effets dévastateurs. Les catholiques s'enfoncent dans leurs certitudes, allant désormais jusqu'à vouloir leur donner une justification biblique, et surtout le temps présent est celui où les hommes, ne tolérant plus la saine doctrine, s'abandonnent à toutes les nouveautés que leur font miroiter anabaptistes et théologiens paysans. On retrouve donc l'idée d'un présent à double face, temps de la plus haute vérité et de la haine la plus folle pour la vérité.

En termes modernes, on pourrait parler d'une auto-interprétation apocalyptique de la Réforme : en posant son temps comme celui de la révélation de la Parole de Dieu, Luther en fait aussi celui de la fin du monde. L'endurcissement des catholiques, le refus de la vérité sont autant de signes de ce que nous connaissons « les derniers temps avant la fin du monde »[3]. La Guerre des Paysans renforce Luther dans sa conviction eschatologique[4]. Celle-ci s'appuie sur une démonstration théologique complexe qui puise notamment à deux sources scripturaires. La première se trouve dans la prophétie de Daniel 8, 12, où il est dit que la vérité se retrouvera à terre, piétinée : Luther y voit l'effet direct de sa récente

1. *Vorrede zu Ambrosius Moibanus, Das herrliche Mandat Jesu Christi unsers Herrn und Heilandes* (1537), WA 50, 119, 13-24. La phrase finale dit : « *am ende am liedlin* », expression proverbiale désignant ici, selon l'éditeur, la fin du monde.

2. Deux textes de Luther au moins esquissent une description de l'époque en carnaval, ou en spectacle : la Préface au *Ratschlag eines Ausschusses etlicher Kardinäle...* (1538), WA 50, 290, 9-17 et la Postface à *Ein Bäpstlich Breve dem Rath zu Bamberg gesandt wider den Luther* (1523), WA 11, 355, 36-355, 11, qui présente en outre son temps comme celui de la vérité.

3. Cf. la Postface à *Die Lügend von St. Johanne Chrysostomo* (1537), WA 50, 63, 34-64, 2, à propos de l'usage de Matth. 16, 18 (« *Tu es Petrus...* ») pour légitimer l'autorité de Rome.

4. Cf. par ex. la Préface à *Eine schreckliche Geschichte und ein Gericht Gottes über Thomas Münzer* (1525), WA 18, 374, 5-10 : « Il n'est plus temps de prêcher, mais de prier, la colère a commencé [...] ».

révélation, et la preuve de de ce que le temps de la fin est arrivé[1]. La seconde source complète la première : Luther recourt à 2. Tim. 4, 3-5, qui annonce qu'à l'approche de la fin, les hommes se détourneront de la vérité pour favoriser toutes sortes de fables[2].

Luther exploite donc, on le voit, les ressources traditionnelles de l'eschatologie, en comprenant les événements du temps comme autant de signes à l'appui des prophéties de l'Écriture[3]. Le refus de l'allégorie oriente cependant la pratique luthérienne de l'eschatologie dans un sens très précis : l'histoire à laquelle on a affaire se veut avant tout une histoire de la *Parole* de Dieu, rejetée en même temps que révélée[4]. Le traitement des références scripturaires est de ce point de vue significatif : dans sa lecture de Dan. 8, 12, Luther néglige les symboles apocalyptiques pour ne s'intéresser qu'au devenir de la vérité. L'histoire de la Parole de Dieu, chez Luther, se présente explicitement comme une histoire de la vérité : là réside l'inflexion proprement luthérienne au schéma de l'histoire du salut. En ce sens, l'eschatologie luthérienne apparaît remarquablement sobre et économe d'effets spectaculaires ; d'autres indices le confirmeraient, au premier chef la méfiance de Luther devant tout calcul trop précis de la date de la fin du monde[5]. Pourtant, et malgré certaines apparences, cette sobriété ne fait pas nécessairement de l'eschatologie luthérienne un précurseur de l'eschatologie « démythologisée », individualisée et rationalisée défendue par un Bultmann[6]. Son trait distinctif réside à notre sens ailleurs, dans sa question de départ – l'étonnement explicitement affirmé devant l'ambivalence du présent – qui détermine toute son orientation : l'eschatologie de Luther peut être lue tout entière comme une tentative

1. Cf. la Postface à *Ein Bäpstlich Breve dem Rath zu Bamberg gesandt wider den Luther* (1523), texte cité *supra*, n. 46 et surtout *Einer aus den hohen Artikeln des päpstlichen Glaubens, genannt, Donatio Constantini* (1537, préface à une édition allemande du travail critique de Lorenzo Valla), WA 50, 83, 3-15, qui à la suite d'une citation de Dan. 8, 12 ajoute : « Il se pourrait que l'heure soit maintenant venue, si Dieu veut ».

2. Cf. les deux textes parallèles de la *Vorrede zu Ägidius Faber, der Psalm Miserere, deutsch ausgelegt* (1531), WA 30/III, 477, 2-478, 7 et de la *Vorrede zu Antonius Corvinus, Kurze Auslegung der Evangelien* (1535), WA 38, 441,27-28.

3. Sur les signes des temps, cf. le prêche du 4 déc. 1530, WA 32, n°26, 228, 15-229, 15, cité par O. Modalsli, « Luther über die letzten Dinge », art. cité, p. 332, n. 8 : les signes de la fin sont selon Luther si nombreux qu'ils pourraient remplir un livre entier.

4. Sur la méfiance luthérienne devant l'allégorie, cf. entre autres exemples le passage très critique des *Operationes in Psalmos* (1519-1521), WA 5, 644, 1–645, 28.

5. Sur ce point, cf. O. Modalsli, « Luther über die Letzten Dinge », art. cité, p. 333-334.

6. Sur la question de l'« existence eschatologique » du chrétien et de la « démythologisation » de l'apocalyptique, on renverra à deux textes de Bultmann : *Jesus Christ and Mythology* (1958), tr. fr. *Jésus. Mythologie et démythologisation*, Paris, Le Seuil, 1968, p. 239-242 et « Ist die Apocalyptik die Mutter der christlichen Theologie ? Eine Auseinandersetzung mit Ernst Käsemann » [1964] in *Exegetica*, Tübingen, Mohr, 1967, p. 476-482.

d'élucidation de l'actualité, du moment présent dans l'histoire de la Parole de Dieu. En ce sens, la formule d'une « interprétation du présent eschatologiquement orientée »[1] peut sans doute être inversée : l'eschatologie de Luther présente ceci d'original qu'elle est de part en part orientée vers une auto-compréhension de l'événement historique de la Réforme.

## LUTHÉRANISME ET ESCHATOLOGIE CHEZ FICHTE

Reste à savoir si l'alliance entre eschatologie et pensée de l'actualité, telle qu'elle s'opère chez Luther, a tenu après lui, et a fait naître une tradition. Il y aurait là, à coup sûr, une longue enquête historique à mener en aval : elle passerait notamment par l'*Aufklärung* et la manière dont elle a thématisé son rapport avec la Réforme[2], ainsi que par l'examen critique de l'eschatologie mené par Kant dans *La Fin de toutes choses,* dans une veine de description du temps présent proche de celle de *Was ist Aufklärung ?* Si nous avons choisi de nous en tenir ici à l'exemple de Fichte, c'est parce que le post-kantisme, après le silence de Kant sur la Réforme, marque un retour de Luther dans la spéculation – en quoi d'ailleurs il renoue avec une tradition ouverte par Lessing et Herder. À aucun moment, cependant, ce retour ne conduit à une reprise active de l'eschatologie luthérienne : c'est ce qu'on verra ici.

On soulignera en premier lieu tout ce qui relie Fichte au projet d'une élucidation philosophique du temps présent. Il est étonnant que Foucault ne mentionne pas le nom de Fichte dans sa généalogie de l'ontologie de l'actualité[3], malgré la série des conférences de 1804-1805 sur *Le Caractère de l'époque actuelle*[4]. Ce texte, en outre, n'est pas isolé : les polémiques suscitées par les *Discours à la nation allemande* ont fait quelque peu oublier que ceux-ci se présentent explicitement comme la « suite » des *Grundzüge*, trois ans plus tard et dans des circonstances

1. Cf. *supra*, p. 70, n. 4.

2. Cf. *supra*, p. 67. De ce point de vue, le genre de l'*historia literaria*, sorte d'histoire-tableau des productions culturelles très en vogue en Allemagne entre 1700 et 1750, fournirait un support sans doute fiable à cette enquête. Voir par ex. Johann Friedrich Bertram, *Anfangs-Lehren der Historie der Gelehrsamkeit*, Braunschweig, 1730, p. 71, qui appelle son siècle « *Eclectico-Reformatum* ».

3. Cf. Foucault, « Qu'est-ce que les Lumières ? », *DE,* T. IV, p. 687-688, qui passe directement de Kant à Hegel.

4. Fichte, *Die Grundzüge des gegenwärtigen Zeitalters* [abr. *GGZ*] in *Johann Gottlieb Fichte's sämmtliche Werke* [abr. SW], hrsg. von I. H. Fichte, Berlin, Veit, 1845-1846, T. VII, p. 3-254, tr. fr. I. Radrizzani, Paris, Vrin, 1990.

nouvelles[1]. De très nets rappels des thèses de 1804-1805 montrent que les *Discours* s'inscrivent pleinement dans le projet de « comprendre son temps »[2] : les exhortations de Fichte aux Allemands visent peut-être d'abord à reprendre possession d'un présent qui « ne [leur] appartient plus »[3].

D'une façon remarquable, c'est ce projet d'une compréhension philosophique de l'actualité qui chez Fichte fait la plus grande place à une réflexion sur Luther et la Réforme protestante, bien plus que les ouvrages proprement religieux. Les textes de référence sont, dans cette perspective, la septième leçon du *Caractère de l'époque actuelle* et le sixième *Discours à la nation allemande*. Luther et la Réforme jouent un rôle similaire dans la philosophie de l'histoire qui se construit dans ce diptyque ; les remarques de 1804-1805 sur le « rôle universel » que la Réforme n'a « pas encore terminé de jouer » sont relayées par le jugement des *Discours* sur Luther :

> [...] Luther est le modèle de tous les siècles à venir, et c'est pour nous tous qu'il a vécu.[4]

L'élucidation philosophique de l'actualité se place donc sans ambiguïté dans un contexte de pensée ouvert par la Réforme. Que la modernité philosophique soit protestante, c'est ce qu'affirmera très clairement un fragment politique de 1813 :

> L'*entendement* appliqué au christianisme et le *protestantisme*, c'est la même chose ; de là vient que le philosophe, le savant moderne soit nécessairement un protestant.[5]

Un trait caractéristique de la philosophie de l'histoire de Fichte réside sans doute dans son insistance à affirmer sa dette religieuse. Au-delà de la Réforme, le christianisme constitue le « principe » ou le « germe » du monde moderne : il y a là une nouvelle thèse où se rejoignent les

1. Cf. *Reden an die deutsche Nation* [*RDN*], I, SW VII, 264-265, tr. fr. A. Renaut, Paris, Imprimerie Nationale, 1992, p. 51-53.

2. *Ibid.*, XII, SW VII, 447, tr. fr. p. 307. Parmi ces rappels, on relèvera la critique de l'époque, « prisonnière [...] du monde des concepts vides » (X, SW VII, 412, tr. fr. p. 28), ainsi que l'idée d'une « Europe chrétienne » (XIII, SW VII, 461, tr. fr. p. 325).

3. *Ibid.*, XI, SW VII, 434, tr. fr. p. 289.

4. *GGZ*, XIII, SW VII, 186, tr. fr. p. 194 et *RDN*, SW VI, 350, tr. fr. p. 173. L'expression « philosophie de l'histoire » apparaît dans les *RDN*, VII, SW VII, 367, tr. fr. p. 196-197. Sur Fichte et la philosophie de l'histoire, nous renvoyons aux articles classiques de K. Hammacher, « Comment Fichte accède à l'histoire », *Archives de philosophie* 25 (1962), p. 388-440 et R. Lauth, « Der Begriff der Geschichte nach Fichte », *Philosophisches Jahrbuch* 72 (1965), p. 353-384.

5. *Alte und neue Welt* (1813) *[Politische Fragmente aus den Jahren 1807 und 1813]*, SW VII, 609. Il s'agit d'un excursus de la *Staatslehre*, non repris dans l'édition du texte en SW IV (cf. *infra* n. 81).

*Grundzüge* et les *Discours*[1]. Mais au-delà encore, c'est toute sa réflexion sur le présent que Fichte range dans la catégorie de la « pensée religieuse ». Tel est le bilan tiré à la fin des *Grundzüge*, lorsque Fichte revient sur la méthode suivie :

> [...] toutes nos considérations étaient des considérations religieuses ; notre façon de voir, et notre propre œil dans cette façon de voir, étaient religieux.[2]

À cet héritage religieux explicitement revendiqué, les *Discours à la nation allemande* donnent une dimension supplémentaire en adoptant une allure et un style visiblement luthériens. Par leur seul titre, ils renvoient au discours *À la noblesse chrétienne de langue allemande*, l'un des trois grands « écrits réformateurs » de Luther en 1520[3]. Le désir de réactiver cet autre grand texte de circonstance – le discours de Luther est, lui aussi, un appel à la libération des Allemands – transparaît dans le nom même servant à désigner l'adversaire : aux attaques du Réformateur contre les *Romanisten* répondent celles de Fichte contre la « romanité »[4]. Et l'on peut penser que c'est toute la deuxième partie des *Discours*, sur la question « Qu'est-ce que l'Allemand ? »[5], qui est mise sous le signe de Luther, lorsque Fichte, pour illustrer l'originarité de la langue allemande, cite sa traduction de la Bible[6].

La question est alors : cette philosophie de l'histoire qui, dans son analyse du temps présent, revendique son ancrage luthérien, « nécessairement protestant », est-elle redevable de l'eschatologie de Réformateur ? En aucune façon : c'est tout autre chose que les attentes apocalyptiques de Luther qui intéresse Fichte, en particulier dans le sixième *Discours à la nation allemande* :

> Mais une impulsion toute-puissante s'empara de lui : l'angoisse à l'égard du salut éternel, et cette impulsion devint la vie de sa vie, l'incita à risquer continuellement son existence, et lui donna la force et les dons que la postérité admire en lui. D'autres peuvent bien avoir placé dans la Réforme des projets terrestres : ils n'auraient jamais vaincu s'ils n'avaient eu à leur tête un guide passionné de l'éternel [...][7]

1. *GGZ*, XIII, SW VII, 186, tr. fr. p. 193 et *RDN*, VI, SW VII, 354, tr. fr. p. 178.
2. *GGZ*, XIV, SW VII, 240, tr. fr. p. 243.
3. *An den christlichen Adel deutscher Nation* (1520), WA 6, 404-496, tr. fr. M. Gravier in *Les grands écrits réformateurs* (1944), rééd. Paris, Garnier-Flammarion, 1992.
4. *RDN*, XIV, SW VII, 496, tr. fr. p. 372.
5. Cf. le récapitulatif du VIIIe discours, SW VII, 377, tr. fr. p. 212.
6. *Ibid.*, IV, SW VII, 317-318, tr. fr. p. 125-127, sur le vieux mot *Gesicht*, présenté comme la traduction du grec *idea*.
7. *Ibid.*, VI, SW VII, 346, tr. fr. (légèrement modifiée) p. 169-170.

Dans la rhétorique très travaillée des *Discours*, ce portrait de Luther se place au centre d'un réseau de très vaste ampleur, et renoue tous les fils de la philosophie fichtéenne de l'histoire et de la religion. L'élément principal en est le concept d'*éternité*, avec son corrélat, l'infini. Le « guide passionné de l'éternel » est d'abord un modèle patriotique : la germanité exemplaire de Luther, selon Fichte, lui vient de sa capacité à inculquer le « sens de l'éternel » auquel vise l'éducation nouvelle planifiée par les *Discours* [1].

C'est dans cette perspective qu'il convient également de comprendre la suite du portrait de Luther :

> Après qu'il eut subi simplement les premières inquiétudes de la conscience morale que suscitait en lui sa rupture audacieuse avec tout ce qui faisait sa foi jusqu'ici, il ne cessa de manifester sa joie triomphante d'avoir conquis la liberté des enfants de Dieu, lesquels désormais ne cherchaient plus la félicité en dehors d'eux-mêmes et au-delà du tombeau, mais s'identifiaient à l'irruption du sentiment immédiat de cette félicité. [2]

Le salut n'est pas au-delà du tombeau : l'image revient au moins trois fois dans les *Discours*. Elle caractérise notamment, dès le début, les temps nouveaux que doit apporter l'« éducation à la vraie religion », « visée ultime de la véritable éducation » :

> car, dans les temps nouveaux, l'éternité ne surgit plus simplement au-delà du tombeau, mais elle s'inscrit au cœur de cette époque, dans son présent. [3]

Les *Discours* mettent ainsi en place, autour de Luther, un paradigme particulièrement fort : celui de l'irruption de l'éternel au cœur du présent. C'est ce paradigme qui, chez Fichte, invalide l'idée d'une fin de l'histoire.

1. *Ibid.*, II, SW VII, 288, tr. fr. p. 83. Cf. aussi VIII, SW VII, 384, tr. fr. p. 220, la définition du patriotisme comme désir d'un « épanouissement de l'éternel et du divin dans le monde, toujours plus pur, toujours plus parfait et plus achevé au fil d'un progrès infini ». Sur le sens de l'éternel, cf. déjà *GGZ*, XVI, SW VII, 230, tr. fr. p. 232. Nous laissons ici l'histoire de l'interprétation, non sans toutefois mentionner l'article de Bruno Bauch, « Unser philosophisches Interesse an Luther », *Zeitschrift für Philosophie une philosophische Kritik* 164 (1917), p. 128-148, en particulier p. 141-145 : en temps de guerre, c'est dans ce « lien entre l'éternel et le temporel » que le néokantien Bauch voit le principal point de contact entre Luther et Fichte, pour l'appliquer immédiatement au « domaine de la vie nationale ».

2. *Ibid.*, VI, SW II, 349-350, tr. fr. p. 172-173.

3. *Ibid.*, III, SW VII, 298, tr. fr. p. 98. Cf. aussi VIII, SW VII, 388, tr. fr. p. 225-226, où l'image s'applique aux « protestants allemands » : grâce à leur sacrifice dans les conflits religieux, « une plus grande part de ciel est devenue accessible, pour la vie de tous les descendants, de ce côté-ci du tombeau ». *A contrario*, pour celui qui se résigne à l'oppression étrangère, il n'est rien de plus haut que de vivre « avec moins de souffrance en attendant de rencontrer, au-delà de la tombe, la vie éternelle » (SW VII, 395, tr. fr. p. 235). La métamorphose apparaît également dans les *GGZ*, XVI, SW VII, 235, tr. fr. p. 237.

Dans l'exposé religieux qui, dans le huitième Discours, précède la définition du patriotisme, le « penchant naturel » de l'homme à « introduire de l'éternité dans ses tâches terrestres quotidiennes » est associé au désir d'« introduire dans le temps quelque chose de nouveau » et de creuser « une source intarissable de créations inédites » ; par là, c'est l'« amélioration de l'espèce » qui est visée, « à l'infini »[1]. Nouveauté, progrès et infinité, les trois caractéristiques de l'éternité fichtéenne permettent une critique cinglante de ceux qui affirment l'existence d'un « terme ultime, [d']un degré extrême et à jamais indépassable du processus de culture » :

> De leur point de vue, l'histoire est depuis longtemps achevée, et cet achèvement s'est même déjà accompli plusieurs fois ; rien de nouveau, à leurs yeux, ne se produit sous le soleil, car ils ont, sous le soleil et même au-delà de lui, éteint la source de la vie éternelle et ne laissent se répéter et s'affirmer à nouveau que la mort en son éternel retour.[2]

Le refus de la fin de l'histoire est définitif dès lors que Fichte y voit le produit d'une « philosophie de l'histoire [...] venue de l'étranger », c'est-à-dire de cela même qu'il entend combattre[3]. Ce refus fait fond sur une philosophie de l'effort et une ontologie de l'agir : le plan d'une « vie nouvelle » suppose un avenir ouvert, dans la représentation d'un ordre moral du monde « qui jamais n'existe, mais doit être éternellement en devenir »[4]. On reconnaît là un certain nombre de philosophèmes fichtéens : la particularité des *Discours* réside en ce qu'ils s'y ordonnent autour du portrait de Luther, qui leur donne sens et cohérence[5].

À ce moment apparaît cependant une difficulté de taille : comment concilier ce pour quoi Fichte se réclame de Luther, à savoir l'idée d'une éternité ouverte à l'action libre des hommes, avec l'idée que l'histoire se déroule nécessairement selon un « plan universel » comprenant plusieurs phases ? L'idée d'un *Weltplan* apparaissait dans les *Grundzüge* et se

1. *Ibid.*, VIII, SW VII, 379-380, tr. fr. p. 213-214.

2. *Ibid.*, VII, SW VII, 195-196, tr. fr. p. 366-367.

3. *Ibid.*

4. *Ibid.*, I et III, SW VII, p. 272 et 297, tr. fr. p. 62 et 97. Sur l'ontologie de l'agir, la pensée et l'activité comme une « même et unique vie, la vie absolue », cf. le passage spéculatif du V^e discours, SW VII, 330-331, tr. fr. p. 144-145, ainsi qu'*infra*, p. 85-86.

5. La place centrale dévolue au portrait de Luther dans les *RDN* est clairement marquée au début du VI^e Discours, lorsque Fichte annonce qu'il va considérer « la dernière grande action universelle, une action qui en un sens est achevée, qu'a accomplie le peuple allemand : la Réforme de l'Église » (SW VII, 344, tr. fr. p. 165). Ce faisant, Fichte déclare tenir une « promesse » antérieure : celle de partir d'un « événement » pour déterminer la différence spécifique des Allemands (IV, SW VII, 312, tr. fr. p. 118). Cet événement avait d'abord été défini comme le fait de conserver la langue originaire. Le VI^e Discours va en chercher la conséquence dans une histoire plus récente : ce sera la Réforme.

maintient (dans une proportion moindre) dans les *Discours*[1] : elle a posé de longue date une difficulté à la recherche fichtéenne[2].

Un plan universel en plusieurs phases suppose une phase finale. S'agissant d'eschatologie, le problème est posé en aval des *Discours*, dans la dernière partie de la *Staatslehre* de 1813, *« Alte und neue Welt »*, qui traite de la coupure survenue dans l'histoire avec l'apparition du christianisme. Il se produit dans ce texte une réhabilitation de l'eschatologie néo-testamentaire, contre des « conceptions issues de la philosophie, et entrées dans le domaine public ». Ces dernières, écrit Fichte, ont poussé à abandonner la prophétie du Jugement dernier :

> Nous la reprenons à notre compte, comme la pierre de touche et le point d'accomplissement du christianisme, car par un autre biais, par le savoir d'entendement que nous avons déployé, nous en avons conservé le contenu, en en apercevant la nécessité *a priori*.[3]

Le travail de réappropriation du Nouveau Testament qui caractérise la *Staatslehre* culmine ainsi dans une réintégration de l'eschatologie dans la pensée rationnelle. Mais dès le départ, l'empreinte eschatologique sur la dernière partie de ce texte est telle que Fichte annonce que, loin de décrire le « nouveau monde » comme un « donné », il va le « prophétiser d'une manière déductive » (*ableitend weissagen*)[4]. Au point de départ de cette étrange prophétie rationnelle se trouve le concept de « Royaume des Cieux », en quoi Fichte voit « le concept unitaire essentiel du christianisme »[5]. Or si, comme l'avance Fichte, « cieux » signifie « liberté »[6], il faut conclure :

> Ce que Jésus a proclamé comme un événement nécessaire – dans la mesure où Dieu dirige le monde – coïncide avec ce que nous avons vu, du

1. L'idée du *Weltplan* est introduite dès la première leçon des *GGZ :* elle découle selon Fichte d'une « compréhension philosophique » du « temps entier » et suppose « le concept d'un accomplissement prédéterminé, quoique progressif de ce temps, en lequel chaque terme est conditionné par le précédent » (cf. SW VI, 5-7, tr. fr. p. 22-24). La même idée d'un « plan divin du monde » conclut les *RDN :* cf. XIV, SW VII, 498, tr. fr. p. 376.

2. Cf. le bilan dressé par L. Ferry et A. Renaut dans leur Présentation de Fichte, *Machiavel et autres écrits philosophiques et politiques de 1806-1807*, Paris, Payot, 1981, p. 31-33, avec les références nécessaires.

3. *Die Staatslehre, oder über das Verhältniss des Urstaates zum Vernunftreiche, in Vorlesungen,* III, SW IV, 579. La *Staatslehre* est constituée par les notes de Fichte en vue de son cours du semestre d'été 1813. Ces notes furent publiées à titre posthume en 1820 et intégrées à l'édition des *SW* par Immanuel Hermann Fichte.

4. *Ibid.*, SW IV, 529.

5. Cf. *ibid.,* SW IV, 531.

6. *Ibid.* : « Le ciel signifie le supra-sensible, l'absolument non phénoménal, le pur intelligible, la liberté ». Voir aussi SW IV, 522, qui fait de l'opposition entre le « Royaume des Cieux » et le « Royaume de ce monde » le *characteristicum* du christianisme.

point de vue de la philosophie, au début de ce cours, au titre de tâche de la liberté.[1]

Une fois de plus apparaît le souci qu'a Fichte de résoudre la « tension » propre à sa philosophie de l'histoire[2] : si la *Staatslehre* met explicitement en parallèle le *Weltplan* et l'accomplissement du Royaume de Dieu[3], cet accomplissement est lui-même moins un fait nécessaire que le produit des actes libres de l'humanité. Ici, la Doctrine de la Science entend se réunir au christianisme, et le « royaume du droit, requis par la raison » au « Royaume des Cieux sur la Terre promis par le christianisme »[4]. La subtilité de la position de Fichte vient de ce que sa réhabilitation de l'eschatologie s'opère d'une manière manifeste contre l'*Aufklärung*, mais s'appuie sur un travail de rationalisation du Nouveau Testament typique de l'*Aufklärung*. C'est ainsi que Fichte voit dans la destruction de Jérusalem un « fait insignifiant », et dans les prédictions naturelles (conflagration finale...) une mésinterprétation par les Apôtres de la doctrine de Jésus[5]. La relecture de l'eschatologie par la Doctrine de la Science sollicite tous les instruments de l'exégèse rationaliste : distinction entre le « métaphysique » et l'« historique », entre le christianisme comme « doctrine » et comme « constitution », refus de l'interprétation littérale[6].

Par là apparaît aussi la continuité de la position de Fichte depuis les *Discours*. Lorsque la *Staatslehre* condamne les interprétations littérales de la fin des temps, c'est toujours au nom de la doctrine éternitaire professée en 1807-1808 :

> Ceux qui reposent dans le tombeau entendront la Voix et vivront : n'a-t-on pas, à partir de ce passage et d'autres semblables, fabriqué un Jugement dernier et une résurrection de tous les morts ? Pour autant que je sache, jusqu'à aujourd'hui, tout le monde l'a fait. Il n'y pas là un seul mot juste ; comme je l'ai dit, voici comment il faut le comprendre : le ciel est la vie éternelle de soi, par soi ; celui qui n'y parvient pas ici n'y parviendra jamais. Lorsque les Païens postulaient une vie future, celle-ci n'était que la continuation de la vie sensible d'ici-bas, et la mort n'était

1. *Ibid*, SW IV, 580.

2. Cf. K. Hammacher, « Comment Fichte accède à l'histoire », art. cité, p. 390.

3. Cf. *Staatslehre*, III, SW IV, 576 et 584.

4. *Ibid.*, SW IV, 582. Sur le rapport complexe – de traduction, de relais – entre Doctrine de la Science et christianisme, cf. SW IV, 530, 552 et 584.

5. Cf. *Ibid.*, SW IV, 577-578. Cf. aussi p. 573-576 l'exposé de l'eschatologie du Nouveau Testament, entièrement au style indirect.

6. Sur le métaphysique et l'historique, cf. SW IV, 539. Le refus de la lettre est formulé p. 551. Sur la notion-clé de *Verfassung*, par opposition à la « doctrine », cf. *infra*, p. 81-82.

que la réunion des deux. Tout autre est le christianisme : *il place l'éternel au milieu du temporel*, comme *le* signe du temporel lui-même [1].

On retrouve ici l'objet du « penchant naturel » de l'homme selon les *Discours* : « semer l'impérissable dans le temporel lui-même » [2]. L'exposé final de l'eschatologie du Nouveau Testament s'ouvre de même par une définition de la mission du Christ : « commencer déjà l'éternité ici-bas, dans les faits » [3]. À cela s'ajoute la reprise, à la suite de cet exposé, du projet éducatif des *Discours* [4]. La convergence est donc totale, si l'on tient compte des nécessaires variations de forme entre les *Discours* et le commentaire du Nouveau Testament pour lequel se donne la *Staatslehre*.

La question est alors : qu'est-ce qui distingue l'étrange eschatologie de la *Staatslehre*, eschatologie de la liberté sans fin, de la doctrine du progrès à l'infini, et en particulier des *Conférences sur la destination du savant* qui, dès 1794, affirmaient le caractère inaccessible de la « fin dernière de l'homme » ? [5] Pour le dire autrement : en quoi y a-t-il ici proprement *eschatologie*, discours de la fin ?

La nouveauté de la *Staatslehre*, par rapport à 1794, ne consiste pas tant dans l'idée qu'il y a des étapes dans le progrès à l'infini – l'idée d'un « chemin de l'humanité prescrit *a priori* » permettait déjà de le penser [6], – que dans la justification théologique donnée à l'idée qu'une étape décisive a été franchie dans ce progrès. À cette dernière idée correspond le jugement que Fichte formule sur son présent, dans son exposé des prophéties de Jésus sur l'Esprit saint [7]. Avec Kant, l'Esprit saint a fait son « dernier pas », une fois réunis Socrate, en qui l'entendement s'était découvert comme une « source particulière et purement *a priori* de connaissances », et Jésus, en qui la vérité avait trouvé un « contenu » : désormais, l'entendement comme « connaissance par la loi », *a priori,* peut se distinguer de l'entendement

1. *Ibid.,* SW IV, 534, à partir de Jn 5, 25. Nous soulignons.

2. *RDN,* VIII, SW VII, 379, tr. fr. p. 214.

3. *Staatslehre,* III, SW IV, 573.

4. *Ibid.*, SW IV, 581-600.

5. Cf. *Über die Bestimmung des Gelehrten,* I, SW VI, 300, tr. fr. J.-L. Vieillard-Baron, Paris, Vrin, 1980², p. 42 : « Il est dans le concept de l'homme que son but final doive être inaccessible, que son chemin vers ce but doive être infini », à rapprocher de la IIe conférence, SW VI, 310, tr. fr. p. 53, avec le commentaire d'I. Radrizzani, « L'ambivalence de l'avenir chez Fichte » in *L'avenir. Actes du XXIe Congrès de l'Association des sociétés de philosophie de langue française. Athènes, 1986*, Paris, Vrin, 1987, p. 356.

6. *Über die Bestimmung des Gelehrten,* I, SW VI, 306, tr. fr. p. 49, à rapprocher p. ex. du texte des *GGZ* cité *supra*, p. 78, n. 1 : où l'on voit que l'idée d'un plan nécessaire et *a priori* de l'humanité a chez Fichte des racines profondes.

7. Parmi les textes étudiés ici par Fichte, on citera Jn 14, 26 : « Mais le Paraclet, l'Esprit Saint, que le Père enverra en mon nom, lui, vous enseignera tout et vous rappelera tout ce que je vous ai dit » et Jn 16, 13 : « Mais quand il viendra, lui, l'Esprit de vérité, il vous introduira dans la vérité tout entière. »

historique[1]. Il y a là une « époque » de l'Esprit, devenu réellement « saint » car capable de dépasser la simple connaissance historique du Christ. Fichte poursuit en affirmant que cette époque « coïncide exactement avec notre temps » ; par là, il remplit une autre tâche que s'était fixée la *Staatslehre,* celle de « donner un sens au temps dans lequel nous sommes eu égard au but final absolu du genre humain »[2]. Ce but final est aussi celui du christianisme :

> Par cette époque, c'est la perpétuation (*Fortdauer*) et le but final du christianisme qui se trouvent absolument assurés.[3]

La dimension eschatologique de ce passage a déjà été signalée par les commentateurs[4]. Encore s'agit-il d'une eschatologie bien particulière : il n'y est pas question d'un arrêt de l'histoire, et la fin désormais atteinte de l'humanité signifie la « perpétuation » du christianisme[5]. Or cette perpétuation ne peut être qu'*active*, au nom de l'équivalence postulée entre liberté et Royaume des Cieux. Ici, l'eschatologie consonne avec la doctrine éternitaire rappelée par Fichte un peu auparavant : le progrès du christianisme suppose des efforts éternels, et la période finale de l'histoire de l'humanité constitue le commencement réel de l'éternité « ici-bas, dans les faits », c'est-à-dire dans l'action (*in der That*)[6].

À cette première caractéristique de l'eschatologie fichtéenne, eschatologie éternitaire, sans fin, s'ajoute immédiatement une seconde : cette eschatologie trouve son lieu propre dans une analyse du « temps où nous sommes »[7]. Là, c'est toute la dernière partie de la *Staatslehre* qui est engagée, et la partition qu'elle opère entre « ancien » et « nouveau monde ». Le concept-clé est celui de « constitution » (*Verfassung*), auquel Fichte confère une extension très large, à la fois politique, historique et ontologique : le christianisme est moins doctrine que « constitution », soit « transformation historique totale du genre humain, jusqu'à la racine »,

1. *Staatslehre,* III, SW IV, 570.
2. *Ibid.*
3. *Ibid.*
4. Voir Giovanni Moretto, « Bewußtsein und Johannismus. Betrachtungen zur philosophischen Christologie Schleiermachers und Fichtes » in *Schleiermacher und die wissenschaftliche Kultur des Christentums,* hrsg. von G. Meckenstock [...], Berlin-New York, Walter de Gruyter, 1991, p. 207-227, en particulier 214-218.
5. Le statut particulier de cette eschatologie est en outre marqué par sa place dans le texte, *avant* l'exposé eschatologique proprement dit et dans un développement sur les prophéties de l'Esprit saint où Fichte formule également sa doctrine de la Trinité (SW IV, 566-571). C'est dire la richesse théologique de ce passage, dont nous ne donnons ici qu'un rapide aperçu.
6. Cf. *supra,* p. 80, n. 3.
7. Cf. *supra*, cette page, n. 2.

« détermination de l'être *effectif* du genre humain »[1]. De là s'ensuit une réflexion sur ce que signifie l'appartenance à un temps donné, en l'occurrence le « nouveau monde » inauguré par le christianisme : on y remarquera l'usage que Fichte fait d'un concept de facticité[2]. C'est bien d'ontologie de l'actualité qu'il s'agit ici, du « nous » de la communauté humaine en tant que son « être-fondamental factuel » se reconnaît pris dans une époque donnée, et c'est à partir de cette ontologie de l'actualité que l'eschatologie fichtéenne prend son essor. Cette dernière y gagne son second trait distinctif, celui d'une eschatologie du présent et témoigne, par là encore, du lien privilégié qui se noue entre l'eschatologie et la réflexion sur le présent.

On retrouve donc, au centre de l'eschatologie fichtéenne, l'idée de l'éternité traversant le présent, soit celle-là même qui structurait le portrait de Luther dans les *Discours à la nation allemande*. L'étonnant est pourtant que la *Staatslehre* ne se réclame jamais de Luther en matière d'eschatologie – bien au contraire. Telle est même la spécificité fichtéenne : la réhabilitation de l'eschatologie, opérée avec énergie dans l'œuvre dernière, repose sur une critique expresse de Luther. C'est ce qu'il faut à présent comprendre.

La critique de Luther par Fichte est ancienne, mais peu visible jusqu'en 1813. Il faut en effet l'extraire de la critique du « système paulinien », très nette notamment dans la septième leçon sur *Le Caractère de l'époque actuelle*. Dans ce texte, Fichte oppose « deux formes extrêmement différentes du christianisme », celle de Jean, assimilée à la « religion première et originaire », et celle de Paul, « fondement de la dissolution du christianisme »[3]. On a souvent souligné le « johannisme » de Fichte, qui imprègne notamment la *Wissenschaftslehre* de 1804 : il arrivera à Fichte de définir la Doctrine de la Science comme une « logologie », une glose spéculative au Prologue de l'Évangile de Jean[4]. Sur le terrain de la philosophie « populaire », ce johannisme est toujours associé à une

1. *Staatslehre*, III, SW IV, 526-527.

2. Cf. *ibid.*, SW IV, 544 : « Quelle que soit notre position, c'est bien dans le sol de l'époque chrétienne que nous sommes placés, c'est par ses influences qu'est déterminé l'être-fondamental factuel (*das factische Grundseyn*) dont nous sortons ». Sur le christianisme comme « *Factum* », voir, entre autres, p. 540.

3. *GGZ*, VII, SW VII, 98 et 100, tr. fr. p. 108-109 et 112.

4. Lettre à P. J. Appia du 23 juin 1804, citée par G. Moretto, art. cité, p. 219. En plus de l'article de Moretto, nous renvoyons à W. Schulze, « Das Johannesevangelium im deutschen Idealismus », *Zeitschrift für philosophische Forschung* 18 (1964), p. 85-118 ainsi qu'évidemment aux travaux de X. Tilliette, en particulier « Christianisme et Doctrine de la Science » in *Erneuerung der Tranzendentalphilosophie im Anschluß an Kant und Fichte, Festschrift für Reinhard Lauth*, hrsg. von K. Hammacher und A. Mues, Stuttgart-Bad Cannstatt, Frommann-Holzboog, 1979, p. 425-435.

critique de Paul. Celle-ci a un contexte : la critique de l'époque présente et en particulier de sa production littéraire, et un prolongement : la critique du luthéranisme.

On passera rapidement sur le contexte : dans les *Grundzüge,* le paulinisme, rebaptisé « gnosticisme », est envisagé comme une doctrine du « raisonnement ratiocinateur », donc comme une religion du débat. À ce titre, il constitue une première étape de l'« éducation générale » du genre humain, avant celle la Réforme, de l'imprimerie et de la Bible accessible au peuple, avant celle enfin du rationalisme étroit qui selon Fichte caractérise son temps[1]. La philosophie de l'histoire est cependant vite relayée par la théologie, ou plutôt – puisque le terme est ici récusé – la philosophie de la religion[2]. Ce qui motive en dernière instance la critique du paulinisme, de sa « déviation originaire »[3], c'est sa conception d'un Dieu « agissant arbitrairement, passant des contrats » avec les hommes[4] – le Dieu des Alliances, opposé ici au Dieu johannique, « rapport éternel et immuable », élément de vérité « en lequel nous sommes tous, en lequel nous tous vivons et pouvons être bienheureux »[5]. La critique de cette « erreur principale » est plusieurs fois répétée, jusqu'à devenir la position religieuse fondamentale des *Grundzüge*[6].

Dans cette critique, Fichte vise ce qu'il estime être le centre du paulinisme : la doctrine de la *justification*, c'est-à-dire de la grâce de Dieu et des moyens – la Loi pour les juifs, la foi en Jésus pour les chrétiens – de se défaire du péché qui y fait obstacle[7]. Or c'est cette question de la justification qui constitue le centre de la théologie de Luther : celui-ci, en un sens, n'a tout au long de sa vie défendu qu'une cause, celle de la justification par la foi contre la justification par les œuvres. Dans cette

1. Nous résumons ici *GGZ,* VII, SW VII, 98-105, tr. fr. p. 108-116.

2. Cf. la transition de SW VII, 104, tr. fr. p. 114-115, qui annonce un développement séparé. Sur le refus de la théologie, cf. p. 105, tr. fr. p. 115-116, ainsi que l'Avant-propos de J.-Ch. Goddard à Fichte, *La Querelle de l'athéisme, suivie de divers textes sur la religion,* Paris, Vrin, 1993, p. 25, sur le rapport entre théologie et philosophie de la religion chez Fichte.

3. *GGZ,* VII, SW VII, 101, tr. fr. p. 112.

4. *Ibid.,* SW VII, 103, tr. fr. p. 114.

5. *Ibid.,* SW VII, 104 et 98, tr. fr. p. 115 et 109, paraphrasant Actes 17, 28.

6. Cf. *GGZ* VIII, SW VII, 113, tr. fr. p. 124 ; 121-122, tr. fr. p. 132 ; IX, 130, tr. fr. p. 141 ; 142, tr. fr. p. 152. Sur tous ces points, voir M. Maesschalk, « La religion dans les 'Grundzüge' de Fichte », *Revue philosophique de Louvain* 89 (1991), p. 581-605.

7. Cf. *GGZ,* VII, SW VII, 99, tr. fr. p. 110-111 : « Les juifs, selon Paul, avaient conclu avec ce Dieu un contrat [...] aussi longtemps que ce contrat restait en vigueur, ils n'avaient qu'à maintenir la Loi et ils étaient *justifiés* devant Dieu [...] » (souligné par Fichte). Sur les chrétiens et leur « nouveau contrat » : « il leur suffisait aux uns comme aux autres de reconnaître en Jésus le Messie pour être justifiés [...] » Le ressort de la critique se trouve ici dans un fort antijudaïsme : à preuve l'esquisse de psychologie de Paul, qui, « devenu chrétien, voulut cependant ne pas avoir tort d'avoir été juif. »

perspective, il était naturel que Luther privilégiât Paul sur tous les Apôtres, allant jusqu'à qualifier l'Épître aux Romains – l'Épître de la justification – de « véritable pièce maîtresse du Nouveau Testament, le plus pur de tous les Évangiles »[1]. Il est donc tout aussi naturel qu'à la critique de Paul succède, dans les *Grundzüge,* une critique de la Réforme : au-delà du principe *Sola Scriptura,* principalement visé dans la septième leçon, la cible de la critique reste la conception de Dieu qui préside à la doctrine de la justification, c'est-à-dire aussi bien, comme Fichte le dit plus loin, la conception du christianisme comme simple « instrument de réconciliation et d'expiation » face à un Dieu resté « puissant, ardent et jaloux »[2].

Dans cette perspective, le portrait de Luther dans les *Discours à la nation allemande* prend un aspect plus ambigu qu'il n'y paraissait d'abord. L'éloge du Réformateur et de son action historique est en effet bordé d'énoncés religieux qui valent réfutation complète de sa théologie. Ainsi l'idée qu'« est inscrite en l'homme une aversion naturelle vis-à-vis des commandements de Dieu » est-elle rejetée du fait de son appartenance à l'« ancienne éducation »[3], comme est rejetée plus tard la formule « l'homme est né pécheur »[4]. Il y avait pourtant là pour Luther deux principes, deux preuves de l'impossibilité d'une justification par les bonnes œuvres.

À y regarder de plus près, le portrait de Luther, aussi élogieux qu'il soit, prend toutes les précautions nécessaires pour ne pas passer pour une profession de foi luthérienne. Ces précautions sont particulièrement visibles s'agissant du point de départ de Luther : « l'angoisse à l'égard du salut éternel », ou le « souci du salut de son âme »[5]. D'une manière fort classique, Fichte voit dans la question : « Que devons-nous faire pour nous sauver ? » le déclencheur de la Réforme[6]. Il ne tarde pas, cependant, à apporter une restriction :

> On doit convenir néanmoins que, dans la manière dont cette époque se préoccupait du salut des âmes, subsistaient une obscurité et une certaine confusion, dans la mesure où il ne s'agissait pas de simplement changer d'intermédiaire extérieur entre Dieu et l'homme, mais de ne plus avoir

1. Luther, *Vorrede auf die Epistel Sankt Paulus zu den Römern* (version du Nouveau Testament de 1522), WA *Deutsche Bibel* 7, 2, 3-4, tr. fr. Ph. Büttgen in Luther, *De la liberté du chrétien. Préfaces à la Bible,* p. 85, auquel nous nous permettons de renvoyer également pour un exposé succinct du problème de la justification.

2. *GGZ,* XIII, SW VII, 190 et VII, 99, tr. fr. p. 197-198 et 110.

3. *RDN,* III, SW VII, 307-308, tr. fr. p. 111.

4. *Ibid.*, X, SW VII, 421, tr. fr. p. 270, qui contre le péché originel esquisse la théorie alternative d'un devenir-pécheur « constant et continu » tout au long de la vie.

5. *Ibid.*, VI, SW VII, 347-348, tr. fr. p. 169-170 (cf. *supra,* p. 75).

6. *Ibid.*, SW VII, 346, tr. fr. p. 168.

> besoin d'aucun médiateur externe et de découvrir en soi-même le lien permettant l'union avec le Créateur : peut-être était-il nécessaire cependant que la formation religieuse des hommes passât par cette phase de transition. L'ardeur et la probité de Luther lui-même ont permis plus qu'il ne cherchait, et lui ont fait dépasser de loin sa construction doctrinale. [1]

Si la Réforme apparaît ici comme une « phase de transition », c'est parce qu'elle n'a pu résoudre la question du salut autrement qu'en recourant aux moyens que lui offraient les doctrines de la justification. Autrement dit, Luther est resté trop paulinien et n'est pas allé assez loin sur le chemin de l'intériorité qui définit la religion authentique [2].

La restriction est cependant redoublée : en « dépass[ant] » sa propre doctrine, Luther a fourni à la postérité les moyens de le dépasser. Fichte voit dans ce dépassement « un des traits fondamentaux de l'esprit allemand », éminemment illustré par le Réformateur :

> Dès lors que cet esprit cherche, il trouve davantage que ce qu'il cherchait ; car il plonge dans le fleuve de la vie authentiquement vivante, qui s'écoule de lui-même et l'entraîne avec lui. [3]

Au-delà même de son intention patriotique, cet énoncé est sans doute le plus significatif de l'interprétation fichtéenne de Luther. Fichte y fait se rejoindre Luther et saint Jean, ou plutôt il tente une interprétation johannique du paulinien Luther. Il faut en effet prêter attention à l'usage qui est fait ici d'un concept de « vie », usage non isolé puisque Fichte définissait auparavant l'angoisse du salut chez Luther comme la « vie de sa vie » [4]. Or si Fichte définit le johannisme comme une religion de la participation à la divinité, cette participation est autant une participation à

1. *Ibid.*, SW VII, 349, tr. fr. p. 172.

2. Sur le christianisme comme religion intérieure, cf. le texte de jeunesse *Sur les intentions de la mort de Jésus* (1786), tr. fr. in *La Querelle de l'athéisme, op. cit.*, p. 207. Le passage des *Discours* reste malgré tout elliptique : qu'est-ce que cet « intermédiaire extérieur » que l'époque de Luther se serait contenté de « changer » ? On peut penser qu'il s'agit de l'Écriture (par opposition à la Tradition), Fichte présupposant ici la critique des *Grundzüge* contre l'« inconséquence » du principe *Sola Scriptura* (cf. *GGZ*, VII, SW VII, 102, tr. fr. p. 113 : la Réforme a décrété l'autorité de la parole écrite sans voir que celle-ci avait été préalablement établie par la Tradition, ne serait-ce que par la fixation du Canon scripturaire).

3. *RDN*, VI, SW VII, 350, tr. fr. p. 173.

4. *Ibid.*, VI, SW VII, 347, tr. fr. p. 169. Cette expression remarquable n'est elle-même pas isolée. Elle s'applique plus loin à Pestalozzi, mais dans un rapprochement explicite avec Luther : cf. IX, SW VII, 402-403, tr. fr. p. 246, où Fichte définit la « vie de sa vie » comme « le principe directeur, inconnu de lui, mais ferme et immuable, de son existence [...] »

la *vie* divine qu'au *Verbe*[1]. On sait l'importance croissante prise par le concept de vie dans la spéculation fichtéenne, jusqu'au point culminant de la *Wissenschaftslehre* de 1804[2]. Les *Discours* centrent de même leur projet d'« éducation religieuse » sur la vie, avec l'objectif de faire passer l'élève du sentiment de son appartenance à la « chaîne éternelle d'une vie de l'esprit en général » à la conclusion que cette vie se confond avec « la vie divine elle-même, laquelle vie divine n'existe et ne se manifeste que dans la pensée vivante »[3]. On laissera de côté ce que cette expression pourrait signifier si on la reversait au dossier de la Querelle de l'athéisme[4]. L'essentiel est ici de marquer que toute la pédagogie du patriotisme qui définit le projet des *Discours* s'organise autour du concept johannique de « vie originaire »[5].

L'interprétation fichtéenne du luthéranisme est donc une interprétation johannique de part en part. C'est le johannisme, à travers l'opposition que Fichte construit avec le paulinisme, qui motive ses réticences avouées sur la doctrine luthérienne[6]. Mais c'est aussi lui qui permet l'éloge du Réformateur : la doctrine de la « vie originaire », qui se confond avec « le fleuve de la vie authentiquement vivante » que Luther finit toujours par rejoindre au-delà de lui-même, explique en quoi le Réformateur est proprement une force historique. C'est dire la puissance de l'instrument

1. Voir Jn 1, 4, dès le Prologue : « Ce qui fut en lui [*sc.* le Verbe] était la vie et la vie était la lumière des hommes », et bien sûr 14, 6 : « Je suis le Chemin, la Vérité et la Vie. Nul ne vient au Père que par moi. »

2. Sur ce point, nous renvoyons à l'ouvrage de Wolfgang H. Schrader, *Empirisches und absolutes Ich. Zur Geschichte des Begriffs Leben in der Philosophie J. G. Fichtes,* Stuttgart-Bad Cannstatt, Frommann-Holzboog, 1972.

3. *RDN,* III, SW VII, 297-298, tr. fr. p. 96-97.

4. L'idée d'une vie divine qui « ne se manifeste que dans la pensée vivante » vaut sans doute maintien des positions qui motivèrent en 1798 l'accusation d'athéisme, d'autant qu'elle apparaît ici à proximité d'une mention de l'« ordre moral du monde » : Dieu reste ici produit de la pensée, même si cette pensée n'est pas individuelle. Sur le rôle de la notion de vie dans la philosophie de l'actualité, cf. *GGZ,* IV, SW VII, 60, tr. fr. p. 73, la définition de la religion comme « flux qui porte, avec conscience, toute activité et toute vie vers la source originaire de la vie – source qui est une et que l'on perçoit immédiatement : la divinité », à quoi on ajoutera l'exposé religieux de la XVIe leçon, SW VII, 233-235, tr. fr. p. 235-237.

5. Voir encore l'éclaircissement de *RDN,* V, SW VII, 329, tr. fr. p. 143.

6. On mentionnera encore celle-ci, à propos des « protestants allemands » en VIII, SW VII, 388, tr. fr. p. 225-226 (cf. *supra,* p. 76, n. 3) : « Reconnaissons volontiers que leur profession de foi n'était pas le seul et unique moyen d'accéder au ciel par-delà le tombeau ». Il s'agit ici du johannisme *de Fichte :* la doctrine du quatrième Évangile n'est en rien engagée par les arguments que Fichte oppose, au-delà même du luthéranisme, à la doctrine du péché originel.

critique que la référence à Jean fournit à Fichte dans son interprétation de Luther[1].

La puissance, chez Fichte, de l'interprétation johannique se mesure aussi à sa longévité. La *Staatslehre* repart du même point anti-paulinien que les *Grundzüge*, à savoir la conception de Dieu comme « être saint de par son essence intérieure propre, sans le moindre arbitraire » : celle-ci définit le « nouveau monde » par opposition à l'« arbitraire sans fond », à la « puissance de contrainte » du Dieu de l'« ancien monde »[2]. La nouveauté de ce texte est cependant de proposer une théorie alternative de la justification[3]. Le principe en est d'emblée donné :

> Son principe, pour nous, exprimé d'une manière naturelle, est celui-ci : tout homme, sans exception, par cela même qu'il est né homme et qu'il porte visage humain, est à même d'entrer dans le Royaume des Cieux. Dieu est prêt à lui donner vie et esprit (*ihn zu beleben und begeistern)* ; car ce n'est que dans ce but même que tous les hommes existent, et ce n'est qu'à cette condition qu'ils sont hommes.[4]

Toute la question est de savoir s'il y a encore un sens à parler de justification dès lors que « le péché, et avec lui la rémission des péchés, a été supprimé et retiré du monde par le christianisme »[5]. Fichte lui-même pose le problème : dès lors que « la Rédemption est là », « la doctrine qui la vise, et qui s'est détruite par elle-même, devient une formule morte »[6].

Le rejet du péché entraîne à nouveau une réfutation intégrale du paulinisme. Les termes en sont certes plus mesurés qu'en 1804-1805 ; il n'empêche que la doctrine paulinienne de la justification est une nouvelle fois interprétée comme une tentative de conciliation avec le judaïsme, dont elle suppose encore le « système d'images », notamment dans l'idée d'un sacrifice du Christ[7]. Selon Fichte, cette tentative est désormais caduque,

1. On notera que son interprétation de Jean est sans doute ce qui permet à Fichte de donner un sens nouveau à sa doctrine du progrès à l'infini, en l'ouvrant à la possibilité d'une eschatologie. Pour les *Conférences sur la destination du savant,* la destination de l'homme devait rester inaccessible « si l'homme ne doit pas cesser d'être un homme et devenir Dieu » (cf. les textes cités *supra*, p. 80, n. 5) ; l'idée, acquise dans la méditation du quatrième Évangile, d'une participation à la vie divine permet à Fichte de lever la difficulté.

2. *Staatslehre,* III, SW IV, 522. Cf. aussi le résumé donné p. 529-530.

3. L'exposé de la *Staatslehre* sur les théories de la justification se trouve en SW IV, 556-566. Ce n'est pas, chez Fichte, la première tentative en la matière. Là encore, on renverra à *Sur les intentions de la mort de Jésus,* tr. fr. citée, p. 201-203. Nous nous réservons de reprendre ultérieurement cette question de la justification chez Fichte : les lignes qui suivent ne veulent qu'en suggérer la richesse et la difficulté.

4. *Staatslehre,* III, SW IV, 555.

5. *Ibid.*, SW IV, 557. C'est le *leitmotiv* du texte : cf. ensuite p. 558 à 561.

6. *Ibid.,* SW IV, 561.

7. *Ibid.,* SW IV, 559.

comme le montre le fait qu'elle suppose encore l'idée d'un Dieu « despote arbitraire et capricieux, qui ordonne sans donner de raisons » [1] : on retrouve ici le *leitmotiv* des *Grundzüge*.

La nouveauté, pourtant, est que cette fois Luther est désigné explicitement. Sans ménagement : à propos des chrétiens pour qui « apprendre et admirer leur catéchisme » tient lieu de justification, Fichte écrit en conclusion :

> Les paroles sévères que Paul et Luther ont pu avoir respectivement sur les juifs et les papistes, s'agissant de la falsification de la doctrine de la justification par la seule foi en Jésus, et de la manière qu'ils ont de diminuer le mérite de Jésus, s'applique à ces chrétiens, pas aux disciples du Christ (*gilt von diesen Christianern, nicht Christen*). [2]

La doctrine de Luther s'explique donc historiquement, par ses destinataires [3]. Mais même historiquement, son association avec celle de Paul vaut déjà condamnation. Et sur le principe, la condamnation est totale. Fichte la prononçait peu auparavant :

> En somme : toute réglementation en vue du salut (*Heilsordnungen*), sans exception, hormis celle-ci, simple, qui veut qu'on se nie soi-même et qu'on s'anéantisse à tous égards [...] provient du Soi, sert à le confirmer, et est par là même hostile au christianisme, antichrétienne. [4]

La difficulté de sa position, provoquée par le maintien de toutes les positions antérieures, conduit Fichte à déplacer prudemment son propos, et à passer d'une théorie de la « justification », détruite en même temps que le péché originel, à une théorie de la « sanctification » [5]. Fichte en arrive

1. *Ibid.*, SW IV, 558.

2. *Ibid.*, SW IV, 565-566. Le jeu de mots est dû au fait que l'allemand désigne du même mot (*Christ*) le chrétien et le Christ : de là le néologisme « *Christianer* », pour désigner ceux qui s'éloignent du Christ tout en croyant le suivre.

3. Sur l'interpétation « historique » de la doctrine de la justification, cf. SW IV, 545, qui évoque déjà une « falsification ».

4. *Ibid.*, SW IV, 565, à rapprocher à nouveau de SW IV, 545, qui définit l'unique « moyen du salut » possible : « la mort du Soi-même (*Selbstheit*), la mort avec Jésus, la renaissance, etc. »

5. Cf. notamment *ibid.*, SW IV, p. 559-560. Sur la distinction entre justification et sanctification, pièce maîtresse des théories scolastiques reprise, après Luther, par Melanchthon, nous renvoyons à l'étude d'Alister E. McGrath, *Iustitia Dei. A History of the Christian Doctrine of Justification*, 2 vol., Cambridge UP, 2 vol., 1989-1993 (1re. éd. 1986). Il se peut que ce changement terminologique soit le résultat d'une distance et d'une gêne exprimées dès le début à l'égard du mot « justification » : cf. le début de l'exposé, SW IV, 556, sur ce « mot du système [paulinien ?] fondé sur les expressions bibliques ». On notera par ailleurs que la condamnation de la doctrine luthérienne est sélective : à deux reprises, Fichte se réclame de l'idée d'une justification *sola fide* (cf. SW IV, 558 et 566, cité *supra*, n. 140). Ceci pour réaffirmer l'extrême difficulté de la doctrine fichtéenne de la justification.

finalement à juxtaposer une théorie johannique du péché, rebaptisée « principe apriorique du christianisme » (« tout ce qui sort de la volonté propre, et non pas de Dieu, est néant et, si l'on peut parler ainsi, péché »)[1] et l'idée d'une « sanctification individuelle » (*eigene Heiligung*)[2].

On est en droit de penser que l'une est contredite par l'autre. Mais le problème explicitement rencontré par Fichte est plutôt de savoir en quel sens on peut encore parler de péché. Le christianisme et la « philosophie achevée » (autrement dit la Doctrine de la Science) se trouvent en effet devant deux « modes de vie ». Le second est désigné par Fichte en termes purement johanniques, et aboutit à annuler purement et simplement le péché :

> [...] la vie vit de Dieu, elle est la manifestation de Dieu, et celui qui naît de Dieu ne pèche pas.[3]

Le premier « mode de vie » distingué est le plus directement intéressant pour notre propos. Il est issu, dit Fichte, de la « personnalité sensible » :

> là, l'action, aussi brillamment légale qu'elle soit, n'est rien, une apparence vide, sans contenu, pas du tout un péché ; car pour le coup, c'est pour l'homme faire preuve d'un orgueil pécheur que de croire qu'il pourrait pécher et par là troubler *realiter* le plan universel de Dieu.[4]

La première partie de l'énoncé est significative ; le raisonnement luthérien serait exactement inverse : aussi conforme qu'une action soit à la loi, elle reste un péché tant qu'elle n'est pas inspirée par la foi. Tout aussi anti-luthérienne, dans son ultra-pélagianisme, est la solution préconisée d'une « sanctification individuelle » devant le péché entendu ici comme œuvre de la chair. Mais c'est surtout la seconde partie qui retiendra ici l'attention : en dénonçant l'illusion qui fait du péché de l'individu un obstacle au plan de Dieu, Fichte oppose la croyance au péché au concept fondamental de son eschatologie, le *Weltplan* qui conduit, sur Terre, au Royaume des Cieux. Pour le dire autrement : le concept fondamental de la doctrine de la justification, le péché, n'a pas sa place dans la doctrine du Royaume des Cieux. L'exposé sur la justification précède de peu, dans la dernière partie de la *Staatslehre,* l'exposé eschatologique, et l'on peut estimer qu'il a pour tâche de le préparer en le dépouillant d'avance de tout ce qui pourrait encore y sonner paulinien, c'est-à-dire, aussi bien, luthérien. La charge anti-luthérienne de la « sanctification individuelle » apparaît alors comme un ultime indice dans une série qui impose cette

1. *Ibid.,* SW IV, 564.
2. *Ibid.,* SW IV, 563.
3. *Ibid.,* SW IV, 562.
4. *Ibid.*

conclusion : l'eschatologie fichtéenne, eschatologie sans doctrine de la justification, est une eschatologie strictement et délibérément anti-luthérienne.

On conclura rapidement. Ce long détour par les doctrines de la justification n'avait qu'un but : faire sentir l'extrême difficulté du problème posé par la référence religieuse en philosophie de l'histoire. Dès lors qu'on la confronte à une référence *localisable* dans l'histoire religieuse, plutôt qu'à une théologie imaginaire, la thèse de l'équivalence en dernière instance entre philosophie de l'histoire et théologie prend des couleurs nouvelles, et singulièrement nuancées. Le cas de Fichte montre bien qu'on peut faire culminer une philosophie de l'histoire dans une eschatologie et en même temps détruire patiemment l'eschatologie de celui, en l'occurrence Luther, en qui on a vu un « modèle de tous les siècles à venir ». Dans les aveux publics qu'un philosophe peut faire de sa dette envers la religion – nul plus que Fichte n'a sacrifié à ce genre, pas même sans doute Hegel, – il faut voir non pas la confirmation d'une thèse présupposée, mais la justification d'un programme de recherche : à travers la construction de ce qu'il faut bien appeler les eschatologies philosophiques, dans toute leur spécificité, on peut voir comment les philosophes construisent leur rapport avec la religion, dans une confrontation singulière, difficile – et assez retorse, dans le cas de Fichte face à Luther, – avec les modèles confessionnels mis à leur disposition. Telle est la première conclusion, prudente, qu'on peut formuler.

La seconde conclusion sera pour l'usage qu'on peut faire d'un modèle comme celui de l'ontologie de l'actualité. Il est vrai qu'une même prudence doit valoir pour toute dérivation de ce modèle à partir d'une origine religieuse : le cas de Fichte face à Luther montre que les réappropriations ne vont pas sans rebondissements. Mais l'idée d'une ontologie de l'actualité, une fois précisée, peut donner une image plus juste du travail de la philosophie de l'histoire face à la théologie. S'il est vrai que *toute* eschatologie, philosophique ou religieuse, se confronte à l'interprétation de son présent, alors il ne suffit pas de dire que la tâche d'une pensée laïcisée se trouve dans la révolution qu'elle fait accomplir au regard, de la considération des choses futures à celle du présent. Définir précisément cette tâche impose plutôt de distinguer les différentes formes de la spéculation – philosophique, religieuse – sur le présent : c'est entre elles qu'est le choix.

Philippe BÜTTGEN

# HEGEL PENSEUR DE « LA FIN DE L'HISTOIRE » ?

Hegel a vécu une période de l'histoire que Tolstoï compare, dans l'épilogue de *La guerre et la paix*, à une mer déchaînée soumise à un double mouvement de flux et de reflux, correspondant aux invasions victorieuses des armées napoléoniennes en Allemagne et en Russie, puis à leurs défaites successives, symbolisées par la retraite de Moscou de 1812. Tolstoï écrit ainsi que « Le sens profond, essentiel, des événements européens du début de ce siècle réside dans le mouvement offensif des peuples européens d'Occident en Orient, puis d'Orient en Occident »[1]. On sait que Hegel a tenté d'inscrire ces événements dans une compréhension plus vaste de l'histoire dont le sens général, par delà les péripéties particulières, serait orienté d'Est en Ouest. Et c'est devenu un thème classique de l'historiographie hégélienne de dire que cette marche rationnelle de l'histoire, comprise comme progrès de la liberté, se serait achevée dans l'époque chrétienne germanique, avec un système politique libéral dont l'État prussien du début du XIX^e^ siècle serait l'incarnation historique concrète. Mais comment Hegel, qui est le penseur par excellence de l'historicité, a-t-il pu affirmer en même temps que l'histoire était finie, à une époque qui plus est où celle-ci connaissait maints bouleversements ? Rien n'est en réalité plus obscur que l'idée courante et apparemment claire de « la fin de l'histoire » chez Hegel. Pour contribuer à examiner la signification que cette idée peut avoir dans son système, il convient certes de rappeler les textes précis sur ce sujet, ainsi que leurs interprétations chez certains commentateurs, qui ont privilégié ce thème. Toutefois, c'est par une analyse de la nature du temps proprement historique que le problème de la fin de l'histoire, tel qu'il se présente dans la philosophie hégélienne, peut trouver un éclairage spécifique.

1. *La guerre et la paix*, tome II, tr. fr. Boris de Schloezer, Gallimard, Folio, 1991, p. 642.

### L'APPARITION DU THÈME DE LA FIN DE L'HISTOIRE CHEZ QUELQUES COMMENTATEURS DE HEGEL

La question de la fin de l'histoire apparaît sous une première forme à la conclusion de la *Phénoménologie de l'esprit*, où elle a un sens bien circonscrit qu'il faut distinguer de celui que lui donne *La raison dans l'histoire*. Elle signifie simplement, dans l'œuvre de 1807, que l'histoire idéale de la conscience est close par le savoir absolu, qui met un terme au parcours de sa formation. Arrivé à ce stade ultime de la conscience, « l'esprit a clos (*beschlossen*) le mouvement de son développement en figures », il a atteint son but[1]. Mais cet achèvement n'est en aucun cas synonyme de fin, puisqu'il marque également pour Hegel la naissance d'une nouvelle époque, liée à l'essor de la Science. Il le souligne dans la préface de la *Phénoménologie de l'esprit* : « il n'est pas difficile de voir que notre temps est un temps de naissance et de transition à une nouvelle période », dans laquelle « le temps est venu d'élever la philosophie à la Science » (*GW* 9, p. 11 et 14)[2]. Contrairement à ceux des commentateurs qui ont cherché l'idée de fin de l'histoire dans la *Phénoménologie de l'esprit*[3], il faut donc plutôt se reporter, pour élucider ce point, aux leçons de Berlin sur la philosophie de l'histoire. Dans ces textes, la fin de l'histoire renvoie non plus à l'histoire phénoménologique de la conscience, mais à ce qu'on peut appeler « l'histoire en acte », c'est-à-dire la manifestation de l'esprit sous la forme des événements, l'histoire mondiale ou encore l'histoire objective. Ce qui implique des questions nettement différentes : le progrès historique de l'esprit a-t-il un terme, une fin ultime ? Le sentiment d'appartenir à « un temps de gestation et de transition vers une nouvelle période », que Hegel éprouve à Iéna, a-t-il été remplacé à Berlin par la conviction que l'histoire aurait atteint son crépuscule[4] ?

Le problème ne consiste pas à se demander si l'histoire a une fin au sens d'un but (*Zweck*, *Ziel*). Nous savons en effet que selon Hegel, la volonté projette dans l'histoire en acte un but déterminé, en vertu duquel elle se

1. *Phänomenologie des Geistes*, *Gesammelte Werke*, Band 9, Hamburg, F. Meiner, 1980, p. 431 (noté par la suite *GW* 9, p. 431).

2. Hegel exprime la même idée dans un cours d'Iéna daté du 18 septembre 1806, *Dokumente zu Hegels Entwicklung*, Stuttgart, Frommann, 1936, p. 352 : « Nous nous trouvons dans une époque importante, dans une fermentation : l'esprit y a accompli une brusque poussée, il s'est dégagé de sa figure précédente et en acquiert une nouvelle ».

3. Comme R.K. Maurer dans son livre *Hegel und das Ende der Geschichte, Interpretation zur « Phänomenologie des Geistes »*, Kohlhammer, 1965, ou J.-R. Séba, dans son article « Histoire et fin de l'histoire dans la "Phénoménologie de l'esprit" de Hegel », *Revue de Métaphysique et de Morale*, 85, n°1, janvier-mars 1980, p. 27-47.

4. C'est la thèse du P. G. Fessard, « Attitude ambivalente de Hegel face à l'histoire », *Hegel-Jahrbuch*, 1961, p. 25-60.

veut elle-même comme volonté libre. La liberté introduit dans le temps historique la catégorie de la finalité. Aussi Hegel écrit-il souvent que la liberté, et plus exactement la conscience que les individus en prennent, est « le but de l'histoire mondiale », qui se réalise progressivement dans la sphère politique de l'État[1]. La difficulté est dès lors de déterminer si l'histoire comporte un terme dans lequel ce but serait définitivement atteint, une fin au sens de *Ende*. À vrai dire, ce sont surtout les commentateurs de Hegel qui ont soulevé cette question, qui n'est, soulignons-le d'ores et déjà, presque jamais abordée de front par notre philosophe. Sans prétendre être exhaustif, rappelons quelques-uns des interperprètes, parmi les plus significatifs, qui ont développé ce motif de la fin de l'histoire. Si l'on en croit le témoignage de Rudolf Haym, des disciples de Hegel s'interrogèrent dès 1830 sur « ce qui pourrait bien constituer le contenu ultérieur de l'histoire universelle, après que l'esprit du monde a réussi à atteindre son but, le savoir de lui-même, dans la philosophie hégélienne »[2]. Pour ce dernier, la réponse est claire. La théorie élaborée par Hegel prive l'histoire de tout avenir, elle considère la figure que revêt l'esprit à la fin de l'époque germanique, celle que connaissait le philosophe de Berlin, comme le but le plus élevé de la liberté, son terme ultime, qui ne peut être que conservé ou renforcé par la suite. La thèse de la fin de l'histoire ferait de Hegel un philosophe de la restauration[3]. Le même argument critique est employé, de façon plus larvée, par Anton H. Springer. Dans un petit opuscule de 1848, il reproche à Hegel d'avoir donné une valeur absolue, définitive et éternelle à l'état actuel de l'esprit objectif, alors que celui-ci est destiné, comme toute étape de l'histoire, à disparaître[4]. Nietzsche contribue à alimenter cette polémique lorsqu'il note en 1874, non sans ironie, que « pour Hegel, le point culminant et le point final du processus universel coïncideraient avec sa propre existence berlinoise »[5]. Il faut attendre la longue étude de Moses Rubinstein, parue en 1906 sous le titre *Die logischen Grundlagen des Hegelschen Systems und das Ende der Geschichte*[6], pour avoir l'une des premières recherches

1. *Die Vernunft in der Geschichte*, hrsg. von J. Hoffmeister, Hamburg, F. Meiner, 1994 (1955), p. 74 (noté *VG*, p. 74). Voir également *VG*, p. 115 : « L'État est donc la forme historique déterminée dans laquelle la liberté acquiert une existence objective et jouit de son objectivité. Car la loi est l'objectivité de l'esprit et la volonté dans sa vérité ; seule la volonté qui obéit à la loi est libre ».

2. R. Haym, *Hegel und seine Zeit*, Berlin, 1857, p. 4-5.

3. Cf. *Ibid.*, p. 448.

4. *Die hegel'sche Geschichtsanschauung, eine historische Denkschrift*, Tübingen, 1848, p. 6.

5. *Seconde considération intempestive*, tr. fr. H. Albert, Paris, GF, 1988, p. 148.

6. *Kantstudien*, 11, 1906, p. 40-108. M. Rubinstein a tiré de son étude un livre, publié à Halle avec le même titre en 1906.

rigoureuses sur ce sujet. À partir de l'examen critique de nombreux textes, l'auteur conclut que l'idée de la fin de l'histoire, effectivement suggérée dans certaines parties du système de Hegel, contredit directement son principe logique fondamental, qui est le développement infini de la liberté de l'esprit. D'un côté, les fondements logique et dialectique du système impliquent la progression véritablement infinie de l'esprit dans tous ses domaines ; de l'autre, le point de vue absolu, que la philosophie spéculative prétend atteindre, entraîne la quadripartition de l'histoire ainsi que sa limitation finale dans l'espace et le temps, ce qui, au regard des fondations du système, est une inconséquence, « une tragique défaite », ou encore un « cul de sac »[1]. Dans le sillage de ces réflexions, Karl Löwith n'hésite pas lui aussi à présenter Hegel comme le penseur de l'achèvement de l'histoire (*Vollendung*), à tous les niveaux de la vie de l'esprit. La fin de l'histoire, que Hegel aurait affirmée pour l'histoire politique, l'art, la religion et la philosophie, a selon lui deux sens : l'unification conceptuelle à un degré de complétude inégalée de tout ce qui était arrivé et avait été pensé avant lui ; la saisie rétrospective de la signification générale de l'histoire, qui s'achève dans l'époque chrétienne germanique, après la Révolution française, sans que cela s'oppose pour autant au développement simplement empirique des événements ultérieurs, au sein de cette dernière période indépassable[2].

On trouve en France un lointain écho de ces critiques développées en Allemagne, sous la plume de Louis Lavelle, dans un article de janvier 1932 écrit à l'occasion du centenaire de la mort de Hegel[3]. À la fin de son étude sur « Hegel à Iéna » (parue en 1934), Alexandre Koyré croit également pouvoir discerner dans la conception hégélienne de l'histoire une contradiction entre une ouverture vers l'avenir et un achèvement dans le présent, une tension irréductible entre la dimension créatrice et imprévisible de la dialectique et la clôture du système. La philosophie hégélienne de l'histoire marque selon lui un « arrêt », et il se pouvait dès lors que Hegel ait cru que « l'histoire était effectivement achevée »[4]. D'où un échec qui sonnerait le glas de cette philosophie. C'est surtout Alexandre Kojève qui a défendu en France, dans les années trente, l'idée de la fin de l'histoire, qui devient à partir de lui un thème récurrent de l'historiographie hégélienne. Pourtant, ce n'est peut-être pas la partie la plus pertinente du commentaire de Hegel par Kojève. Pour étayer cette thèse, celui-ci entend se fonder en

1. Art. cité, p. 102, 109.

2. Cf. *Von Hegel zu Nietzsche*, 1941, Europa-Verlage, Zürich/Wien, p. 44-54.

3. *Panorama des doctrines philosophiques*, Paris, Albin Michel, 1967, p. 115 : « D'autre part, si avec l'hégélianisme l'esprit doit rentrer enfin en lui-même après être resté longtemps divisé, faut-il penser que l'histoire est désormais achevée ? ».

4. « Hegel à Iéna », *Études d'histoire de la pensée philosophique*, Paris, Tel, 1995, p. 189.

effet essentiellement sur la *Phénoménologie de l'esprit*, où ce thème est, on l'a vu, largement implicite. Dans sa célèbre *Introduction à la lecture de Hegel*, qui réunit ses cours professés de 1933 à 1939 à l'École des Hautes Études, devant un auditoire conquis par son charisme intellectuel exceptionnel, et qui fut publiée en 1947 par Raymond Queneau, Kojève égraine sa lecture du dernier chapitre, « le savoir absolu », de remarques sur la fin de l'histoire. Le savoir absolu montrerait que « l'Histoire elle-même doit être essentiellement finie », et que « cette fin de l'histoire est marquée par l'avènement de la Science ». Cet avènement du Sage, en la figure de Hegel lui-même, « marque la fin du Temps, de l'Histoire et de l'Homme », il est « le *dernier* événement historique », avec lequel « l'Histoire s'arrête »[1]. Dans la note 1 des pages 434-435, Kojève précise le sens de son interprétation. La « fin du Temps humain ou de l'Histoire » marque « l'anéantissement définitif de l'Homme proprement dit ou de l'individu libre et historique », elle est « la cessation de l'Action au sens fort du terme », qui s'accompagne de « la disparition de la *Philosophie* ». Commence alors une sorte de post-histoire, où « l'Homme reste en vie en tant qu'animal qui est en *accord* avec la Nature ou l'Être donné », et se limite aux activités de l'art, de l'amour et du jeu. Plus aucun changement essentiel – guerres, révolutions, événements religieux ou philosophiques – ne peut lui advenir dans cette vie naturelle foncièrement anhistorique. En fait, Kojève interprète Hegel à travers le prisme de sa propre lecture de Marx, comme le montre sa référence au « royaume de la liberté » évoqué dans *Le Capital* (Livre III, chap. 48, § 3), qui signifie selon lui l'accord ultime de l'homme avec la nature définitivement maîtrisée. Ces analyses sont complétées par une autre note ajoutée à la seconde édition (p. 436-437), dans laquelle on trouve des conjectures originales, dont le rapport à la pensée de Hegel est cependant pour le moins ténu. La fin de l'histoire, que Hegel aurait vue dans la Révolution française et la victoire de Napoléon à Iéna, et qui implique pour l'Homme le retour à l'animalité et à la vie cyclique de la nature, est attestée de nos jours aussi bien par la société de consommation de « l'*American way of life* » que par le mode de vie « sino-soviétique », qui cherche à imiter celle-ci. Tel n'est pas cependant le dernier mot de Kojève sur la question. À la suite d'un voyage au Japon fait en 1959, il change d'opinion et émet l'hypothèse que la civilisation japonaise offre une réalisation sensiblement différente de la fin de l'histoire, fondée sur le « snobisme » (compris comme le respect de codes

1. Cf. A. Kojève, *Introduction à la lecture de Hegel*, Paris, Tel, 1985², respectivement, p. 380, 395, 413, 419. Sur l'idée de « fin de l'histoire » de Kojève, renvoyons à la critique argumentée de G. Jarczyk, in G. Jarczyk/ P.-J. Labarrière, *De Kojève à Hegel*, Paris, Albin Michel, 1996, p. 97-125.

et de rites ancestraux), qui montre un visage humain et non plus animal de l'Homme de la post-histoire.

Si la plupart des commentateurs n'ont pas repris le détail des réflexions de Kojève, beaucoup ont retenu en revanche l'idée de fin de l'histoire, soit pour en créditer Hegel, soit pour la retourner comme une arme contre son système, mais au risque à chaque fois d'en faire une simple formule vide de sens. Henri Niel reprend ce thème comme une évidence dont il s'attache à montrer l'ambiguïté. Si après Hegel il n'est plus de progrès possible, l'histoire n'est-elle pas purement et simplement niée[1] ? Maurice Merleau-Ponty est plus critique encore et s'en prend directement à la thèse de Kojève. Celui-ci suppose « une certaine frontière après quoi l'humanité cesse enfin d'être un tumulte insensé et revient à l'immobilité de la nature ». Mais ce faisant, il cède au désir « d'une purification absolue de l'histoire, d'un régime sans hasard et sans risque »[2]. L'histoire ne peut être finie parce qu'elle est l'œuvre non de la théorie mais de la pratique des hommes. Autrement dit, « il n'y a d'histoire que pour un sujet lui-même historique, une histoire universelle achevée contemplée du dehors n'a pas de sens »[3]. Merleau-Ponty prend toutefois soin de préciser, à juste titre, que l'interprétation de Kojève est « une idéalisation de la mort qui ne saurait traduire la pensée centrale de Hegel »[4]. Qu'est-ce que ce dernier aurait donc réellement pensé ? François Châtelet apporte à ce sujet une précision. On peut affirmer, avec Kojève, que l'idée la fin de l'histoire est présente dans la philosophie hégélienne, à condition d'ajouter qu'elle n'implique aucune primauté de l'Allemagne dans la configuration ultime de l'esprit, qui continuera son cheminement à travers d'autres nations. Mais dans ce développement final, l'humanité « ne créera plus rien de nouveau », aucune forme politique vraiment nouvelle ne surgira[5]. C'est également dans la lignée directe de Kojève que se situe le livre de Francis Fukuyama, *La fin de l'histoire et le dernier homme*, qui eut à sa sortie en 1992 un fort retentissement aux États-Unis puis en France, révélant par là même que la question de la fin de l'histoire est, plus de cent cinquante ans après la mort de Hegel, toujours d'actualité. F. Fukuyama, s'inspirant plus des interprétations de Kojève que de Hegel lui-même, a tenté de voir dans la démocratie libérale moderne la forme finale de tout gouvernement

1. *De la médiation dans la philosophie de Hegel,* Paris, Aubier, 1945, p. 299-300, p. 368-369 : « Certes, l'histoire ne peut se comprendre que par rapport à cet idéal (la fin de l'histoire), mais cet idéal doit rester irréalisable sous peine de détruire l'histoire elle-même ».

2. *Les aventures de la dialectique*, Paris, Gallimard, 1955, p. 9-10.

3. *Ibid.*, p. 180, note 1.

4. *Ibid.*, p. 277.

5. F. Châtelet, *Hegel,* Paris, Seuil, 1968, coll. écrivains de toujours, p. 160-161.

humain, la réalisation de la fin de l'histoire[1]. Le moteur permettant d'accomplir cette fin est d'une part, le progrès des sciences, qui assure l'augmentation du bien-être des hommes, d'autre part la lutte pour la reconnaissance, en vertu de laquelle la liberté trouve seulement dans l'État démocratique sa pleine satisfaction, grâce au principe d'une reconnaissance réciproque entre les individus, qui peuvent dépasser la relation de type maître/esclave. L'accroissement des démocraties dans le monde entraînerait de plus une remise en cause progressive de la *Realpolitik* et irait dans le sens d'une union pacifique entre les nations. Bien qu'elle soit défendue avec une certaine conviction, cette thèse, si on la confronte à la pensée de Hegel, présente une contradiction manifeste. Il convient en effet de rappeler avec Bernard Bourgeois que Hegel, sans être certes conservateur, comme le prétend à tort R. Haym, « n'a rien d'un thuriféraire de la *démocratie* libérale »[2]. Il était un partisan non de la démocratie, mais de la monarchie constitutionnelle, qui était pour lui le modèle de l'État moderne, tel qu'il s'était du moins réalisé à son époque, et il considérait par ailleurs l'idée de paix perpétuelle comme irréalisable. De ce point de vue, l'essor des démocraties au XX^e^ siècle, à supposer qu'il constitue une tendance irréversible, n'est-il pas justement la preuve que l'histoire a évolué de manière essentielle depuis le temps où vécut Hegel, balayant ainsi l'idée qu'un terme définitif puisse lui être attribué, à quelque période que ce soit ?

Parmi toutes les interprétations foisonnantes de la fin de l'histoire chez Hegel, trois sens principaux doivent être finalement dégagés[3] : *1)* La fin de l'histoire est un arrêt, une rupture au-delà de laquelle débute une période anhistorique, une sorte de post-histoire indéfinie sans négativité ni progrès (c'est la position de Kojève). *2)* La fin de l'histoire correspond à l'achèvement du parcours de la liberté dans le monde chrétien germanique, l'histoire universelle pouvant reprendre son cours dans d'autres pays et sur d'autres continents. *3)* La fin de l'histoire signifie qu'à partir d'une période que l'on situe aux alentours de la Révolution française, l'esprit a accompli sa manifestation temporelle, il s'est fixé dans des formes politiques et

1. Cf. *La fin de l'histoire et le dernier homme* (*The End of History and The Last Man*, New York, 1992), tr. fr. par D.-A. Canal, Paris, Flammarion, 1992, notamment p. 85-94. L'auteur précise qu'il se réfère non pas à Hegel proprement dit, mais à sa lecture par Kojève, à ce qu'il appelle « Hegel-Kojève » (p. 174).

2. Cf. « Hegel et la fin de l'histoire », *Philosophie politique*, 5, Paris, 1994, p. 11.

3. Nous suivons ici l'article de R.K. Maurer, « Hegel et la fin de l'histoire », *Archives de philosophie*, Paris, XXX, n°4, 1967, p. 483-518. Dans cet article, R.K. Maurer étudie le problème de la fin de l'histoire non plus à partir de la *Phénoménologie de l'esprit*, comme il tentait de le faire dans son livre *Hegel und das Ende der Geschichte*, mais dans les textes, bien plus pertinents pour le sujet, de la période de Berlin.

culturelles définitives qui déterminent le cadre de la dernière époque de l'histoire. Des événements particuliers surviendront en nombre illimité, selon des péripéties diverses et variées, mais plus rien de fondamentalement nouveau ne sera pensé, dit ou vécu [1].

## LES TEXTES DE HEGEL SUR LA FIN DE L'HISTOIRE
### TOTALITÉ ET NÉGATIVITÉ DU TEMPS HISTORIQUE

Il n'est pas facile, à première vue, d'évaluer la pertinence de ces différentes interprétations en les confrontant aux textes hégéliens. Car paradoxalement, les quelques références vraiment explicites de Hegel à ce sujet sont rares et se situent le plus souvent, à notre connaissance, dans des cours d'étudiants qui ne sont pas de la main du maître. C'est le cas pour au moins deux passages significatifs de *La raison dans l'histoire*, où il est écrit que « l'histoire mondiale va de l'Est à l'Ouest, car l'Europe est véritablement le terme (*Ende*) de cette histoire et l'Asie son commencement » (*VG*, p. 243). La conclusion de l'ouvrage précise également que le stade du progrès de l'Idée, auquel la philosophie de l'histoire est finalement parvenue, constitue « un point de vue » qui « doit être pour nous dans l'histoire le dernier (*das Letzte*) » (*VG*, p. 257)[2]. Les *Leçons sur la philosophie de l'histoire mondiale*, composées principalement à partir de manuscrits d'auditeurs, indiquent que « le monde chrétien est le monde de l'achèvement (*Vollendung*) », en lequel « le principe s'est accompli, et, par suite, la fin des temps (*das Ende der Tage*) est advenue »[3]. Quand Hegel aborde sa propre époque, celle issue des Lumières et de la Révolution

1. B. Bourgeois est nous semble-t-il l'interprète hégélien qui a le mieux explicité cette dernière thèse, en distinguant « l'histoire universelle », qui pour Hegel « est désormais achevée », et « l'histoire empirique réelle », qui est illimitée mais sans vraie nouveauté, « Hegel et la fin de l'histoire », p. 21-22. Cf. également *La Pensée politique de Hegel*, Paris, Puf, 1969, p. 110-111.

2. Tout comme pour le précédent passage, l'édition de Hoffmeister indique que ce texte ne fait pas partie du manuscrit original de Hegel, c'est un texte d'auditeur qui a été inséré par l'éditeur lui-même.

3. *Vorlesungen über die Philosophie der Geschichte*, *Werke* 12, Frankfurt am Main, Suhrkamp, 1986, p. 414 (cette édition est basée sur l'ancienne édition de Karl Hegel parue en 1848). Le cours de 1822/23 donne un texte un peu différent : « mais maintenant le principe du monde est accompli avec la religion chrétienne, le dernier jour est arrivé dans le monde » (version Griesheim), *Vorlesungen über die Philosophie der Weltgeschichte* (Berlin 1822/23), Nachschriften von Griesheim, Hotho und Kehler, Hamburg, F. Meiner, 1996, p. 441.

française, il déclare parvenir « au *dernier stade de l'histoire* »[1]. Ces affirmations, pour obscures qu'elles puissent paraître de prime abord, doivent cependant être prises au sérieux. Hegel a-t-il vraiment pensé que l'histoire objective avait un terme, une époque ultime indépassable, et que cette fin correspondait à l'époque dans laquelle il vivait ?

Pour tenter de répondre à cette question épineuse, il convient d'écarter d'emblée deux interprétations contraires également fausses pour Hegel. Le progrès de l'histoire objective ne saurait s'arrêter à un moment particulier, à un terme au-delà duquel elle disparaîtrait purement et simplement, comme le suggère par exemple A. Kojève[2]. L'histoire n'est pas finie au sens où elle pourrait cesser un jour sa progression, retomber dans le cycle de la nature sous le soleil de laquelle « il n'y a plus rien de nouveau ». L'idée selon laquelle l'esprit, qui est liberté et activité infinies, pourrait retomber au terme de son parcours temporel dans la sphère de la nature, est étrangère à Hegel. On est alors tenté d'adopter la position opposée, qui fait de l'histoire un progrès illimité tendant asymptotiquement vers un but toujours approché et jamais atteint, conformément par exemple au principe de perfectibilité de Lessing. L'histoire est alors infinie, puisque la fin de l'histoire en Europe n'exclut pas l'existence d'autres périodes, d'autres lieux géographiques, où l'esprit progressera encore et toujours vers une meilleure réalisation de la liberté[3]. Hegel reconnaît que l'idée de l'éducation du genre humain, la perfectibilité dont parle Lessing, est « spirituelle » (*geistreich*), parce qu'elle rend compte de la prééminence dans l'histoire du changement sur l'ordre établi (*VG*, p. 150). Il lui adresse toutefois un reproche analogue à celui qu'il fait toujours à l'encontre des conceptions kantienne et fichtéenne de l'histoire : telle qu'elle est représentée dans la perfectibilité, la marche graduelle de l'esprit « paraît être un progrès à l'infini, une progression qui reste éternellement éloignée du but », une mauvaise infinité dans laquelle la réalité présente ne rejoint jamais l'idéal (*VG*, p. 180)[4]. Le temps historique n'est en aucun cas pour Hegel un

1. *Vorlesungen über die Philosophie der Geschichte*, p. 524 : « Avec ce principe formel absolu (celui de la raison abstraite des Lumières), nous arrivons au *dernier stade de l'histoire* (*an das letzte Stadium der Geschichte*), *à notre monde, à nos jours* ».

2. C'est la première signification de la fin de l'histoire, décrite en ces termes par R.-K. Maurer : elle est « *le commencement d'une nouvelle époque*, tellement différente de tout ce qui précède qu'il semble légitime de réserver au passé le nom d'histoire et de ne voir dans le présent que le commencement de la post-histoire », *art.cit.*, p. 484.

3. Selon ce second sens, la fin de l'histoire est simplement « la fin de l'Histoire universelle de l'Europe, c'est-à-dire la fin de la période pendant laquelle s'est réalisé en Europe, théoriquement et pratiquement, le "progrès dans la conscience de la liberté" », toujours selon R.-K. Maurer, *art.cit.*, p. 483.

4. C'est pourquoi l'idée, avancée par D. Wandschneider et V. Hösle, que l'histoire hégélienne serait achevée *idéalement*, dans son concept, et inachevée *en fait*, introduit dans la

mouvement indéfini toujours tourné vers l'avenir, pas plus qu'il ne peut rencontrer un terme absolu.

Ces deux positions constituent la dernière opposition fondamentale que rencontre la métaphysique hégélienne de l'histoire. La première opposition confronte la thèse selon laquelle l'histoire est rationnelle, intelligible, à l'antithèse qui voit dans les événements historiques une cohue bigarrée, un chaos incompréhensible. Le deuxième conflit naît au sein même de la thèse rationaliste que Hegel – tout en soulignant la part de contingence de l'histoire – reprend à son compte : la rationalité historique peut se comprendre ou bien comme liberté, ou bien comme nécessité. L'opposition universelle de la liberté et de la nécessité, radicalisée à l'extrême dans la troisième antinomie kantienne et atténuée par Schelling dans son *Système de l'idéalisme transcendantal*, devient pour Hegel « l'opposition de la téléologie et du mécanisme » [1]. À la différence de Kant, celui-ci ne voit pas dans cette opposition une antinomie interne à la raison dont la solution dépasserait les limites du savoir, mais une tension immanente à l'histoire objective elle-même, qui repose sur le caractère dialectique de la liberté, à la fois analytique et synthétique. L'affirmation que l'histoire est un processus rationnel *téléologique* se scinde elle-même en deux ultimes propositions contraires – l'histoire est finie / l'histoire est indéfinie – qui déterminent l'horizon théorique dans lequel se situe le problème de la fin de l'histoire. La métaphysique hégélienne du temps comporte donc trois oppositions fondamentales s'intégrant les unes dans les autres : 1 / rationalité et irrationalité de l'histoire ; 2 / liberté et nécessité, téléologie et mécanisme ; 3 / finité et indéfinité. La solution de cette dernière opposition, qui n'est pas thématisée clairement par Hegel, doit être cherchée dans la temporalité spécifique de l'histoire.

L'histoire se développe, aux yeux de Hegel, comme une succession d'époques qui forment chacune une totalité achevée, à l'intérieur de laquelle les événements passés, présents et futurs s'organisent autour de principes politiques, religieux ou philosophiques communs et n'ont d'existence que par rapport à ceux-ci. La négativité incessante du temps et les changements qu'elle entraîne avec elle y sont en quelque sorte retenus, maintenus au sein d'une totalité déterminée. Trois principes généraux, eux-mêmes subdivisés en diverses catégories plus précises, déterminent les quatre grandes époques de l'histoire universelle : le monde oriental (un

pensée de Hegel une opposition kantienne étrangère à celle-ci. Cf. « Die Entäußerung der Idee zur Natur und ihre zeitliche Entfaltung als Geist bei Hegel », *Hegel-Studien* 18, Bonn, 1983, p. 196-197.

1. Cf. *Die Lehre vom Begriff*, *GW* Bd. 12, F. Meiner, 1981, p. 157. Hegel est sur ce point moins proche de Kant que de Schelling, qui comprend l'histoire comme « l'union de la liberté et de la nécessité » (*Système de l'idéalisme transcendantal*, *Werke* III, p. 593).

seul est libre), les mondes grec et romain (quelques-uns sont libres), et le monde chrétien germanique (tous les hommes sont libres). Chaque époque exprime par conséquent la *plénitude* d'un présent vivant, qui interdit de considérer celle-ci, même rétrospectivement, comme une étape encore imparfaite du progrès de l'esprit. Hegel a compris cette dimension de l'histoire dès l'article de 1802/1803 sur le droit naturel : « de même que la totalité de la vie est aussi bien dans la nature du polype que dans la nature du rossignol et du lion, de même l'esprit du monde a, dans chaque figure, son sentiment de soi plus sourd ou plus développé, mais absolu, et, dans chaque peuple, sous chaque tout de coutumes éthiques et de lois, son essence, et il y jouit de lui-même »[1]. L'esprit connaît dans chaque époque de l'histoire mondiale un achèvement *absolu*, qui peut se concevoir de deux manières. Au moment où une nouvelle époque apparaît, par exemple après les victoires des Grecs sur les Perses aux batailles de Marathon et de Salamine, l'esprit intériorise et dépasse dans la profondeur de son présent les cultures passées, il a dès lors le sentiment de constituer par rapport au passé un progrès irréversible, qui lui semble être non pas une étape limitée mais une perfection inégalée, le stade le plus parfait de cette progression. Lorsque cette époque disparaît elle-même dans le passé, cette plénitude n'est pas contredite dans la mesure où elle perdure sous la forme d'une étape *nécessaire* au progrès historique. Chaque époque, présente ou passée, est absolue en ce qu'elle marque un moment irréductible de l'esprit absolu dans la totalité de sa progression temporelle. C'est cette plénitude du temps historique qui permet à la fois d'affirmer le progrès en lui de l'esprit et de rejeter l'idée de perfectionnement indéfini de l'histoire, prisonnière de la mauvaise infinité. Hegel se distingue sur cette question de presque tous ses grands prédécesseurs – Lessing, Kant, Schelling, Fichte[2] –, à l'exception notable de Herder. Celui-ci défend en effet, à l'encontre de la pensée des Lumières, une vision du progrès – *Fortgang* – qui conjugue l'effort constant vers le mieux avec la reconnaissance de la nécessité et de la valeur absolues de chaque civilisation : « Il faut à l'homme traverser *différents âges* au cours de sa vie ! tous manifestent une *progression* (*Fortgang*) ! *effort* prolongé de façon *continue* ! entre chacun

1. *Des manières de traiter scientifiquement du droit naturel*, tr. fr. B. Bourgeois, Paris, Vrin, 1990, p. 95-96. Autrement dit selon S. Majetschak : « Le "telos" de l'histoire, si l'on veut donc parler de celui-ci, serait, considéré ainsi, accompli *à chaque époque déterminée* », *Die Logik des Absoluten*, Akademie Verlag, Berlin, 1992, p. 318.

2. Cf. la deuxième proposition de l'*Idée d'une histoire universelle d'un point de vue cosmopolitique*, où Kant écrit que la réalisation du but final de l'humanité nécessite « une lignée peut-être interminable de générations » (AK, VII, p. 19). Le premier Schelling, celui du *Système de l'idéalisme transcendantal*, note de même que « le concept d'histoire inclut celui d'une *progressivité* infinie », *Werke* III, p. 229.

d'eux, il y a des *moments de repos* apparents, des *révolutions* ! des *changements* ! et cependant chacun porte *en lui-même* le *centre* de félicité ! Le jeune homme n'est pas *plus heureux* que l'enfant innocent et content [...]. Pourtant il y a éternellement un effort orienté (*Streben*) ! Personne n'est *seul*, quel que soit son âge, nous bâtissons toujours sur ce *qui nous a précédés*, et ce que nous faisons ne sera que la base de l'*avenir*, ne prétend être rien d'autre que cela – voilà ce que dit l'*analogie de la nature*, le *modèle de Dieu* nous parle dans *toutes ses œuvres* ! et il en est manifestement de même du *genre humain* ! L'Égypte ne pouvait exister sans l'Oriental, le Grec bâtit sur l'un et l'autre, le Romain s'éleva sur les épaules du monde entier »[1]. Bien qu'il ne partage pas totalement la réhabilitation du Moyen Âge entreprise par Herder, Hegel apprécie sa conception de l'histoire comme un héritage vivant, une « *chaîne sacrée* »[2] dont chaque maillon est une période comportant une signification et un rôle essentiels.

Si le progrès historique trouve en ce sens un terme à chaque époque, cet achèvement est toujours essentiellement *provisoire*, parce que l'action continuelle du temps finit par provoquer la négation irrésistible du présent, la détotalisation progressive de cette époque. Dans les périodes de déclin, la négativité destructrice du temps reprend ses droits, une séparation toujours plus grande s'introduit entre le présent de l'esprit et son passé devenu caduc. Ce déclin est selon Hegel l'occasion donnée à l'esprit de conquérir un nouveau présent, d'assurer, grâce à la décision de certains individus, l'avènement d'une nouvelle époque[3]. La plénitude d'une époque n'est pas un état définitif, elle annonce au contraire les prémices de son dépassement. Le *plèroma* du temps évoqué par saint Paul dans l'épitre aux Galates (IV, 4) est souvent interprété de cette façon par Hegel. C'est quand « le temps fut accompli » – τὸ πλήρωμα τοῦ χρόνου –, lorsque le monde précédent achevait de décliner, de se scinder entre un passé devenu étranger et un présent encore ineffectif, que Dieu envoya son Fils. L'histoire semble s'arrêter à chaque époque comme un tout fermé sur soi, mais cette totalité concrète close sur elle-même comporte en elle le germe de son dépassement, la négativité même du temps. Celle-ci ne provoque

1. *Une autre philosophie de l'histoire* (1774), tr. fr. (modifiée) de M. Rouché, Paris, Aubier, 1964, p. 191.

2. *heilige Kette*. Cf. *Vorlesungen über die Geschichte der Philosophie, Teil I*, hrsg. von P. Garniron et W. Jaeschke, Hamburg, F. Meiner, 1994, p. 7 (cours de 1823).

3. Comme l'exprime fort bien H. Kimmerle dans son étude « Histoire et philosophie selon Hegel », *Archives de philosophie*, Paris, XXXIII, 1970, p. 798 : « Mais la totalité qui, dans la pensée de l'histoire, s'achève comme un tout fermé sur soi, peut être dépassée, comme toute totalité historique concrète. Elle devient le point de départ d'un nouveau développement dans lequel son achèvement est le nœud, la concentration de ses forces grâce à quoi elle produit les conditions de son propre dépassement ».

pas à proprement parler le changement d'époque, elle en produit, par son travail de détotalisation, la *possibilité*, qu'il appartient à la liberté des individus de transformer en effectivité. Comme le suggéraient déjà les leçons d'Iéna de 1804/1805, le temps historique est pour Hegel soumis à cette opposition constante entre négativité et totalité[1]. Autrement dit, l'opposition entre finité et indéfinité de l'histoire, qui sous-tend le problème de la fin de l'histoire, découle de la tension entre totalité et négativité du temps. Par là même, la dimension téléologique du temps historique se clarifie. L'histoire est un processus – à l'image de celui de la véritable infinité – qui réconcilie négativité et totalité, mouvement incessant et achèvement. La totalisation du passé dans la plénitude d'un présent, qui instaure une époque, est une *perfection provisoire* du progrès de l'esprit, parce qu'est inscrite en elle la détotalisation de ce présent par l'avenir, à laquelle succède la retotalisation du passé dans un autre présent, selon un nouveau principe. Compris dans son infinité véritable, le temps historique est donc à la fois fini, achevé à chaque époque, et infini, essentiellement ouvert sur l'avenir.

Peut-on dire dès lors que l'époque dans laquelle vivait Hegel, la période du monde chrétien germanique caractérisée par l'avènement de l'État monarchique constitutionnel, était pour lui la dernière époque de l'histoire, son stade le plus élevé après lequel tout ne serait que continuation ou répétition[2]? Celui-ci compare certes le mouvement de l'histoire mondiale au cours du soleil ou, selon la métaphore inaugurée par Vico, aux âges de l'individu, de sorte que l'époque chrétienne apparaît comme le monde du crépuscule, ou encore la vieillesse de l'esprit. Mais il ajoute aussitôt que comprise en ce sens, cette comparaison est précisément « impossible » (*VG*, p. 157). Les catégories biologiques de la philosophie de la nature – cycle, jeunesse, vieillesse, etc. – sont inadéquates au développement historique de l'esprit, qui est d'essence différente de celui simplement naturel. La quatrième grande époque de l'histoire mondiale ne marque pas, dans cette perspective, la fin du progrès de l'esprit, elle correspond plutôt à sa maturité, au moment où l'homme est pleinement conscient de sa liberté. D'où le privilège indéniable de cette époque. Si Hegel considère que le monde chrétien constitue « une époque absolue (*absolute Epoche*) dans l'histoire mondiale » (*VG*, p. 45), c'est parce qu'il pense que ce monde nous a donné « la clé de cette histoire » (*VG*, p. 46),

1. Cf. pour plus de précisions sur ce point notre article « La conception hégélienne du temps à Iéna », *Philosophie* n°49, p. 19-49.

2. Selon ce troisième sens, la fin de l'histoire est interprétée soit comme « le déclin de l'humanité », soit comme « l'achèvement de l'humanité dans une époque d'une durée indéterminée ou illimitée », ainsi que l'écrit R.-K. Maurer, *art.cit.*, p. 485.

l'idée de liberté. La conscience du caractère *universel* de la liberté, héritée du christianisme, est en effet le principe à partir duquel il est possible de développer une certaine connaissance rétrospective de l'histoire, dans la représentation et la foi religieuses tout d'abord, puis dans le concept et la philosophie. L'époque chrétienne est par conséquent absolue non pas au sens où elle serait le terme de l'histoire, mais parce qu'elle détient selon Hegel ce privilège qu'en elle le moment est venu de connaître – pour ce qui est du passé – le « plan caché » de Dieu, et de remplacer les représentations de la Providence par une philosophie de l'histoire.

On ne sera donc pas surpris que les textes hégéliens qui évoquent l'idée d'une fin – *Ende* – de l'histoire sont pour la plupart accompagnés de réserves. Le point de vue auquel est parvenue *La raison dans l'histoire* est « pour nous » le dernier (*VG*, p. 257). Le principe protestant est « la nouvelle, la dernière bannière » autour de laquelle se sont regroupés les peuples « jusqu'à nous » (*bis zu uns*)[1]. Les Lumières sont pour Hegel le « dernier stade » de l'histoire mondiale parce qu'elles mènent « à *notre* monde, à *nos* jours »[2]. Les leçons sur la philosophie de l'histoire suggèrent ainsi que d'autres problèmes, d'autres temps vont faire irruption dans l'histoire. La question de la nature du régime politique possible après la Révolution française – monarchique ou démocratique – est par exemple « la collision, le nœud, le problème où en est l'histoire et qu'elle devra résoudre dans les temps à venir », de sorte que « le mouvement et l'inquiétude (qui l'animent) continuent »[3]. L'Europe est le « sol sur lequel s'est passé *jusqu'ici* l'histoire mondiale », elle devra laisser la place à l'Amérique, qui est pour Hegel le « pays de l'avenir », où peut se dérouler non pas seulement une simple reproduction de ce qui s'est déjà réalisé sur le vieux continent, mais toute « la gravité » de l'histoire à venir (*VG*, p. 209-210, n.s.). Hegel avait à la fin de sa vie une conscience lucide de cette inquiétude de l'histoire, achevée sur son présent et déclose sur l'avenir. Il le confiait dans une lettre datée du 18 janvier 1831 : « Mais notre temps reste cependant un temps inquiétant, où ce qui se passait jusqu'ici pour ferme et assuré semble chanceler »[4].

Ce qui est vrai pour l'histoire politique est également en principe valable pour l'histoire de la philosophie, car celle-ci est « ce que l'histoire du monde a de plus intérieur »[5]. À la fin de ses leçons sur l'histoire de la

1. *Vorlesungen über die Philosophie der Geschichte*, p. 496.

2. *Ibid.*, p. 524, nous soulignons.

3. *Ibid.*, p. 535.

4. Lettre adressée à sa femme, *Correspondances*, III, tr. fr. par J. Carrère, Paris, Tel, 1990, p. 283.

5. *Leçons sur l'histoire de la philosophie*, Tome 7, *La philosophie moderne*, tr. fr. de Pierre Garniron, Paris, Vrin, 1991, p. 2112.

philosophie, Hegel écrit : « *Tel est donc le point de vue du temps présent, et avec lui la série des configurations spirituelles est pour le présent (für jetzt) terminée.* – Avec cela cette histoire de la philosophie est close (*beschlossen*) »[1]. La clôture de l'histoire des philosophies est, comme l'indique sans ambiguïté l'expression « pour le présent », une clôture de fait, qui concerne les leçons elle-mêmes et non pas le devenir objectif de la philosophie, l'histoire écrite et non l'histoire en acte des pensées. Hegel émet ici également une réserve, celle de l'ouverture sur l'avenir. Aussi précise-t-il que « la taupe continue de fouir à l'intérieur » ; car « l'esprit universel ne s'arrête jamais »[2]. Notre philosophe sait pertinemment que d'autres philosophies succéderont à son système. Plutôt que d'être réfutée, rejetée abstraitement par celles-ci, sa philosophie pourra toutefois être dépassée concrètement, c'est-à-dire conservée, à l'instar de la critique kantienne, comme un horizon toujours présent et vivant à l'intérieur duquel toute pensée devra, négativement ou positivement, se situer. L'ouverture finale de l'histoire de la philosophie peut donc confirmer le statut téléologique infini de l'histoire mondiale. Seul le récit historique comporte de fait un terme, celui-même de la vie du narrateur, qui ne peut raconter l'histoire au-delà de son propre présent. Mais cette limite que l'histoire racontée (*historia rerum gestarum*) rencontre à chaque fois, qu'elle soit représentée ou saisie conceptuellement, présuppose l'infinité véritable de l'histoire en acte (*res gestae*) qui continue son développement, orientée vers l'avenir que l'esprit se choisit. Il n'existe donc pas forcément de contradiction entre l'affirmation par Hegel du rôle infiniment créateur de la liberté et l'arrêt – provisoire – de la philosophie de l'histoire.

1. *Ibid.*, p. 2116. B. Bourgeois, qui défend la thèse selon laquelle « la clôture de l'histoire de la philosophie suppose la clôture de l'histoire mondiale » (« Hegel et la fin de l'histoire », p. 18), traduit ce texte de Hegel en laissant de côté le *für* : « [...] et la série des configurations spirituelles est, maintenant, fermée » (p. 17). Mais le *für jetzt* indique une réserve, et donc, ainsi que le souligne P. Garniron (p. 2118 de sa traduction), une « clôture de fait » de « cette » histoire hégélienne de la philosophie, et non le terme de l'histoire des philosophies. Comme le note fort justement J.D'Hondt, « le développement philosophique ne s'achève pas plus à Berlin que ne le faisait la vie politique », car « Hegel ne décrit que le passé, mais il ne conteste pas les possibilités de l'avenir », *Hegel, Philosophe de l'histoire vivante*, Paris, Puf, 1987², p. 173-174.

2. Cf. respectivement *Leçons sur l'histoire de la philosophie*, p. 2117, et *Vorlesungen über die Geschichte der Philosophie*, p. 7 (cours de 1820). Ces deux formules de la période de Berlin font écho à ce texte d'Iéna, tiré de la préface de la *Phénoménologie de l'esprit* : « En vérité, l'esprit n'est jamais en repos, mais il est conçu dans un mouvement toujours progressif », *GW* 9, p. 14.

## LA PART D'IMPRÉVISIBLE DE L'HISTOIRE EN ACTE

La difficulté de déterminer le caractère ultime d'une époque s'explique donc par la nature dialectique du temps historique – qui réunit les catégories de totalité et de négativité – et plus particulièrement par son rapport spécifique à l'avenir. Selon la formule des leçons de 1804/1805, l'avenir est « l'essence du présent »[1], c'est par cette dimension que la négativité du temps entre toujours déjà dans le présent d'une époque, et produit peu à peu sa détotalisation. Dans l'histoire en acte, la décision des individus ouvre un avenir qui reste en grande partie imprévisible pour deux raisons précises : le temps et la liberté. Quelles que soient la fermeté de mon projet et la justesse de mes anticipations, la détermination de l'avenir comme but par ma volonté ne saurait en effet supprimer totalement sa négativité, qui lui confère une part d'incertitude irréductible. L'avenir *n'*est *pas* encore, il est pour l'esprit incertain, autant je peux savoir ce que je veux, autant je *ne* sais *pas* avec certitude ce qui va arriver. Assurément, la liberté de la volonté se définit précisément par la capacité d'intérioriser l'avenir, de transformer sa négation en résolution, de prévoir aussi loin que possible et dans certaines limites les conséquences de mes actes. Par là même, la liberté introduit cependant dans l'histoire objective une autre forme d'imprévisibilité, qui tient à ce que l'actualisation des possibilités n'est pas immédiate, comme dans la vie purement naturelle, mais repose sur une décision de la volonté qui n'est jamais assurée *a priori*. Kant l'avait déjà noté à sa manière dans *Le conflit des facultés*, écrivant que dans l'histoire, « nous avons affaire à des êtres qui agissent librement, auxquels à vrai dire on peut dicter à l'avance ce qu'ils *doivent* faire, mais auxquels on ne peut pas *prédire* ce qu'ils feront » (AK VII, p. 83). La philosophie hégélienne ne situe pas l'imprévisibilité de la liberté uniquement dans le risque, présent à tout moment, que la volonté renonce à poursuivre son but, à réaliser ce qu'elle se donne comme tâche. L'imprévisible surgit également dans l'accomplissement même de l'action, au sens où la réalisation effective, par la volonté, de ce qui est *en soi* modifie essentiellement l'être en puissance de l'esprit, la nature initiale de son projet. Toute action libre est création, elle engendre un écart, une détermination *synthétique*, imprévue, qui s'ajoute à l'ensemble du projet réalisé.

Cette double imprévisibilité de l'avenir inhérente à l'histoire en acte est la raison pour laquelle Hegel s'interdit tout jugement sur le devenir de l'histoire future, et reste par conséquent relativement discret sur la question de la fin de l'histoire. Les quelques indications sur l'Amérique ou

1. Cf. *Jenaer Systementwürfe II*, *GW* Bd. 7, Hamburg, F. Meiner, 1971, p. 194.

la Russie[1], qui viennent rompre ce silence, demeurent hypothétiques, parce que l'imprévisibilité de l'avenir rend impossible toute prévision fondée rationnellement. Contrairement au passé qui est su et comme tel objet de récit, l'avenir ne peut être que « pressenti » (*geahndet*) et « prophétisé », selon les célèbres formules de Schelling qui inaugurent *Les Ages du monde*. Or, comme le rappelle souvent Hegel, la philosophie « ne s'occupe pas de prophéties » (*VG*, p. 210), elle ne prétend pas connaître l'avenir et sait qu'elle ne peut outrepasser son temps : « il est aussi insensé de prétendre qu'une philosophie, quelle qu'elle soit, puisse franchir le monde contemporain pour aller au-delà, que de supposer qu'un individu puisse sauter par-dessus son temps, par-dessus le rocher de Rhodes »[2]. On ne saurait être plus clair. Aucune philosophie, pas même donc celle de Hegel, ne peut dépasser la limite que trace en elle la négativité imprévisible de l'avenir. Cette limite n'est pas une simple ignorance subjective de ce qui va advenir, puisqu'elle s'enracine objectivement dans la temporalité propre d'une l'histoire dont les événements eux-mêmes ne sont pas absolument prédéterminés. Tout savoir que l'homme croit détenir du monde futur n'existe que dans le *présent* de sa pensée, il appartient encore à l'actualité de son époque dont il n'est qu'un témoignage particulier. Le passé lui-même, s'il peut être raconté et connu, n'est accessible et compréhensible de manière vivante que dans l'horizon de l'époque à laquelle il appartient. Au-delà de sa propre époque, il est affecté, dans sa conservation même, d'une sorte d'étrangeté. La caducité irréversible du passé et l'imprévisibilité de l'avenir sont donc les deux déterminations temporelles de l'histoire en acte qui délimitent chaque époque lors de son développement, et définissent l'*historicité*, l'ancrage de l'individu dans son propre temps. En vertu de son historicité, tout homme est « le fils de son temps », et le philosophe, qui ne fait pas exception à la règle, a pour tâche de penser non l'avenir lointain mais son présent, conformément aux exigences de l'ontologie hégélienne pour laquelle le présent est cela même qui *est*.

L'avenir ne peut donc être connu, déterminé conceptuellement, non seulement à cause de sa double imprévisibilité objective, mais également parce qu'il demeure en dehors de la sphère du présent qui seule intéresse la

1. C'est en termes élogieux que Hegel évoque, dans la lettre à Boris von Uexküll du 28 novembre 1821, l'avenir de la Russie, qui « porte en son sein une énorme possibilité de développement de sa nature intensive », *Correspondances*, tr. fr. citée, II, p. 260.

2. *Principes de la philosophie du droit*, préface, tr. fr. R. Derathé, Paris, Vrin, 1989, p. 26. L'idée que l'individu, pas plus que la philosophie, ne peut dépasser son temps, est rappelée dans de nombreux textes par Hegel. Cf. par exemple *VG*, p. 60, 95 ; *Leçons sur l'histoire de la philosophie*, p. 2112 ; *Vorlesungen über die Geschichte der Philosophie*, p. 48, 295 et 323-324.

philosophie. Certains philosophes tentèrent de critiquer cette théorie, de franchir le rocher de Rhodes, sans doute parce que Hegel affirme l'impossibilité pour la philosophie de concevoir l'avenir sans en donner explicitement la raison, qui est comme on l'a vu enfouie dans la temporalité spécifique de l'histoire en acte. C'est faute d'avoir saisi cette raison que le comte polonais A. v. Cieszkowski a cru possible de remettre en cause la thèse de l'imprévisibilité de l'avenir, en substituant à la trétrachotomie hégélienne une « trichotomie spéculative ». Aux époques passée (le monde antique où l'art prédomine) et présente (le monde chrétien germanique où règne la philosophie), les *Prolegomena zur Historiosophie* de 1838 ajoutent l'époque future qui serait la synthèse des deux et dont seul le principe général – la réalisation du Bien dans un royaume de la *Sittlichkeit* – est connu[1]. Mais une telle anticipation de l'avenir, même lorsqu'on se contente comme Cieskowski d'évoquer les problèmes futurs et non leur solution, n'offre à la place du prétendu savoir qu'une simple représentation, vouée le plus souvent à être réfutée par les événements.

L'impossibilité de connaître l'avenir, qui revient comme un leitmotiv dans les textes hégéliens des années de Berlin, est-elle l'aveu ultime d'une impuissance de la philosophie face à l'histoire, d'une attitude quiétiste de l'homme réduit au culte du passé ? Des commentateurs comme le P. Gaston Fessard l'ont pensé, en se basant notamment sur les déclarations bien connues de la préface des *Principes de la philosophie du droit* : la philosophie ne fait que constater ce qui est advenu, elle vient « toujours trop tard », « à l'époque où la réalité effective a achevé son processus de formation et a terminé son accomplissement », quand « une forme de la vie a vieilli »[2]. La parole du philosophe, contrairement à ce qu'affirme Apulée, n'est pas dès lors libre de s'exercer à tous les instants[3], elle ne peut prendre son envol, comme la chouette qui en est le symbole, qu'à la tombée de la nuit, au moment de l'*Erinnerung*, après que s'est déroulé le processus de l'histoire en acte. Mais cette limite de la philosophie ne constitue en aucun cas une borne pour l'action créatrice de l'homme dans l'histoire. Hegel rappelle simplement dans cette préface que la rationalité historique

1. Sur Cieszkowski, nous suivons les analyses de V. Hösle, *Hegels System, Band 2 : Philosophie der Natur und des Geistes*, Hamburg, F. Meiner, 1988, p. 449-453.

2. Tr. fr. citée, p. 58-59. Lukacs (*Der junge Hegel*, Berlin, 1954, p. 520-522) et Fessard (art. cité *supra*) considèrent que le Hegel de Berlin contredirait l'enthousiasme du Hegel d'Iéna.

3. Cf. Apulée, *Florida*, XIII. Pour Apulée, l'éloquence de la philosophie n'est pas liée à un temps déterminé, contrairement au chant des oiseaux, à l'image de la chouette qui ne hulule qu'au crépuscule. Hegel ironise discrètement sur cette conception rhétorique de la philosophie.

ne peut être déterminée et connue que *a posteriori*, précisément parce qu'elle repose sur l'activité préalable de la liberté. L'absence de philosophie de l'avenir n'est pas un obstacle à l'action historique elle-même, puisque le vide de la théorie ouvre au contraire l'espace libre laissé à la pratique. Comme l'écrit avec force Schelling dans son *Système de l'idéalisme transcendantal*, « théorie et histoire sont complètement opposées », au sens où « l'homme n'a une histoire que parce qu'aucune théorie ne permet d'escompter à l'avance ce qu'il va faire » (*Werke* III, p. 589). Hegel souscrit sans réserve à cette idée. Si l'avenir était parfaitement connu et par avance nécessairement déterminé, la liberté n'aurait plus rien à accomplir, elle se retrancherait dans cette raison paresseuse dont parle Leibniz, pour laquelle l'idée de déterminisme et de *Fatum* est le prétexte rêvé de l'inaction. Or, le principe de la liberté est, selon l'expression de Schelling, « le dieu de l'histoire » (*Werke* III, p. 589), disons plus sobrement la catégorie fondamentale du progrès historique. L'imprévisibilité de l'avenir n'est pas une entrave au développement de la liberté, mais bien ce qui rend possible le déploiement temporel de celle-ci.

L'avenir de l'histoire en acte, objective ne se prédit pas, il s'accomplit, il est déterminé par le projet de la décision volontaire et non par le savoir. Pour la représentation qui prétend prophétiser, l'avenir demeure nébuleux. Lorsque nous voulons non plus représenter mais « expérimenter » l'avenir, « nous voulons alors avoir un autre présent » [1], c'est-à-dire réaliser dans un nouveau présent le but par lequel nous avons fait de l'avenir notre destination. Si l'individu ne peut jamais outrepasser le présent de son époque par un savoir prophétique, il peut en revanche le faire parfois par son action, dans des situations bien déterminées et peu fréquentes, lors des périodes de déclin et de crise, où l'avènement d'un principe nouveau passe par la décision souveraine des individus historiques. Un tel passage entre deux époques est possible parce que dans l'avenir ouvert par la volonté, rien n'est écrit.

Lors de ces moments de transition entre les époques, la philosophie peut elle-même avoir une dimension indirectement pratique, de sorte que l'opposition entre la chouette clairvoyante mais simplement spectatrice, et la taupe active mais aveugle – entre la philosophie contemplative et l'individu historique agissant – doit être nuancée. Hegel souligne en effet que le besoin de philosophie, qui, selon les formules de la *Differenzschrift*, naît de la crise, de la division – *Entzweiung* – d'une époque, prescrit à celle-ci une double tâche dans l'histoire en acte : non seulement comprendre rétrospectivement la logique de ce qui est advenu, mais également dégager, dans l'idéalité de la pensée, le principe qui préside à l'avènement

1. *Vorlesungen über die Geschichte der Philosophie*, p. 324.

de l'époque nouvelle. Ainsi, la philosophie commence avec la « ruine » (*Verderben*) d'un monde, quand « l'esprit se retire loin du présent et cherche une place qui n'est pas une existence actuelle, mais se trouve au-delà », dans l'élément libre de la pensée[1]. Loin de résister à la figure nouvelle de l'esprit qui apparaît, elle accélère par son activité critique le déclin du monde précédent nécessaire au surgissement du suivant, dont elle salue l'apparition et reconnaît l'existence. Telle la réponse de la pensée à la caducité inéluctable de l'histoire. Aussi la face nocturne de la philosophie indique-t-elle à la fois une fin et une naissance, comme l'a remarqué en son temps Éric Weil[2], elle annonce un lever de soleil, de sorte que l'on peut, si l'on veut à tout prix user de métaphore, compléter l'image équivoque de la chouette par celle du coq qui chante l'aurore, comme le fit le disciple de Hegel Karl Michelet[3]. C'est ainsi que le « superbe lever de soleil » que fut la Révolution française a reçu « sa première impulsion » de la philosophie des Lumières, qui a préparé, avec le principe de liberté de la volonté, le sol de celle-ci[4].

Cette relation particulière de la philosophie à l'histoire en acte appelle toutefois deux remarques. Le fait d'une part que la philosophie puisse élaborer et connaître le principe nouveau qui pointe à travers le tumulte des événements présents, ne signifie en aucun cas pour Hegel que la pensée soit capable de saisir par avance quelle sera la réalisation future de ce principe. Le philosophe lui-même ne saurait d'autre part se substituer à l'individu acteur de l'histoire, dont dépend l'accomplissement de ce qui peut advenir. Rousseau n'est pas Robespierre, et seul l'homme d'action peut rendre effectif le principe déterminé que le philosophe pose dans l'idéalité de sa pensée. Il existe en ce sens une certaine prévisibilité formelle de l'avenir proche, dans la mesure où le philosophe peut parfois saisir l'idéal nouveau et les conditions historiques qui annoncent le changement, le bouleversement probable de la situation politique de son époque. Sans doute peut-il affirmer également que tout l'acquis de la liberté ne devrait pas être supprimé dans ce changement, puisque le dépassement du passé implique dans le processus historique une certaine conservation de celui-ci. Mais ce discours du philosophe sur l'avenir ne remet pas en cause l'imprévisibilité spécifique du temps, parce qu'il ne saurait outrepasser le stade d'une pensée simplement possible et accéder à

1. *Vorlesungen über die Geschichte der Philosophie*, p. 332.

2. Cf. Éric Weil, *Hegel et l'État*, Paris, Vrin, 1985, p. 103-104.

3. Selon les dires de Michelet, Hegel aurait accueilli avec bienveillance cette nouvelle image, comme l'indique V. Hösle, *op. cit.*, p. 437-438.

4. *Vorlesungen über die Geschichte der Philosophie*, p. 528-529. J. D'Hondt n'hésite pas à parler à ce propos d'une « fonction révolutionnaire » de la philosophie, *Hegel, philosophe de l'histoire vivante*, p. 155.

celui, constitutif du savoir conceptuel, de la nécessité, qui n'est dans l'histoire que rétrospective, comme le rappelle l'image de l'oiseau de Minerve[1].

L'imprévisibilité de l'avenir et, d'une manière plus générale, la temporalité spécifique du progrès de l'esprit peuvent contribuer à éclairer les déclarations hégéliennes sur la fin de l'histoire, qui demeurent sans doute ambiguës. Un texte semble caractériser au plus près la nature dialectique de l'histoire que Hegel a cherché à dégager. Dans une addition au paragraphe 234 de l'*Encyclopédie*, qui concerne précisément le moment de l'Idée comme vouloir, on trouve l'affirmation suivante :

> L'aspiration insatisfaite [– celle issue de la philosophie du devoir-être kantienne ou fichtéenne –] disparaît lorsque nous reconnaissons que le but final du monde est aussi bien accompli qu'il s'accomplit éternellement. [...] Cette concordance de l'être et du devoir-être n'est cependant pas une concordance figée et dépourvue de processus ; car le Bien, le but final du monde, n'est qu'en tant qu'il se produit continuellement, et entre le monde spirituel et le monde naturel subsiste encore la différence consistant en ce que, tandis que celui-ci ne fait que retourner constamment en lui-même, dans celui-là, sans conteste, a lieu aussi une progression.[2]

Assurément, la réponse de Hegel est ambivalente, mais cette ambivalence est *celle même du progrès historique*, qui repose entièrement sur la tension entre totalité et négativité, plénitude et inquiétude. Nous avons vu que loin de se contredire, ces deux éléments se combinent pour former le processus de l'infinité véritable. L'histoire est donc véritablement infinie, elle est achevée dans le présent vivant sans être terminée, ouverte sur l'avenir sans tomber dans la répétition indéfinie propre au temps naturel ou le progrès sans fin de la perfectibilité, elle est accomplie tout en s'accomplissant sans cesse, gardant en elle la possibilité d'événements réellement nouveaux. Voilà une solution possible que l'analyse de l'histoire peut proposer à l'opposition concernant la nature téléologique du temps historique. En toute rigueur, la question du caractère *ultime* d'une époque, quelle qu'elle soit, dépasse les limites de la philosophie de l'histoire, parce qu'elle engage celle-ci dans la voie mal assurée de la prédiction, de la représentation simplement possible de l'avenir. Si la

1. Sur la place déterminante de l'avenir dans la philosophie hégélienne, voir J.D'Hondt, *op. cit.*, p. 125-150, et plus récemment le travail original de Catherine Malabou, *L'avenir de Hegel : Plasticité, temporalité, dialectique*, Paris, Vrin, 1996.

2. *Encyclopédie* (1830), *La science de la logique*, § 234, Add., tr. fr. B. Bourgeois, Paris, Vrin, 1986, p. 621-622. Cf. sur ce texte D. Souche-Dagues, *Le cercle hégélien*, Paris, Puf, 1986, p. 149-150.

connaissance effective de l'avenir est hors de notre portée, nous ne saurions déduire du passé ou du présent ni le terme de l'histoire, ni la place que nous occuperions par rapport à cette fin. Nul ne peut sauter par dessus le rocher de Rhodes.

Vouloir résoudre ce problème peut donc sembler, au dire même de Hegel, « insensé » ; à moins que la question de la fin de l'histoire ne nous conduise vers une toute autre signification, celle, issue de l'eschatologie chrétienne, de la « fin des temps » (Apocalypse X, 6), interprétée comme un retour de l'esprit dans la sphère de l'éternité. Selon cette perspective, la fin de l'histoire nommerait le fait que pour la philosophie hégélienne, l'histoire politique des peuples, bien qu'elle soit une forme insigne de la manifestation de l'esprit, ne saurait constituer sa réalisation parfaite, achevée. La tension inhérente à l'incomplétude du procès historique prend fin à chaque fois et aussi longtemps que l'homme s'élève à l'éternité de l'esprit absolu, aux domaines de l'art, de la religion ou de la philosophie, qui conservent cependant eux-mêmes une forme d'historicité et obéissent à un développement infini. L'histoire objective est pour ainsi dire une blessure nécessaire dans l'éternité de l'esprit[1]. Mais « les blessures de l'esprit se guérissent sans laisser de cicatrices » (*GW* 9, p. 360).

Christophe BOUTON

1. Selon l'image de Jean-François Marquet, « Sens et consommation des temps », *Temporalité et aliénation*, Aubier-Montaigne, Paris, 1975, p. 112 : Dans les pensées de Schelling et de Hegel, « le temps n'est pas simplement l'image indéfinie, mais la suspension elle-même provisoire de l'éternité, une sorte de jeu, d'intervalle ou de blessure au sein de celle-ci ». Hegel évoque le thème de l'eschatologie, quand il écrit que dans le monde chrétien « la fin des temps (*das Ende der Tage*) est advenue », *Vorlesungen über die Philosophie der Geschichte*, p. 414.

# MARX PENSEUR DE L'HISTORICITÉ RADICALE

## La déconstruction de la « mythologie de l'histoire » dans ses limites

Si la présence du thème de la fin de l'histoire dans l'œuvre de Marx – et ce jusqu'à la fin – sous la forme d'un prophétisme eschatologique adossé à la persistance, même sous-jacente, d'une conception téléologique de l'histoire, ne fait guère de doute, il n'est pas dit en revanche que la théorie matérialiste de l'histoire systématiquement développée par Marx à partir de 1845 (*L'Idéologie allemande*), réunisse les conditions théoriques sous lesquelles l'idée de fin de l'histoire peut faire sens. Et il faut aller plus loin encore, car il y va en vérité de la spécificité du discours marxien sur l'histoire en tant qu'il ne saurait être réduit à un prolongement – même critique : la fameuse « remise sur ses pieds » de la dialectique de Hegel – de la philosophie hégélienne de l'histoire : la seule présence du thème de la fin de la fin de l'histoire chez Marx constitue en elle-même un problème. S'il est vrai que Marx – *L'Idéologie allemande* est sur ce point sans ambiguïté – n'a pas voulu proposer une philosophie de l'histoire de plus, mais bien inaugurer une connaissance positive des phénomènes historiques et sociaux, et si nous devons tenir cette intention pour autre chose qu'un vœu pieux, comment expliquer la persistance dans son œuvre d'un thème relevant en propre de la « philosophie » de l'histoire dans le sens péjoratif que plus d'un texte marxien attachera à ce terme ? Comment expliquer, en un mot, la persistance d'un thème reposant sur des présupposés théoriques dont la critique radicale par Marx sera identiquement la genèse des concepts fondateurs d'une Théorie – au sens précis du mot – dont le seul corollaire philosophique ne peut plus être qu'une épistémologie ou, si l'on préfère, une philosophie de la connaissance de l'histoire ? Mais surtout, la problématicité de cette seule présence ne saurait être considérée comme le fruit – et l'artifice – de quelque subtile exégèse ou lecture « symptômale »

– au contraire, et si l'on nous passe l'expression, elle crève les yeux : ce qui crève les yeux de tout lecteur un peu attentif de l'œuvre marxienne, c'est l'incohérence du discours marxien dès qu'il est question, explicitement ou non, de la fin de l'histoire.

Avant d'aller plus loin, une remarque préliminaire s'impose donc sur la nature et la forme de cette présence du thème de la fin de l'histoire pour autant qu'elle excède largement celle du terme ou de l'expression dont les occurrences sont en vérité rarissimes. Notre repérage ne prétend nullement à l'exhaustivité, mais nous pouvons sans risque affirmer que l'on trouve dans les œuvres les plus importantes depuis les *Manuscrits de 1844* jusqu'aux derniers écrits, quatre groupes de textes dont l'incompatibilité comme la répartition assez égale tout au long de l'œuvre en dépit des ruptures qui en scandent l'évolution, sont d'emblée révélatrices de la difficulté.

Le premier groupe est celui des textes que nous pourrions appeler « hégéliens », dans lesquels une conception téléologique de l'histoire se déploie de manière plus ou moins explicite, portée par l'exercice des catégories de la dialectique hégélienne. Ce groupe ne se limite pas aux œuvres antérieures à *L'Idéologie allemande*, en particulier les *Manuscrits de 1844* que nous aurons l'occasion d'examiner de près, mais comprend également quelques textes, certes plus rares, des œuvres de la « maturité », ainsi la conclusion de la huitième section du Livre I du *Capital*[1] sur l'expropriation des expropriateurs comme négation de la négation.

Un autre groupe est celui des textes que nous dirons « eschatologiques » : il s'agit des passages – dont la caractéristique distinctive est d'être systématiquement écrits au futur – où Marx, s'adonnant au genre prophétique, annonce l'avènement prochain du communisme et la fin de l'antagonisme social en des termes qui parfois – en particulier lorsqu'il est question de la révolution communiste présentée comme la catastrophe rédemptrice – ne sont pas sans rappeler, éventuellement de manière explicite, l'origine religieuse de l'idée de fin de l'histoire. Nous en verrons un exemple avec une note marginale particulièrement frappante de *L'Idéologie allemande*. Ce groupe de textes est parfois difficile à distinguer nettement du premier dans la mesure où bon nombre des passages dialectiques et téléologiques comportent le plus souvent aussi des « relents » eschatologiques (encore une fois l'expropriation des expropriateurs dans *Le Capital*). Ces deux groupes de textes qui sont quantitativement les plus importants, attestent incontestablement de la présence du concept de fin de l'histoire dans l'œuvre marxienne, mais sans

1. *Le Capital*, Chapitre XXXII : *Tendance historique de l'accumulation capitaliste* ; Pléiade, T. I, p. 1239-1240.

que l'expression y figure comme telle ; du moins peut-on y trouver à l'occasion l'expression de « *but de l'histoire* », c'est à dire le mot *Zweck*.

Le troisième groupe est composé des textes où l'on trouve non seulement le concept, mais encore une formule approchante où figure au moins un équivalent de *fin* au sens de *terme*, et prise à son compte par Marx. Nous recenserons dans ce groupe essentiellement un texte – mais il en existe quelques autres –, l'avant propos de la *Contribution à la critique de l'économie politique*[1] de 1859, où la société bourgeoise, dernière forme antagonique de l'organisation sociale, est présentée comme la «*fin de la préhistoire de la société humaine* ». Le terme ici utilisé est en vérité celui de *Schließung*, et sous une forme verbale. Il y aura bien entendu beaucoup à dire de la présence de *Vorgeschichte* au lieu de *Geschichte*.

Le dernier groupe est celui des textes où le concept et l'expression sont présents, mais pour y être rejetés par Marx. Sont ici en cause essentiellement deux passages de la première partie de *L'Idéologie allemande ;* l'un où c'est l'approche téléologique de l'histoire en général qui est dénoncée (on a alors *Zweck*), l'autre ou l'expression même de *fin de l'histoire* est présente comme telle quoique sous une forme verbale : « *l'histoire ne finit pas …* »[2]. Il est remarquable et du plus grand intérêt pour notre propos que dans ce qui est l'un des très rares passages où l'expression de fin de l'histoire figure comme telle, elle n'y figure que pour y être rejetée, ou tout au moins critiquée.

Ce qui ressort déjà d'un tel parcours – si bref et incomplet soit-il – c'est l'incohérence d'ensemble au moins apparente de la position de Marx sur la question de la fin de l'histoire. En effet, si la présence dans l'œuvre de Marx du thème de la fin de l'histoire tenait seulement à l'héritage hégélien, et s'il est vrai que *L'Idéologie allemande* constitue bien une rupture inaugurant une conception matérialiste de l'histoire profondément anti-hégélienne, nous ne devrions le rencontrer que dans les textes de jeunesse – et s'il devait être présent dans l'œuvre ultérieure de Marx, ce ne devrait être que pour faire l'objet d'une critique radicale. Or force est de le constater, la répartition des occurrences du concept et de l'expression en cause, ne correspond pas à ce schéma.

Sur la base d'un tel constat deux options s'offrent à nous, et qui ont donné lieu à deux types de prises de position de la part des commentateurs.

La première consiste à reconnaître la difficulté – ce qui est au moins le mérite d'Althusser : on trouve bien dans Marx « de plus en plus critiquée mais toujours présente en filigrane quand même, l'idée d'une philosophie de l'histoire, d'une Origine et d'une Fin, bref d'un Sens de l'histoire,

1. *Contribution à la critique de l'économie politique*, Éditions Sociales, Paris, 1972, p. 5.
2. *L'Idéologie allemande*, Pléiade, T. III, p. 1069-1071.

incarné dans la succession des « époques progressives » des modes de production déterminés, conduisant à la transparence du communisme (transparence totale des rapports sociaux dans le communisme). »[1] Mais la difficulté n'est ici reconnue que pour être aussitôt mise entre parenthèses au nom d'une lecture symptômale – et dont la légitimité n'est certes pas nulle – qui s'attache à mettre en lumière la philosophie portée, pour ainsi dire à son insu, par la « science des formations sociales » à laquelle Marx aurait donné naissance. La grandeur de Marx serait alors d'avoir pensé l'histoire comme un processus sans sujet excluant par définition toute téléologie, mais invalidant aussi l'idée d'une possible transparence des rapports sociaux dans le communisme, transparence qui marquerait la fin de l'histoire avec celle de l'aliénation.

Qu'advient-il alors des textes postérieurs à *L'Idéologie allemande* dans lesquels persiste l'approche téléologique de l'histoire aussi bien que le discours eschatologique ? Nous n'avons d'autre choix que de les considérer comme des résidus isolables ou isolés, reliquats dévitalisés d'une idéologie préscientifique révolue que la véritable philosophie de Marx ne traînerait encore après elle que pour autant qu'elle ne serait pas toujours parvenue dans l'œuvre de Marx lui-même, au plan du discours explicite et pleinement réfléchi – ce n'est en effet que sous la supposition d'un tel impensé du discours que l'idée même d'une lecture symptômale du *Capital* prend sens. La façon quelque peu cavalière dont nous résumons ici la position d'Althusser ne signifie pas qu'elle ne mérite à nos yeux rien de mieux qu'un traitement désinvolte : il faut la prendre au sérieux sans quoi nous prenons sans cesse le risque de réduire le discours marxien à rien de plus qu'un nouvel avatar du néo-hégélianisme.

La seconde « option » consiste au contraire à affirmer, ainsi que le fait par exemple J. Elster dans un texte plus récent, que « Marx avait à l'égard de l'histoire une attitude téléologique parfaitement cohérente, même si elle connut quelques variations au fil du temps. »[2] Elster reconnaît pourtant dans *L'Idéologie allemande* une exception de taille : « je n'ai aucune explication – avoue-t-il – du contraste saisissant entre *L'Idéologie allemande* et ses autres œuvres, sinon peut-être par l'influence de Engels. » L'argument est facile – ne serait-ce que parce que *L'Idéologie allemande* n'est pas le seul texte auquel Engels ait apporté sa contribution.

Toujours est-il qu'une fois encore, aussitôt entrevue la difficulté, elle est évacuée, et ce en deux temps : d'abord en invoquant l'influence de

1. *Marx dans ses limites*, in L. Althusser, *Écrits philosophiques et politiques*, Stock/Imec, 1994, tome I, p. 390 *sq*.

2. Jon Elster, *Making sense of Marx*, traduit en français sous le titre *Marx, une interprétation analytique*, Puf, Sociologies, p. 157.

Engels – lequel a toujours bon dos –, ensuite au moyen d'une analyse qui – débarrassée de l'encombrant manuscrit de 1845 – peut, suivant le principe d'une lecture « charitable », s'attacher à dissoudre les contradictions dans la mise en évidence d'une cohérence infaillible du discours marxien.

Ces deux positions exégétiques reposent donc sur une commune attitude à l'égard de notre problème : l'incompatibilité du discours de Marx sur la fin de l'histoire avec les principes fondamentaux du matérialisme historique, et par suite les contradictions – au moins apparentes – entre les différents écrits, n'y sont jamais prises en charge comme un phénomène philosophiquement signifiant, c'est à dire révélateur de tensions dont l'analyse et la reconnaissance – qui en est la condition première – serait susceptible d'éclairer l'ensemble de l'œuvre. Prendre en charge ces contradictions, qu'est-ce que cela veut dire ?

Que la compatibilité du thème eschatologique sous-tendu par une approche téléologique de l'histoire persistante – en dépit de dénonciations explicites et réitérées – avec la théorie matérialiste de l'histoire comme telle fasse problème ne constitue pas en soi une découverte originale. Mais encore faut-il l'établir et surtout accepter de n'en point rester au constat d'existence d'un problème que l'on s'empresserait d'éluder en rejetant d'un revers de main le thème de la fin de l'histoire aux oubliettes de l'idéologie préscientifique ; encore faut-il prendre au sérieux cette tension ou, pour être décidément fort peu charitable, ce qui est peut-être une contradiction – pas du tout dialectique et jamais surmontée –, c'est à dire une incohérence radicale travaillant de bout en bout l'œuvre et la pensée de Marx.

Et si tel est bien le statut du thème de la fin de l'histoire chez Marx, ce qu'il faut alors interroger, ce sont les raisons qui ont pu pousser Marx à maintenir – peut-être au prix de la cohérence d'ensemble de sa propre pensée – une approche téléologique du processus historique que la théorie matérialiste de l'histoire semblait devoir expulser à jamais du champ épistémologique qu'elle inaugurait dans l'acte même par lequel, indissociablement, elle prétendait clôturer celui de la « philosophie de l'histoire » en lui substituant tout au plus en fait de philosophie, une théorie de la connaissance historique (en particulier *L'Idéologie allemande*).

Nous voudrions donc risquer ici une hypothèse quant à ces raisons. Et la première condition pour nous donner une chance, serait-ce la plus infime, de les approcher, c'est de nous efforcer d'assigner son lieu d'émergence dans la pensée philosophique de Marx, mieux, son lieu de constitution originaire, à l'approche téléologique marxienne de l'histoire. Ce topos conceptuel, c'est – comme nous tenterons de le montrer – l'aliénation même en tant que concept nodal de l'anthropologie philosophique du jeune Marx. C'est pourquoi aussi nous ne pourrons saisir quelle fut la destinée du thème de la fin de l'histoire chez Marx, qu'au sein d'un parcours qui, partant de l'analyse du concept d'aliénation dans l'œuvre de jeunesse, s'efforcera de retracer l'histoire conceptuelle de la formation de la théorie matérialiste de l'histoire. Aussi nous faut-il nous excuser par avance de quelques digressions prévisibles mais nécessaires, sans lesquelles il serait impossible de donner au problème sa pleine mesure, pour autant qu'il n'engage rien de moins que les présuppositions ultimes de l'approche marxienne de l'histoire.

## La philosophie de l'histoire du jeune Marx

Mais pourquoi donc le concept d'aliénation tel que l'élaborent sous sa forme la plus achevée les manuscrits parisiens de 1844, peut-il être dit nouer une conception téléologique de l'histoire qui s'accomplira elle-même dans un discours eschatologique ? Sans doute faut-il rappeler brièvement quelle place fut celle des dits manuscrits dans l'itinéraire intellectuel de Marx.

Marx est alors encore largement feuerbachien. Althusser le rappelait[1] et nous pouvons ici le suivre sans scrupules – l'extension de la réflexion de Marx à un nouvel objet, marquée par l'intervention de concepts majeurs de l'économie politique classique en 1844, ne doit pas faire illusion. Rigoureusement parlant il n'y a justement pas de nouvel objet, car il n'y a pas véritablement de nouveaux concepts : tout l'effort des manuscrits n'est que de traduire, c'est-à-dire de dissoudre et de digérer les concepts économiques dans les catégories de l'anthropologie feuerbachienne. J. Rancière a analysé ce fait en détail dans l'article de *Lire le Capital* qu'il consacrait au concept de critique chez Marx[2]. Nous ne retiendrons ici que ce qui constitue l'essentiel pour notre propos : l'opérateur de cette traduction-digestion, c'est le concept même de travail aliéné. Le texte est sur ce point transparent : « De même que du concept de travail aliéné, rendu étranger, nous avons tiré par analyse le concept de propriété privée, de même *à l'aide de ces deux facteurs, on peut exposer toutes les catégories de l'économie*. »[3] Mieux, la propriété privée n'est jamais que la conséquence et pour ainsi dire une figure – « *expression matérielle résumée* » dit le texte – de l'aliénation du travail. Or le travail n'est pas autre chose que le mode

1. *La querelle de l'humanisme*, in L. Althusser, *Écrits philosophiques et politiques*, T. II, Stock/Imec, 1995, p. 464 *sq.*

2. In L. Althusser (dir.), *Lire le Capital*, Puf, Quadrige, 1996, p. 85-110.

3. *Manuscrits de 1844*, Éditions Sociales, 1972, p. 68.

fondamental de l'objectivation de l'essence générique (*Gattungswesen*) de l'Homme. Les concepts économiques ne font donc, en 1844, que dessiner les formes spécifiées du processus général d'aliénation de l'essence humaine. Autrement dit, ils n'ont de place dans un discours fondamentalement structuré par une anthropologie philosophique héritée de Feuerbach mais revisitée à la lumière de Hegel, que pour autant qu'ils peuvent figurer dans et être intégrés à la structure spéculaire – pour reprendre un mot d'Althusser – qui constitue le ressort théorique essentiel de l'humanisme feuerbachien : Sujet/Objet, Homme/Essence humaine objectivée dans le monde des objets qu'il a produits et au sein duquel il devra finalement se retrouver (fin de l'aliénation comme réappropriation par l'homme de son objectivité générique). Les concepts régissant l'analyse feuerbachienne du phénomène religieux sont donc simplement transposés dans le domaine – non encore constitué comme champ théorique à part entière – de l'économie politique. Ainsi, loin que la forme spécifiquement économique de l'aliénation constitue dans les *Manuscrits de 1844* l'essence de toute forme d'aliénation, elle doit bien plutôt être ramenée dans un mouvement d'intégration progressive lisible dans la structure même du texte du premier manuscrit consacré au travail aliéné, au concept central de la scission de l'existence individuelle et de l'essence générique, comme à son essence et pour ainsi dire à sa vérité : « Tandis que le travail aliéné rend étranger à l'homme 1° la nature, 2° lui-même, sa propre fonction active, son activité vitale, il rend étranger à l'homme le genre : il fait pour lui de la vie générique le moyen de la vie individuelle. [...] *Il rend étrangères la vie générique et la vie individuelle.* »[1] Cette troisième détermination du travail aliéné que Marx nous présente comme « tirée des deux précédentes » (1° le devenir étranger au producteur du produit de son travail qui en vient à le dominer, 2° le devenir étranger à l'ouvrier de sa propre activité dans le travail lui-même) n'est en vérité que l'accomplissement de celles-ci, le point où elles peuvent enfin recevoir leur sens ultime, une signification anthropologique. Et cette entreprise de réduction n'est-elle pas avouée de manière lumineuse dans l'une des questions par lesquelles Marx achève le premier manuscrit ? « *Comment cette aliénation est-elle fondée dans l'essence du développement humain* ? »[2]. Or le moyen terme qui fournit aussitôt la solution de ce problème c'est le concept même de travail tel que Marx l'hérite en vérité de Hegel – plutôt que des économistes –, concept qui constitue le nœud de l'« amphibologie » sur laquelle roulent les *Manuscrits de 1844* – « amphibologie » puisque c'est ainsi que Rancière caractérisait dans

1. *Ibid.*, p. 64.
2. *Ibid.*, p. 68.

l'article déjà cité le glissement de sens permettant le basculement du discours économique dans le discours anthropologique de référence. L'explicitation de la troisième détermination du travail aliéné faisant intervenir le concept de *Gattungswesen*, établit ainsi l'équation constitutive de l'amphibologie : le travail est la vie productive et « *la vie productive est la vie générique* »[1]. Le travail comme activité vitale consciente – qui distingue le travail humain du « travail » animal – dans laquelle l'homme « produit universellement » (et non seulement pour la satisfaction du besoin vital) est le médium d'une possible objectivation totale des « forces essentielles de l'homme », c'est à dire ce en et par quoi peut advenir dans l'objectivité d'un monde humain qui en est le fruit, le genre, l'universel, l'essence humaine ; objectivité mondaine de l'essence générique dont la réappropriation (désaliénation) sera l'accomplissement de l'Homme comme advenue de son humanité en lui, réalisation pleine et entière du genre dans l'identité retrouvée de la vie générique et de la vie individuelle qui est aussi bien réalisation de l'individu dans l'universalité du genre objectivé – *Homme total* dans la *Société humaine*.

Or ce que l'on voit déjà apparaître ici en toute clarté et qui constitue la véritable nouveauté des *Manuscrits de 1844*, c'est que la réalisation de l'homme dans et par le travail va être comprise – via le concept hégélien de travail – comme un processus historique et dialectique. Suivons encore une fois Althusser : « L'événement théorique spécifique des manuscrits de 1844, c'est l'intervention de Hegel dans Feuerbach. »[2] La structure spéculaire nodale de la théorie feuerbachienne, va devenir la structure même du processus historique de l'engendrement de l'humanité comme telle, où l'aliénation ne sera pas autre chose que le négatif appelant sa propre négation.

Ce qui ressort donc de cette rencontre pour le moins surprenante entre Feuerbach, l'économie politique classique et Hegel, c'est une philosophie de l'histoire, mieux, une véritable métaphysique de l'histoire. Cette histoire c'est celle de *l'Homme* – entendons-nous bien, ceci n'a rien à voir avec l'affirmation marxienne bien connue et inlassablement répétée selon laquelle ce sont *les hommes* qui font l'histoire. Autrement dit, l'histoire que nous obtenons dès lors que la structure spéculaire propre à l'anthropologie feuerbachienne Homme/Monde humain de ses produits où s'objective son essence, est comprise comme un processus dialectique, n'est autre que le déploiement ou, pour être plus précis, l'automouvement d'une unique réalité qui a à se produire elle-même comme résultat d'elle-

1. *Ibid.*, p. 62.
2. *Ibid.*, note 6.

même au terme de la suppression, l'*Aufhebung*, de la scission dans et par laquelle seulement elle peut advenir dans l'élément de l'objectivité.

Ce qui fonde donc la possibilité pour les catégories de la dialectique hégélienne de jouer pleinement et librement dans la philosophie de l'histoire humaniste du jeune Marx, c'est, pour une large part, l'ontologie moniste qui anime secrètement les *Manuscrits de 1844*, et qui tient elle-même au rôle central qu'y assume la catégorie d'essence humaine générique : l'individu, les hommes « réels », « en chair et en os » sont certes bien présents dans les manuscrits, mais ils n'y sont que comme des modes finis – si l'on nous passe cette terminologie spinozienne – d'une même essence humaine infinie en laquelle seulement ils trouvent leur réalité. Et c'est ce qui permettra de comprendre l'existence du prolétariat comme le particulier résultant de l'autodifférenciation de l'universel dans le mouvement de l'aliénation, et dont, du même coup, l'autonégation constituera la libération de l'universel concret. Demandera-t-on une preuve du monisme que nous attribuons au Marx de 1844 ? Il n'est que de voir comment Marx caractérise encore une fois le travail aliéné : en lui, l'ouvrier « fait de sa propre production sa propre *privation de réalité* [...] et de son produit une perte »[1].

Et si le travail aliéné est pour l'ouvrier « perte de réalité », véritable anéantissement de soi, c'est précisément dans la mesure où l'aliénation est séparation radicale de l'existence individuelle et de l'essence générique, c'est à dire perte par l'ouvrier de son essence objectivée dans un produit qui ne lui appartient plus, perte de son essence encore dans une activité unilatérale qui le vide de ses forces essentielles – déssaisissement de soi : *Entäußerung*. Aussi Marx pourra-t-il d'un mot stupéfiant caractériser le statut du travailleur aliéné, celui-ci est *Unwesen*[2]. Il ne serait pas arbitraire de jouer ici de la polysémie de l'allemand*Wesen* : dans le travail aliéné l'ouvrier perd son *Être* même pour autant qu'il y aliène son *Essence* qui n'est autre que son humanité – et la traduction de *Unwesen* par « monstre » (l'in-humain) que propose Bottigelli est à cet égard intéressante pour autant qu'elle rétablit implicitement l'équation sur laquelle s'établit l'ontologie moniste des manuscrits : l'être ou la réalité de l'individu humain c'est son essence, c'est à dire son humanité. S'il fallait se convaincre que nous n'avons pas là une simple tautologie, il suffirait de regarder en quels termes combien différents Marx parle dans *L'Idéologie allemande* des « individus humains vivants ». Mais n'anticipons pas.

Avec cette ontologie moniste les *Manuscrits de 1844* remplissent immédiatement l'un des réquisits fondamentaux de toute approche

1. *Manuscrits de 1844*, É. S., p. 66.
2. *Ibid.*, p. 81.

téléologique conséquente de l'histoire : ils nous livrent la condition de possibilité ultime de l'intégralité du processus historique. Pour que l'histoire puisse avoir une fin, ne faut-il pas qu'elle soit Une – Processus intégral ? Elle ne peut l'être que si elle est en son fond l'accomplissement processuel d'un seul et même principe réfléchi par toutes les formes d'existence historique ou, si l'on veut, par toutes les histoires – y compris celle de la nature pour autant qu'elle doit « devenir pour l'homme » ainsi que nous le verrons plus loin. L'intégration de toutes les histoires au sein d'un même processus, c'est donc bien, dans les manuscrits, la catégorie d'Homme telle que nous l'avons explicitée qui l'autorise et l'accomplit. Aussi voit-on Marx affirmer dans une formule célèbre, que l'histoire de l'industrie n'est jamais que « le livre ouvert des forces humaines essentielles » [1].

Mais l'intégralité du processus n'est pas, loin s'en faut, le seul réquisit d'une téléologie conséquente. Une ontologie moniste ne nous donne pas par elle-même une téléologie. S'il doit y avoir une fin universelle, il ne faut pas seulement *Un* Sujet, mais aussi une *Pensée*.

L'autre réquisit fondant la possibilité d'une finalité immanente au développement historique, d'une téléologie du processus, mais aussi du plein exercice des catégories de la dialectique hégélienne, n'est-il pas alors l'homogénéité de l'idéalité et de la réalité ? Si la finalité du processus ne doit pas être qu'un effet de surface, c'est à dire en définitive une illusion – ne faut-il pas que le dit processus soit le mouvement même de l'idéalité ? Nous tombons là sur une difficulté majeure : ou bien les *Manuscrits de 1844* ne sont qu'une nouvelle figure de l'idéalisme allemand, ou bien ils sont une contradiction vivante, un discours absurde et intenable. Le problème se pose avec d'autant plus d'acuité que la téléologie est importée dans les *Manuscrits de 1844* ; et ce dans la mesure même où la dialectique hégélienne y est importée dans Feuerbach. La téléologie du processus, c'est ce que la dialectique hégélienne porte avec elle. Dès lors une conception téléologique de l'histoire construite sur de telles bases ne peut décidément pas être matérialiste, parce que c'est la « structure même de la conscience » [2] que la dialectique hégélienne déploie en une ontologie. Conscience qui doit être comprise comme sortie de l'identité abstraite dans un mouvement d'aliénation qui est aussi bien objectivation. Et si, comme le souligne Michel Henry, l'aliénation reçoit chez Hegel une signification essentiellement positive, c'est qu'elle définit la « structure même de l'être » homogène au mouvement de l'idéalité : l'Esprit ne s'accomplit que comme retour en soi, reprise réflexive de soi à partir de l'investissement de son autre radical (abaissement de l'Esprit jusqu'à la nature) par lequel

1. *Ibid.*, p. 94.
2. M. Henry, *Marx,* T. I, *Une philosophie de la réalité*, Gallimard, 1976, Tel, p. 141.

seulement il devient effectif. Ce schéma nous le retrouvons bien dans les *Manuscrits*, au point qu'il suffirait parfois de lire Esprit là où Marx écrit Homme pour retrouver l'hégélianisme (en particulier dans les textes du troisième manuscrit consacrés au communisme). Mais précisément, dans quelle mesure l'Homme peut-il tenir lieu de l'Esprit hégélien ? Comment le « développement humain » peut-il soudainement se glisser dans le « moule » dialectique si celle-ci n'est rien d'autre que la structure même du mouvement de l'Idée, sans que la dialectique devienne précisément rien de plus qu'un « moule », c'est à dire une rhétorique formelle et vide, sans que le discours marxien enfin, devienne tout simplement aberrant ? C'est ici qu'il faut répondre à la question posée plus haut : avec les *Manuscrits de 1844* on ne sort pas de l'idéalisme allemand ! L'un des présupposés inavoués, mais aisément décelable, des manuscrits, et qui fonde la possibilité d'une compréhension dialectique du développement humain, c'est – ainsi que le relevait encore une fois Michel Henry – « l'homogénéité ontologique du travail et de la conscience »[1]. Or le travail n'est pas autre chose que l'essence humaine dans le mouvement de son objectivation. Rappelons un point déjà soulevé : la conscience est ce qui distingue le travail humain du travail animal auquel il faudrait peut-être réserver le nom d'« activité vitale ». Mais Marx va plus loin : « C'est précisément par là, *et par là seulement*, qu'il (l'homme) est un être générique »[2] c'est à dire « un être universel donc libre ». Certes en affirmant que l'homme ne se double pas, dans le travail, « de façon seulement intellectuelle » mais objective toutes ses forces, y compris corporelles, dans un monde qui comme nature transformée, est « son œuvre et sa réalité », Marx semble vouloir indiquer que l'homme ne saurait être réduit à une essence spirituelle. Mais en vérité cette objectivation même en tant qu'elle trouve son achèvement et son but dans la réappropriation spéculaire par l'homme de ce qu'il a extériorisé dans un monde, reproduit trait pour trait la structure réflexive de la Conscience de Soi : « il se contemple donc lui-même dans un monde qu'il a créé. »[3] Ce qui finalise le processus d'objectivation de son essence générique, c'est une reprise de soi de l'homme en ses œuvres qui a tout du retour en soi de l'Esprit à partir de son extériorisation – le Dimanche spéculatif ! Et ce n'est pas la référence constante à la nature dans les manuscrits, qui nous fait échapper à l'idéalisme inavoué qui s'y déploie. Marx peut nous rappeler que l'homme est une « partie de la nature », ceci n'a rien encore d'une profession de foi matérialiste, car ce n'est qu'en tant que la nature est « son œuvre » qu'elle est aussi « sa réalité » ; la nature

1. *Ibid.*, p. 120-161.
2. *Manuscrits de 1844*, É. S., p. 63.
3. *Ibid.*, p. 64.

n'est ici présente qu'en tant qu'elle a à « devenir pour l'homme », nature « humaine » ou plutôt « humanisée » qui est « son corps non-organique », nature en laquelle il puisse une fois encore se contempler lui-même. Aussi Marx peut-il écrire : « Tout ce qu'on appelle l'histoire universelle n'est rien d'autre que *l'engendrement de l'homme par le travail humain*, que *le devenir de la nature pour l'homme.* »[1] Il n'est pas jusqu'à la nature elle-même qui ne soit finalement récupérée dans le processus intégral et unique de l'auto-engendrement de l'humanité. Une fois encore, ce n'est qu'en tant qu'elle peut figurer dans la structure spéculaire Sujet / Objet, Homme / Monde comprise comme procès d'aliénation, qu'elle peut ici trouver sa place. De cette structure comme de ce procès, elle est néanmoins un élément essentiel puisque l'appropriation de la nature qui est immédiatement objectivation de l'essence générique, est aussi présentée comme l'origine de l'aliénation. Nous pouvons maintenant comprendre en quoi l'aliénation est « fondée dans l'essence du développement humain », et saisir la portée ultime de cette question que Marx s'adressait à lui-même. Malgré la charge négative que l'humanisme feuerbachien fait peser sur le concept d'aliénation, Marx retrouve dans les manuscrits la signification ontologique qu'il avait chez Hegel. L'aliénation est un moment nécessaire de l'engendrement de l'homme par lui-même car elle est la figure originelle de l'objectivation de l'essence humaine, la médiation qui est aussi le négatif par lequel seulement le genre peut conquérir son objectivité mondaine, et du même coup *la condition de possibilité de l'accomplissement de l'homme pour autant qu'il ne peut être pensé que comme reprise de soi, réappropriation par l'homme de ce qu'il a d'abord dû perdre dans le monde de ses productions, c'est à dire son humanité même*.

Rien d'étonnant alors à ce que tout comme l'histoire hégélienne était le « Calvaire de l'esprit absolu », l'histoire que nous raconte la philosophie du jeune Marx puisse apparaître comme le Calvaire de l'humanité, et ce au sens précis du mot : l'épreuve de la crucifixion, de la perte complète de soi mais en tant qu'elle n'advient elle-même qu'en vue du triomphe et du règne final. À cet égard, ça n'est sans doute pas un hasard si le marxisme a pu faire l'objet d'une adhésion quasi religieuse. C'est que la philosophie de l'histoire du jeune Marx reproduit bien et épouse pleinement ce que G. Gottier appelait le « schéma de la kénose », et que Michel Henry s'attachait à mettre en évidence dans l'œuvre de jeunesse comme structure fondamentale de la « mythologie de l'histoire »[2].

La kénose – le terme est formé sur le grec *kenôsis* dans la traduction luthérienne duquel l'*Entäußerung* hégélien trouve lui-même son origine –

1. *Ibid.*, p. 99.
2. *Ibid.*, note 17 et p. 162 *sq.*

c'est-à-dire l'acte par lequel le Christ se « dépouille de lui-même », de sa condition divine, avant d'être « élevé au plus haut »[1]. L'aliénation comme déssaisissement de soi (*Entäußerung*), perte par l'homme de sa réalité même dans la perte de son humanité (le prolétaire comme *Unwesen*) – comme le Christ acceptait de perdre son être même en se dépouillant de sa condition divine – apparaît ici comme le cœur d'une conception messianique et apocalyptique de l'histoire, qui ne peut alors se contenter de la lire comme un processus téléologique, mais qui doit ultimement s'accomplir dans la prophétie eschatologique. En effet le pendant de l'aliénation, ce qu'elle appelle elle-même comme sa négation qui doit aussi réaliser son sens, c'est la révolution comme catastrophe salvatrice – salvatrice en tant qu'elle assure l'avènement de l'homme accompli qui est aussi le dernier homme, dans la « Société humaine » comme Essence humaine devenue monde, laquelle est bien « le Principe et la Fin ». C'est donc la signification originellement religieuse de l'idée de fin de l'histoire que Marx retrouve et reconduit, parfois de manière à peine voilée, dans la compréhension de l'auto-engendrement de l'humanité comme procès d'aliénation marchant vers sa propre suppression dans l'apocalypse révolutionnaire – « renversement des bases de tout ce qui est » dira encore *L'Idéologie allemande*. Apocalypse, le mot n'est pas trop fort si nous considérons cette note marginale effrayante de *L'Idéologie allemande*: « Notre Saint-Père de l'Église (Bauer) éprouvera une bien grande surprise quand fondra sur lui le jour du jugement dernier, celui où tout cela s'accomplira – un jour dont l'aube sera faite du reflet sur le ciel des villes en flammes, et où retentira à ses oreilles, au milieu de ces « harmonies célestes », la mélodie de la Marseillaise et de la Carmagnole accompagnée des grondements du canon ... »[2] Certes le passage est ironique et vise précisément la « théologie de l'histoire » dans un texte qui en sera justement la déconstruction ; pourtant c'est aussi avec la plus grande aisance que la révolution vient s'y substituer au « jugement dernier ».

Mais pour autant que le schéma kénotique est introduit dans l'œuvre du jeune Marx par l'invasion de la métaphysique allemande, c'est surtout sous sa forme hégélienne qu'y apparaîtra le thème de la fin de l'histoire. Aussi la révolution apparaît-elle comme l'autonégation du particulier – le prolétariat ne se constitue en classe face au reste de la société que pour accomplir la suppression des classes sociales et permettre l'émergence et la libération de l'universel : la « Société humaine » qui n'est pas autre

1. *Épître aux philippiens*, et M. Henry, *Marx*, T. I, p. 144-145.
2. *L'Idéologie allemande*, Éditions Sociales, 1976, p. 37-38 note 4.

chose que le concept du genre devenu monde[1]. Révolution doit donc s'entendre au sens premier: elle est retour, retour à l'identité dans la dédifférenciation de la totalité sociale, retour à l'identité de l'existence individuelle et de l'essence générique (désaliénation), mais à une identité riche de l'autodifférenciation dont elle est le résultat. Le communisme peut alors apparaître dans les *Manuscrits de 1844*, comme l'exact analogue et le substitut du savoir absolu dans la *Phénoménologie de l'Esprit*, tant s'y révèle l'idéalisme latent du jeune Marx : « Le communisme – écrit Marx – appropriation réelle de l'essence humaine par l'homme et pour l'homme, retour total de l'homme en soi en tant qu'homme social, c'est à dire humain, *retour conscient* qui s'est opéré en conservant toute la richesse du développement antérieur, est la vraie solution de l'antagonisme entre l'homme et la nature, entre l'homme et l'homme, la vraie solution de la lutte entre existence et essence, objectivation et affirmation de soi, liberté et nécessité, individu et genre. *Il est l'énigme résolue de l'histoire et il se connaît comme cette solution.* » Puis, « Le communisme pose le positif comme négation de la négation, il est donc le moment réel de l'émancipation, de *la reprise de soi de l'homme …* »[2]. Cette reprise de soi est tout à la fois le but et la fin de l'histoire pour autant qu'elle est ce en vue de quoi l'aliénation travaillait depuis toujours le processus historique.

Telle est donc la philosophie de l'histoire que dessinent les *Manuscrits de 1844* : l'histoire est un processus gouverné par une finalité qui lui est immanente. Et ce qui lui permet d'être un processus intégral ordonné à une fin universelle, c'est d'une part, qu'elle a un unique sujet, l'Homme – c'est à dire en vérité la *Gattungswesen* humaine. Mais d'autre part et surtout, l'invasion de la métaphysique corrélative de l'intrusion de la dialectique de Hegel dans le champ théorique feuerbachien, détermine la configuration de cette histoire comme processus d'aliénation et de désaliénation de l'homme. Ce qui fonde la possibilité de cette compréhension dialectique de la réalisation de l'homme, c'est l'homogénéité ontologique inavouée de l'essence humaine et de de la conscience, pour autant que le travail comme processus d'objectivation de cette essence permettant sa réappropriation spéculaire (l'homme retrouvant en ses œuvres son humanité objectivée) reproduit la structure réflexive de la Conscience elle-même.

L'histoire a donc une fin, laquelle est indissociablement but et terme dans la mesure où l'automouvement du Sujet de l'histoire est pensé comme

1. « L'unité de l'homme avec les hommes […], le concept de genre humain ramené du ciel de l'abstraction sur la terre réelle, qu'est-ce, sinon le concept de société. » *Lettre à Feuerbach,* cité in M. Rubel, *La Sainte Famille, notice*, in *Marx, Œuvres*, Pléiade, T. III, p. 423.

2. *Manuscrits de 1844*, É. S., p. 87 et 89.

l'accomplissement effectif de celui-ci, accomplissement médiatisé par la perte complète de l'homme dans la scission de son existence et de son essence. C'est ce qu'exprime la solidarité indéfectible des concepts d'aliénation et de révolution, ou aussi bien de communisme en tant que le mouvement même de la négation de la négation, c'est-à-dire de la désaliénation dans laquelle l'aliénation reçoit finalement son sens. C'est pourquoi enfin, la conception téléologique de l'histoire du jeune Marx a pour corollaire inévitable un prophétisme eschatologique où la prédiction de la catastrophe rédemptrice, qui n'a décidément rien de scientifique, retrouve les origines religieuses de la compréhension métaphysique de l'histoire et du thème de sa fin.

## La rupture de 1845

Lire l'intégralité de l'œuvre de Marx comme le développement et la répétition des thèses de 1844 ne nous semble pas constituer une position exégétique tenable. En effet ce qui, à travers la philosophie jeune-hégélienne, est visé par la critique dévastatrice de *L'Idéologie allemande*, c'est bien souvent, de l'aveu de Marx lui-même, ses propres positions philosophiques antérieures. L'avant propos de la *Contribution à la critique de l'économie politique* de 1859 le dira ouvertement, et il faut ici prendre le texte à la lettre : *L'Idéologie allemande* est un « règlement de comptes » (*Abrechnung*), un règlement de comptes « avec notre conscience philosophique d'autrefois – écrit Marx – ... *sous la forme d'une critique de la philosophie post-hégélienne*. »[1] Le vêtement ne doit donc pas cacher le destinataire principal de l'entreprise critique : la philosophie de l'histoire du jeune Marx.

La rupture commence à vrai dire dans les *Thèses sur Feuerbach* dont *L'Idéologie allemande* développera systématiquement les intuitions. Elle commence – comme on pouvait s'y attendre – par la critique du concept d'Essence humaine ; mais cette critique – et le mot est faible en l'occurrence – est indissociable de l'émergence simultanée d'un nouveau principe d'intelligibilité de l'histoire qui recevra son nom dans *L'Idéologie allemande* : les « individus humains vivants ». C'est donc l'« individualisme méthodologique » auquel Marx va désormais adhérer qui fait littéralement voler en éclats la catégorie d'Homme et avec elle la philosophie de l'histoire qui y trouvait sa source.

1. *Contribution à la critique de l'économie politique*, É. S., p. 5.

« La première présupposition (*Voraussetzung*) de toute histoire humaine – dit le texte de *L'Idéologie allemande* – est naturellement l'existence d'individus humains vivants (*die Existenz lebendiger menschlicher Individuen*). »[1] L'affirmation est décisive : l'histoire « ne va pas sans présuppositions ». C'est dire aussi bien qu'elle n'est plus le constituant ultime de toute réalité. Or tel était antérieurement son statut puisqu'elle n'était pas autre chose que la *Gattungswesen* humaine elle-même comprise comme le mouvement de son propre accomplissement à travers son objectivation. Ainsi l'essence humaine n'était pas seulement l'unique sujet de l'histoire mais en définitive sa substance même. Or avec *L'Idéologie allemande*, d'Homme il n'y a plus, mais seulement des individus qui, loin d'être des limitations d'une seule et même réalité illimitée se confondant avec l'histoire elle-même quasi personnifiée, constituent la « pluralité monadique » – dira Michel Henry – dont la connaissance historique devra désormais partir parce que cette pluralité n'est autre que le fondement dans l'être même de la possibilité de toute histoire. Mais ce n'est pas seulement le rejet de l'ontologie moniste des *Manuscrits de 1844* qui détermine la nouvelle approche marxienne de l'histoire. Si l'histoire n'est plus le constituant ultime de toute réalité – elle doit être écrite d'après « une norme qui lui est extérieure » écrit Marx –, ce n'est pas seulement parce qu'elle n'est plus l'automouvement d'une unique essence, mais aussi parce que la pluralité des praxis individuelles en laquelle elle se résout désormais renvoie elle-même comme à sa condition à l'existence physique de chaque individu dans ce qu'elle a d'anté-historique – antériorité dans l'ordre de la fondation ontologique.

Aussi l'historicisme propre à *L'Idéologie allemande* ne doit-il pas cacher le fait que la possibilité même de l'histoire y est en vérité constituée, constituée par le déterminant anhistorique ultime qu'est l'organicité biologique, la corporéité physique de l'individu vivant, et qui se rappelle invariablement à nous dans le ressurgissement incessant du besoin vital, lequel doit être satisfait « aujourd'hui comme il y a des milliers d'années,

1. *L'Idéologie allemande*, Pléiade, T. III, p. 1054. L'« individualisme méthodologique » dont nous parlons ici est bien sûr très particulier et ne saurait être confondu avec ce que l'on désigne aujourd'hui sous ce nom en sociologie, ni même avec le type d'approche des phénomènes sociaux propre à l'économie politique classique anglaise, même si son émergence chez Marx n'est peut être pas totalement étrangère à la lecture des économistes anglais. Voir sur ce point R. Boudon, *La place du désordre*, 1984, Puf, Quadrige, p. 78. Mais plutôt qu'à la lecture des économistes anglais, que Marx n'approfondira vraiment qu'après 1845, le surgissement de l'individu sur le devant de la scène de la théorie de l'histoire dans *L'Idéologie allemande* tient sans doute davantage à la lecture de *L'Unique et sa propriété* de Stirner ; voir ce qu'en dit Althusser, *Écrits philosophiques et politiques*, T. II, Stock/Imec, 1995, p. 475-476.

[...] jour par jour, heure par heure, rien que pour maintenir les hommes en vie. »[1]

C'est ici le second *credo* de l'« ancienne conscience philosophique » qui est atteint : le règne discret de la conscience que pérennisait, dans les *Manuscrits de 1844*, la compréhension hégélienne de la notion de travail. Non que Marx ait jamais nié que la conscience fut un caractère distinctif de l'humanité – mais elle n'est pas primordialement ce qui détermine, dans l'ordre de sa genèse, le mode de vie humain comme tel, lequel ne se comprend dans sa spécificité qu'à partir de la nécessité – biologiquement enracinée – pour l'homme, de produire ses moyens d'existence. Et cette production doit être entendue en un sens extrêmement précis qui exclut immédiatement l'activité vitale simplement animale, pour autant qu'elle renvoie à un acte de transformation du donné naturel dont la forme spécifique n'est pas instinctivement ni physiologiquement prédéterminée. Le travail comme forme spécifiquement humaine de l'activité vitale, en tant que production par l'homme de ses moyens d'existence, trouve son origine, d'une part, dans l'absence de prédétermination instinctive – et donc proprement biologique – du mode de satisfaction du besoin et donc du mode de réalisation de l'objet relativement indéterminé susceptible de le satisfaire. Si donc, dans un célèbre texte du *Capital*, Marx nous dit que la conscience distingue bien le travail humain du travail animal en ce que l'objet « préexiste idéalement dans la représentation du travailleur »[2], ce n'est pas là l'affirmation d'un quelconque privilège de la conscience en tant que telle dans la détermination de la forme spécifiquement humaine de l'activité vitale. Le ton même du passage nous l'indique – piètre architecte que l'homme comparé à l'abeille –, l'accent est ici déplacé par rapport aux textes des *Manuscrits de 1844* auxquels il fait écho : ce qui importe ici ce n'est plus l'objectivation de la conscience dans les produits du travail, mais justement le simple fait que comme activité non instinctive – et consciente ne signifie plus alors que cela – la production humaine est d'abord indéterminée quant à son mode d'effectuation. D'autre part, c'est cette fois *L'Idéologie allemande* qui nous le dit, c'est sa « complexion corporelle », la forme déterminée de sa corporéité physique – absence de griffes, de pinces ... mais présence de mains, etc. – qui « dicte à l'homme ce premier pas » qu'est la production de ses moyens d'existence, c'est à dire détermine l'indétermination originaire de ces moyens comme de la manière de les produire.

Mais cette absence de détermination interne constitue identiquement la possibilité d'une détermination externe d'autant plus radicale des formes

1. *Ibid.*, 1059.
2. *Le Capital*, Livre I, Pléiade, T. I, p. 728.

de l'activité productive humaine. Ce que la corporéité vivante de l'individu induit en effet, c'est l'immersion de celui-ci dans le réseau des conditions matérielles (externes) et sociales de son existence : mon existence comme corps vivant est immédiatement relation à une nature extérieure et à mes semblables. Et si la forme de mon activité vitale n'est prédéterminée ni par l'instinct, ni par ma complexion physiologique, alors elle pourra d'autant plus être déterminée par ces conditions : « La façon dont les hommes produisent leurs moyens d'existence – écrit Marx – dépend d'abord de la nature des moyens d'existence déjà donnés et qu'il faut reproduire. »[1] Or c'est cela, et non la nécessité métaphysique de l'objectivation de la conscience comme essence de l'homme, qui ouvre maintenant le champ d'une histoire humaine, laquelle est donc d'abord l'histoire de la production par les individus de leur vie même. En effet la production telle qu'elle est conditionnée par les circonstances matérielles déjà présentes, est aussi bien, comme transformation du donné naturel, transformation de ses propres conditions d'effectuation : c'est pourquoi elle peut être dite « le premier acte historique » en même temps que « la condition de toute histoire ». Et ce ne sont pas à vrai dire les seules circonstances extérieures qu'elle modifie, mais le producteur lui-même en tant que son activité productive est d'emblée une certaine actualisation de ses « forces corporelles et intellectuelles ». La production est donc immédiatement développement des forces productives en tant qu'elle est transformation de ses propres conditions matérielles et techniques, internes et externes – forces productives dont la nature et le degré de développement historiquement déterminés assignent sa forme spécifique à l'activité productive, c'est-à-dire à chaque époque sa « manière de produire ». Le concept de mode de production en tant que le concept même de l'historicité de la production, renvoie donc d'abord – mais pas seulement – aux différents stades du développement des forces productives. Pas seulement parce qu'une manière de produire c'est aussi immédiatement une « façon déterminée de manifester sa vie », un « mode de vie déterminé », c'est à dire déjà un ensemble de rapports sociaux, un mode d'organisation sociale déterminé, tels qu'ils résultent notamment de la division du travail (qui est un élément des forces productives).

Une remarque s'impose alors : nous ne pouvons considérer, comme le fait Althusser[2], que le concept d'individu tel que l'élabore *L'Idéologie allemande* constitue un « obstacle épistémologique », c'est à dire un concept encore idéologique, parce qu'il ne serait que le dernier vêtement de l'humanisme du jeune Marx, isolable – à ce titre – des concepts de forces

1. *L'Idéologie allemande*, Pléiade, T. III, p. 1055.
2. L. Althusser, *Écrits philosophiques et politiques*, T. II, Stock/Imec, 1995, p. 479-480.

productives, de rapports sociaux de production et de mode de production, derrière lesquels il serait voué à disparaître. Et nous ne le pouvons parce que l'analyse par Marx de la praxis productive des « individus humains vivants » telle qu'elle s'enracine dans la nécessité biologique de subvenir à leurs besoins vitaux, est identiquement la genèse – à laquelle nous fait assister *L'Idéologie allemande* – des concepts fondamentaux du matérialisme historique ; parce que, enfin, la construction de ces concepts au sein de la problématique de l'individu humain vivant, est ce qui va déterminer la liquidation pure et simple de la catégorie d'essence humaine.

En effet la praxis productive essentiellement historique des individus est aussi manifestation de leur vie, laquelle « reflète très exactement ce qu'ils sont ». Par cette « précision » Marx indique en fait quelque chose d'essentiel : la manifestation en cause ne doit surtout pas être comprise comme le développement phénoménal d'une essence toujours déjà là ; elle est bien plutôt la production même de leur vie, de leur être dans sa dimension sociale et culturelle et non plus seulement physique. L'être de l'individu c'est donc sa praxis productive et sociale, et avec elle le système des conditions matérielles et des relations sociales objectives historiquement déterminées qui la structurent et qu'elle reconduit ou transforme, cette praxis et ces conditions incorporées, « faites homme ». Alors nous pouvons saisir le sens et la portée de la VIe thèse sur Feuerbach : « L'essence humaine n'est point chose abstraite inhérente à l'individu isolé. Elle est, dans sa réalité, l'ensemble des relations sociales. »[1] Au regard des principes théoriques précédemment exposés, une telle déclaration revient à dire qu'il n'y a pas d'essence humaine. L'Homme des *Manuscrits de 1844* est une fiction théorique. Il n'y a pas d'essence humaine, c'est à dire pas de nature humaine éternelle qui aurait à se produire dans l'histoire, à s'y manifester et finalement à s'y accomplir selon le schéma de la maturation du germe, dans le mouvement de son objectivation. Encore une fois nous ne pouvons suivre Althusser lorsque celui-ci déclare au sujet de la VIe thèse, qu'elle vient « boucher d'un gigantesque obstacle épistémologique » la voie qu'elle devait ouvrir. L'essence humaine – et elle était bien l'obstacle épistémologique par excellence – ne bouche rien ici ; elle ne bouche rien parce que la VIe thèse en est tout simplement la déconstruction, ce qui veut dire – ne craignons pas de le répéter – la liquidation. Et elle l'est pour deux raisons : en premier lieu, l'essence humaine n'est rien que l'existence sociale *des individus* – nous disons bien des individus : il n'y a pas plus de relations sociales que d'histoire humaine sans eux. Il est donc nécessaire de dissiper ici un malentendu que la lettre du texte pourrait reconduire, au point qu'une

1. *Thèses sur Feuerbach*, Pléiade, T. III, p. 1032.

lecture naïve ne pourrait que lui faire dire le contraire de ce qu'il dit. La référence critique à la représentation de l'individu isolé ne met pas un instant en cause l'individualisme méthodologique de *L'Idéologie allemande*. Il faut en finir avec une confusion trop souvent ressassée : la critique marxienne des *robinsonnades* n'a rien à voir avec une approche holiste de la société. Affirmer le primat ontologique de la société sur les individus n'a tout simplement aucun sens et Marx n'a jamais rien soutenu de tel (sauf peut-être justement dans l'œuvre de jeunesse), même si l'objectivisme des structures propre à certains textes du *Capital* a pu le laisser croire. Cela n'a pas de sens – pas plus que l'inverse d'ailleurs – car c'est s'installer dans le champ proprement idéologique d'une opposition totalement artificielle entre individu et société dont *L'Idéologie allemande* nous fait précisément sortir. Le rejet des robinsonnades, c'est tout simplement l'expression de l'adhésion de Marx à la vieille thèse aristotélicienne – mais qui n'a jamais que l'âge de ce qui est invariablement vrai – selon laquelle l'homme est un « animal politique », et au sens premier du mot, c'est à dire un *animal social*, qui ne peut vivre qu'au sein de la polis, la communauté des semblables – le début de l'*Introduction de 1857* dissipera à cet égard toute ambiguïté. Autrement dit, dans les concepts et les termes de *L'Idéologie allemande*, de mon organicité biologique et de ma complexion physiologique – *la seule nature en l'homme* – résulte immédiatement une relation aux autres, une immersion dans une communauté humaine – ne serait-ce que parce que nous ne naissons pas par génération spontanée – telle que l'existence individuelle est toujours déjà existence sociale. Mais la société elle-même en dehors des individus qui la composent, les rapports sociaux en dehors des praxis des individus qui les soutiennent – à commencer par la praxis productive en tant qu'elle implique la division du travail, laquelle fait partie de ces éléments des forces productives qui constituent déjà un rapport social –, ne sont que des hypostases, pour ne pas dire … des « fétiches ». Par conséquent l'essence humaine n'est rien en dehors des individus, à condition de préciser que ces individus appartiennent toujours déjà à une société. Ce que la VIe thèse énonce donc, c'est que les individus n'ont d'autre essence que leur être social et culturel tel qu'il est déterminé par leur propre praxis elle-même structurée d'après le système des conditions et des relations sociales objectives. Ou, plus précisément, l'essence humaine ne désigne rien d'autre que l'intériorisation, l'incorporation, par les individus, de ce système, en « un *habitus* structuré générateur de pratiques »[1] qui le reconduisent et le transforment à la fois.

1. Ceci est une quasi citation de P. Bourdieu (cf. *Le sens pratique*, Les Éditions de Minuit, Paris, 1980). Notre interprétation des *Thèses sur Feuerbach* s'appuie ouvertement sur les

La deuxième raison pour laquelle il est permis d'affirmer que la VIe thèse constitue la liquidation de l'essence humaine n'est que le prolongement de la première : dans la mesure ou l'ensemble des rapports sociaux des individus est « historique et transitoire » en tant qu'il résulte lui-même d'une praxis productive essentiellement historique parce qu'auto-transformatrice, l'essence humaine est histoire ; elle est histoire incorporée, autrement dit rien d'éternel comme une nature ou une essence.

Enfin, et nous achèverons par là ce parcours des thèses fondatrices du matérialisme historique, une telle affirmation – mais cela ne fait que résumer par avance l'ensemble des thèses de *L'Idéologie allemande* – porte le coup de grâce à l'anthropologie philosophique des *Manuscrits de 1844* par la conséquence qui en découle immédiatement : l'essence humaine – si le mot a encore un sens après ce qui vient d'être dit – ne peut plus être la conscience.

En effet si l'essence de l'individu humain n'est rien d'autre que le système des conditions et des relations sociales objectives historiquement déterminées, incorporé par les agents au sein de leur praxis, en « un habitus générateur de pratiques » (identiques ou nouvelles) – puisque telle est en définitive la signification ultime que nous attribuons à la VIe thèse sur Feuerbach – alors, ce qu'il est aussi bien que ce qu'il fait ne peut plus se réduire à la conscience qu'il en a, à sa Conscience de Soi. Plus encore, si cette essence renvoie à l'incorporation des contraintes d'un monde historique et social dans les dimensions mêmes par lesquelles il déborde le vécu des agents, alors la conscience sera conditionnée dans ses formes par cela même qui lui échappe – « reflet déformé » dira *L'Idéologie allemande*. Par conséquent – et Marx énonce alors un principe fondateur des sciences historiques et sociales qui conditionne leur possibilité même – la conscience que l'individu a de lui-même n'épuise pas son être, pas plus que la conscience qu'il a de ce qu'il fait n'en rend ultimement raison. Or ce « reflet déformé », ce regard aveugle du sujet porté sur lui-même qui nous renvoie sans cesse à son irréductible opacité, c'est aussi la seule conscience qui soit : « *Das Bewußtsein* – écrit Marx – *kann nie etwas andres sein als das bewußte Sein.* »[1] La Conscience n'est qu'une abstraction verbale, la substantivation d'un adjectif, c'est à dire la transformation absurde d'un prédicat en sujet dernier, l'hypostase d'une activité dont la démystification

idées développées dans ce texte par Bourdieu, lequel se réfère lui-même volontiers aux *Thèses sur Feuerbach*. Ses remarques à leur sujet nous semblent constituer autant de pistes de lecture de l'œuvre marxienne particulièrement fécondes, y compris d'un point de vue strictement exégétique (ce qui n'est bien entendu pas du tout la visée de Bourdieu).

1. *L'Idéologie allemande*, Pléiade, T. III, p. 1056 : « La conscience ne peut jamais être autre chose que l'être conscient ... », *Die Deutsche Ideologie (erster Teil)*, Éditions Sociales, Classiques du marxisme, texte bilingue, 1972, pour l'allemand.

nous renvoie au seul sujet possible de l'histoire, l'individu « obscur à lui-même ». C'est pourquoi la Conscience – même dissimulée dans l'Homme comme Être générique – ne peut plus être le sujet de l'histoire : il n'y a que des *individus conscients*, c'est-à-dire, aussi bien, des individus capables de s'illusionner sur ce qu'ils font comme sur ce qu'ils sont. C'en est fini du règne de la Conscience comme c'en est fini du règne de l'Homme.

Cette trop longue digression était absolument nécessaire ; car ce qu'engage en définitive le problème de la fin de l'histoire chez Marx, n'est rien de moins que la théorie matérialiste de l'histoire toute entière, sa cohérence, et peut-être sa modernité même. Nous pouvons maintenant recueillir le fruit de ce détour.

Ce qui ressort de cette analyse de la rupture de 1845, c'est qu'en jetant les bases du matérialisme historique comme « théorie transcendantale de l'histoire » – nous ne pouvons que suivre Michel Henry sur ce point –, comme théorie des conditions de l'histoire qui est aussi celle des conditions et des principes de la possibilité de sa connaissance, Marx est remonté jusqu'aux fondements de la conception métaphysique de l'histoire, c'est-à-dire jusqu'aux présuppositions sous lesquelles seulement pouvait faire sens la notion de fin de l'histoire. Or, de ces présuppositions, l'élaboration des concepts fondamentaux du matérialisme historique est aussi la déconstruction, c'est-à-dire la mise à jour des hypostases, des procédures d'abstraction et finalement des impossibilités théoriques constitutives de celles-ci.

Et tout d'abord, pourquoi l'histoire devrait-elle finir si ce n'est parce qu'elle est pensée sur le modèle de la croissance du vivant, de la maturation du germe, pour autant que celles-ci sont elles-mêmes comprises comme « l'équivalent d'une génération »[1]. La fin est alors indissociablement but et terme : le terme est déjà présent dans l'origine comme but de lui-même à titre de virtualité qui, en vertu d'une loi (métaphysique) d'actualisation nécessaire de la totalité du possible, doit devenir effective. Le devenir effectif intégral de l'être est la fin (*Zweck*) de l'être lui-même pour autant qu'il est la fin (*Ende*) de l'inquiétude qui l'anime aussi longtemps qu'il n'est pas pleinement devenu ce qu'il est. Le schème de la maturation comprise comme autogenèse devient alors une structure ontologique gouvernant l'approche de l'histoire. Mais ce qui s'entend bien d'un individu vivant qui a lui-même dû être engendré par un autre, et qui ne s'entend donc que comme une *seconde génération* – laquelle en suppose une première –, est ici récupéré dans le concept métaphysique proprement

1. Kant, *Critique de la faculté de juger*, § 64, Vrin, p. 190.

stupéfiant – et peut-être radicalement incompréhensible – d'auto-engendrement de la substance ne présupposant rien d'autre qu'elle-même.

Or c'est bien là ce que Marx va maintenant dénoncer en rejetant l'identification de l'histoire à l'automouvement d'« un Individu unique qui accomplit le mystère de s'engendrer lui-même »[1]. Et si l'auto-engendrement de l'Homme est un mystère décidément incompréhensible c'est parce que seuls des individus peuvent s'engendrer les uns les autres, en conséquence de quoi il faut convenir que « l'histoire n'est rien que la succession des générations qui viennent l'une après l'autre et dont chacune exploite les matériaux, les capitaux, les forces productives léguées par toutes les générations précédentes »[2]. L'histoire n'est plus l'autotransformation d'un unique sujet dont les époques historiques seraient autant de figures ou de manifestations, mais le produit de la praxis productive d'une pluralité d'individus, lesquels sont bien les sujets de l'histoire, mais ils la font sur la base de conditions matérielles et sociales héritées du passé et structurantes de leur praxis qu'ils ne transformeront elle-même que pour autant qu'à travers elle ils transformeront les conditions qui l'ont structurée. Mais la conséquence de l'ontologie pluraliste désormais à l'œuvre est alors, en même temps que la déconstruction du concept métaphysique d'auto-engendrement de l'être – et du fait même de celle-ci –, la dépersonnification de l'histoire. Aussi longtemps que l'histoire était pensée comme l'autoproduction d'un unique sujet qui en était aussi la substance, elle pouvait du même coup apparaître comme son propre sujet et se voir « assigner des fins » – en un mot elle devenait une « Personne »[3]. Certes, même après *L'Idéologie allemande*, Marx s'est parfois laissé aller à des formules reconduisant une telle personnification – « L'histoire elle-même rend la justice et le prolétariat exécutera la sentence »[4] –, mais elles ne peuvent plus être autre chose que des « manières de parler ». Car dès lors que l'histoire se résout dans la praxis d'une pluralité d'individus, dans la succession des générations, une telle personnification n'a plus le moindre sens – *La Sainte Famille* le disait déjà, « l'histoire ne fait rien », « elle n'est rien d'autre que l'activité de l'homme poursuivant ses fins »[5]. Or l'homme, ce sont les individus humains ; il n'y donc pas d'autres fins que celles des individus. Or au vu des principes théoriques du matérialisme historique précédemment dégagés, cela revient à dire que l'histoire ne peut pas être un processus téléologique. En effet, c'est seulement en tant qu'ils

1. *L'Idéologie allemande*, pléiade, T. III, p. 1070.
2. *Ibid.*, p. 1069.
3. *Ibid.*
4. Cité in M. Henry, *Marx*, T. I, p. 173.
5. *La Sainte Famille*, Pléiade, T. III, p. 526 ; voir aussi p. 510-511.

sont des êtres conscients que les individus peuvent poser des fins. Mais s'il est vrai que leur conscience n'épuise ni leur être ni leur praxis, s'il est vrai qu'elle est bien plutôt déterminée par ceux-ci qu'elle ne les détermine, alors l'histoire qu'ils font ne peut pas être leur projet. Certes les fins des individus ne sont pas de portée nulle, certes elles constituent bien des facteurs historiques. Mais d'une part elles ne sont pas indépendantes de l'être de celui qui les pose, c'est à dire des conditions matérielles et sociales de son existence, donc du monde historique au sein duquel elles ont été conçues. D'autre part c'est ce même monde qui détermine encore ultimement la possibilité de leur mise en œuvre et par là l'étendue de leur efficace. Le problème des fins des individus n'est donc pas différent de celui de la formation, de l'autonomie relative et de l'efficace propre de l'idéologie. Or l'élaboration du concept d'idéologie n'est pas autre chose que la déconstuction de l'illusion selon laquelle l'histoire que font les hommes serait celle qu'ils croient faire et qu'ils veulent faire. Les fins des individus ne peuvent donc pas être celles de l'histoire … qui n'en a tout simplement pas.

Que l'histoire soit un processus avec sujets n'implique donc nullement qu'elle soit un processus téléologique, pour autant que les sujets du processus que sont les individus humains vivants de *L'Idéologie allemande* sont l'exacte antithèse de la subjectivité transparente à elle-même assurant la souveraineté de la conscience.

Dans ces conditions il n'y a pas lieu de s'étonner – comme le faisait Elster – du fait que *L'Idéologie allemande* soit peut-être le texte le plus antitéléologique de Marx – et il n'est nul besoin d'invoquer l'influence de Engels pour le comprendre. C'est que la possibilité même de l'histoire y est constituée à partir de « présuppositions » qui viennent saper les fondements de toute téléologie conséquente. Marx peut alors écrire en toutes lettres que « l'histoire à venir » n'est pas « le but (*Zweck*) de l'histoire récente », que la révolution française n'est pas le but et la cause finale de la découverte de l'Amérique. Mieux, la conception téléologique de l'histoire, la représentation de celle-ci comme la maturation d'un germe alors explicitement dénoncée par Marx, sont décrits comme autant d'« artifices spéculatifs » ou encore « une *abstraction* de l'influence active que l'histoire passée exerce sur l'histoire récente »[1]. Abstraction – l'intervention de ce concept à ce moment précis est d'une portée décisive : la conception téléologique de l'histoire ne correspond pas seulement à une illusion rétrospective, elle est – au sens précis du mot – une *production idéologique* : c'est seulement une fois oblitéré le fondement réel de l'histoire, la praxis des individus telle que la structure l'ensemble des conditions

1. *L'Idéologie allemande*, Pléiade, T. III, p. 1069.

matérielles et sociales historiquement déterminées de leur existence, que l'événement passé peut apparaître comme le produit de la causalité d'une fin toujours déjà présente dans l'origine à titre de virtualité.

L'idée d'une fin (terme) de l'histoire ne peut sortir indemne d'une telle critique. En effet – nous l'avons vu – la conception téléologique de l'histoire à laquelle s'en prend Marx est une « philosophie de l'accomplissement », de l'accomplissement d'un sujet dont l'automouvement n'est autre que celui de la réalité même, une philosophie dans laquelle la fin (*Zweck*) doit par conséquent advenir effectivement comme fin (*Ende*). Le concept de fin de l'histoire est alors comme le résumé et en tous cas la conséquence de la thèse de l'unité du réel et du rationnel, de la pensée que la raison n'est pas une exigence posée face au monde dans une indépassable inadéquation – l'Idéal indéfiniment poursuivi, c'est à dire jamais atteint –, mais bien plutôt l'âme même de celui-ci. Autrement dit la conception téléologique de l'histoire en cause est une onto-téléologie dans laquelle le but éternel du processus (accomplissement de l'Homme ou de l'Esprit), en tant qu'il est la réalisation effective, c'est à dire temporelle de lui-même, doit aussi et nécessairement être le terme et l'achèvement de l'histoire. Le concept de fin de l'histoire ne prend donc ici sens que dans et par l'onto-téléologie qui le soutient. Si en revanche « l'histoire n'est rien que la succession des générations » et qu'elle ne peut avoir de fin (*Zweck*), pourquoi devrait-elle finir ? Aussi la déconstruction par Marx de la métaphysique de l'histoire débouche-t-elle effectivement dans *L'Idéologie allemande*, sur le rejet du concept de fin de l'histoire – du moins sous sa forme hégélienne : « Elle (la théorie matérialiste de l'histoire) montre que *l'histoire ne prend pas fin en se dissolvant* dans la « Conscience de Soi » comme « Esprit de l'Esprit » (*Sie zeigt, daß die Geschichte nicht damit endigt, sich ins « Selbstbewußtsein » als « Geist vom Geist » aufzulösen*) »[1]. La critique marxienne touche ici au cœur de la métaphysique de l'histoire car elle l'atteint au point où en un sens, elle manque justement l'histoire. Que nous disent en effet ces lignes ? La fin de l'histoire c'est sa dissolution. Il ne s'agit pas d'une simple tautologie. Ce qu'il faut entendre c'est que le concept de fin de l'histoire est celui là même de la dissolution de l'historicité en tant que telle, dissolution dans l'Éternité qui est le véritable statut du sujet de l'histoire idéaliste. Si l'on peut dire qu'en un sens la métaphysique de l'histoire manque l'historicité, c'est dans la mesure où celle-ci n'est pensée que comme le déploiement phénoménal, c'est à dire temporel, de l'Éternité ; et c'est bien le sens ultime de la compréhension du processus historique comme objectivation d'une essence. Ce que Marx a donc rompu en liquidant le concept d'essence

1. *Ibid.*, Pléiade, T. III, p. 1071.

humaine par son historicisation radicale (elle n'est absolument rien hors l'histoire des individus), c'est le lien discret – mais que le concept de fin de l'histoire fait apparaître en pleine lumière – qui unissait dans sa compréhension métaphysique, l'historicité à l'éternité. Ce faisant il inaugurait une théorie de l'histoire où celle-ci pouvait enfin être pensée sur la base de principes qui n'en était plus la pure et simple négation. Mais alors la mise en relation de l'histoire avec l'Éternité devait aussi être pourchassée et dénoncée sous toutes ses formes comme une oblitération idéologique de l'histoire, c'est à dire une tentative de légitimation du présent par son absolutisation, par l'éternisation de ce qui n'est qu'un mode d'organisation sociale « historique et transitoire ». Or le concept de fin de l'histoire inhérent à la compréhension métaphysique de celle-ci dans une « philosophie de l'accomplissement », n'est pas autre chose que le concept de l'histoire elle-même comme « (auto-)engendrement de l'Éternité dans le temps »[1]. L'histoire ainsi comprise doit nécessairement finir puisqu'en définitive elle ne travaille jamais qu'à sa propre suppression. Elle est en sa substance même solidaire de l'Éternité qu'elle n'éclipse momentanément que pour mieux la promouvoir.

En remontant jusqu'à cette ultime présupposition dans la dénonciation du concept de fin de l'histoire comme dissolution de celle-ci, Marx ouvrait en fait la voie d'une critique radicale de toute eschatologie. Cette critique il ne l'a pourtant pas menée de manière explicite – parce que lui-même ne pouvait se résoudre, pour des raisons que nous examinerons bientôt, à abandonner toute idée de fin du processus historique. Elle affleure pourtant dans quelques passages esquissant une piste sur laquelle nous pouvons maintenant nous engager : *le concept de fin de l'histoire ne serait-il pas la forme la plus subtile, et donc aussi la plus pernicieuse, de la naturalisation idéologique des rapports sociaux du présent ?*

Rappelons brièvement le contenu de ce qu'il est convenu d'appeler la critique marxienne des « vérités éternelles ». Les catégories économiques, mais ce propos pourrait aussi bien être étendu aux concepts sociologiques ou à ceux des formes politico-juridiques, ont – nous dit *le Capital* – un « cachet historique ». Qu'est-ce que cela signifie ? Les connaissances – y compris scientifiques – ne sont pas indépendantes du contexte historique de leur production. Ceci ne veut pas dire qu'elles soient en tant que connaissances, purement et simplement assimilables à des productions

1. « L'Éternité (révélée par le discours) – écrit Kojève – est le *résultat* du Temps, elle est le Temps qui est mort d'une mort pour ainsi dire naturelle ; et c'est seulement cette Éternité qui présuppose le Temps et en résulte, étant son intégration, qui peut être révélée par la Parole (Logos) *humaine*. Elle n'existe pas dans le Temps en tant qu'Éternité, car tant que dure le Temps, c'est lui qui existe et non l'Éternité. Mais l'Éternité, ou l'Esprit (intégral), *apparaît* dans le Temps. » (A. Kojève, *Introduction à la lecture de Hegel,* Gallimard, 1947, Tel, p. 387).

idéologiques positivement déterminées par les conditions matérielles et sociales de leur émergence, en un mot par le mode de production où elles prennent naissance – la science en tant que telle ne peut être « bourgeoise » ou « prolétarienne ». Mais aussi vrai que l'étude des micro-organismes par exemple, n'est possible que sous la condition de l'existence des instruments appropriés (le microscope en l'occurrence), le mode de production comprenant à la fois un stade de développement des forces productives et l'ensemble des rapports sociaux qui s'y articulent, détermine, en quelque sorte négativement, l'horizon de pensée d'une époque – autrement dit il conditionne la possibilité de l'apparition des savoirs nouveaux. Mais ceci est d'autant plus vrai des concepts économiques que la condition de possibilité de leur émergence ne réside pas seulement dans l'existence des conditions techniques et scientifiques permettant le développement des sciences économiques et sociales (mathématiques des probabilités, instruments statistiques …), mais également dans le développement historique de leur objet même. Qu'est-ce à dire ? Les formes d'organisation économique, sociales et politiques, les rapports marchands comme les rapports juridiques, pensés sous les concepts construits par les sciences économiques, sociales et politiques, ont eux-même une histoire. Aussi certains concepts ne peuvent-ils apparaître – « sous la forme déterminée de leur abstraction » – qu'une fois pleinement développés les rapports sociaux qu'ils subsument ; qu'une fois ceux-ci advenus au rang de rapports dominants et généralisés. C'est le sens de l'affirmation marxienne selon laquelle les concepts les plus abstraits supposent – dans la réalité – le développement le plus riche. Ainsi en est-il par exemple de la valeur d'échange qu'Aristote ne pouvait parvenir à penser jusqu'au bout pour autant que le rapport marchand suppose l'égalisation qualitative des produits du travail, laquelle n'est pensable que sous le concept de travail en général, « sans phrases » dira Marx, c'est à dire de « travail humain indistinct ». Or un tel concept ne peut lui-même émerger que sur la base de l'égalisation effective, « pratique », des *forces de travail* qui n'est pleinement réalisée que dans les conditions techniques et sociales de la production capitaliste, notamment par la séparation du travailleur et de l'outil telle qu'elle est induite par le développement du machinisme et corrélativement, la division du travail. C'est aussi seulement dans ces conditions en tant qu'elles déterminent la généralisation de la propriété privée capitaliste des moyens de production, que le rapport marchand peut devenir un rapport social dominant et généralisé, et le concept de valeur acquérir sa pleine élaboration. Si alors les concepts des rapports sociaux propres au mode de production capitaliste peuvent être appliqués à la compréhension des modes de production antérieurs (pré-capitalistes) ce n'est que pour autant que ces rapports y étaient déjà présents mais sous une forme « étiolée » parce que subordonnés à d'autres rapports sociaux dominants. Il faut en conséquence être attentif à la « *différence essentielle* » qui interdit de projeter purement et simplement les formes d'organisation économique propres au capitalisme et les lois qui les régissent, sur des formes antérieures – qui nous interdit aussi du même coup d'y voir des lois et des formes nécessaires et éternelles de l'organisation économique et sociale. Or la négligence de la différence essentielle, et l'éternisation corrélative des rapports sociaux bourgeois pensés comme « naturels » et nécessaires – ce qui veut dire aussi bien indépassables –, c'est ce que Marx s'est attaché à dénoncer non seulement dans ce qu'il appelle « économie vulgaire », mais chez les économistes anglais eux-mêmes. Mais cette dénonciation est aussi une déconstruction qui vise chaque fois à mettre en évidence le caractère idéologique, et donc la signification immédiatement politique de la naturalisation des rapports sociaux bourgeois : l'« erreur » est sociologiquement conditionnée ; ce qu'elle exprime pour autant qu'elle est une tentative de légitimation d'un mode d'organisation économique et sociale par son enracinement dans la nature, c'est l'intérêt des dominants à la reproduction de celui-ci. Mais elle est aussi l'exercice d'un pouvoir symbolique visant à assurer cette reproduction par l'imposition de la reconnaissance des rapports sociaux en cause en tant que formes « naturelles » de l'existence sociale : pourquoi se révolter contre ce qui ne peut pas ne pas être ? Et c'est pourquoi l'historicisation des catégories économiques, c'est à dire la restitution de cette histoire des rapports sociaux dont elles sont les concepts, est aussi pensée par Marx comme une démystification qui ne va pas sans implications politiques immédiates : mettre en lumière le caractère « historique et transitoire » des rapports sociaux du présent, c'est aussi bien mettre à jour la possibilité du changement social. Mais ce qui nous importe ici, c'est que, dans cette critique, Marx « joue » l'Histoire contre l'Éternité. Comment mieux déjouer la naturalisation idéologique des rapports sociaux qu'en restituant l'histoire dont ils sont les produits – *à moins précisément qu'on parvienne à penser l'avènement de l'Éternité dans l'Histoire ?*

Et le concept de fin de l'histoire comme dissolution de l'histoire par elle-même, c'est à dire comme auto-suppression de l'histoire, n'est-ce pas justement ce qui permettra de penser le présent comme advenue de l'Éternité elle-même, sans commettre la grossière erreur qui consistait – comme les économistes – à « éliminer l'histoire » ? Du moins est-ce justement une manière habile de l'éliminer en lui faisant droit. La fin de l'histoire c'est alors ce qui permettra de reconduire la naturalisation idéologique des rapports sociaux en faisant échec à la tentative de démystification de la critique historienne. Et si ce concept peut être dénoncé comme le point où la métaphysique manque l'histoire, c'est parce qu'il est ce qui permet de ne pas penser l'historicité du présent, c'est à dire du point de vue marxien, son caractère « transitoire », tout en continuant de le penser comme le résultat d'une histoire.

Sans avoir jamais explicitement formulé cette idée, Marx s'en est pourtant réellement rapproché dans l'un des aspects de sa critique de l'éternisation des rapports sociaux, que nous n'avons pas encore évoqué et dont il nous faut maintenant dire un mot. Les économistes n'ont pas toujours négligé la « différence essentielle » ; ils n'ont pas systématiquement ignoré la différence historique des modes de production et d'organisation sociale. Et ils ne le pouvaient dans la mesure où il apparaissait clairement que dans le mode de production féodal le rapport marchand était si peu le rapport dominant que l'exploitation n'y prenait pas la forme cyniquement économique qu'elle recouvre dans le capitalisme, mais épousait la forme de rapports de dépendance interpersonnelle à caractère essentiellement politique et religieux. Or Marx remarque que pour autant qu'ils ne l'ont pas tout simplement ignorée, les économistes ont traité la différence spécifique des modes de production précapitalistes comme « les pères de l'Église traitaient les religions qui avaient précédé le christianisme » ; c'est à dire en les considérant comme des formes artificielles opposées en cela à la « naturalité » du capitalisme. C'est alors que Marx écrit dans un passage de *Misère de la philosophie* repris en note du texte du *Capital* que nous venons de citer : « Les économistes ont une singulière manière de procéder. Il n'y a pour eux que deux sortes d'institutions, celles de l'art et celles de la nature. Ils ressemblent en ceci aux théologiens qui, eux aussi, établissent deux sortes de religion. Toute religion qui n'est pas la leur est une invention des hommes, tandis que leur propre religion est une émanation de Dieu ... *Ainsi il y a eu de l'histoire, mais il n'y en a plus.* »[1] De là à dire que les institutions de la bourgeoisie sont pensées comme la fin de l'histoire en tant qu'auto-suppression de celle-ci, et que la fin de l'histoire n'est qu'une autre figure de la naturalisation des rapports sociaux, il faut avouer qu'il n'y a qu'un pas. Certes, ce pas, Marx ne l'a pas franchi. Mais peut-être pouvons-nous le sauter sans trahir l'esprit de sa critique « historiciste » de l'idéologie. En effet, qu'est-ce qui permet au théologien de penser les religions antérieures comme autant d'artifices, et le christianisme comme la seule véritable, si ce n'est précisément une pensée de l'histoire comme lieu de la révélation, comme révélation de l'Éternité dans le temps ? Or s'il est vrai que la

1. *Misère de la philosophie*, Pléiade, T. I, p. 88-89 ; *Le Capital,* Livre I, *Ibid.*, p. 616 note (a).

conception métaphysique de l'histoire reproduit bien le schème de la révélation – et c'est bien sous la forme du Livre qu'advient l'Éternité dans l'histoire chez Hegel[1] –, elle fournit aussi le moyen de penser le présent socio-politique « sous la catégorie de l'Éternité » dans le concept de fin de l'histoire, autrement dit d'en éliminer *l'historicité comme existence transitoire*.

On trouvera sans doute dérisoire et choquante l'affirmation selon laquelle le concept hégélien de fin de l'histoire ne serait rien de plus qu'une forme – même extrêmement subtile – de naturalisation idéologique des institutions de son temps. Et on aura raison : il est un élément d'une prodigieuse construction métaphysique que ne saurait épuiser le concept d'idéologie. Et Marx lui-même avait assez de respect pour cette grande pensée pour que nous ne lui prêtions pas, à son sujet, un discours qu'il n'aurait pas tenu.

Néanmoins, la critique du concept de fin de l'histoire qu'il est possible de tirer de « l'historicisme » marxien – lequel n'est pas forcément un vice – c'est-à-dire d'une pensée de *l'historicité radicale des formations sociales comme existence essentiellement transitoire* – Marx ne décrivait-il pas la société comme « un organisme susceptible de changement et *toujours en voie de transformation* » ? –, cette critique donc, ne nous semble pas de portée nulle pour autant qu'elle peut nous permettre de déjouer les arguties idéologiques de qui voudrait, au nom de la philosophie de l'histoire, faire passer l'*homo oeconomicus* capitaliste pour le dernier homme, et le présent historique pour une panacée « indépassable » rendant prétendument vaine, « irréaliste » ou « archaïque » toute idée de transformation radicale de ce qui est. Or tel était bien le sens de la critique marxienne de la prétendue nécessité des rapports sociaux bourgeois, le sens de son souci constant de restitution de l'histoire contre ses occultations idéologiques, et qui doit peut-être nous inciter à nous méfier de tout discours déclarant advenue la fin de l'histoire – que, pour sa part, Marx, pour autant qu'il n'a pas tout à fait abandonné ce concept, a toujours présentée comme à venir – : penser l'historicité du présent, c'est à dire son caractère transitoire, contre l'élimination idéologique de l'histoire, c'était aussi pour lui refuser d'ignorer les maux qui le travaillent, et mettre en lumière la possibilité du changement social contre tout fatalisme historique.

Et si la naturalisation idéologique des rapports sociaux peut se donner l'illusion d'échapper à la critique historienne en pensant, dans le concept de fin de l'histoire, la solidarité de l'historicité et de l'éternité, elle n'échappe pas à une critique fondée sur une pensée de l'historicité qui, rompant le lien de l'historique et de l'éternel dans la tentative d'inaugu-

1. A. Kojève, *Introduction à la lecture de Hegel*, p. 365-395.

ration d'une connaissance positive de l'histoire et des sociétés, ramène celle-ci à l'existence transitoire de l'œuvre des générations successives.

Mais il est vrai aussi que si Marx a bien dénoncé le concept de fin de l'histoire sous sa forme hégélienne et néo-hégélienne, il ne l'a pourtant pas purement et simplement abandonné. Néanmoins il faut convenir qu'il n'est pas sorti intact des bouleversements théoriques que Marx fit subir à ses propres conceptions à partir de *L'Idéologie allemande*. Si le thème de la fin de l'histoire reste présent en filigrane mais de manière très nette dans *L'Idéologie allemande* en dépit de la critique destructrice des présuppositions à partir desquelles il pouvait faire sens, et de sa forme néo-hégélienne, l'œuvre ultérieure de Marx – en particulier après les *Grundrisse* – verra son effacement progressif.

Quelques mises au point sont ici nécessaires. Tout d'abord si fin de l'histoire il y a chez Marx, ce n'est pas – comme on peut le lire trop souvent – le communisme. Cela Marx le disait déjà en 1844 (et malgré ce passage des manuscrits où il apparaissait comme le substitut du savoir absolu hégélien) : « *Le communisme n'est pas en tant que tel le but du développement humain – la forme de la société humaine.* »[1] Dans la « philosophie de l'accomplissement » qui est celle des manuscrits c'est dire aussi bien qu'il n'en est pas la fin – aux deux sens du mot. La fin de l'histoire c'est alors la société humaine, la société humaine pleinement réalisée, c'est-à-dire, dans le langage des manuscrits, le *Gattungswesen* humain devenu monde social. Et de fait le communisme ne peut pas être la fin de l'histoire puisqu'il est – encore une fois Marx l'écrit en toutes lettres dans *L'Idéologie allemande* – « le mouvement réel qui abolit l'état actuel » et non lui-même un « état » (*Zustand*). Le communisme a donc une histoire ; mieux, il *est* l'histoire de l'avènement de la société humaine. Et s'il est vrai que certains textes des *Grundrisse* ou du *Capital* en particulier, tendent à nous le présenter comme un mode d'organisation sociale, il faut alors préciser qu'il est un mode d'organisation sociale encore historique.

Mais – dira-t-on –, que le communisme soit un mouvement ou un mode d'organisation sociale en un sens encore historique, ne veut pas dire qu'il ne puisse être la fin de l'histoire. Car enfin que signifie ce concept ? La fin de l'histoire n'est évidemment pas la disparition de tout « mouvement », de la succession des événements et des générations. Si la fin de l'histoire peut être comprise comme auto-engendrement de l'Éternité dans le Temps, celle-ci n'y advient que sous la forme phénoménale et donc encore temporelle de la répétition ou de l'extension indéfinie de ce qui est. Cette fin signifie donc seulement qu'il n'y aura plus de nouvelle étape – figure de

1. *Manuscrits de 1844*, É. S., p. 99.

l'Esprit ou mode de production – du progrès historique. Ce qui finit c'est l'Histoire comme processus téléologique scandé par des phases successives qui sont autant de moments de la réalisation d'un Sujet – l'Esprit ou l'Homme. Ce qui finit c'est donc l'Histoire comme développement procédant par contradictions surmontées, ou dans un langage marxien, comme « développement antagonique des sociétés humaines ».

Et de fait, si vraiment la lutte des classes, ou plus exactement la contradiction des forces productives et des rapports sociaux de production dont elle est une fonction, constitue le « moteur » du processus, alors la fin de l'antagonisme doit aussi être la fin de l'histoire. Si Marx peut écrire qu'« avec cette formation sociale (la société bourgeoise) *s'achève la préhistoire de la société humaine* (*Mit dieser Gesellschaftsformation* SCHLIEẞT *daher die Vorgeschichte der menschlichen Gesellschaft ab*) », c'est parce que « les rapports de production bourgeois sont la dernière forme antagonique (*die letzte antagonistische Form*) du processus de production sociale »[1]. Mais précisément si Marx nous dit que la suppression des rapports bourgeois constitue bien *la clôture (Schließung) d'une boucle historique*, il ne nous dit pas qu'elle soit la fin de l'histoire. Mieux, elle en est en un sens le commencement et c'est le communisme lui-même qui constitue l'Histoire elle-même, comme histoire de la société humaine – de son avènement. On ne saurait prendre ces mots comme une simple « manière de parler » équivalente au discours sur la fin de l'histoire. En effet si le communisme est un mouvement historique, s'il est histoire, c'est au sens fort qu'il faut l'entendre : même si le processus historique n'est plus alors développement antagonique (procédant par contradictions surmontées), l'histoire comme succession de phases marquant un progrès n'a pas pris fin avec le communisme. Cela nous le voyons très clairement dans la *Critique du programme de Gotha* où la société communiste connaît des phases de développement. Et avec quelle surprise ne voit-on pas Marx, après avoir annoncé en bien d'autres textes l'avènement du communisme en des termes qui – nous l'avons vu – relevaient de la prophétie eschatologique, se mettre à annoncer, toujours au futur de l'indicatif, « une phase supérieure de la société communiste » où aura enfin « disparu l'asservissante subordination des individus à la division du travail, etc. … »[2]. Ce qui ne peut manquer de frapper le lecteur un peu attentif de la *Critique du programme de Gotha*, c'est que l'on y voit Marx repousser à jamais une fin de l'histoire dont il n'est d'ailleurs même plus question – du moins explicitement. Aussi faut-il souligner l'article indéfini « *une* phase supérieure », et non *la* phase ultime qui semble alors se perdre dans les

1. *Contribution à la critique de l'économie politique*, É. S., p. 5.
2. *Critique du programme du parti ouvrier allemand*, Pléiade, T. I, p. 1420.

lointains du mauvais infini de Hegel. *Le communisme n'est donc pas la fin de l'histoire, mais bien plutôt l'histoire de l'avènement d'une fin de plus en plus fuyante.*

Ce qui ressort de tels propos c'est que l'histoire telle que l'envisage alors Marx est moins un processus voué à une fin – il ne peut l'être puisque l'histoire marxienne ne peut pas être la révélation de l'éternité dans le temps –, qu'un mouvement scandé par ce qu'il faut bien appeler un « événement absolu » qui assurera le départ entre une préhistoire et une histoire de la « Société humaine » – nous verrons bientôt ce qu'il faut entendre par là. Cet événement absolu c'est la révolution communiste comme suppression définitive de l'antagonisme social. Compte tenu de ce qui a été dit tout au long des analyses qui précèdent, il n'est pas besoin d'une somme colossale d'esprit critique pour voir combien l'idée même d'un événement absolu est peu compatible avec une théorie matérialiste qui ruinait les fondements de toute métaphysique de l'histoire.

Là est donc – semble-t-il – l'incohérence majeure dont il faut enregistrer le constat : la théorie matérialiste de l'histoire n'a pas conduit Marx au relativisme historique. N'en était-il pas pourtant une conséquence inévitable si vraiment l'histoire n'y était rien de plus que « la succession des générations ... » ainsi que le disait *L'Idéologie allemande* ?

Ce que nous entendons par « relativisme historique », c'est tout simplement le rejet de l'idée que l'histoire aurait un Sens. Si donc demeure chez Marx quelque chose comme l'idée d'une fin de l'histoire même à titre de point de fuite qui n'a plus grand chose d'une fin, ou bien encore – à défaut d'une fin proprement dite – celle d'un événement absolu séparant l'histoire en préhistoire et en histoire de la société humaine, c'est comme le corollaire inévitable de l'idée toujours maintenue par Marx que la succession des modes de production possède ou plutôt produit un sens, constitue un progrès. Mais – dira-t-on encore – comment l'histoire pourrait-elle avoir un sens si elle n'est pas un processus téléologique ? Et *L'Idéologie allemande* le disait sans ambiguïté, elle ne l'est pas. Pourquoi Marx n'a-t-il pas alors renoncé purement et simplement à l'idée d'un sens de l'histoire ? Du moins a-t-il renoncé à celle d'un sens immanent au processus en rejetant la téléologie : à partir de *L'Idéologie allemande*, la finalité, le sens, ne peuvent plus être qu'un *effet de surface*. Il ne s'agit pas là d'une figure rhétorique : nous avons bien l'idée chez Marx d'un sens *produit en surface* par la succession des modes de production sans qu'aucune fin gouverne le processus historique. Telle est donc l'étrange philosophie de l'histoire qui ressort de *L'Idéologie allemande* pour autant qu'elle continue bien de nous présenter l'histoire comme une succession d'époques historiques marquant un progrès et s'acheminant bien vers quelque chose comme une fin, même si elle n'est plus l'auto-suppression ou la dissolution de l'histoire dans l'Éternité : une eschatologie sans téléologie, un progrès et une fin (terme) sans finalité, où le sens de l'histoire n'est que le phénomène d'une succession discontinue de modes de production qui ne porte en elle-même aucun sens. Il est le produit phénoménal d'une nécessité matérielle qui n'a par elle-même aucune signification. Cela, Claude Lévi-Strauss l'a admirablement relevé dans un étonnant passage de *Tristes tropiques* où il établissait un parallèle entre le marxisme et le bouddhisme : « La vérité – écrivait-il – (y) est une dilatation progressive du sens »[1]. Qu'est-ce en effet que l'explication matérialiste des événements de l'histoire politique – qui peut bien prendre l'apparence d'un devenir-monde-de-la-liberté – sinon « l'élargissement de l'objet » qui ramène, dans un mouvement de totalisation progressive révélant l'imbrication de l'histoire politique dans celle des formations sociales et en dernier recours des modes de production, le sens apparent des actions humaines à une vérité qui est aussi bien absence de sens : la matérialité des conditions *sine qua non* de l'existence d'individus humains vivants, telle qu'elle détermine et structure leur praxis historique. L'explication historique chez Marx est ainsi dissolution du sens apparent de l'histoire politique, des formes de conscience dans lesquelles les agents lui donnent sens, dans les structures qui les conditionnent, dans l'histoire de ces structures comme différenciations de la production en modes historiques. Mais cette étonnante philosophie de l'histoire où – comme l'écrit Lévi-Strauss – s'évanouit la distinction du sens et de son absence, n'est alors nullement incohérente. Au contraire, gît au fond de cette pratique de la réduction systématique des significations à une source qui est aussi bien pur non sens comme méthode historiographique, une intuition géniale : le sens n'est que l'effet de la succession oppositive des différences d'un signifiant historique lui-même dépourvu de signification ; la signification superficielle trouve sa source et sa vérité dans la différenciation de la production en modes s'opposant et signifiant par différence mutuelle à la manière dont l'opposition mutuelle des signifiants linguistiques institue la signification, pose les signifiés eux-mêmes. L'idée d'un sens de l'histoire sans téléologie est donc parfaitement cohérente pour peu que l'on accepte de n'en pas rester à une conception « anticipative » du sens comme présence latente qui ne ferait que s'expliciter dans sa manifestation.

Pourtant ceci ne nous explique nullement pourquoi l'histoire devrait *nécessairement* – car à cela non plus Marx n'a jamais vraiment renoncé – marcher vers une fin ou, à tout le moins, être structurée par un événement absolu assurant le départ entre une préhistoire et une histoire. Cela ne nous

1. C. Lévi-Strauss, *Tristes tropiques*, Plon, Terre humaine, p. 476-477.

explique nullement pourquoi Marx n'a pas cessé aussi de penser l'histoire comme déploiement d'une nécessité quasi absolue qui, pour être matérielle, n'a rien à envier à la nécessité métaphysique présidant à la succession des figures de l'Esprit hégélien. Une précision s'impose pourtant à cet égard : Marx a nettement distingué la « nécessité de fer » caractéristique des lois économiques, de la causalité des phénomènes historiques et sociaux qu'il n'a jamais conçue, quant à elle, comme une causalité légale[1] – les prétendues « lois de l'histoire » sont une construction positiviste qui tient à la confusion – que Marx n'a pas commise – entre la légalité des phénomènes économiques et l'ordre de la praxis historique des agents. Or en les distinguant Marx ne suggérait-il pas que les phénomènes sociaux obéirait plutôt à des régularités statistiques ? Néanmoins la nécessité du développement des contradictions du niveau économique continue bien d'être pensée par Marx comme une nécessité absolue autorisant la prophétie, qui demeure, du point de vue épistémologique, difficilement recevable. Mais ce « nécessitarisme » persistant de Marx a peut-être moins sa source dans le positivisme qu'on lui impute un peu vite que dans la métaphysique de l'histoire qu'il avait d'abord épousé. En effet où trouve-t-on plus qu'ailleurs, dans son œuvre, l'idée que l'histoire est un processus orienté qui doit conduire de manière absolument nécessaire à l'avènement du communisme ? Précisément là où ressurgit la conception téléologique de l'histoire dans le retour triomphal du concept d'aliénation. C'est en particulier le cas de quelques passages des *Grundrisse* où Marx – retrouvant le schéma kénotique déployé par les *Manuscrits de 1844* – affirme, sans se soucier un instant de l'incompatibilité d'un tel discours avec les thèses radicalement anti-téléologiques de *L'Idéologie allemande*, que la suppression de l'aliénation est le « résultat et le but (immanent) du procès » historique[2].

Un but qui est aussi résultat du processus : c'est bien le thème de la fin de l'histoire qui réapparaît ici dans le sillage de la théorie de l'aliénation et de sa suppression. Mais qu'est-ce qui conditionne alors la possibilité de ce retour ? Et puisque cette question ne peut elle-même recevoir de solution que dans la réponse à cette autre, qu'advient-il du concept d'aliénation dans *L'Idéologie allemande ?*

*L'Idéologie allemande* voyait son effacement, ou plus exactement sa transformation radicale. « Cette « *Entfremdung* » – écrit Marx – pour être compris des philosophes ... » La formule assassine qui suit le terme *mis entre guillemets* ne laisse aucun doute : quelque chose s'est produit, en

1. *Le Capital*, Préface de la première édition, Pléiade, T. I, p. 549.
2. *Grundrisse*, Éditions Sociales, 1980, T. II, p. 323.

sorte que le concept d'aliénation – du moins sous la forme qui était encore la sienne dans les *Manuscrits de 1844* – ne peut plus être admis tel quel dans le champ théorique de la conception matérialiste de l'histoire. Et pourtant il continue bien en dépit de son inadéquation, à désigner quelque chose.

S'il ne peut plus figurer tel quel au sein de la théorie matérialiste de l'histoire, c'est parce que celle-ci s'est construite dans le mouvement même de la déconstruction du concept d'Essence humaine. Or ce qui constituait le sens focal de l'*Entfremdung*, le « devenir étranger », en 1844, et qui se subordonnait toutes les autres significations du terme (notamment son sens strictement économique), c'était la scission de l'existence et de l'essence humaine. Si l'essence humaine n'est plus rien que l'existence sociale des individus telle qu'elle détermine un habitus culturel, alors une telle scission n'a plus le moindre sens. L'*Entfremdung* ne peut plus être le devenir étranger de l'essence à l'existant. Qu'est-ce alors que l'aliénation dans *L'Idéologie allemande* ? « Cette activité qui s'immobilise, ce produit de nos mains qui se change en un pouvoir matériel qui nous domine », et plus précisément encore : « La puissance sociale, c'est à dire la force productive multipliée résultant de la coopération imposée aux divers individus par la division du travail, *apparaît* (*erscheint*) à ces individus – dont la coopération n'est pas volontaire mais naturelle – non comme leur propre puissance conjuguée, mais comme une force étrangère située en dehors d'eux ... »[1]. Le mot est lâché : l'aliénation, en son sens strict de « devenir étranger » (*Entfremdung*), n'est qu'un *phénomène* (*Erscheinung*) ; autrement dit, comme devenir étranger, elle n'a d'existence que dans la représentation de leur propre activité sociale par les agents. En un sens elle n'est rien de « réel » ; c'est à dire qu'il n'y a rien qui devienne réellement étranger à qui que ce soit, si ce n'est le produit du travail, mais certainement pas l'activité du travailleur. Que voulons-nous dire par là ? Tant que nous nous tenions dans la problématique de l'objectivation de l'essence humaine, dans le champ théorique défini par la structure spéculaire Sujet/Objet de la philosophie encore feuerbachienne du jeune Marx, l'*Entfremdung* n'était pas un vain mot ni même une métaphore ; il pouvait recevoir une signification ontologique car l'essence humaine avait une réalité irréductible à l'existence, même sociale, des individus. Et c'est dans cette mesure seulement qu'elle pouvait « réellement » être séparée de celle-ci – séparation, dessaisissement, devenir étranger de l'essence à l'existant dont l'aliénation économique (le devenir étranger au producteur du produit de son travail ; la séparation du producteur et des moyens de travail) n'était que le signe ou, plus

1. *L'Idéologie allemande*, Pléiade, T. III, p. 1065.

précisément, l'« expression matérielle résumée », en un mot le phénomène. Ici au contraire – parce que l'essence humaine a fait long feu – le rapport est inversé : l'objectivation de leur praxis, le devenir étranger ou aussi bien le devenir chose, la réification de leur activité dans un produit qui, en tant que marchandise – comme dira *Le Capital* – « se met à danser » devant eux et à leur imposer sa loi, n'est que l'apparaître, ou la représentation idéologique par les agents, mais aussi le masque, de leur soumission bien « réelle » cette fois, à une domination économique qui est un « rapport social des individus entre eux », et non la domination de choses ou de forces effectivement extérieures à eux. Aussi la vérité de l'aliénation ou, si l'on veut, la seule aliénation qui soit « réelle », n'est-elle pas autre chose qu'un rapport social auquel il faut enfin donner son nom : l'exploitation. Un point mérite ici d'être souligné : l'aliénation comme phénomène tient à une représentation déformante de la réalité, dont la structure est exactement analogue à celle de l'illusion qui recevra dans *Le Capital* le nom de « fétichisme ».

Pourtant l'aliénation ne se réduit pas à une vaine illusion ; c'est un phénomène bien fondé et dont le fondement n'est autre qu'un rapport social de domination. Or, et c'est pourquoi nous pouvions dire que l'aliénation au sens précis de devenir étranger – alors même qu'elle a un fondement réel – n'est elle-même rien de réel, cette domination ne peut jamais être celle d'une activité devenue chose étrangère au sujet agissant par un mystère inexplicable : leur puissance sociale ne cesse pas un instant d'être celle des agents ; la force de travail ne se met pas à travailler en dehors du travailleur dont elle est la force, l'activité à s'activer – ceci n'a d'ailleurs pas le moindre sens – en dehors de celui qui s'active. La force de travail, c'est le travailleur lui-même ; la puissance conjuguée des individus contraints à la coopération non volontaire est toujours leur puissance. Ce rapport social où l'aliénation trouve son fondement n'a donc pas d'existence ailleurs que dans l'acte même du travailleur – et qui est toujours le sien – venant mettre sa force de travail au service du capitaliste propriétaire des moyens de production, contre un salaire, et qui laisse sur place les produits de son travail qui, comme marchandises, résument et masquent à la fois le rapport d'exploitation dans le procès de travail en prenant la forme, dans la représentation des agents, de leur activité réifiée prenant vie en dehors des sujets dont elle est l'activité, pour les dominer. On le voit, la seule séparation qui soit ici effective – et qui n'a plus grand chose à voir avec l'*Entfremdung* des « philosophes » – c'est celle du travailleur et de son produit, et qui n'est elle-même que la conséquence – dans le mode de production capitaliste au moins – de la séparation du travailleur et du moyen de travail, rapport social propre au mode de production capitaliste et qui trouve son expression juridique dans le rapport de propriété (privée des moyens de production). Mais l'aliénation, objectera-t-on, n'est pas un phénomène propre au mode de production capitaliste, pas plus d'ailleurs que l'exploitation de la force de travail qui la fonde. Dès lors, pourquoi privilégier la forme spécifique qu'elle recouvre en mode de production capitaliste en insistant sur la séparation du travailleur et du moyen de travail ? Parce que – et Marx est clair sur ce point – c'est dans le mode de production capitaliste que l'aliénation est poussée à son terme, qu'elle devient radicale. Et ceci ne se comprend comme nous le verrons plus loin, qu'à partir de la séparation du producteur et des moyens de production telle qu'elle correspond à un mode déterminé de l'organisation du travail.

Quoi qu'il en soit, dans *L'Idéologie allemande*, ce n'est pas encore sous la forme précise de l'analyse scientifique rigoureuse du procès de travail en mode de production capitaliste comme procès d'exploitation, que sont mis à jour l'origine et le fondement de l'aliénation. Ce qui, en 1845, occupe le devant de la scène, c'est la division du travail. Il faut le préciser, ceci n'a rien d'incompatible avec le propos ultérieur de Marx : au contraire la séparation du travailleur et du moyen de travail s'accomplissant dans l'appropriation capitaliste des moyens de production rendra pleinement raison de l'accroissement de la division du travail et de son caractère non volontaire. Aussi la coopération imposée à laquelle il est déjà fait référence dans ce texte de *L'Idéologie allemande* sera-t-elle explicitée et analysée dans les pages du *Capital* consacrées à la grande industrie, comme organisation « militaire » de la production au sein d'une véritable sociologie de l'asservissement du travailleur dans le procès de production capitaliste. De sorte que l'explicitation de l'aliénation à partir de la division du travail à laquelle *L'Idéologie allemande* confère un rôle central, ne saurait être considérée comme un simple moment voué au dépassement, de l'évolution du concept d'aliénation. La transformation de ce concept à laquelle nous fait assister le manuscrit de 1845 fixe au contraire les termes d'une compréhension de l'aliénation que nous retrouverons jusque dans les derniers textes – ainsi le passage cité plus haut de la *Critique du programme de Gotha* qui nous parle d'une phase supérieure de la société communiste où aura enfin « disparu l'asservissante subordination des individus à la division du travail ».

Mais qu'y a-t-il au juste de notable dans ce passage à l'avant-scène de la division du travail ? C'est qu'elle nous permet de comprendre précisément pourquoi l'exploitation est vécue – et plus encore en mode de production capitaliste que dans tout autre mode de production – comme devenir étranger au producteur de sa propre activité, puisque telle est désormais la détermination de l'aliénation qui est privilégiée. Elle nous permet de comprendre comment cette représentation ou ce phénomène s'articule sur et résulte du procès de travail comme procès d'exploitation, donc des rapports sociaux de production comme rapports de domination. En effet si vraiment l'aliénation n'était rien d'autre que le redoublement idéologique, le redoublement dans la représentation, dans la conscience des agents, de l'exploitation économique de leur force de travail, pourquoi Marx continuerait-il – bien qu'en soulignant son inadéquation par la dénonciation de sa charge de sens « philosophique » – d'employer ce terme ? En un mot pourquoi le concept d'aliénation n'est-il pas devenu superflu avec la liquidation de l'essence humaine ? Ou, autrement dit, en quoi ne se réduit-il pas au concept économique d'exploitation ?

C'est ici qu'il nous faut apporter quelques nuances à notre précédente affirmation selon laquelle l'aliénation au sens précis de devenir étranger, n'est, rigoureusement parlant, rien de réel. Certes il ne peut y avoir dissociation effective de l'agent et de son activité ; pourtant ce devenir étranger désigne bien quelque chose qui en un sens, c'est-à-dire pour autant qu'il ne se réduit entièrement ni à la détermination strictement économique de l'exploitation, ni à l'illusion idéologique du fétichisme, est bien « réel », et réel du point de vue phénoménologique : l'exploitation vécue ou, si l'on veut, le versant phénoménologique de l'exploitation. Qu'entendons nous par là ? Le concept d'aliénation comme devenir étranger de l'activité à l'agent ne peut avoir de sens que rapporté à la « vie phénoménologique individuelle »[1], c'est à dire seulement *comme le concept descriptif d'un vécu* : ce qu'il exprime c'est la manière dont les individus vivent et ressentent l'unilatéralité appauvrissante et déshumanisante de l'activité qui leur est imposée en vertu de la division du travail ; autrement dit la manière dont ils vivent ce que Marx désignera si souvent – en particulier dans *Le Capital* – par le terme d'« étiolement » des facultés humaines, c'est à dire l'atrophie des forces corporelles et intellectuelles du travailleur, qui est la contrepartie du développement d'une « dextérité de détail ». Mais s'agit-il encore vraiment ici d'un aspect de l'aliénation ? Sans aucun doute, oui ! C'en est même le fondement immédiat. L'aliénation, à partir de *L'Idéologie allemande*, n'est en tant que devenir étranger effectif (c'est à dire outre la représentation de leur activité réifiée prenant vie en dehors d'eux, par les agents, dans l'illusion fétichiste), plus rien d'autre que l'étiolement des forces de l'individu, l'atrophie de la riche multiplicité de ses facultés, *en tant que vécus et sentis par le travailleur comme une véritable mutilation, une amputation de son*

1. Nous reprenons l'expression de M. Henry, *Marx*, T. I, bien que le présent propos ne lui soit nullement imputable.

*être même* : le devenir étranger (*Entfremdung*), le déssaisissement de soi (*Entäußerung*), trouvent ici leur signification ultime. Si l'exploitation en son sens strictement économique (extraction de surtravail) est le fondement réel de l'aliénation, elle ne l'est donc que médiatement ; et la médiation qui rend raison de l'articulation du phénomène d'aliénation sur les rapports sociaux de production, c'est la forme déterminée d'organisation du travail qui y correspond. C'est pourquoi le mode de production capitaliste en tant qu'il repose sur la séparation du travailleur et du moyen de travail non seulement du point de vue du rapport de propriété, mais encore dans le procès de travail lui-même – la modification de la « combinaison sociale du travail » où un nouveau type d'unité : outil (machine) / objet de travail, vient rompre l'unité du métier : travailleur / outil de travail[1] – radicalise l'aliénation : l'organisation du travail qu'il promeut et sur laquelle il s'appuie est immédiatement intensification de la division du travail, de l'activité parcellaire et répétitive (l'ouvrier comme « auxiliaire » de la machine), coopération forcée selon une hiérarchie quasi militaire ; autant de caractères du procès de travail qui contribuent à faire de celui-ci une souffrance, et en tous cas tout le contraire d'un épanouissement, d'un « libre jeu des forces corporelles et intellectuelles ».

Cette signification phénoménologique du concept d'aliénation ne se rencontre pas seulement dans *L'Idéologie allemande* ou les *Grundrisse* ; elle était à vrai dire déjà présente dans les *Manuscrits de 1844* avec une netteté telle que – s'il en était besoin – ils nous fournissent la preuve décisive que l'aliénation est bien l'étiolement du travailleur en tant que vécu comme mutilation : « En quoi consiste l'aliénation ? – écrivait alors Marx – d'abord dans le fait que [...] dans son travail (l'ouvrier) ne s'affirme pas mais se nie, *ne se sent pas à l'aise* mais malheureux, ne déploie pas une libre activité physique et intellectuelle mais mortifie son corps et son esprit. En conséquence l'ouvrier n'a *le sentiment d'être auprès de lui* qu'en dehors du travail, et dans le travail *il se sent hors de soi.* »[2] Le texte est transparent : l'aliénation comme devenir étranger à soi, déssaisissement de soi, est un « sentiment », c'est à dire *un vécu*. Quelle est alors la nouveauté du propos de *L'Idéologie allemande* par rapport aux *Manuscrits de 1844* ? Ce qui n'était encore qu'un aspect – bien que primordial : « d'abord » – du devenir étranger de l'essence à l'existant, constitue désormais le sens focal du concept d'aliénation et à vrai dire le seul sens possible de l'*Entfremdung* en tant que telle.

1. Voir sur ce point É. Balibar, *Concepts fondamentaux du matérialisme historique*, in L. Althusser dir., *Lire le Capital,* Puf, p. 477-478 *sq.*

2. *Manuscrits de 1844*, É. S., p. 60.

Mais quel rapport cette modification du concept d'aliénation dans *L'Idéologie allemande* entretient-elle avec la persistance du thème de la fin de l'histoire chez Marx ? C'est que la phénoménologie de « l'activité humaine sensible » que recèle le concept d'aliénation – et qui en constitue désormais le noyau – est elle-même indissociable de la persistance, ou plutôt de la reconstruction par Marx, d'une anthropologie philosophique. Althusser a incontestablement raison sur ce point lorsqu'il déclare que le concept d'individu tel que l'élabore *L'Idéologie allemande* reconduit la problématique anthropologique. Seulement – et cette fois contre Althusser – l'anthropologie philosophique de *L'Idéologie allemande* ne nous semble en aucune manière réductible à un avatar ou à une survivance de la philosophie humaniste encore feuerbachienne du jeune Marx, et ce pour des raisons que nous avons déjà longuement développées : l'élaboration de la problématique des individus humains vivants est solidaire de la liquidation de l'Homme des *Manuscrits de 1844*, de la *Gattungswesen* humaine. Pourtant l'anthropologie qui en résulte va conditionner la possibilité et l'effectivité de la reconduction, au moins partielle, du schéma kénotique déployé par les manuscrits parisiens.

En quoi l'aliénation pour autant qu'elle est l'étiolement même de l'individu, l'atrophie de ses facultés, vécus comme mutilation de soi, renvoie-t-elle à une anthropologie ? Précisément en ceci qu'elle dessine comme en creux une conception de l'homme comme multiplicité riche de virtualités qui doivent être actualisées par l'activité productive. On pourra aisément y reconnaître, en filigrane, un certain nombre de thèmes que les manuscrits exprimaient déjà au moyen de la terminologie de l'essence générique, notamment l'idée que l'homme est un être universel (dont la production ne se limite pas à celle de sa subsistance). Mais ce qui importe maintenant ce n'est plus l'objectivation de l'essence générique, de l'universel, mais la réalisation de chaque individu à travers une activité créatrice « multilatérale », si l'on nous passe l'expression, autorisant un développement intégral de toutes les facultés humaines. *L'Homme total* de 1844 est devenu « *individu complet* » ou « *intégral* ». L'individu qui se construit dans son activité productive a à devenir tout ce qu'il peut être, et il ne le pourra que sous la condition de la libre diversification de cette activité. C'est pourquoi *L'Idéologie allemande* envisage le communisme essentiellement comme abolition de la division du travail : l'homme communiste pourra « chasser le matin, pêcher l'après-midi, (s') occuper d'élevage le soir et (s') adonner à la critique critique après le repas selon (qu'il en aura) envie, sans jamais devenir pêcheur, berger ou critique. »[1] L'individu complet est la riche totalité en acte de ses possibilités parce

1. *L'Idéologie allemande*, Pléiade, T. III, p. 1065.

qu'il n'est aucune d'entre elles, ne s'identifie à aucune d'elles en particulier. Cette conception de l'homme comme l'idée que la réalisation de celui-ci n'est possible que par l'abolition de la division du travail n'est, encore une fois, pas l'exclusive de *L'Idéologie allemande*, puisque, nous l'avons vu, la *Critique du programme de Gotha* en faisait une phase supérieure de la société communiste ; mais ce thème nous le trouvons encore dans l'extraordinaire passage du *Capital* sur l'enseignement professionnel « polytechnique » que Marx rêve de voir dispenser aux enfants en vue de donner « libre essor à la diversité des capacités naturelles ou acquises et de permettre ainsi le plein développement des facultés d'un "individu intégral" »[1].

Or ces facultés elles-mêmes ne sont pas autre chose que « les forces productives des individus », expression qui, quoi qu'en dise Althusser, n'est pas non plus propre à *L'Idéologie allemande*, mais dont les *Grundrisse* regorgent également[2]. Donc ce qui rend possible la réalisation de l'individu complet, c'est le plein développement des forces productives. Ce point est capital, car il nous permet de comprendre vraiment cette fois pourquoi Marx, en dépit de la déconstruction de la métaphysique de l'histoire au sein de laquelle il en avait élaboré une conception matérialiste, ne cesse pas de penser le processus historique comme un procès de différenciation conduisant à une dédifférenciation finale : la différenciation de l'activité individuelle par laquelle l'individu complet peut advenir, suppose la différenciation de la production en général en une multiplicité d'activités diverses actualisant et multipliant elles-mêmes la diversité des forces humaines. Mais cette différenciation de la production en général permettant la démultiplication des forces productives, leur développement, ne peut d'abord s'accomplir que dans et par la division du travail : division du travail et développement des forces productives vont donc d'abord nécessairement de pair. De sorte que la différenciation progressive de l'activité productive humaine dans son ensemble ne peut s'accomplir qu'au prix de la dédifférenciation progressive et simultanée de l'activité de l'individu (intensification de la division du travail et avec elle, de l'unilatéralité de l'activité productive). C'est pourquoi Marx écrira dans les *Grundrisse* que le procès d'aliénation est « une nécessité pour le développement des forces productives » bien qu'il ne soit pas « une nécessité absolue de la production »[3]. Autrement dit le travail pourrait demeurer à l'état d'indivision primitive, mais au prix d'une inévitable pauvreté de l'existence humaine ; la richesse conquise de l'existence de

1. *Le Capital*, Livre I, Pléiade, T. I, p. 986-987 et 992-993.
2. *Ibid.*, 323.
3. *Ibid.*, 323.

l'individu complet n'est possible que sous la condition du développement universel des forces productives dans le mouvement même de la division du travail. *L'individu ne peut actualiser la totalité riche de ses facultés que si l'humanité a d'abord développé pour lui les conditions de cette actualisation particulière, en développant d'abord par la répartition des activités, la totalité des forces productives humaines.* Le mouvement de différenciation-dédifférenciation que constitue le développement des forces productives de l'humanité est donc inversé lorsqu'il s'agit de l'individu : à la différenciation et au développement universel des forces productives de l'humanité, correspond la dédifférenciation de l'activité individuelle (activité de plus en plus unilatérale, division du travail et aliénation croissantes). À la dédifférenciation finale de l'activité humaine et de la société (abolition de la division du travail et des classes sociales) correspondra la différenciation de l'activité individuelle permettant l'avènement de *l'individu complet* qui est bien alors *le dernier homme*. Tout se passe comme si l'épanouissement du dernier homme n'était possible que sous la condition du sacrifice des générations précédentes : nous baignons de nouveau en plein schéma kénotique. Mais surtout nous pouvons maintenant comprendre ce qu'est cette énigmatique « Société humaine » dont l'avènement constituerait la fin de l'histoire. La société humaine c'est le fruit de l'auto-suppression de la « société naturelle », c'est-à-dire de la société dans laquelle « l'activité n'est pas divisée volontairement mais naturellement »[1]. Si la division du travail peut être dite, à son origine du moins, naturelle, c'est parce qu'elle est la contrepartie et la condition immédiate du développement des forces productives, et donc en un sens, de l'acte de production lui même. La division volontaire, c'est à dire en vérité, l'organisation sociale permettant la libre diversification de l'activité individuelle, n'est possible qu'une fois accomplie l'œuvre de la société naturelle, de la division naturelle et non volontaire du travail : le développement le plus riche des forces productives de l'humanité permettant de dégager « beaucoup de temps disponible en plus du temps de travail nécessaire [...] (c'est à dire de loisir pour que se développent pleinement les forces productives des individus ...) »[2].

Tel est donc le paradoxe auquel nous confronte le discours de Marx : la persistance du thème de la fin de l'histoire dans son œuvre tient à la problématique de l'individu complet, c'est-à-dire à une anthropologie

1. *L'Idéologie allemande*, Pléiade, T. III, p. 1065 ; Rubel traduit « dans la société primitive », le texte allemand donne « *in der naturwüchsigen Gesellschaft* », « dans la société issue de la nature ».

2. *Grundrisse*, É.S., T. II, p. 196.

philosophique qui nous livre en même temps les principes de l'élaboration de la théorie matérialiste de l'histoire dans ce qu'elle a de plus anti-téléologique, puisqu'elle fonde l'individualisme méthodologique déterminant le rejet définitif du concept de *Gattungswesen* qui structurait la philosophie encore idéaliste du jeune Marx, et la construction des concepts (forces productives notamment) qui permettront de comprendre le progrès historique comme le fruit d'une nécessité matérielle qui ne renvoie elle-même à aucune finalité immanente, donc à nulle conscience comme sujet de l'histoire.

Et si le schéma kénotique demeure lisible dans cette compréhension de l'histoire comme procès d'aliénation-désaliénation, il n'est plus porté par une conception téléologique de l'histoire qui en maintenait vivante la signification théologique.

Pourtant le fait que cette anthropologie philosophique jette les bases d'une critique radicale de la théologie de l'histoire, en même temps que celles d'une analyse scientifique des phénomènes historiques et sociaux, ne parvient pas à masquer l'incohérence qui la travaille de part en part : elle demeure (par le « nécessitarisme » qui est le sien, comme par la résurgence du schéma kénotique même dépouillé de sa signification religieuse) marquée par une série de thèmes métaphysiques dont la présence et la persistance sont d'autant plus incongrues que les conditions sous lesquelles ils pouvaient faire sens ont été balayées par la philosophie même qui les maintient ou les revendique ; ainsi en est-il précisément du thème de la fin de l'histoire.

Mais plutôt que de s'appesantir sur les incohérences du discours philosophique de Marx, peut-être serait-il préférable d'en esquisser une explication qui, à défaut de restituer à ce discours une cohérence qu'il n'a peut-être pas, s'attache à en rendre raison.

Si Marx n'a pas renoncé à l'idée d'une fin de l'histoire, même si elle tend à se faire de plus en plus discrète au cours de l'évolution de sa pensée et de son œuvre, c'est – ainsi que nous nous sommes efforcés de le montrer – parce qu'il n'a pas voulu renoncer à construire ce qu'il faut bien appeler une *Idée de l'humanité.* Mais alors, au lieu de regretter que Marx ne puisse jusqu'au bout être compté au nombre des prophètes de la « disparition de l'homme »[1], peut-être devons nous demander ce que nous avons à perdre dans la liquidation de toute Idée de l'homme. Car c'est peut-être en

1. L'interprétation althusserienne de Marx pour autant qu'elle constitue aussi une philosophie de l'histoire, ou au moins de la connaissance de l'histoire, préfigure largement le thème de la disparition de l'homme tel qu'il est développé par Foucault, lequel n'hésite pas à avouer une dette intellectuelle à l'égard de l'épistémologie althusserienne. Voir « *Sur les facons d'écrire l'histoire* », M. Foucault, *Dits et Écrits, 1954-1988*, Gallimard, 1994, T. I, p. 585 *sq.*

définitive la question ultime que nous pose l'incohérence irréductible que constitue la présence du thème de la fin de l'histoire au cœur du matérialisme historique. Marx pouvait-il encore être un penseur du progrès sans s'appuyer sur une Idée de l'humanité et de sa destination historique ? Ce qu'engage en définitive cette question c'est la portée politique de son œuvre : la figure du dernier homme comme individu complet déployant librement la diversité de ses talents en vue de l'accomplissement de soi, la « Société humaine » comme fin de l'histoire, n'est-ce pas l'horizon dans lequel peut être pensé – notamment dans cette phénoménologie de « l'activité humaine sensible » que recèle le concept d'aliénation – l'insuffisance et la cruauté d'un mode d'organisation économique et sociale noyant la dignité humaine dans les « eaux glacées du calcul égoïste », et tarissant la richesse des talents individuels dans une activité productive asservie aux impératifs du profit ? l'horizon dans lequel enfin, peuvent être pensés et voulus la transformation des conditions d'une existence soufferte par les agents du devenir historique et le renversement de l'inacceptable ? Pour idéologique qu'il soit dès lors qu'on prétend en faire l'instrument d'une légitimation du présent socio-politique en substituant une mythologie de l'histoire à la tentative laborieuse d'une connaissance positive des sociétés humaines et de leur devenir, le concept de fin de l'histoire pourrait bien être en définitive à titre d'Idée de la Raison, d'Idée régulatrice – et peut-être peut-on regretter que Marx, quitte à assumer une part inéliminable d'idéalisme, ne lui ait pas conféré ce statut –, non seulement légitime ainsi que le notait R. Aron[1], mais encore nécessaire en tant que le transcendantal de toute pensée progressiste.

Frédéric THIBAULT

1. R. Aron, *Dimensions de la conscience historique*, Plon, 1964, p. 44-45.

# LA COMMUNAUTÉ EN SOUFFRANCE

## Nietzsche et la fin de l'histoire

Aucune des multiples images qui sont venues se superposer au nom de Nietzsche et construire son mythe n'a davantage nuit à une lecture rigoureuse de son œuvre que celle du penseur solitaire et plus encore du penseur de la solitude. Car si la solitude de Zarathoustra constitue un des motifs majeurs de son destin, elle n'est pas une fin en soi. Que la première figure rencontrée au seuil de l'œuvre – et tout aussitôt repoussée – soit celle de l'ermite n'est pas anodin. Elle indique que l'éloignement des hommes, le repli sur la sphère de son intériorité ou le dialogue solitaire avec le ou les dieux (en quête du sens de l'être) ne sauraient constituer la fin du devenir, un but à atteindre. Aux derniers hommes de l'histoire – ces hommes superflus que comble leur bonheur démocratique – ne s'opposent pas (contrairement à ce que pouvait penser Ernst Bertram) tel et tel chevaliers esseulés cheminant avec la mort, le diable et quelques cadavres[1]. Ici encore, le « prologue de Zarathoustra » est décisif. Après l'echec de son adresse à la foule et la chute mortelle du danseur de corde, Zarathoustra ne s'attarde pas longtemps avec sa dépouille. : « Une clarté m'est apparue : j'ai besoin de compagnons et de compagnons vivants, non pas de compagnons morts et de cadavres que j'emporte avec moi où je veux. C'est de compagnons vivants que j'ai besoin, de compagnons qui me suivront parce qu'ils voudront me suivre et me suivre où je veux [...] Le créateur se cherche des compagnons et non des cadavres ; il ne veux ni troupeaux ni

1. Nous faisons allusion au deuxième chapitre du livre de Ernst Bertram : *Nietzsche, essai de mythologie* (première édition française : éditions Rieder, 1932) intitulé « le chevalier, la mort et le diable ».

fidèles. Il cherche des créateurs pour s'associer à lui, de ceux qui gravent sur des tables nouvelles des valeurs nouvelles »[1].

Ainsi apparaît, dès les premières pages du livre que Nietzsche a toujours tenu pour emblématique de toute son œuvre, la figure d'une communauté à venir, d'une communauté en souffrance qui ne se laisse replier sur aucune construction connue. Mais ce désir, Zarathoustra n'est pas le seul à l'exprimer. Des textes de jeunesse, où s'exprime le besoin d'amitié[2], aux pages d'*Ecce homo* qui déplorent l'absence d'une communauté de lecteurs, il se fait entendre à maintes reprises au fil de l'œuvre. Ainsi au début de la *Généalogie de la morale* : « j'ajouterai seulement que depuis que cette perspective s'est ouverte à moi, je n'ai pas manqué de raisons pour chercher autour de moi des compagnons érudits, audacieux et travailleurs. »[3] Or ce réquisit d'une communauté nouvelle n'est pas un simple motif psychologique. Il engage le sens historique et politique que Nietzsche entend donner à sa propre philosophie. À quelles conditions cette communauté peut-elle advenir ? À quoi s'oppose-t-elle ? C'est dans ces termes mêmes que se laisse penser pour lui le problème de la fin de l'histoire et le destin de sa philosophie au delà de cette fin ou de cet épuisement. Si la mise en perspective des derniers hommes et du troupeau qu'ils forment évoquent une telle fin, celle-ci n'est pas séparable, en effet, de l'annonce et de l'émergence d'un nouvel être en commun – un être en commun surhumain –, auxquelles Nietzsche donne le nom de « grande politique ». Comment se nouent la question de la fin de l'histoire et celle de la politique à venir dans une réflexion sur l'essence de la communauté, c'est ce que nous essaierons d'étudier dans les pages qui suivent.

## La critique de l'État

Or ce qu'une telle réflexion appelle, c'est d'abord, et de façon préliminaire, une critique de ce que Cassirer nommera plus tard le mythe de l'État. Ce n'est pas tant, en effet, l'État lui-même qui doit être remis en

1. Nietzsche, *Ainsi parlait Zarathoustra*, tr. fr. révisée de Geneviève Bianquis, édition Garnier Flammarion, p. 59. Sauf exception (*Ainsi parlait Zarathoustra* et *La Généalogie de la morale*), nous citerons les traductions des œuvres de Nietzsche dans la grande édition Gallimard.

2. Voir à ce sujet notre essai : « Amitié, lecture et écriture », postface à Friedrich Nietzsche, *Écrits autobiographiques* 1856-1869, tr. fr. et notes par Marc Crépon, Paris, PUF, 1994.

3. Nietzsche, *La généalogie de la morale*, avant-propos, § 7, tr. fr. inédite par Éric Blondel, Ole Hansen-Løve, Théo Leydenbach et Pierre Pénisson, introduction et notes par Philippe Choulet, Flammarion, Paris, 1996, p. 32.

cause (il le sera malgré tout) que son évaluation, son interprétation, l'origine, la fonction et la finalité qu'on lui prêtent. Quatre textes majeurs demandent ici à être analysés : *1)* la préface d'un livre qui n'aura jamais été écrit : *L'État chez les Grecs*, *2)* une section de *Humain, trop humain* intitulée « coup d'œil sur L'État », *3)* le discours de Zarathoustra : « de la nouvelle idole », *4)* un chapitre de la *Généalogie de la morale* (II, 17). On s'est parfois demandé si ces textes suffisaient à constituer une philosophie politique [1]. La réponse est certainement positive, si on veut bien prendre pour fil conducteur, d'un texte à l'autre, la question de la communauté.

Déjà, elle apparaît au centre de l'opposition entre les conceptions grecques et modernes de l'État, telle que les expose la préface de *L'État chez les Grecs*. Ce qui caractérise l'État moderne, c'est de trouver sa justification dans deux valeurs que ne partageaient pas les Grecs : la dignité de l'homme et la dignité du travail. Sa fonction consiste à faire respecter l'homme comme tel dans son travail, et à faire reconnaître ce double respect comme le critère d'un être-ensemble juste. Ce qu'il propose n'est finalement rien d'autre qu'une communauté fondée sur l'égalité universelle (seule garante du respect de la dignité humaine – par opposition à l'esclavage) et le partage du travail. Or, rappelle Nietzsche, pour les Grecs, le travail ne constituait pas une valeur en soi. Au contraire, il était jugé dégradant, avilissant et réservé aux esclaves. N'avoir rien d'autre à partager que le travail (l'égalité dans le travail), c'est donc constituer une communauté d'esclaves, mieux la justification de l'État par l'égalité universelle qu'il est censé instaurer n'est qu'une maigre consolation (néanmoins efficace) pour accepter sa condition d'esclave. L'esclavage est plus supportable, dès lors qu'il est universellement partagé, dès lors qu'on peut se persuader que personne n'y échappe. À la question : « qui est esclave ? », l'État moderne permettrait de répondre : tout le monde, c'est-à-dire personne.

Du même coup, l'État moderne semble refuser à qui que ce soit la possibilité de ne pas être esclave (d'échapper à l'égalité dans le travail). Tandis que, selon Nietzsche (qui idéalise beaucoup la générosité de la Grèce pour les artistes), l'État grec n'avait d'autre fin que l'épanouissement d'une aristocratie d'artistes affranchie de ce joug, l'État moderne les perçoit comme un danger et les enferme dans leur solitude [2]. Or ceci n'a de sens

1. C'est notamment le cas de M. Haar dans son article : « institution et destitution du politique selon Nietzsche », *Épokhè*, n°6 : *L'Animal politique*, éditions Jérôme Millon, Grenoble, 1986.

2. C'est ce que Nietzsche exposera avec beaucoup de force, en invoquant les noms de Kleist et Hölderlin, dans la troisième des *Considérations inactuelles*. Voir à ce sujet notre article « la communauté pessimiste », *Cahier de l'Herne* n°69 : *Schopenhauer*, Paris, éditions

que si l'on situe la question de la communauté (de ce qui est à partager et de ce qui fonde le partage) au cœur de la réflexion nietzschéenne : « À l'époque moderne, ce n'est pas l'homme sensible au besoin d'art, mais l'esclave qui détermine les représentations communes, car selon sa nature il ne peut garantir sa survie qu'en désignant de noms trompeurs toutes ses relations au monde »[1]. Deux remarques s'imposent. La première est que notre rapport au monde (l'ensemble des relations qui le constituent) est tributaire de ce que nous considérons comme commun, c'est-à-dire de ce que nous entendons quand nous disons « nous ». La seconde est que cette entente (le sens que nous donnons à l'être en commun) est un lieu privilégié pour se payer de mots. Nous ne nous laissons nulle part plus aisément tromper par les noms que lorsque nous cherchons à dire ce qui fonde le caractère commun de notre relation au monde en tant que monde partagé. Nous parlons de la dignité du travail, de la dignité de l'homme, voire des droits de l'homme pour nous masquer notre commune condition d'esclave. D'où la sûreté et la précision de la démarche nietzschéenne qui consiste, une fois encore, à comprendre ce que nous faisons quand nous mettons des mots sur les phénomènes, comme pour en masquer la dureté. Si nous nous attachons au travail, ce n'est pas qu'il a sa dignité propre, c'est qu'il égalise notre humaine condition. Et si nous tenons à cette égalisation, c'est qu'en la supposant universelle, nous nous consolons de notre condition ; en la déclarant telle, nous nous protégeons de toute exception qui viendrait nous la rappeler. Nous aurons l'occasion de voir que la durable méfiance de Nietzsche tant à l'égard de la démocratie que du socialisme n'a pas d'autre explication ; c'est aussi la raison pour laquelle ni l'un, ni l'autre ne peuvent être tenus pour la fin de l'histoire – à moins que cette fin, loin d'être pensée comme un but, soit seulement comprise comme son épuisement.

En réalité, tout ceci ne fait que masquer le vrai but de l'État – un but dont les hommes eux-mêmes ne sont pas conscients – qui est de favoriser l'apparition d'une minorité d'artistes au service desquels le reste de la société est tout entier consacré. De cela, les Grecs, crédités d'un sens politique exceptionnel, étaient conscients comme jamais depuis aucun peuple ne l'a été : « Pour que l'art puisse se développer sur un terrain fertile, vaste et profond, l'immense majorité doit être soumise à l'esclavage et à une vie de contrainte au service de la minorité et bien au delà des

de l'Herne, 1997. Voir aussi, sur les rapports entre l'État et la culture les cinq conférences : *Sur l'avenir de nos établissements d'enseignement.*

1. Nietzsche, « L'État chez les Grecs », *Écrits posthumes* 1870-1873, textes et variantes établis par G. Colli et M. Montinari, traduits de l'allemand par J. L. Backès, M. Haar, et M. B. de Launay, éd. Gallimard, tome I, 2, 1975, p. 177.

besoins limités de sa propre existence. elle doit à ses dépens et par son surtravail dispenser cette classe privilégiée de la lutte pour l'existence afin que cette dernière puisse alors produire et satisfaire un nouveau monde de besoins »[1].

Du même coup, c'est aussi le fondement de la société et de l'État qui se trouvent remis en question. En se berçant d'illusions sur la signification de l'État, on se trompe aussi sur son origine. À vouloir à toute force se consoler de son état, on suppose un contrat, un accord, une entente, un consentement mutuel là où n'ont existé que la violence, l'exercice libre de la force, la domination et l'exploitation. En fait de condition égale, l'État a bien plutôt imposé toujours et partout, à l'origine et autant qu'on puisse le savoir, la domination d'une minorité plus forte sur la majorité. C'est pourquoi l'État moderne (la démocratie, le socialisme) ne se sont pas seulement trompés sur le sens de l'État, ils l'ont aussi détourné, renversé pour en faire l'instrument de leur faiblesse. Ce qui était, au départ, l'instrument cruel des progrès de la civilisation est devenu celui de son dépérissement, de son anéantissement, de sa décadence que rien ne viendra compenser, sinon l'avénement d'une nouvelle communauté.

Tel est le fil conducteur qui vient relier les différents textes de Nietzsche sur l'origine et la fonction de l'État. Sans doute, dans la préface de *L'État chez les Grecs*, l'analyse porte encore les marques de l'influence de Schopenhauer. C'est « l'insatiable avidité d'exister », le vouloir-vivre qui sont à l'origine de la violence et de l'apparition d'institutions de contrainte. Mais ce n'est pas là l'essentiel. Plus significatif est le fait que d'emblée l'État est présenté comme l'instrument d'une société duale. La domination d'une partie sur une autre, l'exploitation (celles-ci dussent-elles s'inverser) sont constitutives de son essence. Il ne saurait donc être le support d'une communauté harmonieuse, unie – sans conflit et sans lutte. Même les idéaux démocratiques et socialistes d'égalité (qui en inversent la fonction) trouvent leur origine dans une relation conflictuelle. Loin de s'expliquer par tel désintéressement ou sens nouveau du bien commun et de la justice, ils sont animés du besoin de revanche et de vengeance contre l'aristocratie originaire – la minorité « oisive » qui profitait de la contrainte exercée par l'État sur les travailleurs-esclaves.

Ainsi se comprend, selon Nietzsche, la construction du peuple (de la masse) en objet de compassion. S'apitoyer sur la misère des masses procède moins d'un désir de progrès que d'une volonté farouche d'égalisation, de nivellement : « Si la civilisation était réellement laissée au gré d'un peuple, si d'inexorables puissances n'y régnaient qui soient à l'individu lois et limites, on verrait alors le mépris de la civilisation, la

1. *Id.*, p. 178-179.

glorification de la pauvreté d'esprit, la destruction iconoclaste des exigences artistiques, ce serait bien plus qu'une insurrection des masses opprimées contre quelques frelons oisifs : ce serait un cri de compassion qui renverserait les murs de la civilisation ; l'instinct de justice, le besoin d'égalité dans la souffrance submergeraient toutes les autres représentations. »[1] C'est ce dont témoigne aussi la volonté de concevoir le gouvernement comme une émanation du peuple, de penser le peuple, autrement-dit, comme un tout homogène et non comme cette partie du corps social exclue de l'activité politique[2]. Là encore, il s'agit de substituer à la contrainte originelle (au coup de force initial) qui divise et hiérarchise la société l'illusion d'une communauté sans scission – illusion d'autant plus forte qu'elle impose en réalité la domination d'une autre catégorie d'individus : « une aristocratie d'argent égoïste et dénuée du sens de l'État »[3]. Ainsi une hypothétique identité organique du peuple pas plus que la récupération de l'État au profit des faibles ne pourront constituer le fondement d'une communauté qui ne soit pas, en son fond, une communauté d'esclaves, c'est-à-dire une communauté hostile à l'existence de cette aristocratie d'esprits libres sans laquelle il n'est pas de progrès de la civilisation. S'il fut pour Nietzsche – nous le verrons – un temps ou parler des « peuples » avait encore un sens, ils ne sont plus aujourd'hui qu'une fausse figure du « nous » à laquelle il serait vain et mensonger de se raccrocher.

On conçoit alors quel sens a la fin du court texte intitulé : *L'État chez les Grecs*. Elle entend barrer d'un trait de plume la possibilité de penser la fin de l'histoire en termes d'avènement du droit. Progrès de la civilisation et règne des fins (au sens kantien des termes) sont incompatibles : « il faut tirer aussitôt la conclusion d'ordre éthique : l'homme en soi, l'homme en général n'a ni dignité, ni droits, ni devoirs. Il ne peut justifier son existence que comme un être déterminé de façon absolue à servir des buts dont il

1. *Id.*, p. 179.

2. Voir à ce sujet le § 450 de *Humain, trop humain* intitulé : « l'ancienne et la nouvelle conception du gouvernement » : « Distinguer entre le gouvernement et le peuple comme s'il s'agissait de deux sphères de puissance séparées négociant avant de se mettre d'accord, l'une forte et haute, l'autre faible et basse, voilà qui relève d'un sentiment politique hérité d'autrefois et qui de nos jours, dans la plupart des États, correspond encore exactement à la réalité historique des rapports de puissance. [...] À l'opposé, on veut maintenant nous enseigner – conformément à un principe sorti tel quel du cerveau et censé faire l'histoire à lui tout seul – que le gouvernement n'est rien qu'un organe du peuple et non pas un « haut » prévoyant et vénérable par rapport à un « bas » accoutumé à la modestie. », édition Gallimard, tome III, p. 269-270. On notera ici la grande réserve de Nietzsche à l'égard de toute conception organiciste de l'État. En ce qui concerne le peuple, mais aussi l'État, on serait donc bien en peine de trouver quoique ce soit qui ait pu préfigurer la mystique nazie de l'un et de l'autre.

3. Nietzsche, *L'État chez les Grecs*, *op. cit.*, p. 184.

n'est pas conscient »[1]. Même la paix est soupçonnable. Loin d'instaurer un hypothétique règne des fins, elle est l'ordre qu'instaurent ceux qui inversent le sens de l'État et transforment « l'instinct politique » en « instinct financier ». Faire du règne du droit la fin de l'histoire, c'est souscrire à une figure de la communauté (l'État démocratique) – qui ment autant sur son origine que sur sa fonction. On conçoit alors que cette critique doive se prolonger dans une enquête généalogique sur l'origine du droit, plus poussée que celle que suggère à peine ce texte préface. C'est à ce prix seulement que le lien fort entre l'avènement du droit et la fin de l'histoire peut être rompu.

## La généalogie du droit

Or dans ce domaine, la méthode consiste moins à analyser les conditions d'un accord, à examiner les hypothétiques procédures qui auraient pu ou qui devraient conduire à l'acception de règles de droit communes qu'à comprendre les motifs de la soumission. Partir du contrat (postuler un accord originaire), c'est oublier que l'essence de l'État tient tout entière dans la violence de la soumission qu'il impose. On aura beau faire, on ne pourra pas nier qu'il se présente d'abord comme un effroyable système de contraintes – autrement-dit on ne pourrra faire l'économie d'une explication généalogique et psychologique de cette soumission. C'est ce que Nietzsche se propose de faire dans *La Généalogie de la morale* (livre II, chap. 17). Deux éléments de cette analyse méritent d'être retenus. *1)* la violence, une fois encore, de l'instauration originelle de l'État. *2)* le lien entre la soumission et la mauvaise conscience

*1)* « J'ai utilisé le mot d'" État" : le sens que je lui donne va de soi – une quelconque horde de fauves blonds, une race de conquérants et de maîtres qui, organisée pour la guerre et douée de la force d'organiser, pose ses formidables griffes sur une population qui est peut-être très supérieure en nombre, mais encore informe et errante. Car c'est bien ainsi que l'État commence sur terre : j'estime que l'on s'est défait de l'idée exaltée qui l'a fait commencer par un "contrat" »[2]. Ce que la théorie contractualiste a contre elle, c'est d'abord qu'elle semble supposer le sacrifice de la volonté de puissance. Pour que l'hypothèse d'un contrat originel soit plausible, il faudrait en effet que tous les êtres soient de la même force, ou que les plus forts renoncent d'eux-mêmes à l'exercice de leur force. Dans le premier

1. *Id.*, p. 186.
2. Nietzsche, *La généalogie de la morale*, *op. cit.*, p. 99.

cas, on objectera que rien ne garantit une égale répartition de la force. Dire que tous les êtres dans l'univers sont doués de la même force, ce serait supposer une volonté extérieure, une intention dans la répartition, ce serait théologiser à la fois la nature et l'histoire. Refuser qu'il y ait des « maîtres » par nature, ce serait supposer un maître céleste qui en a décidé ainsi. On ne peut à la fois dédiviniser la nature et vouloir qu'il n'y ait pas eu de race de conquérant. Une généalogie du droit sans conquête initiale, sans violence originelle, c'est une généalogie qui porte encore l'ombre de Dieu. Ainsi s'explique peut-être, sans que tout soit pour autant résolu, le recours nietzschéen si problématique à la figure ambiguë de la « horde de fauves blonds ». Dans le second cas, on méconnaît tout simplement l'essence de la vie organique[1], on sombre dans ce « misarchisme »[2] qui reste pour Nietzsche – nous le verrons – le trait fondamental de la démocratie. On comprend alors que le refus nietzschéen des théories contractualistes n'est pas une question accessoire. Il trouve son explication dans la théorie de la vie comme volonté de puissance.

*2)* Mais cette rapide mise au point sur l'origine de l'État a surtout pour effet de s'articuler à une compréhension rigoureuse de la soumission. Ce n'est pas la moindre surprise de cette esquisse d'une théorie politique que la fonction qu'elle remplit au sein d'une analyse de la mauvaise conscience. Pour le dire nettement, la mauvaise conscience occupe une place trop importante dans la généalogie du droit (dans l'histoire de la soumission des individus au droit) pour que quoi que ce soit de l'ordre d'un règne des fins puisse être pensé à l'horizon de l'histoire. Si les individus se soumettent aux lois, ce n'est pas, en effet, en vertu d'un accord originaire sur le droit, mais du retournement de « l'hostilité, la cruauté, le plaisir de traquer, d'attaquer, de contrecarrer, de détruire »[3] contre eux-mêmes. C'est parce que la domination inéluctable des plus forts ne leur laisse plus la possibilité de décharger leurs instincts vers l'extérieur qu'ils intériorisent la loi, la contrainte et substituent à la violence qu'ils ne peuvent plus

1. Voir notamment *Généalogie de la morale*, II, 12 : « tout ce qui arrive dans le monde organique est un assujettissement, une domination et, inversement, tout assujettissement, toute domination est une réinterprétation, un réajustement, qui font nécessairement que le « sens » et la « fin » antérieurs sont obscurcis ou complétement effacés. », *op. cit.*, p. 89.

2. « L'idiosyncrasie démocratique hostile à tout ce qui domine et veut dominer, le misarchisme moderne (à chose détestable, mot détestable) s'est progressivement à ce point mué et déguisé en quelque chose de spirituel, superspirituel, au point qu'aujourd'hui il s'impose, il peut déjà oser s'imposer pas à pas dans les sciences les plus rigoureuses, apparemment les plus objectives ; ce misarchisme me paraît même s'être rendu maître de toute la physiologie et de toute la théorie de la vie. », *id.*, p. 90. Et, un peu plus loin : « sous la pression de cette même idiosyncrasie [...] on méconnaît alors l'essence de la vie, la volonté de puissance ».

3. *Id.*, p. 97.

exercer sur les autres celle qu'ils s'infligent à eux-mêmes. Du même coup, c'est le rapport du droit et de la liberté qui se trouve inversé. Dire de l'avénement du droit qu'il consacre la substitution de la liberté civile à la liberté naturelle, c'est oublier la part de la mauvaise conscience dans cet avénement. Inversement, reconnaître dans la soumission au droit non pas seulement le sacrifice de la liberté, mais bien plus, à savoir le retournement de l'instinct de liberté contre lui-même, c'est aggraver considérablement les effets de cette soumission et leur donner une tout autre portée historique. On voit mal alors comment l'idée d'une quelconque « société civile administrant universellement le droit » (pour reprendre, par exemple, les mots de Kant) pourrait constituer encore, au sens le plus positif des termes, la fin de l'histoire.

## La fin des peuples

Il reste que cette généalogie du droit et de la soumission concerne d'abord les commencements de l'État. C'est seulement l'État originaire qui peut être compris comme la création de ce que Nietzsche nomme, « le fauve, la superbe bête blonde[1] en quête de la volupté, du butin et de la victoire »[2] – une « race noble » dont il trouve l'illustration non seulement chez les anciens Germains, mais aussi dans « la noblesse romaine, arabe, japonaise, les héros homériques et les Vikings scandinaves »[3]. À cette forme d'organisation politique s'oppose l'État moderne qui relève d'une toute autre domination. Plusieurs points les opposent.

*1)* Tandis que l'État originel pouvait être encore référé à une communauté de sang, à laquelle Nietzsche donne, selon leur antiquité, tantôt le nom de race, tantôt celui de peuple, l'État moderne se caractérise par l'impossibilité d'une telle référence. Si de telles communautés ont existé (ce qui ne manque pas d'être problématique), il est au moins sûr qu'elles ne correspondent plus aujourd'hui à aucune réalité. L'âge moderne est celui de la fin des peuples et des races, de leur mélange. En ce qui concerne les races, Nietzsche le dit explicitement dans *Humain, trop humain* : « Nombreuses sont les forces d'organisation que l'humanité a déjà vu dépérir – par exemple, celle de la *communauté de race*[4] qui fut

1. Sur la bête blonde, voir l'article de D. Brennecke : « Die blonde Bestie. Vom Mißverständnis eines Schlagworts », *Nietzsche Studien*, Band 5, 1976, Walter de Gruyter, Berlin, New-York.

2. *Généalogie de la morale*, *op. cit.*, p. 52.

3. *Id.*.

4. Nous soulignons.

pendant des millénaires beaucoup plus puissante que celle de la famille, qui disposait même du pouvoir et de l'organisation bien avant que la famille ne fut constituée »[1]. Mais cette disparition concerne aussi les peuples. C'est à Zarathoustra qu'il revient de le proclamer, au début du discours intitulé « De la nouvelle idole » : « je vais vous parler de la mort des peuples (*vom Tode der Völker*) »[2].

Cette fin des peuples et des races a plusieurs conséquences. La première est que rien de ce qui se désigne comme « peuple » aujourd'hui (les Allemands, les Français, les Italiens) ne peut se réclamer d'un héritage intégral. La bête blonde appartient au passé et nulle communauté ne peut prétendre en rappeler les « vertus »[3]. La seconde est qu'aucun État ne peut prétendre justifier son existence et sa politique de contrainte en se référant aux prétendus besoins et droits d'une telle communauté. S'il faut référer Nietzsche à une tradition, il serait sur ce point plus proche de Herder, (qui soupçonnera toujours dans l'État une machine susceptible de s'opposer au libre développement des peuples) que de Hegel. Sauf que, pour Herder, les peuples survivent aux États (ils sont ce qu'il y a de plus durable dans l'histoire), tandis que Nietzsche proclame leur mort probable. L'État n'est pas le peuple, et c'est seulement par ruse qu'il se donne pour tel. Tout se passe en fait comme s'il y avait pour Nietzsche deux régimes de la notion de « peuple ». En un sens, les peuples désignent ces communautés primitives qui ont pour base une communauté de sang, communauté à laquelle tel ou tel créateur politique a donné, non sans violence et cruauté, une forme et une structure en des temps immémoriaux : l'État originel. Mais aujourd'hui, la notion de peuple ne renvoie plus qu'à la masse. Le peuple, c'est la populace[4] – présentée comme un effet du mélange des races[5] – qui triomphe dans l'État démocratique et inverse le sens de l'État.

1. Nietzsche : *Humain, trop humain*, § 472, tr. fr. Robert Rovini, édition Gallimard, tome III, p. 282.

2. Nietzsche, *Ainsi parlait Zarathoustra*, *op. cit.*, p. 87.

3. Nietzsche le rappelle dans la *Généalogie de la morale* : « La profonde méfiance glacée que l'Allemand suscite dès qu'il accède au pouvoir comme il le fait encore maintenant est encore à présent une retombée de cete inextinguible frayeur avec laquelle l'Europe a assisté pendant des siècles aux ravages de la bête blonde germanique (bien qu'entre les anciens Germains et nous autres Allemands, il subsiste à peine une parenté d'idées et encore moins de sang) », *op. cit.*, p. 53.

4. Voir à ce sujet *Généalogie de la morale* (I, 9) : « Soumettons nous aux faits : le peuple a vaincu ou « les esclaves », « la populace », « le troupeau », comme il vous plaira de l'appeler, et si on le doit aux juifs, alors soit ! jamais un peuple n'aura eu mission plus universelle. », *op. cit.*, p. 47. Nous laissons provisoirement de côté la mission si problématique que Nietzsche reconnaît au peuple juif. Elle nécessite une étude précise qui est en cours.

5. Cf. *Généalogie de la morale*, *id.* : « on peut considérer cette victoire [du peuple] comme un empoisonnement du sang (*eine Blutvergiftung*) (elle a mélangé les races) ».

Troisième conséquence enfin : la lecture politique que nous pouvons faire de Nietzsche, au terme d'un siècle dont les bouleversements rendent difficile à lire des expressions comme « empoisonnement du sang » et insupportable l'idée qu'elles pourraient exprimer une quelconque nostalgie de la pureté des races – à plus forte raison quand le mélange des races est mis au crédit du peuple juif. On ne peut nier d'abord que, faute d'une lecture patiente et minutieuse, de tels textes prêtent aisément à confusion et qu'il n'était pas difficile d'extraire telle ou telle phrase de son contexte et du mouvement général de la pensée de Nietzsche pour faire de celui-ci le hérault d'une théorie qui prône la supériorité des communautés de race sur toute autre forme d'organisation politique. Si la récupération de Nietzsche au profit d'idéologies racistes est une falsification, il faut reconnaître que celle-ci n'était pas difficile à faire. Sans doute Nietzsche soutient la fin de communautés de sang, mais une telle affirmation ne suffit pas à régler la question. Il faut encore prouver que, face à cette disparition, le penseur de la volonté de puissance et de l'éternel retour n'éprouve aucune nostalgie. C'est ici que les questions de la communauté et de la fin de l'histoire sont décisives. Si l'inversion démocratique du sens de l'État doit entraîner sa décadence et son épuisement, s'il est voué à disparaître au même titre que les communautés de sang, est-ce pour voir revenir les premières ? Est-ce à une purification des races qu'en appelle Nietzsche, et, une fois ce résultat accompli, à la domination inconditionnelle de l'une d'entre elles ? Des premiers éléments de réponse peuvent-être apportés. D'abord l'idée même de nostalgie (et la politique qui pourrait s'en inspirer) sont peu conformes à la théorie de la vie comme affirmation et volonté de puissance. Une politique qui chercherait, par tous les moyens, à restaurer une hypothétique identité raciale relèverait davantage de ce ressentiment[1] contre le temps qui reste une des formes du nihilisme. Elle serait, en ce sens, comme envers de la démocratie, un symptôme supplémentaire du dépérissement de l'État. Ensuite cette nostalgie n'aurait aucune base réelle. Le mélange des races rend toute filiation fictive. Il semble donc qu'à l'horizon de l'histoire aucune communauté de race ne puisse se profiler. Mais c'est à la grande politique d'en apporter la preuve.

*2)* Il reste qu'avant d'en arriver là, on doit encore poursuivre l'opposition de l'État moderne, « le plus froid de tous les monstres froids » et de la communauté originelle – car c'est sur le fond de cette opposition que le besoin d'une grande politique devient intelligible. Ce qui caractérise

1. C'est certainement un des aspects les plus singuliers de la pensée de Nietzsche que de n'avoir pas besoin des droits de l'homme pour construire une critique forte et sans concession de toute forme de nationalisme : le nationalisme s'appuie sur le fantasme d'une forme de communauté (la communauté de sang) qui appartient irrévocablement à un passé révolu.

cette communauté primitive (l'État, au sens de la *Généalogie de la morale*) c'est d'abord, en effet, l'invention du droit et de la morale, comme création d'un peuple. Un peuple existe dans la mesure où il s'est vu donner par celui ou ceux qui l'ont formé « une langue particulière en matière de bien et de mal »[1]. Quel que soit le support initial (une communauté de sang), ce qui donne au peuple une identité politique, ce qui fait qu'un peuple est un peuple, c'est la volonté de puissance dont témoigne son inventivité, sa créativité en matière de mœurs et de droit. À cette puissance créatrice, s'oppose le mensonge de l'État moderne, tel qu'il se manifeste dans « la confusion de toutes les langues du bien et du mal ». Or ce que signifie cette confusion, c'est d'abord que la langue du bien et du mal parlée par l'État, le système de valeurs qu'il impose ne peuvent plus être référés à l'acte créateur d'une communauté donnée. Dans l'État moderne, on a affaire à une domination, un pouvoir qui ne se justifient d'aucune création. L'inversion du sens de l'État n'a pas d'autre sens. Elle signifie que le pouvoir est recherché pour le pouvoir. L'État moderne ne donne rien en partage, et surtout pas les mœurs ni le droit qui ne sont rien d'autre que son instrument – un instrument qui ne renvoie à aucune autre volonté que celle de se préserver. Elles n'ont pas d'autre fonction que la soumission qu'elles imposent. Plus rien n'est affirmé dans le respect du droit et la communauté des mœurs, et surtout pas la vie. C'est en ce sens que l'État moderne est au service des « prédicateurs de mort ».

On comprend alors en quoi l'État est une nouvelle idole et une invention destinée aux hommes superflus, c'est-à-dire aux derniers hommes. L'idôlatrie de l'État (le culte du bonheur qu'il dispense) se substitue à toute invention d'un nouveau partage, à toute création d'un lien communautaire inédit. Ce qu'on aime dans l'État, c'est les biens matériels dont il favorise la possession, le confort qu'il organise, la paix qu'il autorise – autant d'attributs qui sont à l'opposé de ce que Nietzsche appelle « une culture supérieure ». Du même coup l'État perd toute substance. Son auto-limitation à un système démocratique de protection et d'assurance se retourne contre elle-même. L'idôlatrie de l'État, c'est déja son mépris, sa décadence et sa mort[2]. L'État démocratique est ainsi la dernière figure du « nous » au seuil du « surhomme », une figure qui se défait d'elle-même. Est-ce à dire que Nietzsche éprouverait une quelconque nostalgie de l'État, qu'il appelerait de ses vœux la création d'un État fort. Le « coup d'œil sur l'État » que propose *Humain, trop humain* apporte une réponse sans

1. Nietzsche, *Ainsi parlait Zarathoustra*, *op. cit.*, p. 88.

2. Voir à ce sujet le § 472 de *Humain, trop humain* : « Le mépris, la décadence et la mort de l'État, l'affranchissement du particulier (je n'ai garde de dire : de l'individu) sont la conséquence de la conception démocratique de l'État ; là est sa mission. », *op. cit.*, p. 282.

ambiguité, sous la forme d'une condamnation prophétique du « socialisme étatique » : « Il désire la puissance étatique à ce degré de plénitude que seul le despotisme a jamais possédé, il surenchérit même sur le passé en visant à l'anéantissement pur et simple de l'individu, lequel lui apparaît comme un luxe injustifié de la nature qu'il se croit appelé à corriger pour en faire un organe utile de la communauté (*Organ des Gemeinwesens*). À cause de cette affinité, il se montre toujours au voisinage de tous les déploiements excessifs de puissance – comme le vieux socialiste type, Platon, à la cour du tyran de Sicile. »[1]

Ainsi se trouvent récusées, au fil des textes consacrés à la politique, toutes les figures connues de la communauté susceptibles de fonder une espérance. Ni la communauté de droit, ni la communauté de sang (et pas plus une hypothétique communauté de langue[2]) ne peuvent dessiner un « nous » à venir, à l'horizon de l'histoire.

## LA PETITE ET LA GRANDE POLITIQUES

Du même coup, c'est aussi les politiques qui se donneraient pour fin la restauration ou la formation d'une telle communauté qui se trouvent récusées. S'il y a une pensée politique de Nietzsche, ce n'est pas seulement en vertu de la généalogie du droit et de l'État que ces textes proposent, c'est aussi que, sur le fond de ces analyses, les fins que se donne la politique sont passées au crible. C'est ici que la question du « nous » rejoint celle de la fin de l'histoire. Car ces figures de la communauté sont en même temps des figures de l'avenir – des visions de l'histoire, dont la restauration, la conservation, le progrès sont les signes identifiables. Nietzsche le dit explicitement dans le § 377 du *Gai Savoir* intitulé « nous autres sans patrie ». « Nous ne "conservons" rien, nous ne voulons pas non plus revenir à aucune sorte de passé, nous ne sommes absolument pas "libéraux", nous ne travaillons pas au "progrès", nous n'avons pas besoin de nous boucher les oreilles au chant d'avenir des sirènes du marché – ce qu'elles chantent: "égalité des droits", "société libre", "ni maîtres, ni esclaves", voilà qui ne nous séduit guère. »[3] Dans les faits, Nietzsche s'en prend, de façon récurrente[4], à deux visions politiques des fins de l'histoire.

1. *Idem*, § 473, p. 283.
2. Voir à ce sujet notre article à paraître dans les *Cahiers de l'Herne Nietzsche :* « la langue, l'esprit, les classiques ; Nietzsche et la question de la langue maternelle ».
3. Nietzsche, *Le Gai Savoir*, *op. cit.*, p. 285.
4. Le texte le plus explicite reste cependant le § 377 du *Gai Savoir* qui rassemble dans un même fragment les deux critiques qui se déploient par ailleurs séparément.

La première est celle qui place l'avenir sous le signe des progrès de l'humanité. La seconde le réduit à l'expansion d'une nation et à sa domination sur toutes les autres. Or ces deux fins possibles ne sont pas mises sur le même plan. Mieux, c'est la différence des politiques qui s'en inspirent qui permet de comprendre ce que Nietzsche entend par « grande politique ». Plusieurs éléments méritent d'être notés.

*1)* Si le nationalisme et la haine raciale font l'objet d'une condamnation sans appel, dont la virulence va croissant jusque dans les textes posthumes de l'hiver 88-89, c'est précisément qu'ils s'opposent plus que tout à la « grande politique ». C'est pourquoi Nietzsche leur réserve le nom de « petite politique ». Or cette opposition vient d'abord de ce que le nationalisme cherche toujours à se faire passer pour une grande politique [1]. Ils proposent une vision grandiloquente de l'avenir qui parvient à mobiliser une quantité de forces d'autant plus considérable qu'elle repose sur quelques postulats simplistes. Celle-ci suppose d'abord une vision continuiste du temps, elle repose sur l'illusion d'un temps homogène sans rupture dont le sujet est, à chaque fois, un peuple identique à lui-même (l'identité des Allemands et des Aryens) – un peuple dont seule la force, l'expansion, la domination varient. Elle refuse donc de prendre acte de ce que les peuples ne sont plus les mêmes, de ce que les communautés modernes sont trop mélangées pour que l'idée nationaliste de peuple ou de race ait encore un sens et constitue la clef de l'histoire : « Nous autres sans patrie, nous sommes quant à la race et quant à l'origine, trop nuancés et trop mélangés en tant que « hommes modernes », et par conséquent trop peu tentés de prendre part à cette débauche et à ce mensonge de l'auto-idôlatrie raciale qui aujourd'hui s'exhibe en Allemagne en tant que signe distinctif des vertus allemandes et qui chez le peuple du « sens historien » donne doublement l'impression de la fausseté et de l'inconvenance. » [2] En ce sens, le nationalisme procède toujours d'un ressentiment contre le temps qui lui donne son caractère réactif. Il est, sur le plan de la politique et de l'histoire, ce qui s'oppose le plus à la volonté de puissance et à l'*amor fati*.

*2)* Il n'en va pas de même pour la construction des progrès de l'humanité [3] en fin de l'histoire et de son amour en vertu. Tandis que le

1. Voir à ce sujet le fragment posthume de déc 1888-janv 1889 (25 [6]) : « Je ne connais rien qui s'oppose plus profondément au sens sublime de mon devoir [que] cette abominable exaspération de l'égoisme maladif des peuples et des races, qui prétend de nos jours au nom de grande politique », édition Gallimard, tome XIV, tr. fr. Jean Hémery, Paris, 1977, p. 380.

2. Nietzsche, *Le Gai Savoir*, § 377, *op. cit.*, p. 287.

3. Que l'humanisme et le nationalisme soient présentés comme les deux termes d'une alternative, le § 377 du *Gai Savoir* le donne à entendre sans ambiguité : « Non, nous n'aimons pas l'humanité ; mais, d'autre part, nous sommes bien loin d'être assez "allemands" au sens où le mot "*deutsch*" a cours aujourd'hui, pour nous faire les porte-parole du nationalisme et de la

nationalisme se présente comme une figure réactive et, à ce titre illusoire, de la domination, l'« humanisme » se caractérise, au contraire, par son refus des hiérarchies, son égalitarisme, le retournement de la volonté de puissance contre elle-même. Dans le premier cas, on a affaire au travestissement de la volonté de puissance en haine raciale (au gaspillage de la force dans de stériles conflits nationaux). Dans le second, il s'agit, au contraire, de la haine de cette même volonté de puissance : « la "volonté de puissance" est haïe à ce point dans les époques démocratiques, que toute leur psychologie vise à la rapetisser et à la dénigrer. »[1]

Or ce qu'une telle opposition implique, c'est d'abord un partage de la force différent. Le nationalisme, en effet, doit être compris comme un véritable détournement de la force, gaspillée dans le maintien forcé de la division de l'Europe en une pluralité de petits États[2]. La démocratie, au contraire, se présente comme un amoindrissement, voire un épuisement de la force, dont la décadence puis la disparition de l'État sont les signes programmés. Mais comme la quantité de force est constante, comme il se crée, par nécessité, un équilibre des forces[3], la signification du nationalisme et de la démocratisation de l'Europe n'ont pas le même effet quant à la possibilité pour une grande politique de voir le jour. Tandis que l'épuisement démocratique des forces augmente ses chances, leur mobilisation nationaliste et raciste la freine. Si le nationalisme apparaît comme l'envers de la démocratisation de l'Europe, une résistance vaine à l'égalisation des conditions et au mélange de tous les peuples et de toutes les races, il ne peut que s'opposer à la grande politique. Le nivellement démocratique, son uniformisation constituent au contraire son terrain le plus favorable.

Une telle mise au point permet de dissiper quelques malentendus concernant la « grande politique » nietzschéenne – à l'horizon ou au delà de l'histoire humaine. Elle ne vise pas à la destruction de la démocratie (au

haine raciale, pour nous réjouir de l'infection nationaliste grâce à laquelle à présent les peuples en Europe se barricadent l'un contre l'autre », *op. cit.*, p. 286.

1. Nietzsche, *Fragments posthumes*, début 1888-début janvier 1889, tr. fr. J. C. Hémery, édition Gallimard, tome XIV, Gallimard, 1977, Paris, p. 69.

2. Cette condamnation de la division de l'Europe en une pluralité de petits États apparaît à de nombreuses reprises dans les textes tardifs de Nietzsche. Ainsi dans *Ecce Homo*, où il est dit des Allemands : « ils ont sur la conscience tout ce qui a suivi, tout ce qui existe actuellement, la maladie et la déraison la plus destructrice de culture qui soit, le nationalisme, cette névrose nationale, dont l'Europe est malade, perpétuant la division de l'Europe en petits États, la petite politique de clocher », *Ecce Homo*, édition Gallimard, tome VIII, tr. fr. J. C. Hémery, Paris, 1974, p. 329.

3. Sur cette question de l'équilibre des forces, on consultera avec profit l'analyse que lui consacre M. Haar dans « institution et destitution du politique selon Nietzsche », art. cité.

renversement violent de ses institutions). Elle ne propose pas d'alternative à la démocratie. Elle entend profiter de la maladie de la volonté (qui caractérise l'Europe démocratique) pour faire émerger en son sein une nouvelle forme de domination. L'État démocratique étant voué à une disparition prochaine, il s'agit pour elle d'imposer à la société une hiérarchie qui contribue à l'inversion de toutes les valeurs, qui redonne sens à la terre et à la vie en faisant fi, une fois pour toutes, de ce que Nietzsche appelle « deux millénaires d'absurdités physiologiques »[1]. Les tous derniers textes de Nietzsche datés des premiers jours de janvier 1889 le disent de façon très explicite : « Inversion de [toutes les valeurs], c'est ma formule pour désigner un acte de suprême retour sur soi-même de l'humanité : mon sort est de devoir aller voir au cœur des questions de tous les temps, plus à fond, plus courageusement, plus honnêtement »[2].

Mais si « la grande politique » consiste à favoriser ce retour sur soi-même de l'humanité, il est clair qu'elle ne peut être identifiée à aucune forme existante de politique (anarchisme, impérialisme ou nationalisme)[3]. Bien au contraire, elle est le fait de ceux qui ne regardent pas la politique (toute politique) sans un certain soupçon. Elle exige un retrait préalable, une distance marquée à l'égard de toutes les fins que se donne la politique[4], y compris la conquête du pouvoir[5].

1. Nietzsche, *Fragments posthumes*, début 1888-début janvier 1889, *op. cit.*, p. 378.

2. *Id.*, p. 379.

3. C'est ce qu'a bien mis en évidence Henning Ottmann dans *Philosophie und Politik bei Nietzsche*, De Gruyter, Berlin, New-York, 1987.

4. C'est pourquoi il nous semble difficile de soutenir jusqu'au bout la thèse selon laquelle il faudrait distinguer dans l'œuvre de Nietzsche deux périodes et opposer à la grande politique l'a-politisme des débuts. Si a-politisme veut dire : refus de s'intéresser à la politique au sens classique du terme (la conquête et la conservation du pouvoir), la grande politique n'y met pas fin. C'est, au contraire, sur le fond d'un tel a-politisme, que la pensée d'une autre forme de communauté – et aussi d'une autre histoire – peut se dessiner.

5. C'est ce qu'exprime déjà un très beau fragment de *Humain, trop humain* (§ 438) : « S'il ne s'agit plus désormais, dans toute politique, que de rendre la vie supportable au plus grand nombre, libre à lui, ma foi, de décider aussi de ce que les plus nombreux entendent par vie supportable, et s'ils se croient assez d'intelligence pour trouver également les bons moyens d'atteindre ce but, à quoi servirait-il d'en douter ? » Et un peu plus loin : « Il faut permettre plus que jamais à quelques-uns de s'abstenir de la politique et de rester un peu à l'écart [...] Il faut passer à ces quelques-uns de ne pas prendre tellement au sérieux le bonheur du grand nombre, que l'on entende par là des peuples entiers ou des couches de la population, et de se permettre à l'occasion une coupable moue ironique », *op. cit.*, p. 263-264.

## LA COMMUNAUTÉ DES SOLITUDES

Et pourtant la grande politique ne se comprend pas autrement que comme le besoin d'une nouvelle communauté. Nietzsche le dit déjà, de façon implicite, dans le discours de Zarathoustra intitulé « de la vertu qui donne » : « solitaires d'aujourd'hui qui vivez à l'écart, un jour vous formerez un peuple ; vous qui vous êtes élus vous-mêmes, vous donnerez naissance à un peuple élu (*ein auserwähltes Volk*) ; et de ce peuple naîtra le Surhumain »[1]. Aussi les fausses figures du « nous » que proposent autant la démocratie que le nationalisme ne sont pas le seul écueil à l'avènement du surhumain. La solitude en est un autre, si elle garde la forme de la résignation et du renoncement. Elle est alors le signe d'une opposition et d'une crispation (d'un repli sur soi) qui sont trop éloignés d'un « gai savoir », de la danse et du rire, qui relèvent trop d'un ressentiment contre le temps (ce que le passé et le présent n'ont pas donné) pour s'accorder au surhumain. Ce qui s'oppose au bonheur de la masse, du troupeau, à cet affaiblissement de la force et de la volonté caractéristique de la « populace », des derniers hommes, ce n'est pas la souffrance solitaire d'un sujet incompris et méconnu – c'est une souffrance partagée, c'est l'accord secret des solitudes. C'est même à la seule condition d'être formatrice d'une nouvelle communauté, d'un « nous » inédit que cette souffrance est effectivement créatrice de valeurs.

Que la solitude appartienne à la figure du surhumain, qu'elle soit un moment essentiel du dépassement de l'homme et de la sortie de son histoire est indéniable. Encore faut-il savoir ce qu'on entend par « solitude », faute de quoi on manque le sens de « la grande politique ». La solitude, en effet, ne doit pas être comprise comme un esseulement subi, la souffrance d'un abandon[2], mais bien davantage comme une forme élevée de la volonté de puissance – le désir d'être sans appartenance, de n'être attaché à rien ni à personne, pas même à sa solitude. Un fragment de *Par delà bien et mal* qu'il faut citer un peu longuement le dit avec force : « Ne s'attacher à aucune personne, fût-ce la plus aimée – toute personne est une prison, et aussi un refuge. Ne s'attacher à aucune patrie, fût-elle la plus souffrante et la plus démunie – il est déjà moins difficile de détacher son cœur d'une patrie victorieuse. Ne s'attacher à aucune compassion, s'adressât-elle à des hommes supérieurs dont un hasard nous révéla le rare martyre et

1. *Ainsi parlait Zarathoustra*, *op. cit.*, p. 118.

2. Celle-ci est bien davantage le fait de ceux que l'histoire humaine déchire, auxquels elle laisse à peine de quoi vivre. En ce sens, la solitude de Kleist, Hölderlin ou encore Schopenhauer, telle que l'évoque la troisième des *Considérations inactuelles* n'est pas une solitude surhumaine. Il lui manque toute la force de l'*amor fati*, du « gai savoir » et la volonté de vouloir pour être créatrice de communauté.

l'abandon. Ne s'attacher à aucune science, nous attirât-elle par la promesse des découvertes les plus précieuses, des découvertes qu'elle semble nous réserver. Ne pas s'attacher à son propre détachement, à cette volupté du lointain qui est celle de l'oiseau volant toujours plus haut, pour voir l'espace s'élargir sous elle, – c'est le péril de celui qui vole. Ne pas s'attacher à ses vertus et ne pas sacrifier son être total à une particularité quelconque, par exemple à son goût de « l'hospitalité », péril par excellence des âmes nobles et riches qui sont prodigues et comme insoucieuses d'elles-mêmes et portent jusqu'au vice la vertu de la générosité. »[1]

Mais pour que la solitude soit davantage que l'affranchissement du « goût démocratique »[2], et une simple rupture avec « l'idéologie moderne et ses aspirations grégaires »[3], il faut qu'elle réponde encore à l'appel du « nous » – cet appel qui ne cesse de se faire entendre dans les dernières œuvres de Nietzsche, et jusque dans les pages posthumes de l'hiver 1888-1889. « Nous sommes, écrit Nietzsche dans *Par delà bien et mal*, les amis nés, jurés et jaloux de la solitude, de notre propre et profonde solitude du plein midi et du plein minuit »[4], tandis qu'un des tout derniers fragments déclare : « Un dernier mot. À partir de maintenant, j'aurai besoin de mains secourables – de mains immortelles et innombrables. L'inversion doit paraître en deux langues. »[5] Comment comprendre que la volonté de solitude qui s'affirme à l'horizon de l'histoire ne soit pas incompatible avec l'invocation récurrente d'une communauté en devenir ? Faut-il croire que le « nous » qui se répète dans des expressions aussi significatives que « nous, les aventuriers », « nous, les Argonautes de l'idéal », « nous, les sans patrie » ou encore « nous, les bons Européens » est une simple figure de rhétorique, une façon comme une autre de ne pas dire « je »[6] ? Un tel effacement serait déjà en soi problématique. Mais il y a sans doute encore bien davantage. L'appel du « nous » est la condition même de ce dépassement de l'histoire humaine qui, par delà son épuisement, ouvre la possibilité d'une autre histoire. Il est inscrit dans l'essence même du surhumain comme ce sans quoi cet épuisement n'aurait pas de fin. C'est pourquoi la solitude, à défaut d'être partagée, ne saurait être surhumaine. La souffrance qui participe à l'inversion de toutes les valeurs n'est pas une souffrance solitaire. Elle inclut le rire et la danse comme les signes de son

1. Nietzsche, *Par delà bien et mal*, *op. cit.*, p. 58-59.
2. Nietzsche, *Par delà bien et mal*, § 44, *op. cit.*, p. 60.
3. *Id.*, p. 61.
4. *Id.*, p. 62.
5. *Fragments posthumes*, début 1888-début janvier 1889, 25 [11], *op. cit.*, p. 381.
6. Voir à ce sujet notre article « Les figures du "nous" dans l'œuvre de Nietzsche » à paraître dans le n°11 de la *Revue germanique internationale* : « Nietzsche moraliste, Ars Vitae, le problème de la culture, l'anthropologie ».

caractère commun. Solitude et souffrance ne relèvent pas de l'autocontemplation d'un sujet crispé sur son histoire (celle-ci appartient encore à une histoire très humaine), elles sont adressées, dans l'attente d'un écho [1] dont le fracas soudain signifierait la fin de l'histoire, l'avènement du surhumain. À défaut de son retentissement, de son explosion, il ne reste plus rien, que l'égarement de celui qu'aucune communauté n'attend.

Marc CRÉPON

1. Cette image de l'écho se retrouve dans *Humain, trop humain*, au § 438 ; il s'agit (voir *supra*) de ceux qui ne veulent pas se mêler de politique, au sens classique du terme : « Un moment vient, de temps en temps où ils sortent de leurs solitudes taciturnes et essaient encore une fois la force de leurs poumons : c'est qu'alors, comme gens égarés dans la forêt, ils s'appellent pour se faire reconnaître et s'encourager mutuellement ; ce qui, naturellement, ne va pas sans ébruiter plus d'une chose fort malsonnante pour les oreilles auxquelles elle n'est pas destinée. – Cela dit, le silence ne tarde pas à revenir dans la forêt, un silence tel que l'on y perçoit, aussi nets que jamais, les sifflements, bourdonnements et volettements des insectes innombrables qui y vivent, dedans, dessus et dessous », *op. cit.*, p. 264.

# KOJÈVE, STRAUSS ET LE JUGEMENT DE L'HISTOIRE

*« Rappelons ici la déraison d'un tel savoir... »*

Jacques Lacan, *Scilicet* 1

La résurrection du phénix de « la fin de l'Histoire », opérée par Fukuyama à la suite de la chute du mur de Berlin, a quelque chose de surprenant : pendant les décennies précédentes, en effet, c'est bien souvent contre les conséquences de la « science matérialiste de l'histoire » et contre la prétention communiste à réaliser la fin de l'histoire que se sont tournées les critiques de Marx autant que des systèmes fondés sur le marxisme-léninisme. Concernant Marx, « la grande songerie d'un terme de l'Histoire » ne constituait-elle pas l'un des stigmates les plus visibles de son inscription dans l'évolutionnisme naïf du XIX^e^ siècle : un discours « d'un seul tenant, positiviste et eschatologique » dans lequel l'homme apparaît « comme une vérité à la fois réduite et promise »[1] ? Et la justification téléologique de la terreur d'État, de l'interminable « transition » dictatoriale des régimes communistes n'avait-elle pas été fournie précisément par l'idée d'une fin de l'Histoire vers laquelle il faudrait avancer par tous les moyens, et quel que soit le coût de la marche forcée ?

De fait, si d'autres héritages de Hegel ont pu retrouver une vive actualité dans l'effondrement même d'un certain marxisme, le thème de la fin de l'histoire tel que Kojève a pu le populariser nous apparaîtrait plutôt comme la pointe délirante de cet édifice rationnel, dans l'excès même de son projet de rationalisation de l'effectivité historique – *hubris* spéculative dont Kojève a peut-être livré la formule : « le Réel résiste à l'Action, et non

1. Foucault, *Les Mots et les choses*, Gallimard, 1966, p. 331.

à la Pensée »[1]. Et pourtant, Fukuyama en appelle précisément à Hegel et à Kojève, ou à Hegel-Kojève, pour célébrer dans l'avènement planétaire de la démocratie libérale la – véritable – fin de l'Histoire, et d'abord pour trouver de bonnes raisons aux victoires de la démocratie libérale en cette fin de siècle. Car avec Hegel et Kojève, sinon avec Marx lui-même, il faut penser que les sanctions de l'histoire ont un sens : en l'occurrence, la « sanction » (par l'échec) des régimes communistes montrerait pour Fukuyama que la démocratie répond et correspond mieux que tout autre régime à certaines aspirations humaines fondamentales – et l'échec du soviétisme témoignerait *a posteriori* des limites de l'anthropologie de Marx. Ainsi Fukuyama va-t-il clairement chercher chez « Kojève-Hegel » une anthropologie politique et historique alternative à la conceptualisation marxiste de l'histoire universelle, centrée autour de l'intérêt (de classe) et méconnaissant l'aspiration à la reconnaissance symbolique. Le retour à la source hégélienne est retour à une philosophie qui rend mieux compte, selon Fukuyama, du rôle déterminant que joue dans l'humanité – et dans l'histoire, y compris la plus récente – ce Désir que Kojève n'hésite pas à qualifier d'« anthropogène », le désir de reconnaissance en tant qu'il dépasse tout intérêt « naturel » ou vital. La double exigence, à laquelle Hegel a conférée toute sa portée politique et dialectique, de voir sa dignité de personne *universellement* reconnue mais aussi de pouvoir exprimer librement cette personnalité dans sa *singularité*, constitue l'exigence anthropologique méconnue par le communisme (comme par le fascisme) à laquelle la démocratie libérale a su répondre : en privant les citoyens des droits d'expression, d'opinion et de libre création, les régimes dictatoriaux de droite et de gauche se sont ainsi construits sur des bases intenables. De son côté, la démocratie libérale contiendrait la réponse au désir de reconnaissance, même si sa satisfaction universelle effective n'est qu'en germe dans l'état du monde existant (Fukuyama souligne constamment qu'à l'instar de Kojève, en déclarant la fin de l'histoire advenue, il ne veut pas dire que le monde aurait atteint un état parfait, mais que les *principes* de la démocratie libérale se sont imposés à tel point que ceux qui critiquent aujourd'hui les démocraties libérales en raison des injustices sociales massives qui y règnent *ne proposent pourtant pas de revenir sur ces principes*, c'est-à-dire que les critiques « de gauche » de cet état de fait ne proposent plus – à l'exception d'une minorité résiduelle – d'y répondre par l'instauration d'une dictature). Peu importe ici le degré de fidélité de *La fin de l'histoire et le dernier homme* à l'égard de Kojève, Fukuyama ne se cachant pas d'utiliser assez librement l'interprétation, elle-même « créatrice », de Hegel par Kojève. Reste que l'ouvrage de Fukuyama doit une

1. Alexandre Kojève, *Introduction à la lecture de Hegel*, Gallimard, 1947, p. 433.

part de son intérêt d'avoir su réactiver et prolonger l'une des grandes confrontations intellectuelles et philosophiques du siècle : celle qui opposa Kojève à Leo Strauss. Lorsque Fukuyama double sa première hypothèse, celle d'une satisfaction universelle, de la crainte qu'il ne s'agisse en fait du règne du « dernier homme » nietzschéen, il opère ainsi une reprise directe de cette confrontation, l'objection du « dernier homme » que Strauss adressait à la version kojévienne de la fin de l'Histoire devenant, chez Fukuyama, la plus perspicace critique « de droite » de sa propre version de la Fin. D'autre part, la comparaison centrale à laquelle procède Fukuyama, entre la philosophie de Hobbes et celle de Hegel comme interprétations fondamentales des passions dans l'ordre social et politique, est très exactement la réalisation d'un projet conjoint qu'avaient formé Strauss et Kojève[1]. C'est par cette méditation sur les fondements anthropologiques d'une interprétation juste des affects sociaux dans l'Histoire que Fukuyama parvient à donner quelque crédibilité à sa représentation de la fin de l'Histoire, en réalisant une synthèse entre une pensée politique largement « straussienne » et une pensée historique largement « kojévienne » (la pensée de Fukuyama est une « pensée de synthèse », comme on parle d'image de synthèse). Nous nous intéresserons moins ici à cette synthèse propre et à ses contradictions (étudiées ailleurs, voir l'article de Jocelyn Benoist) qu'au dialogue qu'elle prolonge et dont elle tente de surmonter les impasses, entre Strauss et Kojève, soit entre un penseur du politique contre l'Histoire et un penseur de l'Histoire au-delà de la politique.

Kojève a tenté de prendre au sérieux l'idée que le discours hégélien pouvait constituter la fin de l'Histoire – ou sa préfiguration. De quelque façon qu'on la prenne, cette idée heurte le sens commun : penser (et proclamer), à un moment de l'histoire, la fin de l'Histoire comme « réalisée », n'est-ce pas une absurdité aussi manifeste que de nier le mouvement en marchant ?

Qu'il y ait quelque chose d'un cercle vicieux dans la pensée de la fin de l'Histoire, Kojève l'admet volontiers. Mais là où Strauss verra dans ce cercle le signe même des impasses de la philosophie moderne de l'Histoire, Kojève invite plutôt à « entrer » dans le cercle : la compréhension passe ici par une « initiation » à une logique du concept qu'on ne peut saisir qu'en suivant son mouvement. Pour saisir cette « logique », rappelons les éléments centraux de la dramaturgie kojévienne de l'histoire, en commençant par le « début » qui se mirera dans la « fin ».

1. Voir *La fin de l'Histoire et le dernier homme*, tr. fr. D.-A. Canal, Flammarion, 1992, chapitre 14, en particulier les notes 5 et 6.

« Quand la Nature se transforme-t-elle en *Welt* (monde historique) ? demande Kojève. Quand il y a *Lutte,* c'est-à-dire risque voulu de la mort, apparition de la Négativité, qui se réalise en tant que *Travail.* L'Histoire est l'histoire des luttes sanglantes pour la reconnaissance (guerres, révolutions) et des travaux qui transforment la Nature »[1]. Ces thèses sont bien connues : l'Histoire commence selon Kojève lorsque se manifeste la Négativité humaine, c'est-à-dire la capacité de nier la Nature pour la transformer, et la capacité (la liberté, intrinséquement liée à la Mort) de risquer sa vie pour gagner sa reconnaissance (en tant qu'être supérieur à la Nature) par l'autre (conscience). Le désir de reconnaissance débouche ainsi sur le partage entre ceux qui préfèrent leur existence naturelle à la Mort, et ceux qui préfèrent leur Liberté à leur vie, soit le partage fondateur de l'historicité – entre Esclaves et Maîtres. L'histoire de l'Humanité ne sera que le déploiement de cette Lutte, dont les données se modifient sous l'effet du Travail des esclaves et des révolutions que prépare la maîtrise ainsi acquise, par eux, sur la Nature et sur eux-mêmes (*Bildung*).

La force d'attraction du discours de Kojève dans les années où il interpréta la *Phénoménologie de l'Esprit* vint sans doute, pour beaucoup d'auditeurs[2], de sa capacité non pas à offrir une alternative à l'interprétation marxiste de l'histoire comme lutte de classes, mais à restituer l'anthropologie philosophique dont celle-ci s'était à la fois imprégnée et détachée. La dialectique du maître et de l'esclave pouvait apparaître comme une version « primitive » de la lutte des classes mais au sens d'une primitivité qui est aussi indétermination et profondeur, comme si dans son abstraction même, le rapport maître-esclave avait une plus grande puissance de cristallisation et d'intégration des figures de l'histoire, comme s'il permettait de prendre en charge un fond archaïque ou tragique du politique que le marxisme aurait méconnu – la question existentiellement et politiquement cardinale du « mourir-pour » (la patrie, l'honneur, pour rien). L'idée que l'esclave est celui qui sacrifie sa liberté à la peur de la mort nous renvoie ainsi de Hegel aux sources grecques et latines de la pensée politique[3] et en deçà, à l'axe guerrier des idéologies indo-européennes, tandis que le retournement de la domination préparé par le sourd travail de l'esclave entre en résonance avec la vision marxienne de l'inexorable poussée du prolétariat vers la révolution. À la figure du

1. *Introduction à la lecture de Hegel, op. cit.* p. 55.

2. Voir par exemple la lettre d'octobre-début novembre 1935 de Bataille à Kojève, dans laquelle Bataille se dépeint comme un « apprenti marxiste » heureux de découvrir avec Kojève les « sources spirituelles de Marx » (*Choix de lettres,* Gallimard, 1997).

3. On la trouve explicitement formulée chez Platon, (*République 386 A),* mais c'est sans doute le stoïcisme qui lui a conféré une portée métaphysique, ainsi Sénèque : « la vie, sans le courage de mourir, c'est la servitude ».

travailleur-esclave répond celle du maître-soldat, figures autour desquelles la pensée et la pratique des années 1930 tournoyèrent jusqu'au vertige et qui apparaissent, dans la philosophie de Kojève, essentiellement et dialectiquement liées.

Kojève traduit parfois en équations ce jeu de concepts fondamentaux ; cela donne : « ...Nécessité de la Lutte pour la vie et la mort. Négativité = Mort = Individualité = Liberté = Histoire ; l'homme est : mortel, fini, libre, individu historique.

Tous ces concepts sont liés » (*Introduction à la lecture de Hegel*, p. 52).

La liaison des concepts est trop belle : on la retrouvera à l'autre bout de la chaîne, lorsqu'il s'agira de la défaire. La fin de la Négativité, c'est-à-dire de la Lutte pour la reconnaissance et du Travail sonnera donc la fin de l'Histoire. « L'Histoire s'arrête quand l'Homme n'agit plus dans le sens fort du terme, c'est-à-dire ne nie plus, ne transforme plus le donné naturel et social par une Lutte sanglante et un Travail créateur. Et l'Homme ne le fait plus quand le Réel lui donne pleinement satisfaction... » (*ibid.*, p. 467). Le problème de la fin de l'Histoire consiste essentiellement à savoir si quelque chose comme une *satisfaction* humaine universelle est pensable[1] ; mais sachant que pour Kojève, la pensée authentique ne peut que *recueillir* ce qui a déjà été réalisé par l'Histoire, la possibilité de *penser* une telle satisfaction implique que celle-ci soit d'ores et déjà *« réalisée »*. Or une telle satisfaction a été pensée – et comprise comme fin de l'histoire par Hegel. Et Hegel aurait vu que sa pensabilité impliquait la réalisation de l'État rationnel : celle-ci correspondait à la stabilisation et à l'expansion napoléonienne de l'ordre issu de la Révolution française, c'est-à-dire d'une certaine émancipation des « esclaves » devenus maîtres et dépassant ainsi dans l'État démocratique l'ancienne reconnaissance inégalitaire des citoyens. Kojève place la barre plus haut : la réalisation de la fin de l'Histoire implique celle de l'État universel et homogène.

L'État *universel* met fin aux guerres entre nations-États, et l'État *homogène* met fin aux luttes (sociales, inter-individuelles) pour la reconnaissance, sources des révolutions. « En réalisant pleinement l'Individualité, l'État universel et homogène achève l'Histoire, puisque l'Homme satisfait en et par cet État ne sera pas tenté de le nier et de créer ainsi quelque chose de nouveau à sa place » (*ibid.*, p. 508). Mais on s'approche ici du cercle : comment être sûr qu'un État qui parviendrait même à donner

1. Éric Weil a souligné la place centrale de la notion de satisfaction (*Befriedigung*) dans la pensée de Hegel : « c'est [la satisfaction] qui constitue le ressort dernier de l'Histoire humaine : elle assigne à cette histoire son terme qui sera atteint quand chaque individu sera *reconnu* comme valeur absolue par tout autre individu et par tous les individus ». *Hegel et l'État*, Vrin, 1950, p. 59.

satisfaction aux désirs moteurs de l'histoire, et en particulier à ce Désir « anthropogène » de reconnaissance, n'engendrera pas « un nouveau Désir [...] et qu'il ne sera pas nié un jour par une Action négatrice ou créatrice (*Tat*) autre que celle du Travail et de la Lutte ? On ne peut l'affirmer qu'en supposant que le Désir de reconnaissance épuise toutes les possibilités humaines » souligne Kojève (*ibid.*, p. 468). Or cette affirmation même suppose l'Histoire terminée, de façon à permettre (au philosophe) de statuer sur toutes les possibilités humaines, et de valider ainsi le choix du Désir de reconnaissance, de la Lutte et du Travail comme éléments constitutifs de l'historicité. Le cours de l'Histoire pourra alors légitimement être réduit à leur jeu. Mais ainsi, la fin de l'histoire est la condition de possibilité (ou d'impossibilité) de la philosophie de l'histoire. D'où le cercle vicieux : « ...la vérité absolue ne pourrait être atteinte qu'à la fin de l'Histoire. Mais c'est précisément cette fin de l'Histoire qu'il s'agissait de déterminer » (*id.*) Ce cercle (évoqué déjà par Koyré[1]) ne signale-t-il pas alors de lui-même l'échec de l'entreprise, l'impossibilité de cette détermination : la « fin » n'est pas atteinte, puisque la vérité n'est pas (encore) toute manifeste ? Mais c'est la tâche de la pensée que de la rendre manifeste ! Et Hegel a reconnu dans cette circularité la forme même de manifestation de la vérité-dans-l'historicité : c'est précisément, selon Kojève, en comprenant le caractère nécessairement, inévitablement circulaire de toute philosophie de l'histoire que Hegel a réalisé la première vraie philosophie de l'histoire, consciente de ses présupposés. La possibilité de conférer un sens d'ensemble à l'Histoire suppose en effet que celle-ci soit « révolue » : le discours du sens doit manifester cette clôture, fermer le cercle. Épuisant toutes les possibilités, récapitulant toutes les actualisations, le *logos* de Hegel ne peut que « tourner en rond », écrit Kojève (*Introduction...*, p. 469), mais il atteste ainsi qu'il ne cherche plus à

1. Kojève avait suivi les cours de Koyré sur Hegel avant de le remplacer à l'École Pratique des Hautes Études en situant son enseignement dans le prolongement de celui de son prédécesseur, « en suivant la méthode d'interprétation de M. Koyré et en [se] basant sur les idées directrices de son Cours » (*Introduction...*, Résumé du cours 1933-1934, *op. cit.*, p. 57). Koyré écrit donc dans son article "Hegel à Iéna", paru en 1934 dans la *Revue d'Histoire et de Philosophie Religieuses* : « ...le caractère dialectique du temps rend seul possible la philosophie de l'histoire ; mais en même temps le caractère temporel de la dialectique la rend impossible. Car la philosophie de l'histoire, qu'on le veuille ou non, en est un arrêt. [...] La synthèse est imprévisible ; on ne peut la construire ; on ne peut que l'analyser. La philosophie de l'histoire – et par là même la philosophie hégélienne, le "système" – ne seraient possibles que si l'histoire était terminée [...]. Il est possible que Hegel l'ait cru. Il se peut même qu'il ait cru que c'était là non seulement la condition essentielle du système [...] mais aussi que cette condition essentielle était *déjà* réalisée, que l'histoire était effectivement achevée, et que c'est pour cela justement qu'il pouvait – qu'il avait pu – l'accomplir » ("Hegel à Iéna", in *Études de l'histoire de la pensée philosophique*, Gallimard, coll. Tel, p. 189).

nier le réel qui s'est objectivé : il ne fait que le décrire *parce qu'il en est satisfait*. La pensée de Hegel se sait et se dit satisfaite, dans sa clôture, par ce qui est, opérant ainsi la conciliation du réel et du rationnel dans la pensée, manifestant par sa circularité la réconciliation de la pensée et du réel objectivé.

Mais que vaut la satisfaction d'un philosophe ? L'Histoire est finie pour celui qui la comprend et se satisfait de la penser au passé. Mais ici, le sujet de la « satisfaction » n'est pas l'humanité *qui fait l'histoire*. C'est « seulement » le Sage qui la pense. Cette fin n'est-elle donc pas fin seulement pour lui, fin en parole et en pensée ? Elle ne l'est pas dans la mesure où l'État moderne a réalisé la reconnaissance politique de chacun, et offert ainsi à chacun « satisfaction ». Mais cette reconnaissance a été dénoncée comme « formelle » par Marx, et demeurait manifestement « insatisfaisante » pour des milliards d'hommes.

Kojève effectue donc une fusion et un déplacement.

Si l'on substitue à l'horizon de la satisfaction du *philosophe*-devenant-sage (par une compréhension de l'histoire qui le libère du désir de nier le monde et lui ouvre l'accès à la satisfaction spéculative) la satisfaction de l'*humanité* libérée (pratiquement) de la lutte et du travail, on obtient en effet la version marxienne de la fin de l'Histoire. L'histoire tout entière étant histoire de la lutte des classes, l'avènement de la société sans classes marque la fin de l'histoire. Fin de la Lutte, fin du Travail aliéné, fin de l'Histoire : passage de l'ère de la Nécessité au royaume de la Liberté. Kojève ne rappelle qu'incidemment, dans une note, cette reprise marxienne du thème de la fin de l'histoire (p. 435), mais sa propre reprise du thème, même présentée comme simple interprétation de Hegel, est à l'évidence profondément marquée non seulement par Marx (d'ailleurs placé en exergue de l'introduction générale, p. 9) mais par la façon dont la pensée de la fin de l'histoire s'est ainsi trouvée inscrite ou jetée dans l'histoire réelle[1]. Cependant, la reprise marxienne du thème de la fin de l'histoire échappait au cercle vicieux en projetant l'autolibération de l'humanité dans un *avenir* qui vaudrait confirmation de la théorie : la « satisfaction » est pour demain, dans l'avènement de la société sans classes. Marx parle d'ailleurs de cet avènement comme du « début de l'histoire » proprement dite, de l'histoire *humaine*, après une pré-histoire dominée par le rapport entre l'Homme et la Nature ; mais tout cela importe peu à Kojève, qui n'attend pas, comme un

1. C'est cette « prise » effective de la philosophie sur l'histoire qui fait que l'énoncé de Kojève peut à la rigueur échapper à l'outrecuidance totale qu'on est bien tenté de lui attribuer (celle de l'interprète qui se sacralise en sacralisant le texte qu'il interprète) : « car il se peut qu'effectivement l'avenir du monde, et donc le sens du présent et la signification du passé, dépendent en dernière analyse de la façon dont on interprète aujourd'hui les écrits hégéliens » (in *Critique*, 1946, n°2-3, p. 366).

communiste orthodoxe, la réalisation « future » de la fin de l'Histoire une fois atteint le « stade » du communisme : la fin de l'Histoire n'est pas à venir, elle est réalisée. Dans une lettre à Leo Strauss du 1er juillet 1957, Kojève reproche à son correspondant de parler de la modernité sans citer Hegel et Marx et écrit : « ...qu'en est-il d'un certain Hegel, qui a parlé d'un état *final* et d'un savoir *absolu,* et qu'en est-il des dénommés Marx, etc., qui l'ont réalisé ? »[1] Marx, etc., ont *réalisé la fin de l'histoire !* Marx aurait sûrement été le premier surpris de l'apprendre, tout comme les militants communistes qui luttaient naïvement pour l'avènement futur de la société sans classes ! Il est vrai que Kojève considéra un temps la fin de l'histoire réalisée non seulement par l'État stalinien, mais aussi par les États-Unis « fordiens », – ce qui a de quoi dérouter tout militant, de quelque obédience qu'il soit.

Admettons cependant la valeur cardinale des concepts élémentaires avancés par Kojève : si l'Histoire est essentiellement Lutte (pour la reconnaissance) et Travail, cela a-t-il quelque sens d'imaginer que l'humanité puisse un jour abandonner cette Lutte et ce Travail, soit les deux dimensions de sa négativité par rapport au donné social et au donné naturel ?

Dans son échange avec Kojève, Leo Strauss a pointé l'aporie. La fin de l'Histoire, nous dit Kojève, est fin de la Lutte et fin du Travail : « cette fin de l'Histoire serait des plus réjouissantes, note Strauss, n'était le fait que, selon Kojève, c'est la participation de l'homme aux luttes sanglantes et au travail effectif ou, en termes plus généraux, à la négativité qui élève l'homme au-dessus des brutes »[2]. En s'accomplissant, l'Histoire perd son moteur, son inquiétude, mais comment la vie ne perdrait-elle pas du même coup sa saveur, son intérêt ? La fin de l'Histoire, en tant que fin de la négativité, ne sera-t-elle pas retour à l'animalité ?

La pensée de la fin de l'Histoire apparaît ainsi à Strauss comme l'illustration parfaite des absurdités auxquelles conduit la métaphysique moderne de l'histoire.

L'une de ces absurdités centrales, aux yeux de l'auteur de *Droit naturel et histoire,* tient à la valorisation extrême de l'agir (du travail, de la praxis) et à la négation simultanée du sens de l'agir qui découle de la volonté de donner un sens objectif à l'Histoire. Strauss dresse la généalogie de cette absurdité : sous l'effet de l'orientation nouvelle de la science et de la

1. Lettre de Kojève à Strauss du 1er juillet 1957, in Leo Strauss, *De la tyrannie*, suivi de *Correspondance avec Alexandre Kojève* (1932-1965), tr. fr. H. Kern, A. Enegrèn et M. de Launay, Gallimard, 1997, p. 342.

2. Leo Strauss, « Mise au point », *De la tyrannie, op. cit.*, p. 244.

métaphysique modernes vers la pratique, s'est opéré un renversement de la valeur (subordonnée) classiquement reconnue à la pratique par rapport à la contemplation. Un nouveau type de théorie apparut alors « ayant pour thème suprême l'activité humaine et ce qu'elle engendre, écrit Strauss [...] La métaphysique devint philosophie de l'histoire. La philosophie de l'histoire était essentiellement théorie, c'est-à-dire contemplation de la pratique des hommes et nécessairement, par suite, de la pratique humaine totale et révolue : elle présupposait que l'action humaine privilégiée, l'Histoire, était révolue. »[1] Or d'une part, cette présupposition se paye d'un prix exorbitant, que tous les penseurs rebelles à l'hégélianisme (et certains hégéliens de gauche) n'ont cessé par la suite de dénoncer : la perte d'un avenir ouvert, significatif, indéterminé, c'est-à-dire au fond *la négation même du sens de la praxis*. La philosophie qui fait de la praxis l'essence de l'homme finit ainsi par en ruiner le sens : cette contradiction éclate dans la vision de la fin de l'Histoire que propose Kojève (mais aussi bien dans celle de Marx). Mais d'autre part, et plus gravement encore aux yeux de Strauss, la pensée moderne, en troquant la métaphysique contre la philosophie de l'Histoire, a renoncé à la tâche – sa tâche propre – consistant à fournir les critères du vrai et du juste, pour se rendre – comme on capitule – aux jugements de l'Histoire.

Strauss voit ainsi dans la pensée de Kojève un concentré des difficultés, portées à leur comble par Hegel et Marx, de toute la pensée moderne en tant que celle-ci croit trouver dans l'Histoire le lieu d'effectuation d'une vérité qui doit en avoir été préalablement tirée : l'aveu kojévien de la circularité de la philosophie de l'Histoire n'est rien d'autre que l'aveu d'absurdité de la pensée moderne.

L'un des intérêts de la confrontation entre Strauss et Kojève est ainsi de porter au jour, et à leur point d'extrême tension, deux attitudes possibles – et typiques – du philosophe moderne face à l'Histoire : la tentation de s'en protéger pour préserver l'autonomie de la raison philosophique, et la tentation d'y lire l'effectuation même de ce que la philosophie ne peut que « penser ».

Il est clair que Strauss et Kojève n'ont pas la même vision du sérieux (ni du tragique) historique, et au fond, la question la plus sérieuse que l'on peut se poser à propos de la thématisation kojévienne de la fin de l'Histoire est bien de savoir s'il s'agit d'un thème sérieux[2].

1. Leo Strauss, *Droit naturel et histoire,* tr. fr. M. Nathan et E. de Dampierre, 1954, Plon (ici rééd. Champs-Flammarion, p. 276-277)

2. Lorsque Fukuyama note que, selon Kojève, les sociétés actuelles d'Europe et d'Amérique du Nord satisfont complètement l'aspiration humaine à la reconnaissance, il

Kojève ne recule pas devant certains conséquences étranges de son interprétation de l'Histoire : si le désir, comme désir de transformation par la lutte et le travail, est « anthropogène », la fin de l'Histoire comme état de la « satisfaction » complète signifie bien la mort de l'Homme. Mais la mort de l'Homme n'est pas pour lui une échéance particulièrement redoutable. L'humanité post-historique sera sans doute « post-humaine » par rapport à notre acception de « l'humanité », mais Kojève semble toujours ajouter : et alors ? Notre idée de l'humanité a les mêmes limites que notre idée de l'historicité. À force de lier l'une à l'autre, l'Occident moderne qui veut préserver son idée de « l'humanité » devient incapable d'envisager la fin de l'Histoire, c'est-à-dire, pour Kojève, de prendre au sérieux le processus dans lequel il (s') est engagé. Prendre l'Histoire au sérieux, c'est admettre que, comme toute chose sérieuse, comme la vie d'un homme qui se sait bornée par la mort, comme la vie qui prend en vue sa fin, le processus historique doit avoir une fin. Ce qui n'a pas de fin n'a pas de sens et relève du *jeu.*

Cependant, prendre l'histoire au sérieux de cette manière n'est pas la prendre au tragique : l'Histoire n'est pas une tragédie parce qu'elle n'est pas « jouée » ou parce qu'aucun « acteur » ne connaît la fin[1]. L'histoire a une fin mais elle n'est sérieuse que parce que cette fin n'est pas connue ni

précise : « cette affirmation était faite avec le plus grand sérieux ; elle mérite donc d'être considérée avec sérieux » (*Magazine littéraire*, n°293, p. 38) Ainsi écarte-t-il un doute qui apparaît pourtant dans *La Fin de l'histoire et le dernier homme* quant à l'intention et au sens véritable de la démarche intellectuelle de Kojève, rendue opaque, note-t-il, par les « divers voiles d'ironie de [son] œuvre » (*La fin de l'histoire et le dernier homme,* Flammarion, p. 92). De fait, on serait bien tenté de sonder du côté de quelque contemporain russe de Kojevnikoff dôté d'un solide sens de l'ironie et de l'absurde, comme Boulgakov, pour être sûr de goûter le sel de certaines pages de l'*Introduction à la lecture de Hegel* sur les États-Unis présentés comme le lieu où le « stade final du "communisme" marxiste » s'est d'ores et déjà accompli (en 1948), ou sur le Japon qui nous démontre par le fait l'existence de sociétés post-historiques et pourtant non-animales : le snobisme sauve de l'animalité (cf. p. 436-437). Jacques Derrida, évoquant cette « longue et célèbre footnote » dans laquelle Kojève évoque ses voyages et ses réinterprétations correspondantes de la fin de l'Histoire, parle d'une « désinvolture profonde, loufoque et pataphysicienne dont [Kojève] a certes le génie mais dont il faut lui laisser la responsabilité » (*Spectres de Marx,* Galilée, 1993, p. 120). Mais Derrida trébuche ensuite sur « l'ironie » et « la responsabilité » de Kojève : l'affirmation de ce dernier selon laquelle, dans les États-Unis d'après-guerre, « tous les membres d'une société sans classe peuvent [...] s'approprier dès maintenant ce que bon leur semble, sans pour autant travailler plus que le cœur ne leur en dit » est-elle « cynique » ou simplement « insolente » (*ibid.*, p. 130) ?

1. « C'est uniquement à cause de la finitude essentielle de l'Homme et de l'Histoire, écrit Kojève, que celle-ci est autre chose qu'une tragédie, sinon une comédie, jouée par des acteurs humains pour le divertissement des dieux, qui en sont les auteurs, qui en connaissent donc l'issue, et qui par conséquent ne peuvent pas la prendre au sérieux, comme tous les acteurs eux-mêmes, s'ils savent qu'ils jouent un rôle qu'on leur a donné ». *Introduction..., op. cit.*, p. 522.

écrite d'avance, qu'elle peut être « manquée ». Mais précisément, Kojève ne nous livre-t-il pas la fin du récit ? Assurément, et c'est peut-être pourquoi ses jugements sur l'actualité peuvent nous paraître tellement peu « sérieux », tellement ironiques, comme si toute l'histoire *actuelle* n'était qu'une comédie vaine : l'Histoire « sérieuse », celle dont on ne connaissait pas le sens ultime, est déjà jouée. Dès lors, deux guerres mondiales sont une péripétie dont le sens n'a été que de pousser l'Europe à se moderniser un peu plus vite, l'évolution chaotique du monde sous-développé est un chemin tortueux vers le modèle occidental qui le libérera du besoin naturel, etc. Bref, la « suite » de l'histoire peut être pensée sur le modèle – suivant une forte expression, radicalement ethnocentrique, de Kojève reprise par Fukuyama – de *l'alignement des provinces.*

L'essentiel est que le « centre » soit d'ores et déjà constitué : l'État moderne développé (et le monde entier à sa suite) est voué à l'égalisation des conditions ainsi qu'à un dépassement du Travail « nécessaire » (à la survie) favorisé par la domination de la Nature et l'automatisation ; il s'achemine donc irréversiblement, à plus ou moins long terme et par diverses voies, vers l'homogénéité sociale. (Que l'on pense cette égalisation dans les termes de Tocqueville ou dans ceux de Marx, que celle-ci passe par la collectivisation ou par la hausse générale du niveau de vie importe peu à Kojève : choisir un camp, n'est-ce pas tomber dans les ornières de la conscience finie qui veut « faire » l'Histoire ? Il s'agit à l'inverse de comprendre l'Histoire comme finie, ce qui implique un retrait de la prétention d'y agir, une nécessaire *distance* de la conscience spéculative vis-à-vis de l'objet historique qu'elle doit se borner à décrire).

Que « fera »-t-on alors, après la fin du Travail, de la Politique, de la Lutte, etc ? Kojève s'est amusé à peindre différents tableaux de la post-humanité[1], comme autant d'impressions de voyage. Parfaite désinvolture – un séjour au Japon lui donne une nouvelle vision de la fin de l'Histoire : tout compte fait, celle-ci ne sera pas forcément retour à une animalité rationalisée par une machine étatique mondiale « fordo-stalinienne », comme le suggérait la puissance bicéphale, américaine et soviétique, qui dominait la plantète avant- et après-guerre[2]. La variante japonaise nous

1. Voir par exemple la note de l'*Introduction à la lecture de Hegel, op. cit.*, p. 435, ou la lettre à Leo Strauss de 19 septembre 1950 : « ...Au sein de l'État final, il n'y aura naturellement plus d'"hommes", au sens d'hommes *historiques* qui est le nôtre. Les automates "sains" sont satisfaits (sport, arts, érotisme, etc.), et ceux qui sont malades sont incarcérés... » (*op. cit.*, p. 300).

2. En 1945, Kojève rédige ainsi une « esquisse de doctrine de la politique française » qui marque sa distance vis-à-vis des deux grandes puissances censées précédemment réaliser la fin de l'Histoire, au profit d'un pôle européen ou d'un « Empire latin » : « rien ne prouve que le libéralisme à base de grands trusts et de chômage massif cher au bloc anglo-saxon et

montre une autre option : le snobisme *de masse*. L'ère n'est plus à la transformation nécessaire de la Nature ni à la Lutte pour la reconnaissance : le snobisme, c'est la transformation inutile de la Nature, le goût pur de l'artifice et le luxe du sacrifice de sa vie « pour rien ». La fin de l'histoire, c'est désormais le sepuku, la cérémonie du thé et le concours du plus beau bouquet. L'avenir n'est plus à l'européisation, mais à la japonisation universelle.

Il est évident que pour Strauss, aucune de ces versions de la fin n'est plaisante, et son insatisfaction pose problème, dans la mesure où ces représentations de la fin de l'Histoire tablent toutes sur une conformité automatique des conduites humaines. Or, estime Strauss, à supposer que les choses se passent comme le décrit Kojève, « il y aura toujours des hommes (*andres*) qui se révolteront contre un État qui détruit l'humanité ou dans lequel il n'y a plus possibilité de nobles actions ou de grands exploits »[1]. Il y aura toujours des individus pour se révolter contre le « meilleur des mondes » : même si la révolution cesse d'être l'expression d'une aspiration à la reconnaissance sociale, elle pourra ressurgir comme « révolution nihiliste », comme expression d'une volonté qui n'aurait d'autre but que de manifester sa singularité et de nier un réel trop « parfait ». Mais l'État homogène-universel ne peut « sérieusement » être tenu pour « parfait ».

En effet, il y aurait bien des « raisons », à lire Kojève, de ne pas être satisfait de cet état final : le premier motif d'insatisfaction est l'existence, admise par Kojève, de « degrés » dans la satisfaction, et d'une plus grande satisfaction du chef de l'État, dont Kojève écrit qu'il est, lui, « *réellement* satisfait » et « vraiment libre ». Or, demande Strauss qui en appelle à la seule autorité revendiquée par Kojève, « Hegel n'a-t-il pas dit qu'un État dans lequel un seul homme est libre est l'État despotique ? L'État universel et homogène n'est-il donc simplement qu'un despotisme oriental planétaire ? » (*ibid.* p. 243). Depuis quand le despotisme produit-il la satisfaction ? Comment les hommes – qui, dans la philosophie de l'Histoire de Kojève-lisant-Hegel, se savent égaux depuis « l'humani-

l'"étatisme" niveleur et quelque peu barbare de l'Union soviétique épuisent toutes les possibilités d'organisation économique et sociale rationnelles » (cité par Dominique Auffret, *Alexandre Kojève. La philosophie, l'État et la fin de l'Histoire*, Grasset, 1990, p. 286)

1. Leo Strauss, « Mise au point », *De la tyrannie, op. cit.*, p. 245. Pourquoi « *andres* » ? Le modèle d'humanité de Strauss est classique, grec, et le mot grec s'explique d'autant plus facilement ici que le dialogue Strauss-Kojève tourne autour d'un texte grec (*Hiéron* de Xénophon). Mais *aner* n'est pas *anthropos* : l'homme qui se révolte contre l'État universel n'est pas générique, pour Strauss, il est masculin, viril, c'est le guerrier qui refuse de vivre sans possibilité de « nobles actions et de grands exploits ».

sation » réalisation du christianisme par la Révolution française – se satisfairaient-ils du fait qu'un seul d'entre eux soit « réellement satisfait », « vraiment libre » ? La « désirabilité » de l'État homogène universel décrit par Kojève est bien plus discutable que celle de la société humaine projetée par Marx après le dépérissement de l'État, car loin de représenter la fin de la domination, l'État universel kojévien a bien les traits d'une tyrannie planétaire.

À cet égard, on peut se poser la question : si la satisfaction universelle est bien réalisée à la fin de l'Histoire, pourquoi l'État, structure de contrainte, devrait-il continuer d'exister ?[1] pourquoi Kojève n'a-t-il pas suivi Marx dans sa conclusion d'un dépérissement de l'État logiquement attaché à la réalisation de la société « homogène », au dépassement de la conflictualité ? Si l'État homogène-universel est une représentation inspirée par Marx, Kojève a-t-il ainsi compris ce qui serait la *« vérité »* du projet marxien d'émancipation, réalisé et pérennisé comme dictature d'État, ou bien a-t-il légitimé la *trahison* totalitaire de l'espérance communiste ?[2] En fait, Kojève s'écarte ici très consciemment de Marx pour former sa propre synthèse hégélienne : l'État est l'incarnation de la rationalité, il peut s'universaliser mais non disparaître en tant que garant de l'unité et de l'homogénéité réalisée. Mais il ne s'écarte pas moins nettement de Hegel en envisageant la fin de l'Histoire comme dépassement de l'État national ou même impérial au profit de l'État mondial. Comme le note Dominique Auffret, « l'expérience de la guerre de 1939-45 est pour Kojève l'occasion d'une analyse de l'anachronisme, en situation d'impasse, de l'histoire politique allemande dont la dernière version était l'hitlérisme. Le national-socialisme n'avait pas compris en effet que, depuis Napoléon [...] le national ne serait plus jamais la base effective de l'État. Dans ces temps de barbarie, en 1943, Kojève construit le Système du droit du citoyen de l'État universel et homogène, État mondial absolument paci-

1. Leo Strauss, *ibid.*, p. 246-247.

2. Le rapport, éminemment ambigu, de Kojève à l'égard du marxisme et du stalinisme, ne permet par vraiment d'en décider : si, d'après Aron, Kojève aimait à se dire « stalinien de stricte obédience », on peut se demander quel sens a l'utime note de son *Introduction à la lecture de Hegel,* dans laquelle Kojève relève que Marx a négligé le thème de la mort – et « c'est pourquoi, note Kojève, il [Marx] ne voit pas (et encore moins certains "marxistes") que la Révolution est non pas seulement en fait, mais encore essentiellement et nécessairement – sanglante (thème hégélien de la terreur) » (Introduction, *op. cit.*, p. 575 note). Cette remarque vaut-elle légitimation de la terreur ? ou constitue-t-elle une manière d'inviter les marxistes à affronter avec lucidité et sans faux-fuyants les conséquences politiques sanglantes mais incontournables de leur pensée ?

fique »[1], là où Hegel affirmait la nécessité de la guerre pour la vie des États, incarnations toujours plurielles et particulières de l'universel.

Le Système du Droit et l'idée de l'État universel apparaissent ainsi comme le fruit d'une réflexion sur la faillite d'un projet impérial-national, vaincu par les puissances libérales et communistes-internationalistes. Mais n'est-ce que l'échec historique de l'hitlérisme qui doit le « condamner » à nos yeux ? C'est ici le problème, crucial aux yeux de Strauss, du « jugement » politique du philosophe, du rapport entre philosophie et tyrannie et de la valeur de l'histoire en tant qu'épreuve de vérité politique qui se trouve posé.

L'un des axes majeurs de la critique straussienne de la pensée moderne consiste en effet à montrer que celle-ci, en érigeant le succès historique en norme du jugement politique, a sacrifié sur l'autel de l'Histoire la vocation de la philosophie à déterminer par elle-même les critères du juste, du vrai et du bien.

En défendant la liberté du jugement politique du philosophe dans son universalité normative supra-historique, Strauss entend sauvegarder à la fois la possibilité de la philosophie et la possibilité de la liberté politique comme liberté (de) critique : telle est la leçon des anciens et encore l'héritage de Spinoza, figure-limite des débuts de la modernité en tant qu'il maintient l'idée d'une éternité du vrai, que Strauss n'a jamais cessé de méditer[2]. La réflexion sur les Anciens mais aussi sur les débuts du libéralisme fonctionne ainsi comme critique de (et comme protection contre) la dérive historiciste et relativiste de la science politique et des sciences sociales, devenues incapables de prononcer un jugement libre (fondé sur des principes universels) sur un événement ou un régime politique.

Le relativisme et l'historicisme, déploiements de la dynamique moderne qui a consacré l'histoire comme instance de « vérité », ont montré leurs effets politiques désastreux en sapant la possibilité d'une critique principielle de la tyrannie et en invitant les philosophes à s'en remettre au jugement de l'Histoire, dont on postule la rationalité immanente. Il y a là un vice profond de la science politique moderne, que l'expérience du XX$^{e}$ siècle a illustré jusqu'à l'horreur : « lorsque nous nous sommes trouvés en face de la tyrannie, – et d'une tyrannie qui dépassait en tout ce que les plus puissants penseurs d'autrefois avaient pu imaginer de plus hardi – notre

1. Dominique Auffret, *Alexandre Kojève. La philosophie, l'État et la fin de l'Histoire*, *op. cit.*, p. 20.

2. Voir Leo Strauss, *Le testament de Spinoza*, textes traduits et annotés par G. Almaleh, A. Baraquin, M. Depadt-Ejchenbaum, Cerf, 1991.

science politique ne sut pas la reconnaître », écrit Strauss en Introduction à *De la tyrannie*. Prendre la mesure de cet échec implique de remonter à ce tournant qui vit l'avènement d'un véritable esprit de soumission de la philosophie à l'égard de l'Histoire.

Une fois de plus, Kojève apparaît comme une illustration parfaite, presque caricaturale, des vices de la pensée moderne. En écrivant que « c'est l'histoire elle-même qui se charge de "juger" (par la "réussite" ou par le "succès") les actes hommes d'État ou des tyrans » (« Tyrannie et sagesse », p. 199) ou en jugeant déraisonnable la condamnation « "pour des raisons de principe" de *la* Tyrannie, puisqu'une "tyrannie" ne peut être "condamnée" ou "justifiée" que dans le cadre d'une situation politique concrète » (p. 198), Kojève assume un historicisme dont les effets politiques risquent bien, en effet, d'être désastreux : le cynisme historiciste finit par applaudir avec constance le vainqueur, ou *les* vainqueurs successifs, et par refuser toute résistance aux « verdicts » – pourtant par essence provisoires – de l'Histoire ... L'historicisme, philosophie de la capitulation.

De fait, Kojève ne partage pas le sentiment que le silence de la philosophie moderne sur la tyrannie soit une telle lacune « ... Il me semble, écrit-il, que le philosophe est particulièrement mal placé pour critiquer la tyrannie en tant que telle. [...] On s'imagine mal un philosophe devenu lui-même (par impossible) homme d'État autrement que sous la forme d'un "tyran" quelconque. [...] Méprisant la "grande masse", indifférent à ses louanges, il ne voudra pas jouer patiemment le rôle d'un dirigeant "démocratique" attentif aux opinions et aux désirs des "foules" et des "militants". D'ailleurs, comment pourrait-il réaliser *rapidement* ses projets de réforme, nécessairement radicaux et opposés aux idées communément admises, sans avoir recours aux procédés politiques qui ont toujours été taxés de "tyrannie" ? » (p. 184).

La justification de la tyrannie par la philosophie trouve donc en Kojève un représentant de plus. L'argumentation s'inspire tantôt de Platon (le philosophe n'a pas le temps de discutailler et de convaincre la foule, s'il veut transformer radicalement la Cité), tantôt de Hegel : elle consiste alors à rappeler que l'histoire avance par le mauvais côté, et que ces avancées, quoi qu'elles aient pu coûter, importent plus que les pleurs de la conscience morale. L'avancée historique vers l'État homogène a été le fait de tyrans (Alexandre, Napoléon) sans lesquels les idées des philosophes ne seraient restées que chimères : l'universalisation concrète est opérée par l'empire et le sabre, non par la philosophie. La réalisation en cours de l'État homogène est un processus historique que le philosophe doit d'autant plus penser qu'il réalise le concept philosophique de l'État, l'idée rationnelle de la satisfaction.

La question de l'inégale « satisfaction » des gouvernants et des gouvernés fait ici retour : peut-on admettre que la réalisation de l'État parfait (c'est-à-dire de l'État supposé tel par les gouvernants) passe par le mépris opposé aux désirs et aux opinions de la « foule » ? Cette répression peut bien se fonder en raison ou se présenter comme nécessaire à la réalisation du bien du peuple, elle n'en est pas moins contraire à la visée de « satisfaction » universelle annoncée ; certes, la « justification » moderne de la dictature rationnelle présente celle-ci comme une simple transition[1], mais les milliers, parfois les millions de victimes des pratiques dictatoriales ou de la terreur d'État ne connaîtront, quant à elles, que le prix de la transition. N'est-ce pas précisément le bruit de ces « plaintes » qu'une certaine philosophie de l'Histoire a pour fonction de couvrir ?[2]

Il est significatif que la résurrection du thème de la fin de l'Histoire par Fukuyama se soit vue opposer une protestation de ce type : sacrer la démocratie libérale comme forme finale de l'évolution politique de l'humanité, n'est-ce pas (se) rendre sourd aux plaintes qui s'élèvent des plaies du monde, plus nombreuses et plus profondes que jamais ?[3] Protestation éminemment, infiniment légitime, mais tout aussi éminemment « décalée », car dégager le fil d'une histoire universelle, c'est accepter d'emblée de faire violence à toutes les souffrances singulières, toutes les « pertes sèches » que ne rachètera aucune téléologie historique. Mais précisément : pourquoi faudrait-il l'accepter ?

La réponse de Kojève à cette question était strictement hégélienne : parce que « penser ce qui est, telle est la tâche », la seule tâche digne de la pensée philosophique en tant que celle-ci doit passer outre les limitations des points de vue partiels, toujours « souffrants » puisque finis, affectés par

1. Sur la répression des volontés du peuple et la légitimation paradoxale de cette *transitio* tyrannique par l'invocation même de la « raison du peuple », voir Remo Bodéi, *Géométrie des passions*, tr. fr. M. Rabiola, Puf, « Pratiques théoriques », 1997.

2. À la dernière page de l'*Introduction à la lecture de Hegel*, avant la note évoquée plus haut sur le caractère nécessairement sanglant de la révolution dénié par « certains marxistes », Kojève cite ce texte de Hegel : « ...il fait nuit tout autour : ici surgit alors brusquement une tête ensanglantée – là, une autre forme blanche ; et elles disparaissent tout aussi brusquement. C'est cette nuit qu'on aperçoit lorsqu'on regarde un homme dans les yeux... » Dans un article où il écrit que la question posée à tout philosophe depuis cent-cinquante ans est : *comment ne plus être du tout hégélien ?*, Foucault évoque l'extraordinaire « aptitude à rendre raison des massacres » de certaines philosophies modernes, et conclut en évoquant « ces fuyards, ces victimes, ces dissidents toujours redressés – bref, ces "têtes ensanglantées" et autres formes blanches que Hegel voulait effacer de la nuit du monde » (*Dits et Écrits*, T. III, texte n°204, p. 281).

3. Voir le « tableau noir » dressé par Jacques Derrida, *Spectres de Marx*, chapitre 3.

leur Mort prochaine et par les morts qui les entourent. En un sens, c'est même par piété véritable à l'égard de toutes ces morts qu'il faut leur donner sens dans ce – seul – dépassement de la mort qu'est l'Histoire, seul horizon de sens qu'il nous reste, après la reconnaissance de la mort de Dieu ou de son identité avec l'Homme (*Introduction...*, *op. cit.*, p. 256-266, 390-395...). Mais cette piété doit être lucidité : la philosophie de l'Histoire ne console pas, elle « montre », elle n'apporte pas de « bonne nouvelle » (un abîme sépare le néo-évangélisme de Fukuyama du style de Kojève, sur ce point) : « le Cercle du Temps ne peut être parcouru qu'une seule fois ; l'Histoire s'achève, mais ne recommence pas ; l'Homme meurt et ne ressuscite pas... » [1]

On approche alors de l'ultime ligne de fracture entre Kojève et Strauss : la seule éternité à laquelle la pensée humaine puisse prétendre, pour Kojève, est celle de la cyclicité du savoir absolu, de la Science de l'Histoire. « ...Si le Cercle historique n'est parcouru qu'une fois, le cercle de la Science est un *cycle* qui se répète éternellement » (*ibid.*, p. 393). Mais cette éternité n'est pas le contraire du temps, elle est le temps lui-même tel qu'il s'est révélé comme concept, elle est la totalisation du temps humain. « ...On peut assimiler l'Histoire (achevée et intégrée dans et par le Savoir discursif "absolu") à l'éternité, en entendant par ce mot la *totalité du temps* (historique, c'est-à-dire humain [...]) qui ne peut être dépassée [...] par l'Homme en tant que tel » [2]. Loin d'être un recours contre l'historicité de la pensée, l'éternité n'est donc que sa forme ultime, celle que le concept a atteint une fois toutes ses formes temporelles parcourues et épuisées. Le Temps est la vérité de l'éternité, de même que l'Esprit hégélien, interprété par Kojève comme la manifestation historique de l'Homme, comme « esprit fini ou mortel », est la vérité de l'Esprit chrétien immortel et infini (*Introduction...*, p. 573). Cette lecture « finitiste » s'autorise de Heidegger, qui a ouvert la voie, selon Kojève, à l'authentique compréhension de Hegel : une compréhension athée, selon laquelle « l'Être lui-même est essentiellement temporel [...] et se crée, en tant que révélé discursivement, au cours de l'histoire (ou en tant qu'histoire...) » (« Tyrannie... », p. 169).

Le hégélianisme tel que l'interprète Kojève représente ainsi l'achèvement conséquent de l'athéisme, qui ne consiste pas en l'abolition théorique de l'au-delà (matérialisme) mais en son *effectuation historique et pratique* : la *sécularisation* des idéaux chrétiens est appelée par la compréhension de la religion comme aliénation de l'essence de l'homme. L'exigence d'une *réalisation* de l'égalité proclamée idéalement par le

1. Alexandre Kojève, *Introduction...*, p. 392.
2. Alexandre Kojève, « Tyrannie et sagesse », *op. cit.*, p. 169.

christianisme devient incontournable dès lors que l'Histoire constitue le seul horizon effectif de satisfaction pour l'humanité, (une fois la religion niée en tant qu'auto-aliénation de l'humanité). L'État universel et homogène est la « réalité effective du royaume des cieux », disait Hegel, c'est-à-dire – commente Kojève – qu'« il est ici-bas, comme l'État antique ; mais c'est dans l'ici-bas que se réalise l'*au-delà* (chrétien) » [1].

Ainsi, dans le mouvement de laïcisation des fins eschatologiques, la fin de l'histoire a pris valeur de mythe mobilisateur, de *focus imaginarius* favorisant le refus du *statu quo* et du partage inégal de la « satisfaction ».

Certes, on peut s'interroger et s'inquiéter avec Strauss des effets et des usages cyniques des mythes de la fin : « la perspective d'une société sans classes » est ainsi décrite par Strauss comme « l'illusion qui a donné au prolétariat le pouvoir et le courage de renverser le système capitaliste, alors qu'en fait le prolétariat se retrouve ensuite asservi, non plus par le capital certes, mais par une bureaucratie militaire bardée de fer » [2]. Cependant, ce ne sont pas seulement les retournements historiques des perspectives émancipatrices en instruments de manipulation et d'oppression que condamne Strauss : c'est le projet même d'une réduction massive de l'inégalité qu'il dépeint comme montée vers l'indifférenciation et le nivellement, vers l'avènement du « dernier homme ». Le « retour » qu'il préconise [3] à la tradition « prémoderne », à la Bible et la philosophie grecque, a bien alors quelque chose d'une « réaction » à la dynamique égalitaire qu'ont favorisée les diverses formes de pensées politiques progressistes depuis trois siècles.

Il n'était sûrement pas injustifié, en ce siècle, de tenter de réhabiliter la modération de l'art politique (et de la prudence antique) contre une tendance fortement prononcée des intellectuels-politiques à n'accorder de valeur qu'aux extrêmes et à tenir toute invocation de principes éthiques universels pour de la « niaiserie » pure et simple. Mais cette réhabilitation d'une vertu antique perd de sa portée dès lors que c'est la politique moderne dans son ensemble qui est condamnée en tant qu'elle cherche à agir sur l'Histoire ! Car que peut se proposer la philosophe qui critique la philosophie politique moderne, sinon d'agir à son tour sur – contre –

1. Alexandre Kojève, Lettre à Leo Strauss du 2 novembre 1936, in *De la tyrannie*, *op. cit.*, p. 272.

2. Leo Strauss, « Relativisme », *La renaissance du rationalisme politique classique*, tr. fr. de P. Guglielmina, Gallimard, p. 70.

3. Cf. par exemple « Progrès ou retour ? » in *La renaissance du rationalisme politique classique, op. cit.*, p. 324 : « La crise de la modernité [...] conduit à penser que nous devrions opérer un retour. Mais un retour à quoi ? Très clairement à la civilisation occidentale dans son intégrité prémoderne, aux principes de la civilisation occidentale ».

l'histoire moderne ? Comme l'a relevé Luc Ferry[1], Strauss entend préserver le jugement politique de sa dissolution historiciste, mais il se prive d'articuler ce jugement en action dans l'histoire, et s'en remet conséquemment à la chance, au heureux hasard, pour opérer l'établissement du bon ordre politique : c'est dire qu'il confie à son tour à l'Histoire le soin de réaliser l'idée du philosophe, et qu'il ne critique une philosophie activiste de l'histoire qu'au profit d'une philosophie négative de l'histoire : celle-ci est conçue d'une part comme règne du hasard, de l'immaîtrisable, et d'autre part – depuis le tournant moderne – comme déclin (dont on peut dégager des phases ou des « vagues » successives). De cette manière, tout en voyant en Heidegger l'incarnation ultime de l'historicisme et de l'aveuglement face à la tyrannie, Strauss suit pourtant celui-ci dans sa conceptualisation de la modernité comme *Verfall* et volonté effrénée de maîtrise à laquelle il s'agira finalement d'opposer « l'attente », le retrait, la prière, le retour « à la racine la plus profonde de l'Occident ». « Seul Heidegger a pressenti la dimension du problème d'une société mondiale », affirme Strauss[2]. Heidegger est ici l'anti-Kojève, le philosophe qui voit dans l'expansion planétaire de la rationalité-au-service-de-la-volonté non la promesse de la satisfaction, mais l'extension du « désert ». Seul Heidegger a su pressentir dans le projet même d'une « société mondiale » un programme de domination qui a fini par dominer jusqu'à ceux qui croient le mettre en œuvre, et seul il a su lui opposer une compréhension plus authentique de l'être comme ce qui se dérobe, comme mystère. Mais comment concilier cette affirmation de Strauss avec celle qui clôt la « Mise au point » de *De la tyrannie,* à propos de « ceux qui manquaient de courage pour affronter les conséquences de la tyrannie, qui, par conséquent [...] étaient contraints de fuir les conséquences de l'Être, précisément parce qu'ils ne faisaient rien d'autre que parler de l'Être » ?[3] Heidegger a-t-il pu être « historialement » lucide et politiquement aveugle ? La réponse de Strauss à cette question renvoie à son ambivalence vis-à-vis de la démocratie ... et de Heidegger – Heidegger est l'antidote contre le conformisme et le nivellement de la démocratie de masse, mais Heidegger a épousé la pire tyrannie pour y répondre. Mais plus profondément, cette ambivalence traduit la difficulté qu'a Strauss à concilier son adhésion au libéralisme et son hostilité à l'égard de l'époque qui l'a produit[4].

1. Voir Luc Ferry, *Philosophie politique, I,* Puf, 1984, Première section.

2. Leo Strauss, *La renaissance du rationalisme politique classique*, ch. 3, Une introduction à l'existentialisme de Heidegger, *op. cit.*, p. 95.

3. Leo Strauss, « Mise au point », *op. cit.*, p. 250.

4. « J'ai peur qu'il faille réaliser un grand effort pour trouver une base solide à un libéralisme rationnel. Seul un grand penseur pourrait soutenir notre engagement intellectuel.

Il est significatif que dans le procès théorique de l'époque moderne, Strauss ne sache pas jusqu'où il convient de remonter – à l'instar de Heidegger, qui loge le tournant fatal toujours plus haut, de Descartes à l'origine même de la métaphysique – : jusqu'aux débuts de la modernité politique, c'est-à-dire jusqu'à l'athéisme de Hobbes et à son « hédonisme terre-à-terre » annonciateur de la médiocrité de la « société mondiale » en voie de construction, contre lequel il faudrait réactiver l'idée grecque de la philosophie comme quête du juste ? ou jusqu'aux sources mêmes du rationalisme et de la science, c'est-à-dire jusqu'à la philosophie grecque, contre laquelle il faudrait réactiver la conscience biblique de l'historicité et du mystère ? Mais si la volonté de retrouver « l'intégrité » de l'Occident est chaque fois déçue, par les « racines » mêmes qu'elle déterre, n'est-ce pas que cette intégrité n'est qu'un mythe ?

L'un des effets de la science moderne, note Strauss, fut en effet de briser l'idée d'un ordre de la Nature hiérarchiquement déterminé qui pût jouer le rôle de modèle pour l'ordre social, comme c'était le cas chez les Anciens. Le caractère décisif de la pensée de Hobbes vient de ce que celui-ci a tiré les conclusions radicales et immédiates qui s'imposaient de cet effondrement : l'égalité est d'institution, l'ordre de convention, les hiérarchies d'artifice – chacun étant égal devant le risque de la mort que peut lui infliger autrui. « La mort, écrit Strauss, avait remplacé le télos » des philosophes antiques : le but de la politique n'est plus tant de déterminer le « bien (vivre) » que de protéger le vivant humain du risque de la mort, de le « conserver ». C'est ainsi que fut prolongé le mouvement, initié sans méthode par Machiavel, de mise hors circuit de toute transcendance de l'ordre politique. L'anthropologie du libéralisme, dont Hobbes livre la clé, est une anthropologie où l'autoconservation prime tout, et où la source des valeurs « nobles » – le courage, la dignité – se trouve ainsi tarie : à terme, nul ne voudra prendre le risque (irrationnel s'il n'y a rien au-delà) de la mort.

La comparaison des anthropologies de Hobbes et de Hegel trouve ici ses enjeux politiques. On l'a rappelé : c'est parce qu'il refuse de voir dans l'anthropologie égoïste de Hobbes la vérité de la démocratie libérale que Fukuyama, pourtant bien « straussien » par certains aspects, fait appel à Kojève et à Hegel comme représentants d'une anthropologie plus conforme à la vérité et aux tensions du libéralisme[1] ; celui-ci accorde une

La difficulté majeure tient à ce que seul Heidegger est le grand penseur de notre époque », écrit ainsi Strauss dans *La renaissance…*, *op. cit.*, p. 79.

1. Voir *La fin de l'histoire et le dernier homme,* « En guise d'introduction », chapitres 13, 14, 19…

place centrale au désir de reconnaissance, à une logique de l'honneur qui n'a pas disparu avec la société bourgeoise pour laisser place au seul règne du « froid paiement comptant », comme le croira Marx. Le pessimisme de Strauss sur la civilisation bourgeoise rejoint ici curieusement celui de Marx – même si celui-ci n'a fait, aux yeux de Strauss, qu'aggraver la réduction de l'humain à ses intérêts temporels et matériels. Ce qui est en effet ultimement visé par Strauss, c'est le matérialisme sous-jacent à la pensée démocratique moderne, et son incapacité supposée à faire exister un horizon de valeurs « supérieures ».

Ainsi Strauss souligne-t-il le lien entre la démocratie moderne et l'athéisme : avec Hobbes, l'athéisme qui, jusqu'alors, s'était conçu comme une « sagesse » philosophique inaccessible au grand nombre (la foule a besoin des dieux), devint *politiquement entreprenant.* C'est un seul et même geste qu'effectue Hobbes lorsqu'il égalise les conditions par le risque de la mort et lorsqu'il fait de cette crainte le fondement de la vie sociale, au point de ne plus décrire le courage et le sens du sacrifice comme des vertus. Le matérialisme philosophique fonde ainsi une politique ordonnée autour de la conservation de la vie de l'individu, valeur suprême – mais d'où vient cette valeur, si cette vie n'est plus capable de se risquer pour des motifs non-égoïstes ? Le libéralisme hobbien, fondé sur un athéisme et un matérialisme radical, conduit ainsi nécessairement, pour Strauss, dans les parages du nihilisme, du « dernier homme » qui survit sans croire en rien : Hobbes ne compare-t-il pas la vie humaine à une course sans but où seul importe le fait d'être *devant* d'autres coureurs ?

Cette course est absurde, et l'horizon même d'une satisfaction universelle est non seulement illusoire mais néfaste. Strauss s'appuie sur l'aveu de Kojève selon lequel, même dans l'État universel-homogène, la majorité des hommes restent seulement « satisfaits en puissance » (p. 146 *Introduction...*) ; ne vaudrait-il donc pas mieux admettre franchement qu'il est « impossible que tous les êtres humains soient jamais réellement satisfaits », et en revenir à la sagesse des Anciens, qui le savaient bien, et que « l'idée d'un achèvement de l'Histoire, et donc d'un sens de l'Histoire, n'effleura même pas », pour cette raison même ? (« Mise au point », p. 246-247). La détermination du meilleur régime ou de l'ordre dans lequel les hommes devraient vivre n'en était pas interdite pour autant, mais les Anciens en jugeaient la réalisation improbable, soumise au hasard des « circonstances favorables ». Les modernes, à partir de Machiavel, rompent avec cette conception d'un idéal élevé et irréalisable en cherchant dans le réel des garanties pour la réalisation d'un idéal abaissé, et en cherchant à contrôler le hasard (*De la tyrannie*, note p. 376). Pente fatale, selon Strauss, mais la solution classique est-elle « satisfaisante » ? Elle consiste plutôt à accepter l'insatisfaction pour ici-bas ou à réserver la satisfaction à quelques-uns. Or l'idée de la fin de l'Histoire a fait plus qu'effleurer les modernes, précisément parce que la « satisfaction » de – et dans – l'au-delà leur devenait … improbable. Et que préconise Strauss contre ce mouvement « inexorable » de la modernité vers le nihilisme ? un « retour » à une philosophie politique classique dont les référents sont irréversiblement détruits. L'Histoire perturbe ainsi, à tous égards, la quiétude d'une pensée qui ne cache pas sa nostalgie des Académies, du cénacle, de l'enseignement d'élite [1], bref d'un Âge d'Or dont elle omet les conditions historiques et qui n'existe guère que dans le contraste polémique avec les traits vulgaires de la démocratie de masse. Refusant de souscrire à la perspective égalitaire qu'il voit à l'œuvre dans la modernité, Strauss assume ainsi une posture « inactuelle » et élitaire, celle d'une opposition philosophique à la démocratie, d'une « vigilance » qui se voudrait socratique.

À l'inverse, Kojève interprète-t-il les processus historiques fondamentaux des derniers siècles en soulignant ce qu'ils ont d'irréductible à un simple « déclin » des transcendances ou à une pure destruction des normes universelles : la sécularisation de l'exigence de salut individuel en volonté de reconnaissance, la dynamique de l'égalité comme « actualisation » de la proclamation chrétienne, la centralité du travail et de la lutte dans une histoire politique qui devient histoire des travailleurs, et qu'il n'est plus possible de réduire aux rapports du prince, du philosophe et d'un « peuple » qui s'agiterait au fond de la scène… Autant de processus auxquels la philosophie ne peut dénier toute légitimité sans trahir sa portée universaliste, son horizon tacite. La question est cependant de savoir si la philosophie peut reconnaître dans le présent l'accomplissement de ces processus, sans tomber elle-même dans une forme de mystification. La démocratie a-t-elle besoin de se soutenir de l'idée qu'elle constitue la forme finale de l'Histoire universelle ? Et le philosophe favorable à la démocratie, en constituant le présent en terme de l'histoire, ne nuit-il pas à la démocratie en tant que forme fondamentalement inaccomplie, toujours en tension avec ses propres promesses ? En voulant se réconcilier pleinement avec la réalité politique de son temps, la philosophie trahirait sa vocation et sa fonction critique originaire – ce qui n'est sans doute pas un service à rendre à une démocratie ainsi absolutisée et privée du contre-pouvoir d'une pensée *étrangère à elle*.

1. « L'éducation libérale est la tentative indispensable pour fonder une aristocratie à l'intérieur de la société démocratique de masse » (*Le libéralisme ancien et moderne*, tr. fr., PUF, 1990, p. 25).

Méditant ce désamour fécond entre philosophie et politique, Strauss note que la philosophie se distingue de la sagesse en tant qu'elle doit (se) communiquer et « abandonner le cercle fermé et plein de charmes des "initiés" », et ajoute : « [Le philosophe] doit sortir sur la place du marché ; le conflit avec les politiques ne peut être évité, et ce conflit par lui-même [...] est une action politique » [1].

Ce conflit fondateur, qui renvoie au problème de l'action politique du philosophe, est discuté par les philosophes depuis deux mille ans. Le problème est toujours ouvert, et le différend majeur entre Kojève et Strauss vient de ce que Kojève veut que *l'histoire lui ait apporté une solution* [2], tandis que Strauss entend bien *le maintenir ouvert*, et par là perpétuer au moins cette forme d'action politique du philosophe qu'est son conflit inévitable avec le pouvoir comme lieu de production de « la vérité ».

Kojève admet certes que la discussion *philosophique* n'a pas résolu le problème de l'action des philosophes (son échange avec Strauss en est l'illustration), mais il fait l'hypothèse que l'Histoire a pu résoudre ce que les individus (philosophes) n'ont pas résolu, sans même que ceux-ci en aient conscience : « ce qui n'a pas été résolu par la dialectique de la discussion peut fort bien être résolu par la dialectique plus haute de l'histoire », dit Strauss résumant l'argument de l'adversaire (p. 242). Auquel cas la discussion philosophique se poursuivrait dans le vide, l'affaire étant – historiquement – entendue.

Toute la pensée de Strauss est évidemment dirigée contre l'idée que l'histoire pourrait trancher ce que la discussion n'a pas tranché. Prendre ce dernier parti reviendrait, pour un philosophe, à prendre le parti du politique contre le philosophe, contre soi. Kojève assume là encore cette conséquence douloureuse, l'autodestruction de la philosophie à la fin de l'Histoire. (Ainsi peut s'interpréter sa propre « carrière », qui le conduit à laisser derrière soi la philosophie au profit d'une action politique ou technocratique de haut fonctionnaire international).

L'un des motifs politiques pour lesquels, selon Strauss, il faut lutter de toutes ses forces contre l'État universel est aussi que cet État, dans sa version hégélo-marxo-kojévienne, se prétend philosophiquement fondé et croit incarner la résolution de tous les conflits historiques – ce qui entraînera nécessairement chez lui une volonté d'en finir avec la discussion philosophico-politique, avec la pluralité des philosophies et des philosophes. Et la raison « personnelle » qui rend, cette fois, ce combat vital pour le philosophe (et la philosophie) est que s'il le perd, il perdra la possibilité qu'il restait toujours, au cours de l'histoire passée, aux philo-

1. Leo Strauss, « Mise au point », *op. cit.*, p. 226.
2. Alexandre Kojève, « Tyrannie et sagesse », *op. cit.*, 187.

sophes menacés : celle de *l'exil.* L'État universel fermerait toute échappatoire, en pensée et en acte.

Or le dialogue Strauss -Kojève est un dialogue d'exilés. C'est d'avoir pu échapper respectivement à l'empire nazi et à l'empire soviétique qui a permis aux deux philosophes de le nouer. La possibilité de la discussion sur la fin de l'histoire et l'État universel a donc été la non-réalisation de « l'État universel », de la planétarisation de ces empires. Mais Kojève a vécu la terreur soviétique comme révélation (positive) du néant de son individualité ; quant au national-socialisme, en tant que nationalisme, il a renforcé chez lui la foi en la nécessaire construction d'un État universel, là où, en tant qu'impéralisme relativiste (raciste), il a confirmé Strauss dans sa méfiance envers toute prétention à la domination planétaire ainsi que dans sa hantise des effets du relativisme. Pour être libre, il faut pouvoir s'échapper, dans le temps (contre le relativisme qui aplatit la pensée sur l'époque, sur le *Zeitgeist*), mais aussi dans l'espace ; et peut-être est-ce là une tâche éminente de la philosophie, contre l'avènement de tout État universel et contre toute « fin de l'histoire » : *ménager la possibilité de l'exil.*

Jean-Claude MONOD

# HISTORICITÉ, PHILOSOPHIE ET THÉOLOGIE DE L'HISTOIRE CHEZ HEIDEGGER

Il peut sembler légitime, quand on s'interroge sur l'ontologie de l'histoire de se tourner vers Heidegger, pourtant le résultat d'une telle enquête paraît plutôt décevant, car l'œuvre est en réalité assez pauvre en déterminations et même en questionnement de *l'historique*, par où l'on peut entendre aussi bien la recherche historienne – l'historiographie –, que l'objet même qu'elle étudie et qu'elle contribue à constituer. En un autre sens pourtant, avec Heidegger, c'est bien le cas de parler d'ontologie de l'histoire, conformément au mouvement général de *Sein und Zeit* qui consiste à reconduire la possibilité de l'historicité à l'ontologie fondamentale, à la caractérisation et au mode d'être de l'être-là, selon le passage obligé de la temporalité – appréhendée comme temporalité de l'être-là et contredistinguée du temps cosmique aristotélicien – à l'historicité.

Anticipons cependant sur deux difficultés obvies qui nous retiendront plus loin : Comment engager concrètement une réflexion sur l'historique en partant du « solipsisme existential », de l'authenticité, d'un décisionisme qui renvoie toujours à une résolution propre et mienne ? L'historicité peut-elle être renconduite sans plus à la temporalité, dès lors que celle-ci trouve son unique et véritable ancrage dans la mortalité, dans l'être-pour-la-mort, interprété comme dimension ouvrante de la possibilité, de l'a-venir, de la futurition ? Et alors que cette même mortalité est aussi ce qui signe l'individuation de l'être-là, son esseulement, sa solitude taciturne. Autrement demandé : Dans quelle mesure l'historicité n'implique-t-elle pas toujours essentiellement une pluralité, une « communauté », sinon un « destin » ? Une tension non résolue pourrait ainsi traverser l'ouvrage magistral de 1927 : L'historicité y est en effet à la fois dimension constitutive de l'existence humaine finie et en même temps ce qui ne peut se déployer à la mesure d'un destin ou mieux d'un co-destin, d'un destin commun (*Geschick* vs. *Schicksal*), que dans le cadre de la communauté du « nous ».

Mais qui nous ? Qui sommes-nous ? Voilà qui devient après *Sein und Zeit* la question rémanente dont on trouve l'expression sans doute la plus dramatique dans le cours publié par Victor Farias à partir des notes (partielles) d'Helene Weiß: *Logik*, été 1934[1]. C'est aussi la question centrale du premiers cours consacré à Hölderlin, durant le semestre suivant, le commentaire des Hymnes, *Le Rhin, Germanie*[2]. Ici tout se passe comme si les difficultés ou les apories de la thématisation de l'histoire et de l'historicité dans *Sein und Zeit* avaient conduit Heidegger à élaborer une philosophie de l'histoire, affine, par bien des traits, aux philosophies de l'histoire de l'après-Kant (Hegel, Schelling, Hölderlin), à ceci près qu'elle s'achève en théologie de l'histoire axée sur la survenue ou l'avent d'un dieu lui-même à-venir, l'énigmatique dernier dieu.

Comment donc envisager, à partir de Heidegger, la question située sur l'autre versant de ce séminaire, à savoir la relance de l'interrogation sur la fin de l'histoire, au double sens du terme en français : *Ende der Geschichte, Zweck, Ziel der Geschichte* ? C'est le point sur lequel nous reviendrons dans la dernière partie de cette étude.

On trouve bien chez le premier Heidegger, et encore dans *Sein und Zeit*, le témoignage d'un débat soutenu avec les sciences historiques, l'herméneutique et la philosophie de la vie ; tous ces aspects convergeant autour du nom de Dilthey, même s'il faut noter aussitôt que ce premier débat sera ensuite assez régulièrement passé sous silence par le Heidegger des années 1930. Le terme même d'historicité (*Geschichtlichkeit*)[3], dont la présence est frappante de 1919 à 1929 (au moins), est à lui seul un premier indice significatif. Revenons rapidement sur les circonstances et les attendus de ce débat avec Dilthey, et par là aussi avec la phénoménologie husserlienne. De même que dans les premiers cours de Heidegger, jusqu'en 1923 (*Ontologie, Hermeneutik der Faktizität*)[4], on peut considérer que le « prénom » de l'être-là (*Dasein*) est la vie, de même considérera-t-on que le prénom de

1. *Lógica. Lecciones de M. Heidegger (semestre verano 1934) en el legado de Helene Weiss*, Anthropos, Centro de Publicaciones del MEC, Madrid, 1991, en particulier p. 6 *sq.* Au moment où nous corrigeons les épreuves de cette contribution, on annonce la parution, dans le cadre de la *Gesamtausgabe*, à titre de volume 38, édité par G. Seubold : *Über Logik als Frage nach der Wahrheit*.

2. Ga., 39, p. 49 *sq.* ; tr. fr. F. Fédier – L. Hervier, Paris, Gallimard, 1988, p. 56 *sq.*

3. Sur l'histoire du terme, cf. Leonhard von Renthe-Fink, *Geschichtlichkeit. Ihr terminologischer und begrifflicher Ursprung bei Hegel, Haym, Dilthey und Yorck*, Göttingen, 1968.

4. Ga., 63, Klostermann, Francfort, 1988.

l'historicité (*Geschichtlichkeit*), c'est la facticité. Ces deux termes (historicité, facticité) nous reconduisent en tout cas dans l'horizon de Dilthey, bien avant le § 77 de *Sein und Zeit*, consacré à l'examen de la correspondance entre Dilthey et le comte Yorck von Wartenburg[1]. Heidegger avait déjà en effet tenté de prendre position par rapport à l'entreprise de Dilthey, dans le cadre d'une série de conférences prononcées à Cassel en 1925[2]. Il faut s'arrêter un moment sur ces conférences de Cassel, contemporaines de la Conférence de Marbourg sur *Le concept de temps*[3]. Leur question directrice porte déjà sur « le sens de l'être historique », mais la position de Heidegger vis-à-vis de Dilthey y ressort beaucoup plus clairement que dans *Sein und Zeit*. En effet, le fameux paragraphe 77 – qui reprend, comme on le sait aujourd'hui, des éléments pour un compte rendu que Heidegger devait rédiger de la Correspondance : Dilthey – Yorck von Wartenburg –, est composé comme un centon de citations dans lequel c'est Yorck von Wartenburg qui tient le beau rôle, sans que Heidegger ne parvienne à dégager clairement le projet de Dilthey, malgré l'ouverture du § : « L'étude que nous venons de consacrer au problème de l'histoire dans ses divers aspects a tiré le plus grand profit du travail de Dilthey », et sa conclusion : « L'analytique temporelle existentiale préparatoire de l'être-là est résolue à se pénétrer de l'esprit du comte Yorck von Wartenburg pour se mettre au service de l'œuvre de Dilthey ». La figure et l'œuvre de Dilthey, rappelons-le en passant, sont par ailleurs importantes, compte tenu du débat dans lequel s'était engagé avec lui Husserl en 1911, dans le fameux article de la revue *Logos* : *La philosophie comme science rigoureuse*. Au centre de ce débat, figurait en effet la critique, par Husserl, de l'historicisme (et du relativisme), représentés à ses yeux par Dilthey et sa conception de la philosophie comme *Weltanschauung*.

Quand Husserl citait Dilthey en 1911, c'était pour attaquer en réalité l'idée même de conscience historique :

> ...Au regard qui embrasse la terre et tout le passé, il n'y a plus de validité absolue d'une quelconque forme particulière de conception de la vie, qu'elle soit religion ou philosophie. C'est ainsi que l'élaboration de la conscience historique, plus que le constat général du conflit opposant les

1. Cf. *Sein und Zeit*, § 77. Le volume de correspondance était paru en 1923.

2. Longtemps passées sous silence, ces Conférences ont été publiées par Frithjof Rodi, dans le *Dilthey -Jahbuch*, t. VIII, sous le titre : « Wilhelm Diltheys Forschungsarbeit und der gegenwäruige Kampf um eine historische Weltanschatung ». Cf. aussi dans le *Dilthey-Jahrbuch* t. IV (1986-1987), l'article de Rodi, « Die Bedeutung Diltheys für die Konzeption von Sein und Zeit », repris in *Erkenntnis des Erkannten*, Suhrkamp, 1990.

3. *Der Begriff der Zeit,* Niemeyer, Tübingen, 1989 ; tr. fr. Michel Haar et Marc B. de Launay, Cahier de l'Herne, *Heidegger,* Paris, 1983, p. 27-37.

> systèmes, ruine plus radicalement la croyance en la validité universelle d'une quelconque de ces philosophies qui ont entrepris de traduire le monde, de manière coercitive, en un réseau de concepts ...[1]

Dans les Conférences de Cassel, Heidegger n'entend pas défendre Dilthey contre les accusations husserliennes de scepticisme ou d'historicisme relativiste, car si le « travail de recherche » (*Forschungsarbeit*) – c'est un élément du titre des Conférences – de Dilthey doit être salué, c'est principalement contre les néokantiens et contre les mésinterprétations des disciples de l'École de Bade (Rickert, Windelband). Mais, par delà cette polémique mineure, Heidegger s'efforce surtout de pénétrer jusqu'au noyau central du projet fondamental de Dilthey, le cas échéant en déplorant le flou ou l'ambiguïté de certaines formulations, voire même en critiquant l'auto-compréhension, sinon erronée, du moins insuffisamment radicale de Dilthey lui-même. On retrouve ici, déjà bien rodé, le geste heideggérien « classique » de la reprise radicalisante.

> Si nous considérons comme recherche le travail auquel Dilthey a consacré sa vie, il nous faut alors poser la question critique de savoir jusqu'où Dilthey a réussi à s'avancer, où et en quoi il a échoué. Il nous faut répéter sa question et le faire en prenant appui sur une recherche qui nous fournit les moyens appropriés pour aller plus loin que Dilthey – à savoir la *phénoménologie*.[2]

Mais ce qui peut justifier un bref examen de ces Conférences, c'est que s'y trouve bien documenté le mouvement qui conduit déjà de la problématique de la vie facticielle à la question de l'historicité, entendue comme « historicité » de l'être-là, elle-même reconduite à son tour à la temporalité « finie », « mortelle » de l'être-homme. Dans les Conférences de Cassel, Heidegger revient en effet sur la question de la « Weltanschauung », déjà abordée dans le premier cours de Fribourg en 1919[3], et il se range maintenant clairement au nombre de ceux qui, avec Dilthey, mènent le

1. *La philosophie comme science rigoureuse*, tr. fr. de Launay, p. 63, Paris, Puf, 1989. Le débat sera prolongé, comme on sait, dans une correspondance tout à fait importante. On en trouve les principaux documents dans l'ouvrage collectif édité par Frithjof Rudi et Hans-Ulrich Lessing, *Materialien zur Philosophie Wilhelm Diltheys,* Suhrkamp, 1984. Voir maintenant Husserl, *Briefwechsel*, éd. Karl Schuhmann, Kluwer, Dordrecht, 1994, Bd. VI, p. 43-53. Jean-Claude Gens a donné une excellente traduction française des lettres consécutives à la publication de l'article dans la revue *Logos*, in *Philosophie*, n° 46, 1995, p. 3-12.

2. *Op. cit.*, p. 158 : *Wenn wir nun die Lebensarbeit Diltheys als Forschung ansehen, so müssen wir die kritische Frage stellen, fragen, wieweit Dilthey gekommen ist, wo und worin er versagt. Wir müssen seine Frage wiederholen und tun das auf dem Boden einer Forschung, die uns hierfür Mittel an die Hand gibt, die geeignet sind, uns gegenüber der Position Dilthey weiterzubringen* – der Phänomenologie.

3. Ga., 56/57, *Zur Bestimmung der Philosophie*.

combat en faveur d'une « historische Weltanschaung » : *der gegenwärtige Kampf um eine historische Weltanschauung* – « La lutte présentement ouverte en faveur d'une vision historique du monde » –, tel est l'autre élément du titre des Conférences [1]. Cette vision du monde historique trouve son fondement, selon Heidegger, dans le caractère foncièrement historique (*geschichtlich*) de l'être-là humain. Pour qu'une telle vision-du-monde puisse s'élaborer, il importe d'abord que l'histoire elle-même (*Geschichte*), comme « réalité-effective propre (ou spécifique) » ait « fait son entrée dans la conscience humaine » [2]. Il s'agit par là, pour Heidegger, de rendre compte, en son principe, de la naissance ou du surgissement de l'« historisches Bewußtsein » [3]. Quand Heidegger parlera, en son nom cette fois, de compréhension ou d'auto-compréhension comme d'une structure fondamentale qui détermine le mode d'être de l'être-là, il est permis d'y reconnaître une ultime métamorphose de la « conscience historique » – conscience de l'histoire, ou mieux de l'historicité :

> C'est seulement quand l'histoire est considérée de telle sorte que la réalité-effective propre s'introduit profondément dans cette cohésion, qu'il est permis de dire que la vie est intruite de cette histoire en laquelle elle se tient, qu'une conscience historique est là ... [4]

Mais si c'est bien grâce à la conscience historique que la vie est *dans* l'histoire, la question est alors de savoir comment et à quelles conditions elle parvient à en conquérir un tel savoir, puisque la conscience historique n'est en effet jamais donnée, mais doit être éveillée et développée :

> Ainsi l'éveil et la vigilance de la conscience historique ne vont pas de soi et ne sont pas donnés à la vie. C'est bien plutôt une tâche que de les développer. [5]

1. La première lecture intensive et la première influence marquante de Dilthey se situent déjà dans les années 1919-1920 qui prennent pour point de départ la vie facticielle, déterminée comme « vie historique » ou « vie dans l'histoire ». Ce que Heidegger récuse implicitement par là, c'est l'opposition, thématisée par Husserl, entre la philosophie entendue soit comme « science rigoureuse » soit comme « Weltanschauungsphilosophie ». Cf. aussi *Phänomenologie der Anschauung und des Ausdrucks,* Ga., 59 (1920), p. 36 sq et *Grundprobleme der Phänomenologie* (1919-120), Ga., 58, en particulier le § 17 : « Wissenschaft ... als Tendenz der Entlebung der Lebenswelten ».

2. Op. cit, *Dilthey-Jahrbuch*, p. 145.

3. Cf. H.-G. Gadamer, *Le problème de la conscience historique*, édition établie par Pierre Fruchon, Le Seuil, Traces écrites, Paris, 1996.

4. *Op. cit., Dilthey -Jahrbuch,* 145 : *Erst wenn Geschichte so gesehen wird, daß die eigene Wirklichkeit in diesem Zusammehang mit hineingesehen wird, kann man sagen, daß das Leben um die Geschichte, in der es steht, weiß, daß ein historisches Bewußtsein da ist...*

5. *Ibid.* : *So ist das Wachwerden und Wachsein des historischen Bewußtseins nicht selbstverständlich und dem Leben gegeben. Es ist vielmehr eine Aufgabe, es zu entwickeln.*

Heidegger demande encore, anticipant plus précisément l'analytique de *Sein und Zeit* : « Quelle est la réalité effective qui est au sens propre historique et que signifie "historique" ? » Ce qui revient aussi à s'interroger, au-delà de Dilthey, sur le « sens de l'être historique lui-même ».[1]

On connaît la réponse à de telles questions, longuement explicitée par *Sein und Zeit* : ce qui est fondamentalement historique, c'est l'être-là lui-même :

> Nous verrons que la réalité effective qui est historique au sens propre, c'est l'être-là humain lui même, et nous examinerons quelles sont les structures propres à l'être-là humain. Sa détermination fondamentale n'est rien d'autre que le temps. C'est à partir de la détermination du temps que nous rendrons compte du fait que l'homme est historique.[2]

Mais dès les Conférences de Cassel, le programme est clairement défini : Il s'agit de dégager et d'élaborer le mode d'être de ce qui est proprement historique, d'envisager « l'historicité, non pas l'historique, l'être, non pas l'étant, l'effectivité non pas l'effectif »[3]. Or Dilthey est bien parvenu jusqu'à cette réalité qui est historique au sens propre, il est parvenu à l'être-historique, au *Geschichtlichsein*, c'est-à-dire au *Dasein*, et cette réalité a été clairement déterminée par lui à travers le ternaire célèbre : *lebendig, frei und geschichtlich*, mais il n'a pas réussi pourtant à élaborer la question de l'historicité elle-même, « la question du sens d'être », de l'être de l'étant (de cet étant qui est historique)[4], en sorte qu'était réservée à la phénoménologie – ou mieux à la phénoménologie dans sa possiblité – l'élucidation de ces questions :

1. *Dilthey -Jahrbuch*, p. 147 : « ...Dilthey s'est avancé jusqu'à la réalité (*Realität*) qui est au sens propre, au sens de l'être-historique (*Geschichtlichsein*), jusqu'à l'être-là humain. Dilthey est parvenu à mettre en lumière cette réalité. Il la détermine comme vivante, libre et historique. Mais il ne pose pas la question de l'historicité elle-même, la question du sens d'être, la question de l'être de l'étant. C'est seulement depuis l'élaboration de la phénoménologie que nous sommes en mesure de tirer au clair cette question. »

2. *Wir werden sehen, daß die eigentliche Wirklichkeit, die geschichtlich ist, das menschliche Dasein selbst ist und welche Strukturen das menschliche Dasein hat. Seine Grundbestimmung ist nichts anderes als die Zeit. Von der Bestimmung der Zeit aus werden wir verständlich machen, daß der Mensch geschichtlich ist.*

3. *Op. cit.*, p. 158 : *Es kommt darauf an, das Sein des Geschichtlichen herauszuarbeiten, Geschichtlichkeit, nicht Geschichtliches, Sein, nicht Seiendes, Wirklichkeit, nicht Wirkliches.*

4. Cf. aussi le cours du Semestre d'été 1925 (*Prolegomena zur Geschichte des Zeitbegriffs*, Ga., 20). Heidegger salue en passant les mérites du concept de « vie » travaillé par Dilthey : Par « vie », Dilthey envisage cette structure fondamentale de la réalité qui fait l'objet des études historiques. L'histoire, en ce sens, est histoire de la vie. La psychologie de Dilthey est fondée sur une science de l'homme qui « appréhende primairement l'homme tel qu'il existe en tant que personne, en tant que personne agissant dans l'histoire » (*op. cit.*, p. 163).

> Pour Dilthey l'être proprement historique est l'être-là humain. Dilthey fait ressortir à partir de la vie des structures déterminées ; mais il ne pose pas la question du caractère d'effectivité de la vie elle-même, il ne se demande pas : Quel est le sens de l'être de notre propre être-là ? Et dans la mesure où il ne pose pas cette question, il n'a pas non plus de réponse à la question de l'être-historique. La recherche phénoménologique fait preuve de la même négligence. Elle présuppose la vie. [1]

Heidegger avait déjà, dans le cours du Semestre d'été 1923 (*Hermeneutik der Faktizität*)[2], critiqué dans la phénoménologie effective son « anhistoricité » (*Geschichtslosigkeit*), ou son absence de sens historique[3] – reproche réitéré dans les Conférences de Cassel : la phénoménologie néglige l'historicité « parce qu'elle croit pouvoir se débarrasser comme irrelevant de ce qui a été (*das Gewesene*) et ainsi parvenir à partir de soi (*von sich aus*) aux choses mêmes, mais par là elle demeure suspendue à la problématique traditionnelle ». C'est à une autre phénoménologie, ayant regagné le sens de l'être-historique qu'il appartient, annonçait déjà Heidegger en 1919, « de satisfaire le désir secret (*geheime Sehnsucht*) de sa vie [Dilthey][4] ».

Dans l'économie des Conférences de Cassel, Heidegger s'attache ensuite à présenter une esquisse rapide de l'analytique de l'être-là, en partant précisément de la caractérisation de la vie comme de quelque chose de non-clos, d'inachevé (*unabgeschlossen*) : « La vie comporte toujours une part de soi qui est devant soi ». Elle se distingue par là de toute totalité au sens de ce qui est achevé, terminé (*fertig*). Quand la vie est « finie », « achevée », elle est toujours déjà entrée dans la mort, elle n'est plus. Heidegger esquisse, dans ce contexte, l'analyse de la mortalité comme devancement, être-en-avant de soi-même : mort, devancement, faire-face-à la mort ou à la mortalité – autant d'instances qui contribuent aussi à mettre en place le couple tout à fait stratégique : propre – impropre, authentique – inauthentique, résolu – irrésolu. Car c'est en assumant cet

1. *Op. cit.*, p. 161 : *Für Dilthey ist das eigentlich geschichtliche Sein das menschliche Dasein. Dilthey hebt am Leben bestimmte Strukturen ab ; er stellt aber nicht die Frage nach dem Wirklichkeitscharakter des Lebens selbst, nicht die Frage : Welches ist der Sinn von Sein unseres eigenen Daseins ? Weil er diese Frage nicht stellt, hat er auch keine Antwort auf die Frage nach dem Geschichtlichsein. In dem selben Versäumnis steht die bisherige phänomenologische Forschung. Sie setzt das Leben voraus.* – Poser la question du caractère d'effectivité de la vie elle-même ou s'interroger sur le sens de notre propre être-là, c'est donc envisager, dans l'horizon du temps (fini), l'analytique de l'être-là.

2. Ga., 63, *Ontologie (Hermeneutik der Faktizität).*

3. Cf. aussi Natorp-Bericht, *Interprétations phénoménologiques d'Aristote,* tr. fr. J.-F. Courtine, TER, Mauvezin, 1992, p. 31.

4. Ga., 56/57, cours du semestre d'été 1919 : *Phänomenologie und transzendentale Wertphilosophie.*

être-en-avant de soi-même, que l'être-là se choisit proprement, authentiquement, dans son être-décidé. C'est encore cette anticipation et cette résolution qui soutiennent la thèse selon laquelle le sens fondamental de l'être-là est la « possibilité » : l'être-là résolu est celui qui a fait le choix du *Gewissen* (de la conscience morale) et de la *Verantwortung* (la responsabilité) : choisir le *Gewissen*, c'est en même temps, sinon devenir-coupable, du moins responsable, être-en-dette (*schuldig-werden*)[1].

Les dimensions ou les extases du temps sont ainsi reconduites au devancement comme ouverture à l'avenir et à l'être-en-dette – traits constitutifs du rapport au passé. Et Heidegger de conclure cette première esquisse : le « Dasein » n'est rien d'autre que « Zeit-Sein » – « l'être-là n'est rien d'autre qu'être-temps[2] » L'anticipation, le devancement (*Vorlaufen*) reçoit une fonction privilégiée correspondant au primat de l'avenir :

> Le devancement est un mouvement que l'être-là accomplit dans son propre avenir. Cet aller-en-avant-de-soi-même est le mouvement fondamental d'où procède l'histoire, car c'est à travers lui que le passé est découvert.[3]

Nous pouvons à présent revenir rapidement sur l'articulation, dans *Sein und Zeit*, de ces deux motifs : temporalité et historicité, en suivant la recommandation de P. Ricœur : ne pas laisser les œuvres ultérieures couvrir la voix de *Sein und Zeit*[4], et en demeurant attentif, dans l'ouvrage de 1927, aux tensions et aux difficultés qui peuvent concerner le détail même de l'analytique de l'être-là, mais aussi bien le projet d'ensemble, notamment le passage jamais effectué de l'analytique existentiale à la question de la temporalité de l'être (l'être-temporal : *Temporalität des Seins*).

Pour comprendre l'économie et le mouvement de la réflexion sur l'histoire dans *Sein und Zeit*, il est certainement légitime de tenir compte du

1. *Dilthey-Jahrbuch*, *op. cit.* p. 169.

2. « *Dasein ist nichts anderes als Zeit-Sein. Die Zeit ist nichts, was draußen in der Welt vorkommt, sondern was ich selbst bin. Im Vorlaufen, Schuldig-werden und Handeln ist die Zeit selbst da. Die Zeit bestimmt die Ganzheit des Daseins.* » – « L'être-là n'est rien d'autre qu'être-temps. Le temps n'est rien qui survienne au-dehors dans le monde, mais ce que je suis moi-même. Dans le devancement, le devenir-débiteur, l'agir, le temps lui-même est là. La temps détermine l'entièreté de l'être-là. » – On soulignera encore une fois la proximité chronologique et thématique des dix Conférences de Kassel et de la Conférence de Marbourg sur le concept de temps.

3. *Ibid.* : *Das Vorlaufen ist eine Bewegung, die das Dasein in seiner eigenen Zukunft ausführt. Dies Vor-sich-selbst-gehen ist die Grundbewegung, aus der Geschichte entsteht, denn durch es wird die Vergangenheit aufgedeckt.*

4. *Temps et Récit*, T. III, Paris, Seuil, 1985, p. 91.

parallélisme, souligné par Heidegger, entre conception vulgaire du temps et conception vulgaire de l'histoire, mais on ne saurait leur opposer simplement conception extatique du temps et conception époquale de l'histoire, comme le faisait H. Birault dans son livre, un peu oublié, *Heidegger et l'expérience de la pensée*[1]. Établir ce rapport à quatre termes risque non seulement de brouiller singulièrement la chronologie, mais encore et surtout cela revient à projeter sur les premières analyses de l'historicité des déterminations liées à l'histoire ou au destin de l'être, qui y sont simplement absentes[2]. Or s'il est bien clair que dans *Sein und Zeit* il ne s'agit plus pour Heidegger de reprendre la discussion sur les sciences historiques, en s'intéressant à des questions méthodologiques (comme l'avait fait expressément Dilthey, dont c'était le véritable point de départ), s'il est sûr aussi que l'analytique existentiale a une fonction préparatoire en vue d'élaborer dans l'horizon du temps la question du sens de l'être, cela n'autorise pas pourtant à re-traduire la problématique de l'historicité dans le vocabulaire « historial » de l'*épochè* de l'être ou des époques de l'être[3]. Il faut souligner en sens contraire la façon très déterminée dont s'introduit concrètement la question de l'historicité au § 72, qui marque le début du cinquième chapitre de la deuxième section : *Zeitlichkeit und Geschichtlichkeit.*

Rappelons l'intitulé du § 72 : *Die existenzial-ontologische Exposition des Problems der Geschichte* (« l'exposition existentiale-ontologique du problème de l'histoire »). Malgré l'équilibre apparent entre l'ontologique et l'existential, le paradoxe est qu'on en saura très peu sur l'ontologie de l'histoire, ou plutôt, ce qu'on en apprendra tardivement, fera figure de revirement par rapport à l'insistance initiale sur l'ancrage existential et temporel de l'historicité ; certes, le § 75 réintroduit la notion d'histoire-du-monde ou mieux peut-être du monde-de-l'histoire (l'histoire-monde – *Welt-Geschichte*), opposée à la *Weltgeschichte* hegelienne, l'histoire

1. Paris, Gallimard, 1978.

2. Nous n'entendons pas fixer de manière trop déterminée l'apparition du motif de l'Histoire destinale de l'Être dans les années 1938-1940, mais il suffit de citer l'ouverture des notes récemment publiées sous ce titre (Ga. 69, *Die Geschichte des Seyns*, Klostermann, 1998) pour prendre la mesure de tous les attendus d'une pensée *seinsgeschichtlich* : « *"Die Geschichte des Seyns"* ist der Name für den Versuch, die Wahrheit des Seyns als Ereignis in das Wort des Denkens zurückzulegen und so einem Wesensgrunde des geschichtlichen Menschen – dem Wort und seiner Sagbarkeit – anzuvertrauen. »

3. Sur l'usage français d'« historial » et d'« historialité », renvoyons à la note de Jeffrey Barash, *Heidegger et son siècle. Temps de l'Être, temps de l'histoire*, Paris, Puf, 1995, n. 1, p. 17-18. L'auteur rappelle très opportunément que l'adjectif « historial », emprunté par H. Corbin à Vincent de Beauvais, avait été risqué comme « nom verbal » destiné à rendre l'allemand « Geschehen », ou plutôt la proximité « Geschichte » – « Geschehen », rendu respectivement par histoire – historial.

mondiale ou universelle ; en même temps qu'il revient de manière assez inattendue à la considération de l'intra-historicité ; cette intra-historicité selon laquelle l'être-là est aussi et toujours « *dans* l'histoire », au sens où il est *dans* le « monde », où il y rencontre de l'intra-mondain, qui est toujours aussi de l'intra-historique (les outils, les instruments, les monuments, les archives, les traces du passé)[1]. Tout se passe comme s'il y avait un retour ou une revanche provisoire du « secondairement » historique sur le primairement historique (l'être-là comme être-temps)[2]. Les dernières lignes du § 72 annonçaient déjà ce renversement : l'être-là peut encore être dit « temporel » au sens où il est dans le temps. En effet « dans la mesure où le temps comme intra-temporalité "procède" (*aus...stammt*) également de la temporalité de l'être-là, historicité et intra-temporalité s'avèrent être co-originaires. L'interprétation vulgaire du caractère temporel de l'histoire s'en trouve par là même justifiée dans ses propres limites »[3]. On pourra donc soutenir, pour finir, que « *l'advenir-historial de l'histoire est advenir-historial de l'être-au-monde* » et que « l'historicité de l'être-là est essentiellement historicité du monde... »[4].

Mais que veut dire « monde » ici ? S'agit-il de l'intra-mondain ? Du *Weltbild* et de son histoire ou du « monde comme tel », dans sa mondanéité révélée par la tonalité-affective fondamentale de l'angoisse ? Autre façon de formuler la même question : S'agit-il ici d'un revirement, d'une concession ? Heidegger a-t-il les moyens, à partir de l'acquis de l'analytique existentiale, de penser cette historicité du monde public et commun : *das Welt-Geschichtliche* ? La difficulté est en effet de rendre compte de ce qui a été déterminé comme « historique à titre secondaire ». Cette

1. Cf. *SuZ*, p. 388-389 : « *L'advenir-historial de l'histoire est advenir-historial de l'être-au-monde.* L'historicité de l'être-là est essentiellement historicité du monde qui, sur la base de la temporalité ekstatico-horizontale, appartient à la temporalisation de celle-ci. [...] *Avec l'existence de l'être-au-monde historique tout ce qui est maniable et tout ce qui est présent-donné est toujours déjà incorporé à l'histoire du monde.* Outils et œuvres, des livres par exemple, ont leur "destin", monuments et institutions ont leur histoire. Mais la nature aussi est historique. Certes *pas* au sens où nous parlons d'"histoire naturelle", mais en tant que paysage, lieu sédentaire, domaine d'exploitation, champ de bataille et lieu de culte. Cet étant intramondain *est* comme tel historique, et son histoire ne signifie pas un "cadre extérieur" qui accompagnerait simplement l'histoire "intérieure" de l'"âme". Nous nommons cet étant l'historico-mondial (*das Welt-Geschichtliche*). »

2. Point sur lequel insiste également Ricœur, *Temps et Récit*, T. III, p. 119.

3. *SuZ.*, p. 377. Simple nuance sans doute apportée à la thèse fondamentale posée et soulignée dans la page qui précède (376) : « L'analyse de l'historicité de l'être-là cherche à montrer que cet étant n'est pas "temporel" parce qu'il "se tient dans l'histoire", mais qu'à l'inverse il n'existe et ne peut exister historiquement que parce qu'il est temporel dans le fond de son être. »

4. *SuZ.*, p. 388.

distinction entre primairement et secondairement historique avait été formulée en ces termes au § 73 :

> Ce qui est historique à titre *primaire* [...], c'est l'être-là. Est historique à titre secondaire ce qui est rencontré dans-le-monde (*innerweltlich*), non seulement l'outilage maniable au sens large, mais aussi la nature environnante en tant que « sol de l'histoire » [1].

Revanche provisoire – disions-nous –, car quand Heidegger thématisera à partir du milieu des années 30 l'ontologie de l'histoire, au titre de l'Histoire de l'Être, à la mesure d'un penser *seinsgeschichtlich*, l'historicité, voire l'épochalité, en son sens obvie de succession des époques dans une histoire mondaine, s'y exténueront complètement [2].

Revenons au point de départ, si décisif, de l'analyse d'*Être et Temps* : Au seuil de ce chapitre V, l'analytique existentiale a, semble-t-il, touché son but : elle a mis en évidence – par rapport à sa question initiale : celle de la possibilité d'une réponse à la question du sens de l'être ou du sens de « être » – la compréhension de l'être comme ce qui appartient à la « constitution d'être » de l'être-là ; elle a ensuite élucidé cette compréhension par rapport au souci et à sa temporalité propre : la temporalité a enfin été explicitée comme la condition originaire de la possibilité du souci : c'est aussi la temporalité, ainsi radicalement comprise – elle n'est pas, mais se temporalise [3] –, qui a permis de rendre compte de la possibilité pour l'être-là de constituer un tout [4]. Et pourtant, note Heidegger, surgit à présent un doute, un scrupule de poids (*ein schweres Bedenken*) :

> Bien que nous ne voyons jusqu'ici aucune possibilité de donner un point de départ plus radical à l'analytique existentiale, cependant, s'agissant précisément de l'explication précédente du sens ontologique de la quotidienneté, il s'éveille un sérieux soupçon : est-ce bien en fait tout

1. *SuZ.*, p. 381.

2. Cf. entre beaucoup d'autres exemples l'extrême généralité des traits censés caractériser les temps modernes au seuil de l'essai « Die Zeit des Weltbildes », pour ne rien dire de la thèse massive, référée à Nietzsche : le christianisme n'est rien d'autre que platonisme pour le peuple, et, *en tant que* platonisme, nihilisme (Ga., 43, *Nietzsche – Der Wille zur Macht als Kunst*, p. 196).

3. *SuZ.*, p. 328 : « La temporalité n'"est" pas du tout un *étant*. Elle n'est pas, mais se temporalise. » – Cf. aussi p. 329 : « L'essence de la temporalité est la temporalisation dans l'unité des *ekstases*. [...] La temporalité est le "hors-de-soi" (*Ausser-sich*) originaire, en soi et pour soi. »

4. Cf. la problématique du *Ganz-sein können* avec laquelle s'ouvrait la deuxième section introduisant les analyses du premier chapitre : « das mögliche Ganzsein des Daseins und das Sein zum Tode. »

l'être-là considéré en son propre être-entier qui a été amené à l'acquis préalable (*Vorhabe*) de l'analyse existentiale ?

Ici s'introduit, en contrepoint de l'analyse, longuement développée, de l'être-vers ou pour-la-fin, une première considération relative à la naissance ou à la natalité :

> Il se peut que le questionnement concernant l'entièreté de l'être-là ait trouvé son authentique clarté ontologique. Il se peut même que la question ait trouvé sa réponse en s'orientant sur l'*être-vers-la-fin*. Pourtant la mort, ce n'est que la « fin » (*Ende*) de l'être-là, formellement ce n'est que l'*une* des fins marquant son terme à l'entièreté de l'être-là. Or l'autre « fin », c'est le « commencement », la « naissance ». C'est seulement l'étant « entre » (*zwischen*) naissance et mort qui représente le tout recherché. [...] L'être-là n'a été pris pour thème [de l'analytique] que comme s'il n'existait pour ainsi dire que « dans la direction-vers-l'avant » (*nach vorne*) et laissait derrière soi tout « ayant-été » (*alles Gewesene*). Ce n'est pas seulement l'être-vers le commencement <être par rapport au commencement : *das Sein zum Anfang* – expression parallèle, ou faussement parallèle à celle de *Sein zum Ende, Sein zum Tode*> qui n'a pas retenu notre attention, mais surtout l'étirement (*Erstreckung*) de l'être-là *entre* naissance et mort. C'est précisément la cohésion propre à la vie en lequel se tient pourtant constamment l'être-là qui a été perdu de vue.[1]

Il faut souligner – sans qu'on puisse s'y arrêter pour en tirer toutes les conséquences – l'importance de ce point de départ de l'analyse de l'histoire et de l'historicité dans une réflexion qui porte sur l'extension ou mieux l'étirement de l'être-là, sur l'entre-deux (le *Zwischen*) entre naissance et mort. C'est encore en fonction de cette notion de l'*entre* et pour penser l'extension ou l'auto-extension de l'être-là, qui n'est pas entre ceci ou cela, mais qui bien plutôt *est* l'entre-deux, que Heidegger introduit le terme de *Geschehen* qui ouvre directement à la thématisation de la *Geschichtlichkeit*[2]. Par où l'on aperçoit immédiatement que la question de l'historicité relève bien et directement de l'analytique existentiale : elle permet d'expliciter un trait constitutif du mode d'être de l'être-là qui constitue comme la condition transcendantale de possibilité de

1. p. 371-372. Nous empruntons à P. Ricœur (*op. cit.*, p. 107) l'excellente traduction d'*Erstreckung* par étirement. L'expression « cohésion propre à la vie » (*Zusammenhang des Lebens*) renvoie à Dilthey (*L'édification du monde historique dans les sciences de l'esprit*, in *Œuvres* III, éd. du Cerf, Paris, 1988, tr. fr. S. Mesure, p. 26). Cf. aussi Jean Greisch, *Ontologie et temporalité, Esquisse d'une interprétation intégrale de* Sein und Zeit, Paris, Puf, 1994, p. 352-353.

2. Le terme apparaît dès l'Introduction au § 6.

l'historicité : le *Geschehen*, l'advenir ou l'advenir à soi dans l'extension, l'étirement[1].

> La mobilité spécifique du *s'étirer étiré* est ce que nous nommons l'*advenir-historial* de l'être-là. La question de la « cohésion » de l'être-là est le problème ontologique de son advenir-historial. Dégager la structure historique, ainsi que ses conditions de possibilité existentiales-temporelles, signifie accéder à une compréhension ontologique de l'*historicité*[2].

*Erstreckung, Bewegtheit, Selbständigkeit* – extension, mobilité, maintien ou constance à soi, tels sont désormais les concept-clefs qui vont organiser la reprise et la radicalisation ontologisante de l'expression de *Zusammenhang des Lebens* : non pas la vie comme totalité achevée, mais la vie dans sa cohésion et sa cohérence propre par où l'être-là accède à lui-même, au *Selbst*, à l'ipséité[3]. Il importe donc de dégager la *Geschehensstruktur* de l'être-là (l'avoir-lieu ou l'événementialité de l'être-là) comme assise fondamentale de tout ce qui est historique en un sens dérivé, de tout ce qui peut faire l'objet de l'historiographie. Il s'agit, en d'autres termes, de comprendre de manière ontologique – au sens de l'ontologie-fondamentale – l'historicité qui signe l'être-là et qui est seule susceptible de garantir, à travers la mobilité, l'autonomie et la constance d'un Soi[4]. Ainsi entendues, historicité et mobilité, loin de renvoyer à quelque dispersion ou éparpillement, au gré de l'affairement et de la curiosité en quête du nouveau ou de la dernière mode dans l'espace public du « On », contribuent à répondre à la question « Qui ? » et à constituer une identité authentiquement et résolument assumée comme telle. En montrant comment c'est le temps qui constitue le soi véritable, comment le solipsisme existential induit un solipsisme de la temporalité[5], Heidegger croit pouvoir assurer un *lieu existential* au problème de l'histoire en délaissant toute réflexion épistémologique sur l'écriture de l'histoire (*Historie*) pour resaisir le phénomène originaire de l'advenir-historial (*Geschehen*). Car dégager le mode d'être de l'historique en mettant en

1. Ce qu'accentue encore, en allemand, le jeu des dérivations : *Geschehen, Geschichte,* sur lequel nous reviendrons.

2. *SuZ.*, p. 375 : « Die spezifische Bewegtheit des *erstreckten Sicherstreckens* nennen wir das *Geschehen* des Daseins. Die Frage nach dem "Zusammenhang" des Daseins ist das ontologische Problem seines Geschehens. Die Freilegung der Geschehensstruktur [...] bedeutet die Gewinnung eines *ontologischen* Verständnisses der *Geschichtlichkeit.* »

3. § 74, p. 383 : « Zunächst und zumeist ist das Selbst in das Man verloren ». Cf. J. Benoist ; « Être soi-même. Heidegger et l'obsession de l'identité », *Revue philosophique de Louvain*, tome 94/1, 1996, p. 69-91.

4. Cf. à ce sujet, le § 64, tout à fait décisif : *Sorge und Selbstheit.*

5. Cf. Henri Birault, *Heidegger et l'expérience de la pensée*, *op. cit.*, p. 534.

lumière son ancrage dans la temporalité finie de l'être-là, c'est aussi défaire le concept vulgaire de temps de sa liaison compromettante avec le concept vulgaire d'histoire. Ce que Heidegger entreprend dès le § 73[1]. À la compréhension vulgaire de l'histoire s'oppose en effet l'événementialité véritable de l'être-là, car si l'histoire paraît d'abord renvoyer au passé révolu (*Vergangenes*), elle est aussi ce qui contribue à définir une époque, en fonction d'une provenance (*Herkunft*) déterminée. Le passé, dès lors qu'il ouvre sur une provenance, produit ses effets dans l'époque présente, et l'histoire doit alors s'entendre comme ce qui constitue une tradition, la tranmission d'un héritage. C'est en effet toujours l'histoire (au sens du *Geschehen*) qui tient ensemble les ekstases du temps à la mesure d'une « cohésion » forte et intrinsèque à la vie. L'ouverture, première et fondamentale, de la temporalité sur le futur par l'être-en-avant de soi-même, requiert à son tour quelque chose comme un retour sur un être-déjà-jeté dans le monde. Retour grâce auquel il s'agit moins de revenir à des circonstances données qu'à des possibilités afin de ressaisir aujourd'hui ce qui avait été tenu jusque là en réserve. L'épuisement des possibilités, qu'Heidegger associera quelques années plus tard à l'achèvement de la métaphysique, s'il ne marque pas quelque chose comme une fin de l'histoire, définit en tout cas une an-historicité (*Geschichtslosigkeit*) foncière à laquelle seule permettrait d'échapper la décision ou la préparation d'un nouveau commencement.

Mais revenons à l'analytique de *Sein und Zeit* pour souligner l'importance de la notion d'héritage dans la présente détermination de l'historicité. Héritage moins dévolu ou transmis qu'assumé certes, car le concept indique ici comment le retour en arrière procède toujours d'une résolution tournée vers l'avenir. Ainsi entendue, à l'encontre de la compréhension vulgaire, l'histoire ne forme pas seulement une suite ou un ensemble cohérent de processus (*Vorgänge*), ou d'occurrences (*Begebenheit*), mais elle est bien plutôt elle-même ce qui de manière inaugurale fait événement. La donnée élémentaire et ultime pour entrer authentiquement dans la dimension de l'histoire demeure donc ce que Heidegger nomme le provenir ou l'advenir (*das Geschehen*) lui-même, bientôt associé – nous y reviendrons – à l'envoi destinal. En abordant positivement au § 74 la question de la constitution fondamentale de l'historicité, Heidegger montre comment celle-ci représente une élaboration plus complète de la temporalité : si l'être-là peut à chaque fois « avoir son histoire », c'est parce qu'il est, en son être, constitué par l'historicité, par un advenir-historial qui définit l'existence comme *existence historique*. Telle est sans

1. § 73 : « La compréhension vulgaire de l'histoire (*Geschichte*) et l'advenir-historial (*Geschehen*) de l'être-là. »

doute la plus profonde originalité du projet heideggérien, mais c'est aussi ce qui en fait l'immense difficulté. Alors qu'on était parti en effet de l'être-là et de « son » histoire, caractérisée par la propriété, la mienneté, l'authenticité, il s'agit maintenant de retrouver une histoire commune ou communautaire, à la mesure de l'unité d'un peuple.

Répétition problématique de la question « Qui ? » dans l'horizon du nous. Sans doute, la temporalité de l'être-là n'a-t-elle encore été qu'unilatéralement déterminée, quand on a seulement mis en évidence le phénomène fondamental du « devancement » (*Vorlaufen*) de soi vers la possibilité ultime de l'existence, la mort, car il faut encore prendre en vue la temporalité de l'être-là comme être-jeté au monde, en s'interrogeant sur ce phénomène fondamental qu'est aussi l'assomption (*Übernahme*) solidaire d'un héritage, fait lui-même de possibilités qui se transmettent à nous *traditionnellement*, selon la structure de l'*Überlieferung*. Dans la mesure où ce qui est transmis – il faut encore le souligner – n'est jamais un patrimoine, un avoir ou un acquis, l'héritage ne peut jamais être assumé qu'à travers la résolution et dans l'actualité d'une décision singulière :

> Assumer avec résolution son propre « là » facticiel, cela signifie du même coup se décider dans la situation [1].

Assomption et résolution dessinent ici pour l'individu la figure d'un destin. Certes le terme de *Schicksal* n'a aucune résonance fataliste, mais il indique bien plutôt l'ad-venir originaire (*das ursprüngliche Geschehen*) de l'être-là, inclus dans la résolution authentique, où, libre pour la mort, il se remet à lui-même en une possibilité héritée et néanmoins choisie[2]. Là encore il est permis de souligner l'horizon non seulement monadique, mais aussi tragico-héroïque qui éclaire toutes ces analyses[3], et que résume la formule souvent discutée : L'être-là choisit son héros. Mais avec le destin, il s'agit toujours pour l'être-là de découvrir et de choisir *ses* possibilités existentiales *les plus propres* ; le destin n'est donc pas le résultat extérieur de circonstances ou d'occurrences aléatoires, heureuses ou malheureuses, puisque c'est dans son être que l'être-là est « destinal ». Reste que le destin est lui-même pris dans le jeu de la surpuissance et de l'impuissance :

1. *SuZ.*, p. 382 : « Die entschlossene Übernahme des eigenen faktischen "Da" bedeutet zugleich den Entschluß in die Situation. »

2. *SuZ*, p. 384 : « Damit bezeichnen wir das in der eigentlichen Entschlossenheit liegende ursprüngliche Geschehen des Daseins, in dem es sich frei für den Tod ihm selbst in einer ererbten, aber gleichwohl gewählten Möglichkeit überliefert. »

3. On a parfois aussi, en référence à Jünger, parlé de « nihilisme héroïque » pour caractériser la compréhension de l'être-là dans *Sein und Zeit*. Cf. Walter Schulz, « Über den philosophiegeschichtlichen Ort Martin Heideggers » in O. Pöggeler, *Heidegger, Perspektiven zur Deutung seines Werkes*, Königstein, 1984, p. 115 *sq.* ; cf. aussi Stanley Rosen, *Nihilism. A philosophical Essay*, New Haven/London, 1969, p. 117.

surpuissance (*Übermacht*) de la liberté finie, elle-même essentiellement déterminée comme délivrance ou libération-de-Soi[1] – impuissance (*Ohnmacht*) de l'abandon à soi-même[2].

Dans la mesure où l'être-là (*Dasein*) est toujours aussi être-là-avec, existence avec autrui (*Mitsein*), le destin (*Schicksal*) prend le visage du *Geschick*, co-destin ou destin-commun : communauté-de-destin[3]. Mais qui en décidera et comment passera-t-on de l'historicité individuelle à l'historicité commune, de l'être-là historique, toujours à chaque fois mien, à *notre* être-là historique ? En 1927, Heidegger ne fournit en réalité que très peu d'indications sur le passage du *Dasein* au *Mitsein*, du *Geschehen* au *Mitgeschehen,* et celles-ci posent autant de problèmes :

> C'est seulement dans la communication qui partage (*Mitteilung*) et dans le combat que se libère la surpuissance de la destinée-commune (*Geschick*)[4].

Autrement demandé : la question est de savoir dans quelle mesure le Heidegger de *Sein und Zeit*, principalement soucieux d'enraciner l'historicité, comme trait constitutif de la vie humaine facticielle, dans la temporalité ou mieux la temporalisation de l'existence finie, est à même de penser quelque chose comme un phénomène, un événement historique, dans sa condition essentielle de pluralité et d'indécidabilité. Si la perspective directrice est bien celle de l'aujourd'hui (*das Heute*), elle demeure prise dans l'horizon non dépassé du « sujet » isolé : le héros, l'individu. On est ici au plus loin de toute conception qui envisagerait d'abord l'histoire dans sa dimension publique et conflictuelle, au foyer convergent d'une pluralité irréductible de positions et d'agents. L'analytique existentiale est certainement en mesure d'instruire la question : Qui ? Qui suis-je ? Quel est le mode d'être du *sum* qui est toujours et à chaque fois le mien ? Comment puis-je être et répondre de moi-même, dans l'authenticité de mon ipséité, hors de toute réification et de toute médiocrité, liée à l'emprise du On et de

1. Ga., 3, *Kant und das Problem der Metaphysik,* Davoser Disputation, p. 285.

2. *SuZ.*, p. 384. On aura reconnu le vocabulaire de la théorie spéculative de la tragédie, depuis Schiller, en passant par Schelling, Hegel et jusqu'à Hölderlin. Vocabulaire que l'on retrouve sans surprise dans l'*Einführung in die Metaphysik* et dans les Commentaires de Hölderlin.

3. *Ibid.*

4. *Ibid.* Faut-il voir là un écho de la thèse hégélienne de la « nécessité de la guerre » qui « conserve aussi bien la santé éthique des peuples en son indifférence vis-à-vis des déterminités et vis-à-vis du processus par lequel elles s'installent comme habitudes et deviennent fixes, que le mouvement des vents préserve les mers de la putridité dans laquelle un calme durable les plongerait, comme le ferait pour les peuples une paix durable ou *a fortiori* une paix perpétuelle » ? (*Des manières de traiter scientifiquement du droit naturel*, tr. fr. B. Bourgeois, Paris, Vrin, 1972, p. 55-56).

la publicité (*Öffentlichkeit*) ? Il n'est pas sûr en revanche que l'analytique de l'être-là, articulée sur le souci et l'ipséité (§ 64) ou mieux le maintien-de-soi dans la résolution (*Selbst-Ständigkeit*), permette d'effectuer le passage à la question : Qui ? au sens de : Qui sommes-nous ?

Le cours de 1929-1930, *Die Grundbegriffe der Metaphysik*[1], fournit sans doute la première illustration de la question Qui ? Dans une période à tous égards critique, Heidegger s'efforce de s'assurer de *notre* situation actuelle (*heutige Lage*) et de la tonalité-fondamentale qui règne à travers elle. C'est le même mouvement, signalons-le dès maintenant, qui conduit l'analytique de l'être-là, appréhendé dans son historicité foncière, à l'analyse de l'être-là des peuples, eu égard à leur histoire destinale, et l'analyse des *Stimmungen* et de la tonalité-affective fondamentale de l'angoisse, dans *Sein und Zeit,* à l'historicisation de ces mêmes *Stimmungen,* devenues tonalités d'époque, auxquelles les peuples, et à vrai dire surtout le peuple de l'historicité spirituelle – le « peuple métaphysique » – sont tenus de répondre s'ils *veulent* devenir, c'est-à-dire être ce qu'ils sont : *historiques.* Récusant les principaux diagnostics de l'époque (Oswald Spengler, Ludwig Klages, Max Scheler, Leopold Ziegler), Heidegger demande :

> Qui sommes-*nous* alors ? Comment nous comprenons-nous quand à présent nous disons « nous » ? Nous, est-ce la quantité d'individus humains rassemblés ici, dans cet espace ? [...] Ou bien est-ce nous, pour autant qu'appartenant à l'Université, nous sommes du même coup partie prenante dans le processus de formation de l'esprit ? Et cette histoire de l'esprit est-elle seulement un advenir-historial allemand ou occidental, voire même au-delà européen ? Ou bien devons-nous encore agrandir le cercle où nous nous tenons ?

Et après avoir passé en revue ces différentes interprétations qui ressortissent toutes à la philosophie de la culture, Heidegger conclut très significativement, en inscrivant strictement la question du « nous » dans le cadre de l'analytique de l'être-là :

> Ainsi finalement nous n'avons aucun besoin de diagnostics et de pronostics sur la civilisation pour nous assurer de notre situation, car ils se bornent à nous donner un rôle et à nous délier de nous-mêmes au lieu de nous aider à vouloir nous trouver nous-mêmes. [...] Devons-nous nous trouver nous-mêmes de telle sorte que par là nous soyons *redonnés* à nous-mêmes, que nous soyons *donnés comme tâche* à nous-mêmes, la

1. Ga., 29/30 ; tr. fr. Daniel Panis, Paris, Gallimard, 1983. Le traducteur a cru bon de faire régresser, par un bon en arrière de 30 ans, la pratique des précédents traducteurs qui avaient pris soin d'indiquer marginalement la pagination de l'édition de référence. Serait-ce le fruit tardif d'une nouvelle « philologie » heideggerienne ?

> tâche de devenir ce que nous sommes ? Par conséquent nous n'avons pas le droit de fuir devant nous-mêmes à la faveur d'un interminable bavardage sur la civilisation, et pas davantage de courir après nous-mêmes dans la curiosité psychologique, mais il faut que nous nous trouvions de manière à nous lier à notre être-là, et que ceci, *être* l'être-là (das Da-*sein*) devienne pour nous l'*unique* qui nous oblige.[1]

On ne saurait être plus clair dans la reprise et la répétition de l'injonction pindarique, riche en variations, de Goethe à Nietzsche : *Nous,* dans notre communauté de destin, nous devons vouloir être qui nous sommes ; c'est là notre unique obligation : être-là, être *là,* comme être-le-là d'un peuple. S'il appartient au *Dasein* de répondre à l'appel de la « voix étrangère » qui, venant de lui, le dépasse[2], il appartient aussi à l'être-là de *notre* peuple d'assumer décidément et de « prendre en charge la mission historique de notre peuple en tant qu'il est le milieu de l'Occident »[3]. Si l'Europe est aujourd'hui (1935) prise dans un étau entre la Russie et l'Amérique, c'est naturellement au milieu que s'exerce la pression la plus forte sur ce peuple du milieu, l'Allemagne[4], et c'est de ce peuple historique *cum emphasi* que dépend la grande décision concernant l'Europe. Décision en écho à *notre* destination (*Bestimmung*) et dont le point d'application – tout comme pour l'analytique de l'être-là, à titre de préalable à l'élaboration de la question du sens de l'être – est encore la position de la question en quête de l'être, dont le là est l'être-là du peuple en son histoire :

> Si nous *demandons* la question : « Qu'en est-il de l'être ? Quel est le sens de l'être ? », ce *n'*est *pas* pour bâtir une ontologie de style traditionnel. [...] Il y va de tout autre chose. Il s'agit de ceci : l'être-là historique de l'homme *et cela veut toujours dire en même temps* <souligné par nous> notre être-là à venir le plus authentique, dans la totalité de l'histoire qui nous est destinée, l'ajointer en retour à la puissance de l'être en l'ouvrant originellement. [...] C'est pourquoi nous avons mis la question de l'être en connexion avec le destin (*Schicksal*) de l'Europe, où se trouve décidé le destin de la terre, et il faut considérer encore qu'à l'intérieur de ce

1. Ga., 29/30, p. 103-104 ; 115-116.

2. « "Ça" appelle, et pourtant cela ne donne rien à entendre à l'oreille préoccupée et curieuse qui puisse après-coup être répété et publiquement commenté », (*SuZ*, § 17, p. 277, tr. fr. E. Martineau).

3. *Einführung in die Metaphysik*, Ga., 40, p. 53 : « ...ein Übernehmen der geschichtlichen Sendung unseres Volkes der abendländischen Mitte » ; tr. fr. G. Kahn, Paris, Puf, 1958, p. 59-60.

4. Ga., 40, p. 41 et 48.

destin, pour l'Europe même, notre être-là historique se révèle comme étant le centre (*Mitte*)[1].

On ne saurait articuler plus nettement question de l'être et « grande politique » !

Dans l'œuvre tardive de Heidegger, comme le note à juste titre Pöggeler[2], le terme de *Geschichlichkeit* disparaît presque complètement, tout comme celui de *Geschichte*, remplacé par ceux de *Schicksal* et de *Geschick* : destin, envoi, envoi destinal, ou encore par le terme plurivoque et surdéterminé d'*Ereignis* : événement, appropriation, événement appropriant. Un passage du cours de 1942-1943, consacré à Parménide, est ici tout à fait emblématique de ce changement lexical et de ses enjeux. L'histoire, y remarque Heidegger, quand elle est pensée à partir du fondement essentiel de l'être lui-même (*aus dem Wesensgrund des Seins selbst*) est à entendre comme le changement dans l'essence de la vérité tel qu'il s'accomplit avec Platon. Ainsi conçue, l'histoire n'a rien à voir avec un processus, un mouvement, un cours dans lequel quelque chose « se passerait » ou surviendrait : l'advenir-historial s'annonce toujours plus résolument comme destin, envoi, adresse. Dès lors l'histoire (*Geschichte*) est à entendre, non plus à partir du *Geschehen,* encore déterminant dans *Sein und Zeit,* mais à partir de *das Geschicht,* au neutre, comme l'écrivait encore Luther : *l'adresse de l'être,* l'être adressé[3]. La fameuse question de la *Kehre* dans la pensée heideggérienne peut sans doute se rattacher aussi à cette substitution des termes, ou aux acceptions nouvelles des mêmes termes marqués. Mais ce tournant réalise-t-il le surmontement, le dépassement définitif d'une problématique classiquement définie, encore redevable aux philosophies de l'histoire, ou en revanche est-il le signe d'une rechute dans une pensée mythique et étymologisante ?

Question à laquelle il n'est sans doute pas de réponse simple et tranchée. Ce qui est sûr en tout cas, c'est que le projet d'*Être et Temps* est abandonné, dès lors que le sens de l'être est déterminé emphatiquement comme vérité de l'être : historicité et histoire ne sont plus interrogées

1. Ga., 40, p. 44 ; tr. fr. G. Kahn, modifiée, p. 51. Cf. aussi Ga., 40, p. 42 : « Demander : Qu'en est-il de l'être ? – cela signifie rien de moins que re-quérir (*Wieder-holen*) le commencement de notre être-là historico-spirituel, pour le transformer en un tout autre commencement. »

2. « Geschichtlichkeit im Spätwerk Heideggers », *Heidegger und die hermeneutische Philosophie,* Alber, Fribourg, 1983.

3. Ga., 54, p. 81 : « Aber Geschehen und Geschichte besagt : Geschick, Schickung, Zuweisung. Echt deutsch sagend, dürfen wir nicht sagen : "die" Geschichte im Sinne von "Geschehen", sondern *"das Geschicht"* im Sinne von : *die Zuweisung des Seins.* Noch Luther gebraucht das echt deutsche Wort "das Geschicht". »

qu'autant qu'elles appartiennent à cette vérité. Si Heidegger avait commencé par fonder la possibilité de l'être-historique sur l'historicité de l'homme, historicité qui renvoie elle-même à l'être-pour-la-fin, cette historicité existentiale et fondamentale se trouve récusée à partir du moment où l'enquête se tourne vers le *Wahrheitsgeschehen* d'une *Seinsgeschichte* destinale, l'historialité d'une histoire qui est nécessairement *de* l'être (gén. subj.). Dès lors histoire il n'y a qu'en raison d'un envoi destinal auquel il appartient à l'homme de répondre ou de correspondre.

Est-ce là une radicalisation extrême de l'historicisme, comme le pensait Leo Strauß [1] ou bien plutôt la marque d'une pensée étrangement an-historique qui laisse de côté tout ce qui relève de la représentation historique pour ne s'arrêter qu'à cette historialité essentielle qu'est l'envoi destinal (le *Geschick*) de l'être ? On soulignera en tout cas la singulière monotonie de cette histoire essentielle de l'être : elle se réduit à l'histoire cachée ou secrète (qui est aussi hiéro-histoire) du destin de l'oubli de l'être – histoire du platonisme et tout à la fois du nihilisme, puisque aussi bien l'expérience de *la* vérité de l'être permet de penser *la* métaphysique dans *l'unité d'une* histoire. Par là, objectera-t-on peut-être, la vérité de l'être est elle-même appréhendée en un sens radicalement nouveau comme histoire. Mais que veut dire ici histoire ?

On peut remarquer aussi que cette radicale historicisation fait basculer le rapport de Heidegger à la Grèce : la destruction phénoménologique ne consiste plus en effet, comme c'était le cas dans *Sein und Zeit*, à opposer – en partant d'une autre expérience, moderne et *chrétienne* de l'historicité – à l'ontologie grecque aristotélicienne une ontologie « plus puissante », l'ontologie-fondamentale, prenant comme fil conducteur la vie facticielle dans son développement et son rapport à soi essentiellement historique, mais il s'agit plutôt de faire retour à une strate plus originelle de la grécité elle-même, celle par exemple qui se manifeste dans le temple ou dans l'œuvre tragique exemplifiée par Sophocle.

Telle proposition du cours de 1942 consacré à Hölderlin peut ici servir de fil conducteur :

> L'historicité est le signe de cette humanité dont les poètes sont Sophocle

1. « Une introduction à l'existentialisme de Heidegger », *La renaissance du rationalisme politique classique*, tr. fr. Pierre Guglielmina, Paris, Gallimard, 1993, p. 77-99 ; cf. aussi « la philosophie comme science rigoureuse et la philosophie politique », *Études de philosophie politique platonicienne*, tr. fr. Olivier Seyden, Belin, Paris, 1992, p. 43-48.

et Hölderlin ; car en Grèce est advenu quelque chose d'inaugural et seul l'inaugural fonde l'histoire.[1]

Même en laissant de côté ici l'association, à vrai dire toujours implicite, *Griechentum – Deutschtum,* la thèse pose ici la connexion rigoureuse de l'historicité et de la fondation poétique, de l'historicité et de l'initialité : l'histoire est désormais toujours celle du coup d'envoi, de l'*Anfang*, du premier commencement dans la sur-mesure de sa donation[2]. Le début du premier cours sur Hölderlin (1934-1935) est, comme on le sait, précisément consacré à la question de l'*Anfang*, du commencement : Hölderlin est celui qui a fondé (*begründet*) le commencement d'une autre histoire (*den Anfang einer anderen Geschichte*), de cette histoire qui « s'ouvre sur le combat où se décidera la fuite ou l'avènement du dieu », comme l'annonce emphatiquement la Remarque préliminaire. Après le Tournant, la problématique lancinante du « nouveau commencement » va prendre en un sens le relais de la « répétition ». Ainsi le véritable tournant dans la pensée heideggérienne de l'histoire et de l'historicité pourrait bien être la lecture de Hölderlin et de sa philosophie de l'histoire que Heidegger articule encore une fois à l'Histoire de la vérité, faisant ainsi de Hölderlin une figure destinale et quasi prophétique[3]. Dans un manuscrit encore inédit, datant des années 1941-1942 (*Das Ereignis*), Heidegger notait :

> Au moment de rejeter les ultimes contresens inhérents à l'histoire de la métaphysique, c'est-à-dire au moment où l'être lui-même et sa vérité sont devenus au plus haut point dignes de question (Conférence de 29-30 sur la

1. *Der Ister*, Ga., 53, p. 69 : « Die Geschichtlichkeit ist die Auszeichnung jenes Menschentums, dessen Dichter Sophokles und Hölderlins sind ; denn im Griechentum hat sich etwas Anfängliches ereignet und Anfängliches allein gründet Geschichte. »

2. Cf. Ga., 53, p. 169 : « Übermaß des Geschicktes ». Être privé du rapport à l'initialité ou à la source, c'est être condamné à l'an-historicité. Tel est éminement le cas de l'Amérique dont Heidegger, dit, en 1942 : « Nous savons aujourd'hui que le monde anglo-saxon de l'américanisme est décidé à anéantir l'Europe, c'est-à-dire la patrie (*Heimat*), c'est-à-dire le commencement de l'Occident. L'initial est indestructible. L'entrée de l'Amérique dans cette guerre planétaire n'est pas entrée dans l'histoire, mais c'est déjà le dernier acte américain de l'an-historicité et de l'auto-dévastation américaines » (Ga., 53, p. 68). Cf. aussi, *ibid.*, p. 86 : « Le bolchévisme n'est qu'une variante de l'américanisme. Mais celui-ci représente la figure authentiquement dangereuse de la démesure, parce qu'elle s'avance sous la forme de la bourgeoise démocrate alliée au christianisme, et tout cela dans une atmosphère d'an-historicité décidée. »

3. Ga., 39, p. 220 ; tr. fr. Fédier/Hervier, p. 203 : « ... Hölderlin a dans l'histoire une position et une mission d'un genre unique. Nous les saisissons conceptuellement en disant : il est le poète des Allemands. »

> vérité), la parole de Hölderlin, connue auparavant comme celle d'un poète parmi d'autres, devint un destin.[1]

Passage qui mériterait un commentaire détaillé, mais à elle seule l'indication chronologique qu'il fournit est significative, même si elle ne se laisse évidemment pas confirmer. Plus important encore sans doute est le rapport ici souligné entre la lecture de Hölderlin et la transformation de la question de la vérité. Celle-ci avait certes déjà été abordée pendant la période de Marbourg, en mode critique par rapport à l'interprétation traditionnelle de la logique aristotélicienne et de la théorie du jugement; le concept d'ἀλήθεια avait déjà été travaillé en profondeur dans *Sein und Zeit*, au § 44. D'où vient donc le changement ici revendiqué du *Wahrheitsvortrag* de 1929/1930? En quoi consiste-t-il au juste? Il est permis de formuler l'hypothèse que ce changement est étroitement lié à une nouvelle interprétation de la langue, ou mieux de la poésie (*Dichtung*) conçue comme langue-originelle (*Ursprache*), et à la mise en série: langue-poésie-peuple-histoire[2]. Cette nouvelle détermination de la langue a sans doute également comme point de départ une conscience plus aiguë des difficultés ou des impasses de *Sein und Zeit* concernant l'analyse de la parole (*Rede*) (§ 33-34). Toujours est-il qu'à l'encontre de cette analytique de la parole, dans sa discursivité, Heidegger met désormais l'accent sur le « mot », le « nom » (*Wort*) dans sa fonction de révélation, mais surtout d'instauration.

> *...was bleibt aber / Stiften die Dichter.*
> Mais ce qui demeure, | les poètes le fondent.

Tel est le final de l'hymne *Andenken* que Heidegger, en un sens, n'aura cessé de commenter. Déjà le cours de 1934-1935 sur *La Germanie* et *Le Rhin* notait dans le même sens:

> L'être-là historique de l'homme est de fond en comble porté et dirigé par l'Être que le poète, après l'avoir d'avance éprouvé, puis initialement enveloppé dans la parole (*im voraus erfahren, erstmals ins Wort gehüllt*), a porté et posé dans le peuple[3].

Et encore ceci qui vaut comme définition heideggérienne de la « politique des poètes »:

1. Cité par O. Pöggeler, *Der Denkweg Martin Heideggers*, Neske, Pfullingen, 1963, p. 218.

2. Cf. Ga., 39, p. 40: « La poésie et le poétique ne font qu'un avec l'avènement fondamental qu'est l'être-là historique de l'homme (*das Grundgeschehen des geschichtlichen Daseins des Menschen*). »

3. Ga., 39, p. 184; Tr. fr. F. Fédier/J. Hervier, Paris, Gallimard, 1988, p. 171.

> ...la poésie comme projet (*Entwurf*), enracinement et salvation (*Verwurzelung und Rettung*) de l'être fonde l'être-là de l'être-humain sur terre devant la face des dieux (*vor dem Angesicht der Götter*). La poésie comme *instauration* arrive à obtenir le fondement de la possibilité pour que l'être humain en général s'établisse sur la terre dans l'espace entre elle et les dieux ; cela signifie que l'être humain devient *historique*, autrement dit qu'il peut être un *peuple*. [1]

Première hypothèse, qui doit encore être complétée par cette autre considération mettant cette fois l'accent sur la pensée hölderlinienne de l'histoire dans sa dimension théologique ou crypto-théologique – qu'il suffise ici d'évoquer le motif de la fuite des dieux ou de la mort de dieu dans l'élégie *Brot und Wein*, ou dans les hymnes : *L'Unique* et *Patmos*[2]. Ainsi la lecture de Hölderlin, à travers laquelle sans doute s'élabore aussi le désengagement de Heidegger par rapport au national-socialisme, contribuerait à achever en philosophie de l'histoire la réflexion déjà formulée dans le *Discours de Rectorat* et à laquelle Heidegger renverra lui-même dans son premier cours sur Nietzsche: le mot « Dieu est mort »[3]. Alors qu'on interprète couramment cette formule comme une proclamation d'athéisme, il importe de comprendre, souligne Heidegger, que la « position fondamentale » de Nietzsche, dans son rapport à l'étant, était définie par ce savoir « qu'un être-là historique est impossible indépendamment du dieu et des dieux ». Mais « le dieu n'est dieu que quand il vient et doit nécessairement venir, ce qui n'est possible que quand la disponibilité créatrice et le risque de l'extrême lui répondent en vis-à-vis »[4].

Si donc pour Heidegger, Hölderlin représente une figure tout fait singulière et proprement « destinale », susceptible de jouer un rôle déterminant jusque dans le projet de dépassement de la métaphysique[5], c'est parce qu'il contribue de manière décisive à établir le ternaire : peuple, langue (poésie), histoire, et qu'il ouvre ainsi directement sur la thématisation de la vérité comme *Wahrheitsgeschehen*, advenir-historial de la vérité, comme l'atteste suffisamment l'attention accordée par Heidegger au final d'une version de l'Hymne tardif *Mnemosyne* :

1. *Op. cit.*, p. 200.
2. Renvoyons ici aux remarquables études de Jochen Schmidt, et en particulier au volume *Hölderlins geschichtsphilosophische Hymnen "Friedensfeier", "Der Einzige", "Patmos"*, Wissenschaftliche Buchgesellschaft, Darmstadt, 1990.
3. Ga., 43, p. 191
4. *Op. cit.*, p. 193.
5. Cf. *Beiträge*, Ga., 65, p. 422 : « Die geschichtliche Bestimmung der Philosophie gipfelt in der Erkenntnis der Notwendigkeit, Hölderlin 's Wort das Gehör zu schaffen. »

> *...Lang ist / Die Zeit, es ereignet sich aber / Das Wahre*
> Long est le temps, | il advient pourtant le vrai.[1]

Cette historicisation de la vérité – la vérité comprise comme *Ereignis* ou encore comme *Wahrheitsgeschehen* – est étroitement liée, comme on sait, à l'historicisation de la *Stimmung* ou mieux des *Stimmungen*[2], ce qui a pour première conséquence l'interprétation du *Gestimmtsein* (de l'être-intoné) comme écho d'un appel ou d'une adresse (*Anspruch*). La *Simmung* devient ainsi décidément *Entsprechung*, correspondance à une histoire essentiellement destinale[3]. C'est là un point qui sera longuement développé dans les *Beiträge* (1936-1938), mais qui était déjà plus qu'ébauché dans le premier cours consacré à Hölderlin (1934-1935), dont le § 9 s'intitulait précisément : *Geschichtliche Zeit und Grundstimmung* – temps historique et tonalité fondamentale. Ce n'est évidemment pas un hasard si ce même cours s'ouvre aussi par une reprise de l'interrogation centrée sur le « nous » (§ 5) et destinée à déterminer l'être-là du et des peuple(s), l'être-le-là des peuples[4], avant d'envisager l'éveil du ton fondamental comme instauration du futur être historique

> L'ouverture ajointante et marquante (*die fügende und prägende Eröffnung*) de la vérité de l'être-là historique d'un peuple advient dans et à partir d'un ton fondamenal. [...] Ce sont les poètes qui dans leur dire annoncent l'être futur d'un peuple dans son histoire (*das künftige Seyn eines Volkes in seine Geschichte*)[5].

Or le ton fondamental qui caractérise pour Heidegger la grande poésie hymnique de Hölderlin, c'est le deuil sacré :

> Ainsi notre être-là historique est jeté dans la plus profonde urgence (*Not*), placé devant une décision qui précède et dépasse de beaucoup la question de savoir s'il y a christianisme ou non, schisme des confessions ou non : qui précède et dépasse tout cela, parce que c'est la question de savoir, si et comment le peuple fonde son être-là historique sur une expérience unitaire originelle d'un rattachement rétrospectif (*Rückbindung*) aux dieux, et peut ainsi comprendre et sauvegarder la détermination de son

1. GStA., 2 – 1, p. 193, 16-18.

2. Historicisation déjà amorcée significativement dans le cours de 1929-1930, *Die Grundbegriffe der Metaphysik*.

3. Cf. Ga., 52, *Hölderlins Andenken*, p. 188 : « Geschichte west im Schicksal ».

4. C'était déjà la question directrice du cours de 1934, édité par V. Farias, à partir d'une copie due à Helene Weiß. Heidegger y soulignait la coappartenance de la question du « nous » et de l'accès au Soi, à l'ipséité : « Wir sind eigentlich Wir nur in der Entscheidung, und zwar vereinzelt sich jeder in der Entscheidung, und es hat den Anschein, als ob die Einzelnen dann zusammen gesetzt werden müßten. *Aber die Entscheidung befreit das Ich zum Selbst...* » (*Op. cit.* p. 18)

5. Ga., 39, p. 146 ; tr. fr. Fédier/Hervier, p. 139.

> ton (*Bestimmung*) <sa destination>. [...] Il en va de la véritable apparition ou non-apparition du dieu dans l'être du peuple à partir de l'urgence de son être (*Seyn*) et pour celui-ci. Cette apparition doit devenir événement fondamental (*Grundgeschehnis*).[1]

En suivant Hölderlin, Heidegger s'interroge sur le temps des peuples, le temps des années des peuples, en référence à l'Ode *Rousseau :*

> Trop limité est le temps de notre journée / Nous sommes, nous voyons, nous nous étonnons, et c'est déjà le soir. / Nous dormons, et comme les étoiles passent / les années de tous les peuples.[2]

La question hölderlinienne de la *Weltzeit der Völker* est également au centre de l'Ode *Aux Allemands :*

> Limité certes est le temps de notre vie. / Le compte des années, nous le voyons, le comptons. / Mais les années des peuples / Un œil mortel les vit-il jamais ?

Et Heidegger d'enchaîner :

> Notre propre temps historique (*geschichtliche Zeit*), nous ne le connaissons pas. L'heure fatidique de notre peuple nous est cachée. Nous ne savons pas qui nous sommes, lorsque nous posons la question de notre être spécifiquement temporel[3].

Passage d'où ressort clairement la continuité, par rapport à la problématique élaborée par *Sein und Zeit,* pour penser ensemble temporalité extatique, historicisation et décision résolue en faveur de l'ipséité la plus authentique et du maintien-de-soi, et en même temps les dangers de toute transposition directe de l'analytique de l'être-là à la question de l'être-là des peuples, envisagée au fil conducteur de la question : Qui sommes-nous ? Le temps historique des peuples (*die ursprüngliche, geschichtliche Zeit der Völker*) se trouve déterminé, dans les années 30, comme celui des créateurs : poètes, philosophes, fondateurs d'État, mais c'est d'abord et surtout le temps du dieu qui vient. En sollicitant de manière particulièrement violente un passage des *Remarques sur Antigone*, Heidegger ajoute en effet :

> Le dieu est lui-même temps – les dieux ne sont que temps.

Dès lors le temps peut et doit s'entendre d'abord comme « temps des dieux », et par là seulement comme temps du monde et de l'histoire, selon

1. *Ibid.*, p. 146-147.
2. Ga., 39, p. 51 : « Zu eng begrenzt ist unsere Tageszeit / Wir sind und sehn und staunen, schon Abend ists. / Wir schlafen und vorüberziehen wie / Sterne die Jahre der Völker alle. »
3. *Op. cit.*, p. 50 ; tr. fr. p. 57.

une nouvelle acception de la *Weltzeit* sans grand rapport avec celle de *Sein und Zeit.*

> « Qui sommes-nous ? », demande Heidegger.

Nous ne le savons pas, tant que nous ne savons pas quel est notre temps, celui du peuple situé *au milieu* des peuples.

> « Qui connaît ce temps ? » – le temps qui n'est pas encore, le temps du salut, le temps du dieu…

La fin de l'histoire, l'a-chronie, l'obscurcissement ou le désenchantement du monde, voilà maintenant ce qui, à partir de Hölderlin, se laisse essentiellement déterminer comme la fuite des dieux ou encore, en termes plus nietzschéens, comme l'expérience que le dieu lui-même est mort. Voilà aussi ce qui permet de prendre la mesure, s'agissant de la pensée de l'histoire, du motif si longtemps retenu, livré à titre posthume dans l'entretien du *Spiegel,* après avoir été longuement orchestré à la fin des années trente, dans des notes rédigées pour soi seul : *Seul un dieu peut encore nous sauver*[1]. C'est en effet la fuite des dieux qui, dans un temps de détresse, au soir du monde[2], rend nécessaire une « méditation historique » (*geschichtliche Besinnung*), préalable à la décision entre la fin, qui peut être interminable, et la possibilité d'un nouveau commencement[3].

De cette intempestive philosophie de l'histoire, conçue comme hiéro-histoire, les auditeurs du premier cours sur Hölderlin avaient certes plus qu'un avant-goût :

> La possibilité d'un grand ébranlement (*Erschütterung*) de *l'être-là* historique du peuple a disparu. Temple, image et rite sont hors d'état de réassumer de fond en comble la mission historique (*die geschichtliche Sendung)* d'un peuple et de lui imposer une nouvelle tâche. […] Inversement, on ne créera pas un rapport décisif du peuple au fond et à l'abîme (*Grund und Abgrund*) de son être-là historique, en se bornant à cultiver les rites, ce qui peut être édifiant en soi, mais tourne au malentendu si l'on s'imagine favoriser l'appartenance nationale en multipliant le nombre des chaires d'ethnologie et de préhistoire. Tout cela n'est qu'une nouvelle forme d'animation culturelle et ne redeviendra jamais ce qu'il doit être tant que les dieux seront en fuite. On ne restituera

1. Qu'il nous soit permis de renvoyer ici à notre étude : « Les traces et le passage du Dieu dans les *Beiträge zur Philosophie* de Martin Heidegger », *Archivio di Filosofia* n° 1-3, 1994, p. 519-538.

2. « Es wird Abend », Ga., 9, *Holzwege*, p. 270. Cf. aussi : « Au milieu de cette nuit, la détresse du temps est la plus grande. Alors, l'époque indigente ne ressent même plus son indigence. Cette incapacité par laquelle l'indigence même de la détresse tombe dans l'oubli, voilà bien la détresse elle-même de ce temps », *ibid.*, tr. fr., Idées, Gallimard, 1980, p. 325.

3. Cf. Ga., 45, *Grundfragen der Philosophie*, p. 124 et 146.

> jamais l'image et le temple en proposant des prix au concours, si le dieu est mort. Il ne naîtra pas de prêtres si la foudre des dieux ne frappe pas, et elle ne frappe pas si la terre natale et tout son peuple en tant que tel ne trouvent pas leur place dans l'espace de l'orage. Mais ce peuple n'entrera jamais dans cet espace de l'orage aussi longtemps que comme entièreté, il n'introduira pas dans son être-là historique en tant que tel l'urgence (la détresse) la plus intime de la mort des dieux (*die innerste Not des Todes der Götter*) pour en faire son expérience essentielle et l'endurer très longtemps.[1]

Quand Hölderlin s'interrogeait sur les années des peuples, il évoquait certes les dieux en fuite, ou ce qu'il nommait aussi la fin du monde des dieux, c'est-à-dire la disparition des dieux grecs, mais aussi la mort du Christ[2], même si, comme le risque l'Hymne *L'Unique,* le Christ est frère d'Héraclès et de Dionysos. Ce qu'il y a de tout à fait remarquable en revanche, dans la reprise par Heidegger de cette philosophie de l'histoire hölderlinienne, comme arrêtée sur la mort des dieux, pour ne pas dire sur le Gogotha, et devenue théologie-politique, c'est qu'elle demeure une théologie du défaut de Dieu qui laisse donc entièrement de côté la figure médiatrice, assurément complexe et difficile à cerner, du Christ de Hölderlin[3].

> Lorsque le Père eut détourné des hommes son visage / Et qu'a bon droit le deuil commença sur la terre, / Puis, à la fin, lorsque parut un paisible génie, céleste / Et consolant, qui annonça la fin du jour et s'en alla, / En signe qu'il avait été là, un jour, et / Reviendrait, le chœur céleste nous laissa quelques dons / Auxquels humainement, comme jadis, nous puissions prendre joie…Le pain est le fruit de la terre, pourtant c'est la lumière qui le bénit / Et c'est du dieu tonnant que vient la joie du vin. / Aussi gardons-nous proche mémoire des Célestes, eux qui jadis / Ont été là et reviendront au juste temps.

Par là cette philosophie ou théologie heideggérienne de l'histoire qui envisage la fin de l'histoire comme arrêt du temps, nuit du monde, fin du jour des dieux, demeure résolument « vide », et elle s'expose à tous les mauvais usages bien plus désarmée encore que l'analytique de l'être-là quand elle s'attachait à reconduire l'historicité à la temporalité originaire.

Jean-François COURTINE

1. Ga., 39, p. 99-100 ; tr. fr. p. 99-100.
2. Cf. *Brot und Wein*, 8e strophe.
3. Qu'on nous permette ici encore de renvoyer à notre esquisse : « Hölderlin 's Christ », *The Solid Letter*, éd. Aris Fioretos, Stanford University Press, 1999.

# HISTORICITÉ ET ESCHATOLOGIE DANS LA PENSÉE D'EMMANUEL LÉVINAS

Selon la lettre même des textes de Lévinas, parler d'historicité *et* d'eschatologie apparaît d'emblée comme problématique. Il faut en effet entendre ce « et » dans un sens strictement disjonctif. Lévinas *oppose* eschatologie et histoire, et si l'objet de sa recherche est l'ouverture d'une dimension eschatologique ou prophétique, il ne propose par contre aucun traitement propre et original de l'historicité. *« Je n'ai aucune philosophie de l'Histoire »* avoue-t-il dans un entretien daté de 1985[1].

La lecture de Lévinas que nous aimerions proposer ici est dès lors animée par une exigence contradictoire. Il s'agirait en fait de montrer l'intérêt que peut présenter sa conception prophétique de la subjectivité, mais ceci dans la perspective de l'historicité ou du moins dans l'idée du devenir historique et intra-mondain de cette subjectivité. Nous aimerions donc tenter d'être infidèle à Lévinas, pour explorer la possibilité d'intégrer ce qu'il nomme eschatologie au seul plan de l'historicité. L'absence de traitement explicite de l'histoire chez Lévinas, et plus loin de toute dimension politique (même au sens le plus large), nous paraît relever d'une certaine insuffisance. Nous considérons par contre que son analyse de la passivité prophétique ou eschatologique[2] du sujet est susceptible d'enrichir notre vision de l'historicité.

Nous commencerons par exposer de façon succincte la thématique de l'eschatologie chez Lévinas, pour ensuite introduire une mise en débat critique de cette conception, et terminer par la confrontation de celle-ci avec l'herméneutique de Gadamer et Ricœur. C'est en effet par une telle

1. in *Répondre d'Autrui,* textes présentés par J.-C. Aeschlimann, Neuchâtel, La Baconnière, 1989.

2. Précisons d'emblée ici que prophétisme et eschatologie ont un sens quasiment équivalent chez Lévinas, comme nous le verrons plus en détail par la suite.

confrontation, notamment avec l'idée de récit et d'identité narrative chez Ricœur, que nous entrevoyons timidement le développement possible d'une historicité pensée à partir de l'eschatologie lévinassienne [1].

## LES CADRES GÉNÉRAUX DE LA PENSÉE D'EMMANUEL LÉVINAS

Le projet philosophique d'Emmanuel Lévinas peut être envisagé, dans un débat ininterrompu avec la phénoménologie, comme un effort constant pour déborder le champ de l'intentionnalité. Lévinas ne limite cependant pas sa perspective à ce seul débat interne au courant phénoménologique. La notion d'intentionnalité représente simplement pour lui un des derniers avatars d'une manière de penser qui caractérise en fait toute la philosophie occidentale. Pour Lévinas, l'intentionnalité se révèle ainsi prolonger une pensée qui ne saurait se mouvoir que dans l'immanence, incapable de s'ouvrir sur une vraie transcendance ou sur une authentique altérité. Elle rejoint alors toute une série de figures que Lévinas place souvent, surtout à l'époque de *Totalité et Infini*, sous l'étiquette de la *totalité* : Être, Logos, Monde, Histoire, Système, Structure, et jusqu'à l'idée même du dialogue, dans lequel la réciprocité des relations se trouve rassemblée sous la conduite de la chose même qui est à dire et à montrer.

Le terme de totalité peut paraître ambigu, et l'on pourrait penser que Lévinas demeure fixé dans sa critique sur une vision hégélienne du savoir absolu, et de l'immanence de la Raison dans son adéquation totale avec elle-même. Il n'en est rien. À l'école de la phénoménologie, Lévinas a certes retenu la leçon de la finitude de toute compréhension et de toute donation de sens. Mais même si la notion d'horizon, liée à celle d'intentionnalité, implique une facticité indépassable, une situation ; même si le rassemblement du sens sous la visée laisse toujours et par principe un supplément hors d'atteinte, il s'agit tout de même d'une figure du rassemblement, d'une totalisation même incomplète. Les termes rassemblés sont reliés, tenus ensemble dans la présence et dans l'unité du sens. Aucune hétérogénéité radicale n'est envisageable, aucune surprise n'est possible. Toute transcendance s'annonce et s'anticipe à partir d'un horizon, retournant ainsi en immanence.

Dans *Autrement qu'être*, Lévinas préfère parler de *thème*, ou de *thématisation d'un Dit*, plutôt que de totalité et de totalisation. Mais le sens

1. Pour les textes de Lévinas cités dans cette étude : EE : *De l'Existence à l'Existant*, Paris, Vrin, 1990 (1re éd. 1947). TA : *Le Temps et l'Autre*, Paris, PUF, 1985 (1re éd. 1948). TI : *Totalité et Infini*, La Haye, M. Nijhoff, 1961. AE : *Autrement qu'être ou au-delà de l'essence*, La Haye, M. Nijhoff, 1974). DD : *De Dieu qui vient à l'Idée*, Paris, Vrin, 1992 (1e éd. 1982).

de sa critique demeure le même que dans *Totalité et Infini*. Lévinas s'attaque en fait au privilège du comprendre et du voir dans la pensée occidentale. Une telle orientation compréhensive conduit toujours selon lui au rassemblement de l'hétérogène dans une vision panoramique et synchronique, où tout événement est repris dans le jeu des protentions-rétentions, tout passé re-présenté. Lévinas en arrive alors à dire que l'histoire est toujours écrite par les survivants et les vainqueurs [1]. En effet, la conscience historique re-présente les vies humaines à partir de leurs œuvres mortes, constituant le sens d'autrui à partir de son apparence plastique et de son contexte, nivelant les vies singulières en les assimilant à l'ordre de la compréhension. La compréhension d'autrui, l'interprétation historique de ses documents est toujours une injustice faite à sa qualité même d'autrui.

Dans cet ordre du rassemblement et de l'histoire, le sujet humain ne figure que comme élément interchangeable, intégré en tant que fonction, et participant à l'émergence ou à la production de la vérité dans le dialogue, ou de l'être dans la guerre et le travail. Lévinas caractérise alors la temporalité du monde et de l'histoire, envisagée dans cette perspective, comme temporalité *économique*. Rassemblée dans l'unité d'une représentation, synthèse de protentions et de rétentions, elle se modalise dans le jeu ou l'échange des termes mis en relation, jeu des perspectives, fonctions dans un système. Cette temporalité est paradoxalement décrite comme *synchronique*, au sens où un lien rattache ou retient les termes ensemble, relation qui peut être parcourue dans les deux sens, réversible.

Il est clair que la critique lévinassienne de l'immanentisme de la pensée est animée par une exigence éthique : s'il cherche à décrire le mouvement d'une transcendance ou d'une hétérogénéité susceptible de briser le cercle magique de l'économie de l'être et de la pensée, c'est au nom d'une altérité personnalisée dans un visage. Non pas une « altérité » pensée comme modalité de l'essence, mais un autrui singulier qui m'adresse une requête.

Il nous faut donc ici nous tenir sur nos gardes. Car si, pour évoquer la brisure de l'immanence ou de la présence, Lévinas utilise souvent les termes de *trace* ou de *différence*, sa réflexion ne saurait être ramenée sans autre dans une proximité heideggerienne ou derridienne. D'une part, le jeu de retrait ou d'absence qui se joue entre l'être et l'étant, de même que la dissémination qui frappe d'insuffisance toute clôture du sens, ressortent toujours selon lui d'un lien de co-appartenance qui ne représente pas une hétérogénéité radicale. D'autre part, c'est la neutralité ou la non-

1. Par exemple TI, p. 204 : « L'historiographie raconte la façon dont les survivants s'approprient les œuvres des volontés mortes ; elle repose sur l'usurpation accomplie par les vainqueurs, c'est-à-dire par les survivants. »

personnalisation de telles descriptions de la finitude qui est sujette à caution : la neutralité de termes tels que *Ereignis* ou *Différance*. Pour Lévinas, la transcendance se produit ou « se passe » de façon personnelle, elle n'a pas la neutralité d'un processus anonyme. Mais comment penser une identité, une personne et l'exigence éthique qui lui est imputée, en dehors de son intégration à un ordre, à un contexte, une histoire, un monde, sans la dissoudre dans cette intégration ? Il faut encore questionner plus loin : comment penser même un sujet comme tel sans régresser vers un humanisme ou un personnalisme implicitement ancré dans une métaphysique ?

Or c'est justement à partir notamment de pensées telles que celles de Heidegger, Derrida ou encore Foucault, que la question d'une « mort du sujet » ou d'une « fin de l'Histoire » a pu émerger avec une force nouvelle. C'est dans le mouvement de la Différance et de la clôture impossible de tout sens et de tout récit que le sujet métaphysique, supportant l'être dans son orientation par une archè et un télos, s'est dissout corps et âme. Or si d'un côté Lévinas renvoie ces penseurs de la différence dans le champ de l'immanence, de la totalité et de l'histoire, ceci malgré leurs prétentions, et si d'autre part il entend penser une transcendance plus radicale encore, tout en coordonnant celle-ci à un sujet, à une identité de personne, on aperçoit mal de prime abord comment un tel pari est tenable.

On peut dire en somme, en schématisant quelque peu, que Lévinas ne croit plus à l'Histoire, à la validité d'une constitution de sens souveraine et globale, et en cela il recoupe parfaitement une certaine problématique contemporaine, mais qu'il croit dans le même temps au sujet. Pour lui la fin de l'Histoire ne signifie pas la mort du Sujet. C'est justement le propre de ce qu'il nomme *Eschatologie* que de désigner l'intrigue étonnante d'un sujet HORS DE L'HISTOIRE.

## LA PASSIVITÉ

Venons-en dès lors au cœur de notre propos. Lévinas oppose à la temporalité historique une temporalité qu'il nomme *prophétique* ou *eschatologique*. À un sujet historique pris dans les mailles dissolvantes de l'économie générale de l'être, il oppose un sujet *inspiré* et *élu* à la responsabilité par et pour autrui.

Le thème de l'eschatologie est présent dans l'œuvre de Lévinas dès les premiers textes[1]. Ce thème constitue selon nous un des fils conducteurs

1. *TA* et surtout *EE* : cf le chap. » Vers le temps », p. 147-165.

principaux et structurants dans la pensée de l'auteur. Autour de cet axe s'organisent de la manière la plus dense les thèmes de la responsabilité éthique, du langage, et surtout du temps. Il reçoit néanmoins son traitement le plus explicite et le plus abouti dans *Autrement qu'être*, texte que l'on peut considérer comme l'expression la plus élaborée de la pensée de Lévinas.

C'est avant tout autour de l'idée de *passivité* que se construit la description de cette dimension prophétique ou eschatologique. Lévinas envisage une passivité radicale, qui ne correspond à aucune capacité de réception, dépassant ainsi l'opposition classique activité-passivité. Ce qu'il cherche à élucider, c'est la possibilité d'un événement qui ne puisse s'inscrire dans aucun horizon d'attente, qui ne puisse être anticipé. Il s'agit en somme de la possibilité d'une authentique *surprise*, qui vienne déranger l'ordre de l'être ou de la conscience sans pouvoir être intégrée, pensée, anticipée comme projet de sens.

Une telle effraction ne correspond cependant pas à un événement extérieur qui viendrait après-coup fracturer la solidité d'un unité de sens déjà constituée. Elle a bien plutôt *toujours déjà* laissé sa marque ou sa *trace* dans l'être. Elle a toujours déjà « passé », dans un passé plus ancien que tout passé représentable, un passé qui n'a jamais été présent. Elle « se passe » en dérangeant l'ordre temporel, dans lequel tout passé peut être remémoré ou reconstruit, et tout futur anticipé. Elle dérange l'ordre de l'être sans pouvoir y être intégrée comme événement fondateur, archè ou principe premier. Lévinas brise ainsi le principe phénoménologique qui pose l'équivalence entre le phénomène et ses modes ou horizons d'accès. Un tel événement se produit sans s'annoncer, sans apparaître.

Or Lévinas définit précisément le sujet comme le lieu de l'être dans lequel se produit l'événement de l'affection par la transcendance, affection qui constitue paradoxalement une subjectivité par un mouvement d'éclatement ou de « dénucléation ». À nouveau, le sujet n'existe pas d'abord pour être ensuite affecté de l'extérieur. Il « est » cette affection ou cette exposition. Comme aime à le répéter Lévinas, le sujet se décline à l'accusatif. Il est le soi ou le « se » du « se passer » de la transcendance.

Un tel « être-affecté-par-la-transcendance » n'est pas un processus abstrait. Il se joue positivement dans ma relation à l'autre homme. Je suis toujours déjà requis par l'autre, assigné. Et cette affection *par* l'autre se retourne en responsabilité *pour* l'autre. À la source de la subjectivité, il y a l'hétéronomie d'une affection qui en même temps me commande ou m'ordonne à la responsabilité. Je suis appelé à prendre sur moi la charge de l'existence d'autrui, jusqu'à la *substitution* dit Lévinas, alors que cette requête ou cet appel me vient d'un en deçà de l'existence, en deçà de mon être-au-monde.

Il faut bien voir toutefois que ma responsabilité ou ma réponse à la requête qui m'affecte ne saurait en aucun cas être adéquate à cet appel. Je ne peux me retourner pour recevoir et prendre en charge l'appel. La temporalité qui se joue ici est non-économique au sens où le décalage initial ne peut jamais être comblé et rattrapé. Le sujet ne répond jamais adéquatement, il n'intègre pas l'appel dans un jeu réglé de question-réponse. Il est tout entier évacué par l'affection de l'autre sans pouvoir se ressaisir en propre. Il est un pur « se vider de lui-même », il s'en va en responsabilité. Lévinas utilise souvent à ce propos la métaphore de la blessure et de l'hémorragie. Cette exposition à l'autre prend en effet son sens, selon lui, dans la vulnérabilité *corporelle* du sujet : *sensibilité* pour l'autre qui est poussée à l'extrême jusqu'à un complet déversement hors de soi.

> [...] toute la gravité du corps extirpée de son conatus, [...] passivité plus passive que toute passivité antithétique de l'acte [...], passivité qui ne se réduit pas à l'exposition au regard de l'autre, mais vulnérabilité et dolence s'épuisant comme une hémorragie, dénudant jusqu'à l'aspect que prend sa nudité, exposant son exposition même – s'exprimant – parlant – découvrant jusqu'à la protection que la forme même de l'identité lui confère – passivité de l'être pour l'autre qui n'est possible que sous les espèces de la donation du pain même que je mange.[1]

Par la même occasion, l'autre n'est jamais « constitué » ou posé en face de moi. Il est cette affection qui m'anime. Lévinas définit alors la subjectivité comme *l'autre-dans-le-même.* Il faut sentir ce « dans » (l'autre « dans » le même) comme une absence totale de distance, comme un *traumatisme* ou une *psychose* (selon ses propres termes). Ce qui est alors étonnant, c'est que malgré ce traumatisme qui a toutes les allures d'une possession, le sujet est identifié par le fait même qu'il ne peut se dérober ou échapper à cette assignation. Personne ne peut se substituer à lui dans la responsabilité. Il est élu à la responsabilité sans échappatoire possible. Par là il est identifié, éveillé à l'identité dans cette *élection.*

> Cette diachronie du temps [...] est disjonction de l'identité où le même ne rejoint pas le même : non-synthèse, lassitude. Le pour soi de l'identité n'y est plus pour soi. L'identité du même dans le « je » lui vient malgré soi du dehors, comme une élection ou comme l'inspiration, en guise de l'unicité d'assigné. Le sujet est pour l'autre, son être s'en va pour l'autre ; son être

1. *AE* p. 91.

se meurt en signification. La subjectivité [...] est unique, irremplaçable, moi et pas un autre, mais est malgré elle dans une obéissance sans désertion [...][1]

## Eschatologie et Prophétisme

Il nous reste dès lors à élucider ce qu'a de proprement eschatologique ou prophétique une telle conception. Nous n'avons en effet jusqu'ici pas pris la peine de déterminer le sens de ces termes chez Lévinas. Nous pouvons expliciter cette dimension à partir de trois axes convergents : l'idée de témoignage, l'idée de jugement et l'idée d'attente.

Selon le premier axe, le sujet, assigné à la responsabilité par le traumatisme de l'autre, est posé à l'accusatif comme *Témoin*. Tout son être, en tant précisément qu'il est comme évacué hors du monde et de l'être par le dérangement de l'autre, porte la trace ou le témoignage de ce passage ou de cette « passée ». Dans les termes de Lévinas, tout Dit est en même temps un « Se dire » qui est un s'exposer sans retenue. En ce sens toute subjectivité est prophétique en tant qu'elle est *inspirée* par l'autre et qu'elle *témoigne* pour l'autre. L'ordre prophétique, c'est l'ordre d'une signification qui est pur envoi sans retenue, sans possibilité de prise de position, sans possibilité d'assumer ce sens. Une signification (« signifiance ») sans économie du signe. Comme un souffle à la fois dénouant et portant le récit d'une subjectivité constituante. Ainsi, le sujet est, de part en part, témoin, mais ce témoignage ne formule aucun contenu déterminé, il ne *thématise* pas un *Dit*. Il est un *Dire sans Dit* ou sans thème, en tant que pure trace de l'affection toujours déjà passée, exposition de cette exposition.

> Témoignage qui ne se réduit pas au rapport qui mène d'indice à indiqué. Il en serait devenu dévoilement et thématisation. Il est la passivité sans fond de la responsabilité et, par là, la sincérité – le sens du langage avant que le langage ne s'éparpille en mots, en thèmes s'égalant aux mots et dissimulant, dans le Dit, l'ouverture exposée comme une blessure saignante du Dire, sans que d'ailleurs s'efface, même dans son Dit, la trace du témoignage [...].[2]

Lévinas peut alors, à partir de cette structure, définir le *prophétisme* du sujet, au sens où le témoignage est le lieu où s'annonce, se prophétise, une dimension d'au-delà de l'être, dimension de la transcendance ou de l'infini qui porte ma relation à autrui.

1. *AE* p. 67.
2. *AE* p. 192.

> Quand j'introduis la notion du prophétisme, je ne m'intéresse pas à son côté oracle. Je la trouve philosophiquement intéressante en tant qu'elle signifie l'hétéronomie – et le traumatisme – de l'inspiration par laquelle je définis l'esprit contre toutes les conceptions immanentistes. [1]

Dans le même temps, selon une deuxième perspective, la subjectivité prophétique ou inspirée est mise en question dans et par son inspiration par l'autre. La subjectivité est « éveillée » à la responsabilité, et cet éveil prend la forme d'un dégrisement ou d'une mise en cause par rapport à son intégration innocente et égoïste dans l'être et dans le monde. Si la constitution d'un récit englobant par une subjectivité souveraine, si même toute donation de sens représente une injustice par le fait qu'elle annule et assimile toute forme d'altérité, l'assignation par l'autre est une mise en question critique de cette constitution, une in-quiétude.

Cette mise en cause se fait alors *jugement*, accusation. Un jugement qui n'attend pas la fin des temps pour soumettre l'histoire à la question, mais qui gît comme une trappe derrière tout instant de l'existence temporelle. Un en deçà du temps qui habite comme un « toujours-déjà » chaque sens constitué, chaque moment de la conscience, car ceux-ci sont porteurs de la trace de cet en deçà toujours déjà passé. On aperçoit par là que l'eschatologie chez Lévinas ne saurait correspondre à un calcul économique, une relève différée dans le temps, l'espoir d'un terme ou d'un rétablissement des comptes qui comblerait les manques de l'existence pour instituer une plénitude. Aucune téléologie dans cette pensée. À l'inverse, l'eschatologique désigne une passivité extrême poussée jusqu'à l'hémorragie sans retenue, hémorragie qui à la fois porte témoignage dans la responsabilité d'un sens d'en deçà de l'histoire, et qui en même temps juge cette histoire par l'exposition de ce sens. On peut résumer ce mouvement en disant que le sujet est appelé à tout moment hors de l'histoire à témoigner en personne au procès de l'histoire[2].

Selon une troisième perspective, l'assignation à la responsabilité, qui est souvent décrite par Lévinas sous la forme terrible d'une persécution ou d'une obsession par l'autre, se fait désir ou attente chez le sujet. Désir et assignation sont en fait les deux faces d'un même mouvement temporel vu sous deux angles différents. Intrinsèquement requise dans une passivité plus passive que toute capacité de réception, la subjectivité se vide d'elle-même ou s'évacue hors d'elle-même dans un déversement qui peut être décrit positivement comme désir.

1. *DD* p. 152.

2. Je renvoie, pour le traitement spécifique de cette idée de jugement, à la préface de *Totalité et Infini* et au chap. « La relation éthique et le temps ».

Inspiré *par* l'autre, le sujet s'exhale en témoignage et en désir *de* l'autre. Désir de l'autre en un sens qui n'est pas intentionnel. L'autre n'est pas le corrélat d'une visée qui pourrait l'atteindre et le saisir. Il est à la fois en deçà et au-delà de toute visée puisqu'il anime ce désir dans la trace de son passage. C'est en ce sens que Lévinas parle du désir pour le visage d'autrui, désir qui ne peut se satisfaire, qui s'accroît même de son propre mouvement, creusant un manque qui ne pourra jamais être comblé.

Si l'eschatologie ou le prophétisme implique bien chez Lévinas une attente, un espoir, cet espoir n'est pas lié à un télos représentable. C'est, selon les dires de l'auteur, une curieuse « attente sans attendu ». Une attente qui ne se constitue pas en horizon susceptible d'être rempli par un événement qui lui serait adéquat. Lévinas parle alors de *patience* pour désigner une telle attente :

> Affection ou passivité : conscience qui ne serait pas conscience de..., mais psychisme retenant son intentionalité comme on retient son souffle et, dès lors, pure patience : attente sans aucun attendu, ou espoir où rien d'espéré ne vient incarner l'infini, où aucune pro-tention ne vient déjouer la patience ; passivité plus passive que toute passivité du subir – lequel serait encore accueil [...].[1]

Lévinas oppose la patience in-finie d'une subjectivité appelée à se porter responsable de la mort d'autrui sans pouvoir assumer virilement cette charge, à l'être-pour-la-mort heideggerien, tendu vers sa fin pour se ressaisir en propre.

La façon dont les deux dimensions ou les deux temporalités s'entrecroisent, prophétique ou eschatologique d'une part et économique ou historique d'autre part, apparaît désormais plus clairement. L'histoire ou le séjour historique de l'existence dans l'être porte en elle la marque d'une ouverture sur un ailleurs, qui n'est pas un lieu ou un arrière-monde, mais plutôt une exigence, un appel qui dérange l'ordre du monde, une inquiétude qui met en cause. Ce dérangement n'institue pas un champ de signification qui cohabiterait avec l'autre. Il n'est pas représentable ou accessible comme objet de visée. Il se manifeste sans se présenter, en s'absentant ou en se retirant, par le dérangement qu'il opère dans la passivité de toute constitution de sens.

Nous reconnaissons dans cette description les traits de ce que Derrida nomme *Différance*. La non-proximité des deux pensées apparaît néanmoins lorsque Derrida déclare que la Différance « n'a pas de sens », ou « ne commande rien »[2]. Car chez Lévinas, il est pourtant continuellement

1. *DD* p. 184.
2. « La Différance », *Marges*, Paris, Minuit, 1972, p. 22-23.

question, à propos de l'inspiration prophétique, de sens ou de « signifiance », de même que de commandement. C'est que le dérangement opéré par l'assignation possède un sens éthique. Il m'engage à la responsabilité. La différence agit positivement sur l'être ou sur le sujet, elle est selon ses termes *non-indifférence*.

Par contre, cette responsabilité est inassumable. L'assignation ne me fournit pas de contenu précis au nom duquel je pourrais modaliser un éventuel engagement historique ou même une quelconque action particulière. Elle ne débouche que sur une *patience* qui est une *veille* ou une *vigilance* sans contours, vigilance éthique vis-à-vis de tout mépris souverain pour l'altérité d'autrui. Car tout engagement pratique constitue déjà une injustice faite à l'autre par le fait même de sa tendance à l'immanence, de son repli en économie et en totalisation. L'assignation prophétique ne fonctionne en quelque sorte qu'à rebours. Elle ne conduit qu'à une vigilance qui est déconstruction continuelle de toute constitution de sens.

Lévinas va plus loin encore, puisqu'il considère que la temporalité économique, le monde et le savoir, sont le fruit de l'assignation originaire, ils en découlent en quelque façon, sans pourtant que l'assignation fonctionne comme archè ou origine situable. L'assignation ouvre au contraire sur une dimension que Lévinas nomme *pré-originaire*, *an-archique* ou encore *Immémorial*. C'est pourtant l'exigence de justice inscrite au cœur de l'assignation par autrui qui me pousse selon Lévinas à constituer un monde. Monde où puissent être mesurées et comparées les exigences concurrentes d'un autrui toujours pluriel, dédoublé en autrui et en *tiers*.

Le rapport entre les deux temporalités économiques et prophétiques est donc complexe. C'est un rapport de traduction-trahison, dans lequel l'engagement historique constitue une réponse à l'appel prophétique, mais une réponse toujours inadéquate et conduisant fatalement à une trahison de cet appel. Trahison qui doit être constamment réduite et critiquée au nom de la vigilance éthique[1]. La transcendance ne fait qu'éveiller ou inquiéter l'immanence, sans pouvoir prolonger cet éveil dans une action ou un récit définissable, car sinon elle y perdrait sa qualité même de transcendance, et retournerait en sens intégrable : « L'éthique est le champ que dessine le paradoxe d'un Infini en rapport avec le fini sans se démentir dans ce rapport. »[2] Lévinas parle alors *d'ambiguïté* ou *d'ambivalence* irréductible, ou encore de *clignotement* pour désigner ce mouvement.

1. Pour cette dialectique de traduction/trahison : cf notamment *AE*, p. 8-9, 100, p. 127 note 1.

2. *AE*, p. 189.

On peut également expliciter le sens du terme *Eschatologie* chez Lévinas en le rapprochant de ce que Heidegger, dans *Der Spruch des Anaximander* nomme *Eschatologie de l'être*[1], du moins selon l'interprétation qu'en donne Michel Haar dans *La fracture de l'histoire*[2]. Une telle eschatologie désignerait chez Heidegger la *Kehre* ou le tournant de l'être, événement du rassemblement (Logos) de l'histoire en une extrémité dernière (Eskaton). Toutefois, cet événement ne se situerait pas dans le mouvement même de l'histoire de l'être, hors même de toute détermination épochale, mais serait situé à la fois dans un futur insondable, au-delà de cette histoire, et dans le présent hors chronologie de l'instant ou *Einblitz*. Nous retrouverions donc chez Heidegger et Lévinas la même structure, du moins au niveau formel, de croisement entre deux temporalités hétérogènes, croisement qui, du point de vue de l'histoire, se situerait, comme trace, à la fois au-delà dans l'attente et en deçà dans l'instant. Il est par ailleurs frappant de retrouver chez Heidegger le même terme que chez Lévinas pour désigner l'attente de cet événement an-historique : la *patience* (*Langmut*)[3].

Pour terminer cette exposition, il convient de signaler un point qui ne constitue certes pas un foyer d'attention essentiel dans la lecture de Lévinas qui est proposée ici, mais qu'on ne saurait néanmoins passer sous silence lorsqu'il est question d'eschatologie ou de dimension prophétique chez cet auteur.

À travers la description de l'inspiration prophétique du sujet par la transcendance d'autrui, Lévinas vise en effet également un renouvellement du discours philosophique sur une autre transcendance, celle de Dieu. Le sens même du témoignage et de la responsabilité éthique ne vient pas d'autrui, ne réside pas en lui ou à partir de lui. L'intrigue qui lie le même et l'autre dans la passivité de l'exposition sans retenue, porte la trace d'un Infini ou d'une Transcendance qui « n'est » pas l'autre homme. Cette transcendance, que Lévinas nomme *Illéité*, « se passe » dans cette intrigue, sans y être contenue ou indiquée à la manière d'un signe.

Un tel discours théologique, tout débarrassé qu'il soit de conceptualité métaphysique, ne se situe pas, il faut le répéter, au centre de notre intérêt pour Lévinas. C'est la structure temporelle de l'assignation prophétique, ainsi que les modalités de celle-ci dans la passivité, qui nous paraissent en elles-mêmes renouveler de façon pertinente toute une série de problèmes philosophiques. Il est clair dès lors que notre lecture de Lévinas est animée par un parti pris qui ne rend pas justice en quelque sorte des intentions de

1. *Holzwege*, Frankfurt am Main, Vittorio Klostermann, 1950, p. 302.
2. *La fracture de l'Histoire*, Grenoble, Millon, p. 262.
3. M. Haar, *op. cit.*, p. 235.

cette pensée, ou du moins qui lui fait subir une certaine distorsion. Nous pensons néanmoins qu'il est tout à fait possible de soutenir un tel parti pris, et retrancher des descriptions lévinassiennes de l'eschatologie et du prophétisme leur visée ou leur arrière-fond théologique.

## Perspectives critiques

Il est toujours délicat d'entrer en débat critique avec une pensée philosophique du format de celle d'Emmanuel Lévinas. Cela n'est possible que dans la reconnaissance d'un double mouvement, qui est fait à la fois de dette et de distanciation. Dette vis à vis de tout ce qui enjoint et assigne dans une pensée, comme une question à laquelle nous ne pouvons nous dérober. Distanciation vis à vis des réponses données ou développées par cette même pensée, ceci au nom d'un horizon partiellement différent. Nous sommes redevables à Lévinas d'une attention aiguisée pour l'autre homme, et pour l'exigence éthique qui s'exprime dans notre affection par l'altérité. La reprise de cette dette implique par contre selon nous une mise en question critique du rôle de l'histoire et du « monde de la vie » dans cette intrigue du même et de l'autre, peut-être selon d'autres voies que celles ouvertes par cette pensée. Ainsi aimerions-nous maintenant tracer les limites de notre parcours avec Lévinas, en mettant à jour certains problèmes importants.

Le noyau problématique chez Lévinas réside selon nous dans sa vision de la totalité ou de l'immanence de toute constitution de sens. On devine ici une stratégie de discours qui accentue à l'excès les traits de continuité et d'homogénéisation du savoir et de l'histoire, ceci afin de mieux dégager par contraste leur rupture par la transcendance de l'autre. En somme Lévinas retrancherait trop rapidement la différence *en dehors* de l'histoire, en réduisant cette dernière au jeu de la continuité et de l'assimilation de toute hétérogénéité.

Certes, les figures antagonistes privilégiées sur lesquelles s'appuie Lévinas pour décrire une altérité radicale sont, outre Hegel, celles de Husserl et Heidegger. Or il semble clair qu'un paradigme unitaire reste attaché à la pensée de ces deux derniers auteurs, lié chez le premier au mouvement constituant de la subjectivité transcendantale, et chez le second à l'idée de propriété (*Eigentlichkeit*) ou d'appropriement (*Ereignis*). Mais qu'en est-il maintenant des pensées contemporaines de la différence ? Qu'en est-il vraiment d'une pensée qui repère la rupture, la discontinuité et l'hétérogénéité à l'intérieur même du champ de l'histoire, sans référence à une transcendance, celle de l'être ou celle de l'autre ?

Il nous apparaît que, par la radicalité même de sa description de l'immanence, Lévinas se prive, et nous prive, d'une authentique pensée de l'histoire. Il nous condamne à n'envisager celle-ci qu'avec un grand « H », et n'autorise aucun renouvellement de perspective qui nous permettrait de la penser en minuscule et au pluriel. Toute histoire, tout récit même partiel et fragmentaire, est envisagé par rapport à l'injonction éthique comme trahison de celle-ci. Trahison certes nécessaire, impliquée même par la nécessité de comparaison et de mesure inhérente à l'exigence de justice. L'histoire et l'engagement dans la constitution d'un récit ou d'une activité pratique est néanmoins toujours déterminé selon un mode dérivé et dévalorisé par rapport à l'exigence pré-originaire.

On ne peut s'empêcher ici de tracer à nouveau un parallèle avec Heidegger. Dans les deux cas en effet, on trouve le même rapport de dérivation entre deux temporalités dont l'une se caractérise par son originarité ou son authenticité[1]. Dans les deux cas la dérivation est nécessaire ou inévitable. Elle n'est pas tant une déchéance ou une perte de degré d'être qu'un oubli progressif : oubli de l'être et oubli de l'autre. Dans les deux cas également, la temporalité la plus authentique se caractérise par la radicalité d'une ouverture, pensée cependant plus passivement chez Lévinas, bien que ceci soit à reconsidérer plus attentivement pour le Heidegger d'après la *Kehre*.

C'est un tel « transcendantalisme » de l'ouverture authentique qui conduit selon nous à un blocage lorsqu'il s'agit d'envisager le niveau de la Praxis humaine, ou des pratiques tout court. On sait à ce propos les critiques et les questions qu'a pu soulever la curieuse déficience chez Heidegger du traitement de la corporéité et de l'altérité, induisant alors une déficience parallèle dans le traitement de la Praxis[2]. Comme si l'authenticité de l'ouverture interdisait de penser la praxis et l'histoire autrement que comme dégénérescence dans le « on » et dans la préoccupation oublieuse de l'ouvert.

Or nous apercevons les mêmes conséquences chez Lévinas, dues à la radicalité extrême d'une ouverture prophétique à l'autre qui est fondamentalement an-historique, détachée de tout engagement pratique. Ceci malgré une plus grande attention au corps dans la passivité, et à l'autre homme dans l'injonction éthique. Lévinas oublierait lui aussi la Praxis en la réduisant à l'immanence et à la totalité, et en négligeant ses caractéristiques de pluralité non théorisable[3]. Lévinas se montrerait aussi impuissant que Heidegger à penser le rapport et la filiation de la

1. Certes, chez Lévinas il ne s'agit pas d'authenticité au sens d'*Eigen-tlichkeit*, propriété.
2. Cf à ce sujet les nombreuses critiques d'Arendt, Ricœur, Taminiaux, Volpi, Courtine.
3. Caractéristiques bien décrites par H. Arendt à partir d'Aristote.

temporalité originaire au temps historique. Autant l'ouverture à l'être pensée comme être-pour-la-mort ou comme *Ereignis*, que l'ouverture à l'autre pensée comme inspiration prophétique et appel à la responsabilité, ne pourraient se prolonger vers un engagement dans le concret de l'histoire sans impliquer une déperdition à déconstruire constamment, et surtout ne pourraient donner lieu à des possibilités concrètes de l'agir humain, envisagées positivement dans leur orientation par l'être ou par l'autre. La pure ouverture à l'être, à l'ontologique, dévalorise chez Heidegger tout engagement ontique. De même chez Lévinas, la pure signifiance de l'exposition à l'autre, signifiance sans signification, ou Dire sans Dit, dévalorise toute forme de Dit. La pluralité non rassemblable de la Praxis se trouve ainsi nivelée par sa confrontation à une instance unique.

Comment dès lors penser un engagement pratique, même limité, fractionné et discontinu, à partir de l'assignation éthique ? Car c'est bien là selon nous que se situe néanmoins la force du champ de discours lévinasien, à savoir envisager la rupture ou la différence à partir de l'éthique et à partir d'une passivité considérée dans toute sa profondeur. Ne pourrait-on trouver ici des ressources pour rejoindre malgré tout l'histoire et la praxis, sans déconsidérer *a priori* celles-ci comme figures de l'immanence ? C'est en effet le sens de l'affection par l'altérité d'autrui, par sa parole ou par les documents qu'il a laissés, qui nous paraît déterminant pour toute pensée de l'histoire et du devenir historique. L'apport de Lévinas pourrait trouver ici précisément sa justification.

À partir de Lévinas se dessine le modèle d'une constitution passive, dans laquelle se joue un double mouvement d'injonction ou d'affection par l'autre d'une part, et de témoignage ou d'exposition s'attestant comme même ou sujet d'autre part. Sujet fracturé mais s'attestant dans la fracture. Ou sujet comme répondant ou comme réponse à une mise en question qui l'a toujours déjà précédée. C'est par cette structure de retard (*Nachträglichkeit*) qu'un tel sujet, constituant ou désirant en tant que tout entier affecté ou assigné, déborde les cadres d'une pensée téléologique de type métaphysique, et peut-être même de l'ontologie fondamentale au sens de Heidegger, dans lesquelles est toujours présupposée implicitement l'unité et la continuité du sens. Le sujet, pensé de cette manière, s'échappe à lui-même et ne peut se ressaisir en propre dans la reprise de son être-en-retard. Il est pourtant identifié dans et par ce retard qui est exposition à l'autre. Un « être-jeté » qui ne peut se ressaisir comme « projet ». Ou plutôt, et pour accentuer encore la rupture avec Heidegger : un être-enjoint ou envoyé qui est saisi par là comme témoin.

On aperçoit alors la possibilité de penser, à partir d'une telle structure, un sujet historique débarrassé de ses aspects totalisants. Le sujet d'une histoire plurielle et fractionnée, pour lequel s'échappe toujours la tentation de la prise et du rassemblement, de la com-préhension à partir d'un Logos unitaire présupposé ou visé. Une telle reprise de la pensée lévinassienne nécessite cependant qu'on en retranche le prolongement an-historique vers une transcendance d'en deçà ou d'au-delà de l'être. Il s'agit en somme de *rabattre l'eschatologique sur l'historique*. Ce qui revient en fait à ne pas suivre Lévinas dans l'excès hyperbolique[1] de sa critique de l'histoire comme totalité, totalité injuste vis à vis de toute altérité. Retrouver l'altérité *dans* l'histoire, ou du moins dans *des* histoires, sans pour autant la totaliser, l'assimiler ou la com-prendre, tel serait l'enjeu.

## CONFRONTATION A L'HERMÉNEUTIQUE DE GADAMER ET RICŒUR

Il nous paraît utile dès lors de confronter cet aspect de la pensée de Lévinas avec la tradition herméneutique, celle de Gadamer et de Ricœur principalement. En effet, nous trouvons également chez ces auteurs une analyse de l'être-affecté par l'altérité, avec toutefois une orientation très nette dans cette analyse sur la compréhension de l'historicité en tant que telle. La conception lévinassienne d'un sujet inspiré et témoin est-elle susceptible d'apporter ici quelques enrichissements voire un renouvellement de perspective ? Tel est le débat dans lequel nous aimerions nous engager maintenant, en repérant quelques oppositions, mais également quelques rapprochements.

Autant Gadamer, dans *Vérité et Méthode*[2], que Ricœur, dans *Temps et Récit*[3], insistent sur le fait que la constitution de l'historicité s'effectue en relation avec une *affection* par l'altérité : altérité de l'histoire qui est celle des textes et de la parole de l'autre homme. L'histoire nous *atteint* ou nous *interpelle*, elle exerce une *efficience* (*Wirkung*) sur le sujet, qui est toujours un interprète plus ou moins conscient et explicite. Gadamer souligne par ailleurs le fait que cette efficience est liée à une nécessaire reconnaissance de l'altérité de ce qui nous atteint. Il faut ainsi éviter le risque inhérent à toute compréhension historique, qui est selon lui de « s'approprier ce qui est autre et d'en méconnaître l'altérité. »[4] Au contraire, l'interprète doit « reconnaître tout son poids à la parole de l'autre » ou encore « admettre la tradition dans son exigence, non au sens d'une simple reconnaissance de

1. La formule est de Ricœur : cf *Soi-même comme un autre*, Paris, Seuil, 1990, p. 387-392.

2. *Vérité et Méthode*, tr. fr., Paris. Seuil, 1996.

3. *Temps et Récit III*, Paris, Point Seuil, 1985 : II, 7, « Vers une herméneutique de la conscience historique ».

4. Gadamer, *op. cit.*, p. 321 note 230.

l'altérité du passé, mais en reconnaissant qu'elle a quelque chose à me dire. »[1]

On pourrait penser qu'une telle attention à l'altérité et à sa réception correspond tout à fait à première vue aux cadres posés par Lévinas. Mais l'asymétrie de l'interpellation sur sa réception est bien vite nivelée dans cette vision de l'herméneutique. À l'exigence qui s'adresse à l'interprète ou qui le touche correspond exactement la question que pose celui-ci à l'altérité du texte ou de l'événement historique. Ainsi Gadamer : « Nous sommes capables de nous ouvrir à l'exigence supérieure d'un texte et de correspondre dans notre compréhension à la signification dans laquelle il s'adresse à nous. »[2] L'altérité historique ne surgit pas sans crier gare, elle s'annonce à partir d'un *horizon* auquel le questionnement du récepteur répond en s'y ouvrant lui aussi à partir de son horizon propre. La passivité de l'appel est corrélative d'une *ouverture* dans laquelle doit se maintenir l'appelé. De même, Ricœur coordonne à la pure passivité d'une efficience subie ou soufferte, le travail d'une réception médiatisante du passé : « Le passé nous interroge dans la mesure où nous l'interrogeons. Il nous répond dans la mesure où nous lui répondons. »[3]

La relation à l'altérité n'est donc pas posée ici comme surprise ou différence radicale. Elle a bien plutôt les traits d'une rencontre dans laquelle se négocie à l'amiable les conditions d'une compréhension commune. On en arrive ainsi à l'idée de *fusion des horizons*, développée par Gadamer et reprise par Ricœur, fusion des horizons qui ne vise certes pas une ambition de savoir total, puisqu'elle est toujours ouverte sur de nouvelles expériences. Elle est en constante ré-adaptation, ceci en vertu de l'historicité fondamentale du sujet. Cependant, la réception de l'altérité est *d'emblée* orientée vers la constitution d'un horizon global, même si celui-ci est mouvant et ouvert. Comme le dit Gadamer, l'ouverture à la question que me pose le texte ou l'événement historique, présuppose un non-savoir de type socratique[4], mais un non-savoir ou une crise de mes idées reçues qui est d'ores et déjà animée par la visée d'un sens à retrouver. Chez Ricœur, la notion de récit ne s'inscrit dans cette perspective que dans l'idée d'une dialectisation ou d'une médiatisation narrative du processus toujours ouvert de ré-ajustement perpétuel des horizons : médiatisation des catégories d'*espace d'expérience* et d'*horizon d'attente*, reprises de Reinhart Koselleck[5]. La constitution d'une conscience historique

1. *Ibidem*, p. 384.
2. *Ibidem*, p. 333.
3. *Temps et Récit III*, p. 402.
4. *Vérité et Méthode*, *op. cit.*, p. 389.
5. R. Koselleck : *Le futur passé*, tr. fr., Paris, 1990.

s'effectue, au niveau symbolique, par l'opération structurante de la mise en intrigue, articulée selon la triade *préfiguration-configuration-refiguration*. L'être-affecté par l'altérité est, ici également, toujours déjà intégré *a priori* dans une visée constitutive, et ne figure que comme moment dialectique dans cette constitution.

Ainsi, une telle conception de la réception présuppose toujours implicitement la continuité, continuité du sens mais aussi continuité du temps et de l'histoire. Pour Gadamer, la distance temporelle « n'est pas un abîme béant, elle est au contraire comblée grâce à la continuité de provenance ou de transmission, à la lumière de laquelle toute tradition s'offre à nos regards. »[1] Et le médium de cette continuité, médium sur le fond duquel se produit la fusion des horizons, c'est le langage. Langage toujours envisagé en somme en tant que Logos, fonctionnant comme troisième terme englobant le même et l'autre, lien de communauté dissolvant leur différence. « Dans le dialogue réussi, les interlocuteurs se soumettent tous les deux à la vérité de la chose, et cette vérité les unit en une communauté nouvelle. »[2]

En somme, ce que ni Gadamer ni Ricœur ne questionneraient suffisamment, et avec eux toute la tradition herméneutique, c'est le moment de *crise* du sens qui se situe à la source de toute interprétation ou de toute rencontre avec l'altérité du texte ou de la parole d'autrui. Si la réception de l'exigence ou de la prétention qui anime cette altérité présuppose l'aveu d'un non-savoir ou la rupture d'une doxa, ce non-savoir ne devrait pas être immédiatement interprété à partir d'un sens visé, à partir de la présupposition, extérieure en fait à l'événement même de l'altérité, d'une continuité englobante momentanément hors de vue. L'événement perd alors sa valeur de surprise ou de « traumatisme », et n'est plus que le prétexte ou l'occasion vite dépassée d'un réajustement d'horizon. Comme le dit Bernhard Waldenfels à propos de Gadamer : « La circularité de la question et de la réponse fait apparaître l'étrangeté et l'altérité de l'autre, de qui provient la question, comme provisoire. »[3]

Or ce que cherche à mettre en lumière Lévinas, c'est justement ce moment de l'événement ou de la rupture, sans l'intégrer *a priori* dans l'unité d'une compréhension, même visée seulement. L'injonction qu'exerce l'autre n'est pas d'abord une exigence de vérité à laquelle je dois répondre par ma compréhension ou par mon questionnement en retour, dirigé sur cette compréhension à atteindre. Lévinas utilise certes le modèle

1. *Vérité et Méthode*, p. 319.

2. *Ibidem*, p. 402.

3. B. Waldenfels : *Antwortregister*, Suhrkamp, Frankfurt-am-Main, 1994, p. 136, trad. personnelle.

de la dialectique question-réponse dans ses descriptions, mais il insiste sur le fait que la question résonne à partir de la réponse toujours déjà donnée. Elle ne la précède pas mais s'y révèle comme un choc en retour, sans que cette précession puisse être située dans un passé et intégrable dans une continuité. La question a toujours déjà passé et ma réponse s'est toujours déjà exposée à l'accusatif, sans pouvoir ainsi recoller à la question, sans pouvoir la comprendre. J'ai toujours déjà répondu à une question que je n'ai pas entendu ou dont je n'ai pas fait l'expérience au préalable. Une réponse qui par là n'est pas d'abord compréhension ou visée d'un savoir, mais d'un autre ordre : éthique pour Lévinas. « Obéissance précédant toute écoute du commandement ». Ou plus loin : affection anarchique qui se glissa en moi « comme un voleur », à travers les filets tendus de la conscience, traumatisme qui m'a absolument surpris, l'ordre n'a jamais été représenté, car il ne s'est jamais présenté – pas même dans le passé venant en souvenir – au point que c'est moi qui dis seulement – et après coup – cette inouïe obligation.[1]

L'enjeu du débat apparaît clairement. On peut le résumer à partir des notions de *symétrie* et *d'asymétrie*. Lévinas défend l'*a*symétrie de l'injonction ou de l'affection sur sa réception ou sur la réponse du sujet affecté. Le sujet lévinassien est de part en part répondant, mais au sens de témoignage, c'est-à-dire que la réponse n'est que le prolongement même de la mise en question. La question n'est pas reçue, elle n'est pas intégrée dans un double mouvement symétrique dans lequel elle serait assumée, médiatisée.

Ricœur, comme Gadamer, défendent quant à eux cette symétrie. Sur le plan de l'historicité, ils rejoignent Heidegger pour lequel la disposition historiale de l'homme par l'être, qui est disposition *affective*, correspond de la part de l'homme à une reprise de cet envoi dans le maintien de cet ouverture (L'homme comme berger ou gardien de l'être). On peut certes insister sur le changement de perspective qui s'opère chez Heidegger après la Kehre, où le poids est moins mis sur le *projet* du Dasein que sur l'envoi ou le *Geschick* de l'être. De même chez Ricœur, le poids de l'injonction par l'autre vis à vis de sa reprise par le soi est certes plus fort dans *Soi-même comme un autre*. Il n'en demeure pas moins que, quel que soit le poids accordé à l'un des pôles plutôt qu'à l'autre, l'événement même de l'affection se trouve d'emblée intégré à un mouvement unitaire, ou dans la visée d'une unité de sens et de compréhension. La symétrie dans le jeu de la question et de la réponse serait en somme à la base de cette vision unitaire.

1. *AE* p. 189.

## OUVERTURES

Nous trouvons néanmoins chez Ricœur, dans *Soi-même comme un Autre*[1], quelques indications divergentes, qui autoriseraient peut-être le traitement autonome de ce moment de décalage ou de brisure entre l'affect et la donation d'une totalité, entre ce que Ricœur nomme *injonction* et *attestation*. L'idée de récit et de configuration narrative révèle ici des potentialités différentes et plus riches, par rapport à une simple compréhension statique, telle qu'on la trouve chez Gadamer. Ainsi Ricœur évoque-il notamment, à la faveur de certains récits limites tels que *L'homme sans qualité* de Musil, des moments de complète fracture ou de dépossession de soi[2]. Ricœur voit dans de tels moments de *crise* la mise à nu de l'ipséité comme pure question *Qui ?,* question laissée pour un temps sans réponse. Il met en relation cette dépossession de soi avec l'affection par autrui :

> Que ce dépouillement, évoqué par des penseurs aussi différents que Jean Nabert, Gabriel Marcel, Emmanuel Lévinas, ait affaire avec le primat éthique de l'autre que soi sur le soi, cela est clair.

Il s'empresse néanmoins d'ajouter :

> Encore faut-il que l'irruption de l'autre, fracturant la clôture du même, rencontre la complicité de ce mouvement d'effacement par quoi le soi se rend disponible à l'autre que soi.[3]

Nous envisageons cependant pour notre part la possibilité d'une mise en récit de l'affection ou injonction, tout en conservant son *a*symétrie. Ne pourrait-on en effet considérer la crise ou la mise en question provoquée par l'effraction de l'autre, comme embrayeur de récit ? Ce récit constituerait dès lors une réponse à la crise, mais une réponse qui ne soit pas une réception de celle-ci, ou qui ne soit pas orientée par la visée de résoudre celle-ci, d'y correspondre et de la synthétiser dans un mouvement unitaire. Le récit aurait un « destinateur », au sens de la logique du récit chez Greimas, mais ce moment d'envoi ne serait pas un événement intégrable dans la continuité narrative. Il hanterait bien plutôt chaque moment du récit comme un traumatisme indépassable, qui empêcherait par la même occasion toute clôture définitive. Une crise qui aurait mis en route le récit, mais dans un « passé qui n'aurait jamais été présent » pour reprendre les termes de Lévinas, ou encore qui continuerait à l'animer en chacune de ses

1. *Soi-même comme un autre*, Paris, Seuil, 1990.
2. *Ibidem*, p. 196-198.
3. *Soi-même comme un autre*, p. 198.

articulations, selon l'image de la *creatio continua* de Descartes, image souvent reprise par Lévinas lui-même.

Mettre en récit cette structure temporelle de l'hémorragie ou du « s'en aller en responsabilité », et par l'intermédiaire du récit rejoindre l'histoire, signifierait d'une part ne pas suivre Lévinas dans sa critique hyperbolique de toute histoire et de toute narration. D'autre part cependant, cela signifierait également prendre à la lettre Lévinas même, qui ne cesse de parler *d'intrigue* ou encore *d'imbroglio* à propos du sujet inspiré par l'autre, et ceci alors même qu'il range toujours par ailleurs la narration du côté des figures de l'immanence.

On s'approcherait ainsi d'une conception de l'historicité du sujet comme ÊTRE-EN-RÉPONSE, être en réponse envisagé en dehors d'une correspondance à l'être dans la compréhension, ou d'une correspondance à l'injonction dans l'attestation de soi. Envisager cette réponse dans une configuration narrative, en ne dévalorisant pas *a priori toute* forme de récit comme trahison, permettrait en outre d'en considérer les modalités plurielles, les divers registres possibles [1]. À l'opposé d'une eschatologie de l'être ou de l'autre, croisant sans s'y investir le temps de l'histoire, et n'autorisant qu'une seule modalité de réponse authentique comme *patience*, nous aurions une eschatologie historique dans laquelle prendraient sens pour elles-mêmes des réponses multiples et fractionnées.

Il faudrait néanmoins, et nous terminerons par là, envisager également *l'altérité* sous une forme plurielle, ce que ne fait pas Lévinas, ou du moins ce qui constitue chez lui une ambiguïté qui appelle sa clarification. Comme le dit Ricœur à la fin de *Soi-même comme un autre*, la catégorie de l'Autre est ambivalente. Ce peut être tout aussi bien autrui (comme visage), que la conscience (au sens de Heidegger), le corps, l'être (dans la *Stimmung*), ou encore Dieu (Illéité chez Lévinas).

Michel VANNI

1. C'est dans cette direction que s'engage notamment Bernhard Waldenfels, en développant dans son dernier ouvrage (cf. *op. cit.*) les dimensions *multiples* de ce qu'il nomme *responsivité* (Responsivität). Cf également du même auteur : *Ordnung im Zwielicht*, Suhrkamp, 1987, p. 150-153.

# FIN DE L'HISTOIRE OU NATURALISATION DE L'HISTOIRE ?

## Horizons de l'historicité post-métaphysique

*Désormais il ne s'agit plus de créer.*
*L'essentiel est ce que l'on a observé*
*J. Roth,* La fuite sans fin.

## Prémisses

D'abord quelques réflexions à propos du titre de cette étude. L'expression « fin de l'Histoire » se réfère ici à un certain nombre de questions concernant notre impossibilité actuelle d'identifier au niveau symbolique le temps humain à l'*ordo historiae* de la tradition métaphysique moderne, et donc aussi de reconnaître en cette identité le cadre universel à partir duquel imaginer la force, l'efficacité et la cohérence, respectivement, d'un discours, d'une action, d'une politique.

« Questions » dont les enjeux se préciseront à partir de l'articulation de deux thèmes en particulier : celui de l'identité d'un sujet qui se caractérise par son appartenance à l'émergence d'une configuration du monde[1]

1. Par « monde » j'entends ici tout simplement cette expérience de la « réalité » qui nous cerne quotidiennement, et qui est implicitement présupposée dans nos actions et dans nos discours – « notre monde », tel qu'il se présente dans une certaine « habitude » du monde qui est à la fois pratique et intellectuel, sensible et cognitif. « Monde » que toutefois, contrairement à la notion husserlienne de *Lebenswelt*, dans nos analyses, nous ne chargerons d'aucun attribut *fondateur*, ou *originaire*. De même que, contrairement à la lecture qu'en fait Habermas, nous ne lui attribuerons aucune signification de *ressource*. Le « monde », donc, avant ou indépendamment de sa partition entre *vital* et *systémique*. Tel que nous l'entendons ici, le monde est alors plutôt ce même monde avec lequel, selon l'expression de Heidegger, nous avons toujours un « commerce », et qui selon la nature de ce commerce se fractionne en plusieurs mondes, plus ou moins compatibles entre eux. Pour une étude des éléments

*déterminée* (thème anthropologique), et celui de l'espace où, selon l'expérience à chaque fois dominante, se forment les sédimentations de nos discours et de nos actions (thème ontologique). Nous avons toujours affaire à un monde, qui cependant non seulement n'est pas toujours le même comme nous l'expliquent l'histoire des mentalités [1] ou les nouvelles orientations de l'anthropologie culturelle [2], lorsqu'elles parlent des « différentes visions du monde » et, à la suite de Wittgenstein, des *Lebensformen* y correspondant [3], mais qui n'est pas non plus cette réalité *au fond* immuable que les diverses perspectives se limiteraient seulement à articuler, chacune selon ses propres règles. L'éclaircissement est ici nécessaire, car lorsqu'on aborde la question du monde d'un point de vue qui essaie de tenir ensemble, jusqu'à un certain point, phénoménologie et généalogie, est toujours présent le risque de se voir adresser le reproche de tomber dans un « conventionnalisme » indéfendable.

constitutifs de cette notion de monde, cf. F. Papi, *La passione della realtà. Saggio sul fare filosofico*, Milano, Guerini e Associati, 1998, p. 91-100.

1. Cf. J. Le Goff /P. Nora, *Faire de l'histoire*, T. III, Paris, Gallimard, 1986, p. 106-125.

2. Cf. C. Geertz, *The Interpretation of Cultures*, New York, Basic Books, 1973.

3. Cf. L. Wittgenstein, *Philosophische Untersuchungen*, Oxford, Blackwell, 1958. Le fait que Wittgenstein n'ait pas explicité complètement la notion de « forme de vie », et aussi une certaine ambiguïté de son emploi, ont conduit les exégètes à des interprétations très contradictoires surtout quant aux implications « pragmatiques » du terme. Je voudrais seulement souligner ici que, s'il est possible de reconnaître des concordances entre *a)* ce que Wittgenstein appelle « règles » – comme organisation d'une grammaire, d'un système de *régularités* à partir desquelles se définit le monde de significations d'une communauté précise et donc aussi l'identité sociale intersubjective des ses participants –, et *b)* la notion de « praxis », telle qu'elle sera employée dans mon texte, il y a une condition précise pour le faire. Celle de ne pas tirer du constat de la pluralité des règles, ou des jeux de langage portant sur des formes de vie qui répondent à des processus de socialisation spécifiques, l'idée d'un accord arbitraire, relatif, qui déciderait de l'adhésion ou non à ces règles. Mais, au contraire, de reconnaître le caractère de *nécessité* des règles qui condensent une certaine forme de vie. C'est la question de la portée ontologique des règles et des jeux linguistiques soulignée par S. Borutti (*Per un'etica del discorso antropologico*, Milano, Guerini e Associati, 1993). Dans sa lecture de Wittgenstein, la signification de la corrélation entre *conventionnalisme* et *nécessité* des règles y est précisée dans les termes suivants : « [...] si è inclini a pensare la convenzione da un punto di vista ontologico e intellettualistico, come arbitrarietà e assenza di fondamento : in questa prospettiva, un significato, una regola culturale sono convenzioni nel senso di scelte arbitrarie tra alternative tutte possibili e tra loro indifferenti ; ogni scelta, ogni regola in quanto stipulazione arbitraria, ha lo stesso valore, e può essere giudicata e compresa solo all'interno di un gioco. Non è questa a mio parere la prospettiva di Wittgenstein : la convenzionalità dei giochi linguistici non significa infatti la loro indifferenza rispetto al mondo, la loro irrilevanza semantica e ontologica. Al contrario le convenzioni sono in Wittgenstein una struttura pratico-ontologica costrittiva » (p. 137). C'est la même inexorabilité qui établit aussi la correspondance entre forme de la subjectivité et modalité de la praxis. Tout comme c'est une même inexorabilité que celle définissant l'émergence « contextuelle » des *a priori* qui, dans le cadre d'une praxis précise, nous ouvrent *temporairement* l'accès à un monde comme *seul* monde concevable.

*C'est donc à un tout autre niveau qu'on doit situer l'observation, encore à développer, que les* a priori *par le biais desquels* un *monde se présente comme* le *monde, font de celui-ci le produit d'un ensemble pluriel de pratiques humaines irréductible aux séquences (progressives ou régressives, peu importe) d'une histoire linéaire.*

Sous cet angle, alors, le terme de « naturalisation de l'Histoire », définira une expérience du temps susceptible de resymboliser le rapport entre monde naturel et monde humain, à partir de la négation de l'autonomie de leurs histoires respectives. On sait désormais que notre Histoire s'est dépassée elle-même, au sens où il y a de l'histoire humaine au sein de l'histoire de la nature, entendu que les transformations intervenues récemment dans les équilibres naturels sont d'abord un effet de la civilisation. Perçue comme une émancipation des liens naturels, l'Histoire au sens philosophique moderne est presque toujours une acquisition idéale, l'aboutissement d'une lutte ayant permis au temps de la *liberté* (le temps « libéré » de l'esprit) de s'affranchir du temps de la *nécessité*. C'est donc toujours un refoulement de la nature qui, dans ce modèle, autorise l'Histoire à inaugurer son cours, cette même nature qui aujourd'hui s'impose à nous comme un produit de la civilisation. Nous avons été conduits à notre « culture » actuelle par la même histoire qui sous-tend aussi le système actuel de la nature : cette histoire qui selon Adorno se présente comme la seule histoire vraiment universelle, la seule produite par une unité dénuée de tout idéalisme[1], à savoir l'histoire de la technique comme histoire de la domination de la nature. Ce qui, selon une analyse de F. Papi[2] beaucoup plus proche de notre perspective, équivaut également à dire que la nature, la nature issue de cette domination, est à présent la seule réalité apte à unifier l'histoire plurielle des hommes – le seul horizon, peut-on ajouter, où se dessine un destin à la fois universel et matériel.

L'idée, avancée par S. Moscovici, de la « resocialisation de la nature »[3] va, il me semble, dans la même direction. Pendant au moins trois siècles, on

1. Th. W. Adorno, *Dialectique négative*, tr. fr. Paris, Payot, 1992, p. 250 : « Affirmer qu'un plan universel, dirigé vers le mieux, se manifeste dans l'histoire et lui donne sa cohérence, serait cynique après les catastrophes passées et face à celles qui sont à venir. Mais il ne faut pas pour autant renier l'unité qui soude ensemble les moments et les phases de l'histoire dans leur discontinuité et leur éparpillement chaotique, unité qui, de domination sur la nature, se métamorphose progressivement en domination sur l'homme pour finir en domination sur l'homme intérieur. Aucune histoire universelle ne conduit du sauvage à l'humanité civilisée, mais il y en a très probablement une qui conduit de la fronde à la bombe atomique ».

2. Cf. F. Papi, *Philosophia imago mundi*, Comano (CH), Alice, 1994, p. 59-73.

3. S. Moscovici, *La société contre nature*, Paris, Gallimard, 1994, p. 375 : « Participants [à la nature] nous y provoquons équilibres et déséquilibres, nous apparaissons régulateurs et constructeurs de son architecture. L'action, à cet égard, une fois replacée dans sa direction

a appris à considérer l'Histoire comme le contexte « naturel » de notre existence temporelle, le seul horizon digne d'accueillir, en les thésaurisant, les productions du monde humain. Il faut maintenant commencer à reconnaître que l'horizon où ces productions laissent réellement leurs traces en s'accumulant, est le monde naturel – signe d'un enracinement qu'aucune rhétorique de la « civilisation » ne peut jamais vraiment oblitérer. C'est pourquoi, en conclusion de son ouvrage *La société contre nature*, Moscovici substitue l'idée du retour *à* la nature à celle du retour *dans* la nature[1]. « Resocialisation de la nature » et « naturalisation de l'Histoire » sont alors deux concepts qui trouvent ici leur point de convergence.

Quant au sous-titre, nous avons vu ci-dessus le contexte dans lequel la notion d'horizon acquerra son sens précis. Ajoutons pour l'instant, qu'à travers cette notion on essaiera d'analyser quelques-unes, au moins, des modalités de la praxis qui inscrivent le sujet contemporain dans une historicité étrangère à celle des systèmes traditionnels de l'ontologie historique. De ce point de vue, nous verrons alors que parler de « fin de l'Histoire », c'est d'abord souligner le déclin d'une certaine forme d'historicité. De même que parler d'historicité post-métaphysique, équivaut à repérer les transformations intervenues au niveau pragmatique des expériences qui nous assignent à l'institution d'un monde, reconnaissable d'emblée comme *notre* propre monde.

Voici maintenant, pour conclure cette partie introductive, les étapes à travers lesquelles nous aborderons les points susmentionnés.

D'abord, j'analyserai brièvement la notion de conscience historique pour la débarrasser de toute attribution transcendantale et fondatrice. Plutôt donc que d'interpréter la conscience historique comme une découverte ayant permis de définir, une fois pour toutes, la « vérité » du temps intersubjectif, nous l'assimilerons plus modestement à un trait dominant de l'historicité du sujet moderne. Elle désignera l'articulation d'une « pratique » du monde s'appuyant sur une certaine compréhension du rapport entre temps du soi et temps des événements collectifs. Inutile alors de préciser que l'expression « horizons de l'historicité post-méta-

véritable, réduit la distance et l'étrangeté de notre rapport à l'ordre des choses, l'éloignement de l'organisme individuel et collectif à cet ordre, saisi uniquement en termes abstraits, marqué par la ségrégation, en fonction des qualités premières – espace, temps, loi, mesures, quantités. Elle établit la possibilité d'une familiarité, les qualités secondes, immédiates, du sensible, du perçu, de l'imaginaire remplissant le vide, entretenu, de l'homme à son univers. Instante est certes la recherche d'un retour, non pas retour à la nature, mais retour dans la nature ».

1. *Ibidem*, p. 375.

physique », sera mise en relation avec l'éclosion d'autres « pratiques » du monde *(1)*.

Une fois cette question éclaircie, il faudra distinguer conséquemment deux positions à l'égard du phénomène de l'« Histoire ». Car c'est une chose que l'identification tout court de l'Histoire à la temporalité du monde humain, et c'est une toute autre chose que de la soumettre à une lecture qui s'efforce plutôt de faire ressortir son caractère de construction, issu d'un double mouvement d'idéalisation et d'unification du temps. À partir de cette seconde perspective, l'Histoire s'imposera à nous comme un « schéma interprétatif » qui, dès la fin du XVIe siècle, a permis de signifier l'ordre du réel selon une modalité particulière. « Modalité » qu'il n'appartient pas seulement aux grands textes de la littérature philosophique sur l'Histoire de révéler, mais aussi aux pages programmatiques des traités sur l'« histoire nouvelle », rédigés par des auteurs tels que H. de la Popelinière, Pasquier, Vigner, Le Roy. Cependant nous nous limiterons ici à un seul texte appartenant au premier de ces deux groupes. Les analyses qu'on développera autour de cette compréhension de l'Histoire, nous conduiront ensuite à postuler l'existence d'une identité seulement conjoncturelle entre monde humain et *ordo historiae* – ce qui, du reste, ressort aussi clairement lorsqu'on parle de *fin* de l'époque de l'image historique du monde *(2)*. Ainsi, il nous sera donné l'occasion d'aborder la célébre critique nietzschéenne de l'Histoire en tant que « *blinde Macht des Wirklichen* », telle qu'elle se définit à partir de la deuxième des *Considérations inactuelles (3)*.

La partie conclusive portera sur deux instances qui, actuellement, semblent évoquer l'universalité des métaphysiques de l'Histoire. Et à ce propos, on essaiera de réactualiser la notion de *Weltmarkt*, employée par Marx, pour en venir enfin à une aporie qu'on essaierait de localiser au cœur même de l'historicité post-métaphysique *(4)*[1].

## CONSCIENCE HISTORIQUE ET ANTHROPOLOGIE DU SUJET MODERNE

Dans le cadre de cette étude, nous nous limiterons à une définition minimale de la conscience historique. Ma thèse consiste à la reconduire tout simplement à une expérience du temps réfléchissant l'institution d'une forme de vie particulière : un segment fondamental de l'anthropologie du sujet moderne. En tout cas, rien d'assimilable à une découverte

1. Les analyses suivantes ont trouvé leur première version écrite dans notre *Incanti della storia e patologie della memoria. Studi sulle trasformazione 1*, Milano, 1997.

qui aurait permis de déterminer, une fois pour toutes, ce que Foucault dans son texte de 1966 appelle, en se référant précisement à l'Histoire, « la façon d'être fondamentale des empiricités »[1].

Les travaux de R. Koselleck[2] sur la sémantique des temps historiques nous offrent à ce propos un premier point de départ, surtout quand il décrit les raisons qui ont conduit à recueillir dans l'unité d'un *Kollektiv-Singular* la temporalité plurielle des histoires traditionnelles (sur l'empire, sur les nations, généalogies, *res gestae*, etc.). L'affirmation de l'autonomie du terme « Histoire » présuppose des transformations sémantiques, tout à fait solidaires des raisons qui ont permis d'identifier progressivement l'horizon de l'Histoire à l'horizon sécularisé de la praxis. Histoire et praxis doivent leur commutativité réciproque à un processus d'historification du *temps* intersubjectif, sans lequel le monde humain n'aurait pas pu assumer les caractères d'une réalité dynamique orientée de façon univoque et progressive.

À la place de la conscience historique, au fondement de l'expérience de l'historicité de la totalité du réel et de son pouvoir normatif sur l'action, nous devons donc plutôt reconnaître l'émergence d'une nouvelle configuration du monde, que le phénomène de la *mondanisation* permet seulement partiellement d'expliquer. S'il est vrai que le passage d'une configuration à l'autre – par exemple du Moyen Age à l'époque moderne – ne s'accomplit pas à partir d'un monde qui, quoique caché, « a toujours déjà été là », pour devenir de nouveau, après une longue parenthèse, le centre des intérêts humains. Le monde qui prend corps dans *une* configuration n'est que le monde de *cette* configuration. C'est là une observation centrale, afin de comprendre pourquoi à partir seulement d'une certaine époque temps du *soi* et temps du *nous* ont trouvé leur point de convergence dans l'« espace » de l'Histoire.

Il faut donc opérer par rapport aux perspectives traditionnelles un renversement dans l'ordre des priorités, puisque c'est la conscience historique qui découle de cette coordination inédite entre « espace d'expérience » et « horizon d'attente » que R. Koselleck, toujours dans les études citées, place à l'origine de l'époque moderne, et non pas l'inverse. Le fait que ces deux catégories aient commencé à s'organiser de façon à interdire la continuité traditionnelle entre passé et futur, n'est donc pas la conséquence de l'avènement d'une forme de la conscience du temps émancipée des liens normatifs de la tradition. Le déclin de la correspondance entre expérience et attente signale au contraire un

1. M. Foucault, *Les mots et les choses*, Paris, Gallimard, 1966, chap. VII.

2. Cf. R. Koselleck, *Vergangene Zukunft. Zur Semantik geschichtlicher Zeiten*, Frankfurt a. M., Suhrkamp, 1979, par. I.

changement de paradigme, au niveau de l'apparition de ce que, avec C. Castoriadis, nous pouvons appeler un nouveau système de « significations imaginaires »[1]. La faculté, propre à l'âge moderne, d'expérimenter le monde comme réalité historique, se réduit ainsi au fait d'assigner à l'Histoire le sens d'une ontologie qui épuise l'image du monde dans la totalité de son être.

D'un point de vue épistémologique, cette précision porte sur l'invalidation de deux idées courantes : celle qui identifie la conscience historique à un *organon* de la connaissance du passé, et celle d'ascendance positiviste qui lui assigne le rôle de *medium* où se reflète la qualité « historiquement » variable du rapport entretenu par la connaissance avec le passé.

## HISTOIRE ET UNITÉ DU TEMPS

La portée schématique et interprétative du singulier-collectif « Histoire », soulignée plus haut, s'exerce non seulement sur les événements, comme normalisation de leur altérité et de leur pouvoir de faire irruption de façon déstabilisante dans un cadre donné – aspect qu'avait déjà parfaitement saisi le jeune Nietzsche–, mais aussi sur toutes ces significations influentes (normes, valeurs, institutions, croyances, idéologies, représentations, etc.) qui déterminent la dimension finie de l'existence. La catégorie de la sécularisation est à cet égard très explicative. Au-delà des nombreux problèmes se posant à une catégorie qui prétend expliquer la genèse de la Modernité, elle permet de voir comment l'émergence de l'Histoire, en tant que construction dominante de la temporalité, réorganise sur la base d'une autre logique imaginaire le domaine des significations religieuses. Il est bien sûr toujours possible de considérer le passage d'une époque à l'autre (Moyen Age, modernité, etc.) comme un mouvement *interne* à l'Histoire. Mais quand il est question d'histoire universelle, l'observation nous montre plutôt que dans le cas de la sécularisation, la transformation « mondaine » du système des valeurs de la société coïncide avec l'*ouverture* du monde à l'Histoire. Et c'est précisément en ce sens que l'Histoire devient une « ontologie » capable d'assigner un *présent*, à savoir une unité temporelle de sens, à un *nous* communautaire.

Je ne vois pas alors dans quel autre sens on peut parler de la fin de l'Histoire, sinon dans celui de la dissolution de cette ontologie.

1. Cf. C. Castoriadis, *L'institution imaginaire de la société*, Paris, Le Seuil, 1975.

Le recours ici à Husserl s'impose par l'exemplarité d'une analyse qui réagit à la dissolution de l'ontologie historique par la récupération de ce qui devrait permettre de reconduire l'Histoire à son unité : la théorie. Une double tâche s'annonce donc : considérer, d'une part, par quel point de vue il est possible de reconnaître un modèle d'histoire universelle chez Husserl, et, d'autre part, comment légitimer l'existence d'un tel horizon, à partir de l'impératif d'une compréhension de l'Histoire en sa totalité (*Gesamteinheit der Geschichte*), cette même Histoire, précise Husserl, qui nous appartient en tant que *notre* histoire [1].

Chacun sait que la question sur laquelle s'ouvre la *Krisis* est celle du sens désormais devenu incompréhensible de l'Histoire ; un sens qui s'est graduellement retiré, et qui en conséquence a fini par arracher l'histoire humaine de tout principe transcendantal. Du point de vue de l'existence, l'époque de la crise du sens se définit comme celle où l'Histoire – ou plutôt le temps pluriel d'une Histoire qui a égaré son *telos* – cesse d'assigner aux hommes une tâche universelle, en les exposant à un devenir se réduisant à une succession chronologique d'instants dépourvus de continuité et de direction unitaire. Comment, dans ces conditions, restituer l'existence à l'ordre oublié de son historicité ; comment la réarticuler de nouveau à la *nécessité* d'un processus ?

Il y a crise lorsque l'existence cesse d'être régie par une conscience du temps à même de dépasser les intérêts éparpillés de la vie individuelle pour élever celle-ci au plan des obligations d'une humanité rationnelle. Le déclin de l'histoire universelle traîne avec soi le savoir du temps propre à la conscience historique, un savoir qui permet d'« habiter » le temps selon son propre cadre de valorisation universelle. Sans conscience historique ce qui fait défaut, c'est donc la possibilité de passer d'une compréhension du temps comme simple succession des générations à une compréhension du temps comme Histoire.

Donner les conditions de possibilités de ce passage, une fois expliqué le rôle qui revient ici à l'« Histoire », c'est penser la crise du point de vue de son issue possible. Comme nous le verrons ci-après, la voie est alors ouverte pour élaborer un discours critique sur la destitution du temps

1. Cf. E. Husserl, *La crise des sciences européennes et la phénoménologie transcendantale*, tr. fr., Paris, Gallimard, 1976, p. 82. « Unsere Geschichte » : c'est ce qui doit être compris de façon critique si l'on veut découvrir quelle est la tâche historique de la philosophie, « [...] la seule qui nous soit personnellement propre. ». Cette tâche, continue Husserl, ne peut pas être poursuivie « par la critique de n'importe quel système actuel ou transmis par une tradition déjà ancienne, par la critique d'une vision du monde scientifique ou pré-scientifique [...], mais [...] seulement à partir d'une compréhension critique de l'unité d'ensemble de l'histoire » (*ibid.*), précisément l'histoire qui nous appartient en tant que notre histoire.

propre à la vocation « scientifique » de l'origine de l'histoire européenne, au profit d'un temps sans droits et étranger à sa logique, s'imposant désormais à tous les niveaux de la réalité. « Destitution » qu'il est possible de faire correspondre à la fin de l'Histoire, comme oblitération de ce temps qui aurait dû permettre de reconduire les différentes formes historiques de vie en Occident à l'unité d'un *principe* capable de les inscrire dans une téléologie, sans les limiter aux seules finalités conjoncturelles qui, chaque fois, organisent l'ensemble d'une communauté.

Par rapport à la continuité transhistorique de ce principe, la conscience historique est avant tout conscience de l'historicité de l'existence. Conscience de participer sans arrêt à un temps qui est autant « tous les temps », que le « temps de tous » : un projet spirituel où *chacun* participe à l'*histoire infinie* des tentatives passées, présentes et futures, de donner à l'existence une forme rationnelle.

L'existence accède à l'Histoire au moment où elle commence à prendre conscience d'appartenir à la direction de son mouvement. L'expression « téléologie de l'histoire européenne » est celle par laquelle Husserl nomme le mouvement historique qui donne unité à la vie de l'humanité. Aussi, le seul fait de reconnaître cette appartenance garantit déjà une participation active à l'histoire universelle, car c'est cette même conscience qui convertit le *telos* de l'Histoire dans « un but pratique de la volonté » [1]. Ainsi, par une telle conscience, un sujet seulement *empirique* peut se transformer en un sujet pleinement *historique*.

Or, pour apprécier quel type de conscience historique conduit à l'unité de l'Histoire, il nous faut remonter à sa condition de possibilité. À ce stade nous envisagerons une expression culturelle spécifique : la philosophie. Dès sa fondation dans la Grèce antique, la philosophie s'est inscrite en effet dans le cadre d'une relation particulière à l'Histoire. Plus précisément ; la philosophie s'est définie comme l'expérience soucieuse d'introduire l'humanité européenne dans une histoire spirituelle, et en même temps de fonder cette histoire. Elle est donc plus qu'une forme culturelle parmi les autres. Avec la naissance de la philosophie, les hommes découvrent progressivement la possibilité de participer à une communauté universelle, selon des exigences motivées rationnellement. Une existence rationnelle est, en ce sens, une existence régie par des normes présupposant la connaissance de la *totalité* du réel, ce qui explique pourquoi Husserl s'exprime toujours, à ce propos, en parlant de tâche *infinie* – tâche qu'il faut réaffirmer tout au long d'une histoire aussi infinie. Il peut donc y avoir existence historique seulement là où il y a aussi existence théorétique.

1. *Ibidem*, p. 354.

En tant que sujet de l'Histoire, l'humanité européenne a trouvé dans la philosophie le principe de son développement rationnel – une fonction de l'Histoire même. C'est en effet l'expérience philosophique de la *rationalité* qui permet d'assurer une unité au monde historique. Car comme accomplissement de la *theoria*, la philosophie est la *raison* même de l'histoire de l'Humanité : de sorte qu'il devient ici possible d'identifier la conscience historique à une conscience historico-philosophique.

L'analyse de la crise nous présente, dans un certain sens, la mesure de la distance existant entre l'Histoire et la simple chronologie. En donnant le cadre génétique de la crise, on peut reconnaître le point où ces deux réalités ont commencé à se disjoindre, et discerner en même temps une issue (la méthode de la phénoménologie transcendantale) permettant de reconstituer cette fracture.

Pour conclure sur ce point, notons que ces observations ajoutent aux considérations développées précédemment un élément ultérieur : celui de la subordination de l'unité de l'Histoire à la conscience historique. Il est vrai qu'à travers la notion d'« internationalisme », on aurait pu montrer aussi chez Marx une même subordination, même si le « paysage » qu'inspire les deux réflexions est diamétralement opposé. Alors que chez Marx l'Histoire s'impose *finalement* comme une possibilité dialectique propre aux formes productives d'un temps présent qui appartient encore seulement à la *pré*-histoire, chez Husserl ce qui fait problème – selon notre lecture de la *Krisis* – est le domaine d'un temps qui cesse d'appartenir à l'Histoire, d'un présent qui se reproduit *désormais* déjà sous les traits d'une *post*-histoire : *commencement* de l'Histoire d'un côté ; réaction à la *fin* de l'Histoire de l'autre.

Pour aborder la dernière étape de notre parcours, posons maintenant succintement avec Nietzsche la question *moderne* de l'identité entre monde et Histoire.

## LE MONDE COMME MONDE HISTORIQUE

La critique nietzschéenne de la culture historique s'établit en premier lieu comme une réaction au mode selon lequel la modernité relie la vie à l'Histoire[1]. Dans la philosophie de l'inconscient du jeune Eduard von Hartmann, Nietzsche reconnaît l'injonction typiquement moderne engageant à vivre conformément au temps historique – signe d'une praxis vitale

1. Cf. F. Nietzsche, *Considérations inactuelles I-II*, tr. fr. in *Œuvres philosophiques complètes*, Paris, Gallimard, 1990, p. 93-169.

résignée qui ne dispose d'aucun autre moyen de reproduction, en dehors de cette subordination complaisante. Quelque chose comme un uniforme que la vie est astreinte à endosser, afin de se maintenir à la hauteur de son présent historique. Mais ajuster le mouvement accidentel et contingent qui dissipe pas à pas le temps fini de l'existence, sur l'infinité de l'Histoire universelle, ne consiste pas seulement à admettre la suprématie de celle-ci sur l'individu. C'est aussi reproposer, dans une forme sécularisée, l'expérience prémoderne de la rédemption. Une expérience que la modernité s'était promise de renier et qu'au contraire nous voyons ici reparaître, *mutatis mutandis*, en tant que principe même de la temporalisation du sujet moderne. Dans « l'abandon total de la personnalité au processus du monde » – selon l'expression de Hartmann citée par Nietzsche – toute une culture s'est efforcée de réaliser l'affranchissement de la finitude. Et cela, justement, en raison d'une Histoire qui aurait dû élargir aussi à l'individu son « aura » d'universalité.

Ainsi comprise, l'idée d'Histoire, telle qu'elle s'affirme avec la modernité, ne repose pas principalement sur une conception du temps opposée à d'autres conceptions prémodernes. Car la possibilité de qualifier la temporalité de l'existence à partir de l'horizon signifiant d'une telle Histoire suppose déjà en fait la représentation d'un monde, ou plus simplement d'une réalité, qui s'ouvre aux œuvres de la praxis dans la forme du monde-histoire.

Or, si sous l'angle des ces remarques nous considérons les termes du débat sur la validité des principes normatifs de la modernité, la question n'est pas tant de se demander si la perspective de la post-histoire constitue un congé définitif de la modernité, ou l'une des versions de la réflexion anti-lumières. *Car ce qu'il faut plutôt interroger ce sont les conséquences du fait, qu'à nos yeux, le « monde » a cessé de se présenter dans la forme de l'Histoire, de sorte que la réalité, telle que nous la rencontrons incessamment dans notre pratique quotidienne, ne revêt plus l'aspect d'un processus temporel absolu, capable d'appeler à soi, dans le cadre d'une attribution de sens univoque, nos discours et nos actions.*

Aujourd'hui « discours » et « actions » se rencontrent à l'intérieur d'un horizon dont la nécessité n'est plus celle, *temporelle*, du monde-histoire. Les modalités de sens qui informent la relation homme/monde sont différentes, ainsi la figure de la subjectivité qui prend corps à l'intérieur de ces modalités. Le problème est donc ici celui des « forces » et des « dispositions » qui, à chaque fois, nous présentent le monde sous la lumière d'une « réalité » particulière – « forces » et « dispositions » qui se traduisent dans toutes ces narrations et ces gestes réitérés quotidiennement nous permettant – comme je le dirai de façon plus analytique dans le prochain paragraphe – de reconnaître le monde dans la stabilité d'une signification co-partageable.

Mais revenons sur Nietzsche avec l'observation suivante : l'Histoire en tant que « découverte » de la culture moderne, telle qu'il l'a décrite, n'est pas en premier lieu l'« Histoire » visée par les philosophes. Elle est plutôt l'horizon temporel vers lequel la vie se trouve immédiatement précipitée – rien d'autre que le monde humain compris comme monde historique. C'est cette Histoire que sa critique veut débarrasser de tout malentendu : une Histoire qui se présente comme l'horizon inaliénable de l'existence, ou plus précisément, comme cet horizon qu'on peut raturer (avec un acte intentionnel de la volonté), uniquement quand il est question d'attester la vie comme force affirmative s'ouvrant sur un futur. Il existe des effets inhibiteurs propres à l'Histoire qu'avec l'appui de la thérapie de l'« oubli vital », la vie est à même de suspendre. Néanmoins, l'antinomie entre processus du temps historique et forces vitales anhistoriques doit être ici comprise comme une fracture nécessaire à l'affirmation de l'existence comme expression d'une historicité authentique, celle-ci résidant dans une faculté potentielle d'accroissement *créatif* du temps. Une historicité qui non seulement ne soumet pas la finitude de la vie à la loi universelle du processus historique, mais ne reconnaît également pas au présent le rôle d'héritier universel du passé.

Par ses analyses, Nietsche se présente alors comme l'auteur qui pense le phénomène de l'historification du monde de l'intérieur, dans toutes ses conséquences, en le déchargeant ainsi du poids d'une culture qui n'a pas voulu, ou qui n'a pas su, profiter de son rôle d'autoconscience de l'Histoire même[1]. Le texte du 1874 sur l'utilité et les dangers de l'Histoire et les aphorismes successifs sur l'Histoire, se situent de ce point de vue sur la même ligne, et non pas sur celle d'une récupération progressive de la perspective historiciste. La deuxième *Inactuelle* présente déjà tous les éléments essentiels pour aborder une réflexion radicale sur le thème du fondement historique de l'existence.

Au-delà de l'Histoire qui empêche l'activation de ce fondement, apparaît une autre Histoire, qu'il appartient à l'historicité de la vie de provoquer. Mais la culture historique du XIXᵉ siècle, déclare Nietzsche, ne tient compte que de la première Histoire – une Histoire qui suit son cours indépendamment du pouvoir créatif de la vie. C'est précisément pour

1. Cf. F. Nietzsche, *Fragments posthumes. Automne 1887 – Mars 1888*, tr. fr. in *Œuvres philosophiques complètes*, Paris, Gallimard, 1976, p. 343 : « Notre privilège : nous vivons à l'époque de la *comparaison*, nous pouvons recalculer comme jamais on ne l'a pu encore : nous sommes la conscience que l'histoire a d'elle même en un sens absolu … ».

caractériser une telle Histoire qu'il parle de « force aveugle du réel », c'est-à-dire l'Histoire à laquelle la vie se soumet passivement, qui lui prescrit tout principe d'action, qui transforme la puissance du devenir en un processus obligé. Une force qui non seulement se confond avec le réel, mais lui donne aussi un visage précis. Voilà, en bref, les passages qui conduisent à ce qu'on a appelé plus haut le « monde-histoire ».

## TRANSFORMATIONS ET APORIES

> *L'esprit objectif et finalement absolu de Hegel, la loi marxiste de la valeur – qui assure sa domination sans la conscience des hommes – sont pour l'expérience incontrôlée plus évidents que les faits bien élaborés de la recherche en sciences positives, recherche qui aujourd'hui prolonge ses effets jusque dans la conscience préscientifique naïve ; seulement, pour le plus grand honneur de l'objectivité de la connaissance, cette recherche désaccoutume les hommes d'avoir l'expérience de l'objectivité réelle, à laquelle ils sont soumis jusqu'en eux-mêmes.*
>
> *Th. ADORNO,* Dialectique négative

Un siècle après les analyses de Nietzsche, nous sommes de plus en plus confrontés à un fait qui perturbe sensiblement le cadre esquissé : si la *blinde Macht des Wirklichen* est toujours présente comme matérialité brute du monde (*limite* du désir et *raison* d'une certaine « obligation à être »), elle ne concerne cependant plus le temps de l'Histoire. Aujourd'hui, nous nous trouvons face à d'autres phénomènes qui véhiculent une telle force. Or il est clair, d'après ce qu'on a dit, que parler de ces phénomènes c'est aussi parler des configurations qui redessinent le visage du monde, en l'apprêtant à des modes d'emploi inédits. Tout comme il devrait aussi être clair, à présent, que si l'on peut rouvrir à ce propos une question de l'historicité, c'est précisément à ce niveau qu'il faut la placer.

Deux pistes s'ouvrent ainsi :

– celle qui aboutit au thème de la fin de l'Histoire en tant que dissolution de son unité – corruption d'une forme de la temporalité à même de conférer au cadre pluriel des événements humains le triple ordre d'une téléologie, d'une normalisation et d'une signification ;

– celle qui porte sur la question de la substitution à l'ontologie historique d'autres ontologies, aptes à réarticuler l'expérience du, et le rapport au, monde.

D'un côté, le problème du démembrement de la figure du *sens*, en son articulation transcendantale, dans une pluralité de motivations et des fins qui engagent une temporalité mesurée tant sur le court terme de l'immédiateté, que sur le périmètre auto-centré de l'individualisme. De l'autre, le problème, apparemment opposé, de l'identification des forces qui contrecarrent cette dissémination dépourvue de centre, avec l'activation d'un horizon non moins contraignant – par rapport au plan du *temps*, du *discours*, et de l'*action* – que celui de la vieille histoire métaphysique.

Pour ce qui concerne le premier point, je me limiterai à une seule observation. Il n'y a aucune raison d'interpréter de façon unilatérale l'éclatement de ce qu'on vient d'appeler l'articulation transcendantale du sens, comme si le seul effet de la fracture entre Histoire et temps humain était la mise à découvert d'une historicité délivrée de tout assujettissement aux directives d'un méta-récit. Et cela puisque la disparition d'un certain ordre méta-narratif ne correspond pas simplement à la disparition de tout possible méta-récit. Il n'est pas question ici de nier qu'il y ait eu, à partir d'un certain moment, une perte de crédibilité des récits fondant *a)* la légitimité des formes modernes d'autorité, ainsi que *b)* la qualité intersubjective du temps social et *c)* les formes d'auto-représentation de l'action politique et de la valorisation sociale du « soi ». Mais il est tout aussi vrai que c'est à travers la syntaxe créée par d'*autres* méta-récits que nous avons pu constater le dépérissement de la vraisemblance des comportements à même de véhiculer une telle légitimité *(a)*, une telle qualité *(b)* et de telles formes *(c)*. Certes, derrière le « désenchantement » du temps humain (comme libération des impératifs de l'Histoire universelle, ou selon le mot de M. Stirner, de ses « abstractions »), il est toujours possible de dénoncer le spectre du nihilisme noologique[1]. Cependant on peut se demander si là où il y a « monde », là où un monde se donne encore nécessairement comme référence de nos gestes et de nos paroles, on peut vraiment distinguer le spectre d'un tel nihilisme. Je me demande aussi si celui-ci est vraiment compatible avec, par exemple, ce monde qui fait irruption lorsque les discours auxquels nous confions la tâche de composer et recomposer l'image de notre identité et de ses possibilités, se désarticulent sous le poids d'une expérience dans laquelle la coupure entre

1. Sur ce terme et sa signification par rapport au dogmatisme de la position qui affirme l'absolue absence de sens du monde et de l'existence, cf. W. Wieschedel, *Der Gott der Philosophen,* Darmstadt, Wissenschaftliche Buchgesellschaft, 1971, t. III, § 117.

*monde* et *projet du monde* se conventit dans l'enchaînement d'un *monde d'objets* qui ne connaît d'autre dialectique que celle entre désir et satisfaction immédiate.

Qu'est-ce que c'est qu'un « monde », sinon ce qui se donne toujours dans la *certitude* et la *stabilité* de ses coordonnées, chaque fois que l'expérience de la *perte du sens*, après avoir envahi la *scaena* et y avoir détruit les éléments, se retire sous le poids massif d'un être nouvellement déterminé ? Sinon ce même être qui prend forme à partir d'une recomposition des significations (les « valeurs » de Nietzsche) appelées à définir les pratiques de vie par lesquelles non seulement s'affirme l'unité signifiante du « réel », mais aussi les modalités opérationnelles de notre insertion en lui.

Je souligne seulement en passant que la notion de « méta-récit » utilisée ici ne reproduit que partiellement la signification donnée au même terme par J.-Fr. Lyotard[1] autour des années quatre-vingts. Car, dans nos observations, il correspond plutôt à cet ensemble de récits échangés qui orientent, en y établissant la légitimité, les pratiques à travers lesquelles s'atteste une certaine habitabilité intersubjective du monde, sans rendre nécessaire à cet égard aucune négociation. À savoir, ces récits qui fixent, à chaque fois, les modalités d'action (au sens large du substantif, et donc comprenant également l'idée que parmi les « acts » il faut placer aussi le « speech ») compatibles avec l'*imago mundi* sur laquelle, au cours de leur affirmation, ces mêmes modalités se sont fixées, et pour laquelle elles se sont donc décidées.

Nous verrons, par la suite, que la façon dont la notion de méta-récit avancé dans cette page se rapporte aux « *a priori* » du début du texte, relève d'une relation de concordance donnant aussi lieu à une certaine image du sujet.

1. Cf. J.-F. Lyotard, *La condition postmoderne*, Paris, 1979. Les observations développées jusqu'ici, quant à la spécification et au rôle de la notion de « méta-récit », devraient être déjà suffisantes à expliquer pourquoi je préfère parler d'« époque de la modernité tardive », plutôt que de « condition post-moderne ». Surtout si l'on réfléchit à ces deux faits. *1)* Que les « ressources de sens de la modernité » non seulement ne sont pas irrémédiablement dépassées, mais elles peuvent aussi très bien être identifiées, pour une certaine partie, à des traditions ou à des modalités de pensée *récessives* par rapport à son côté dominant. (D'où l'on voit parfaitement que ce qu'on appelle la « modernité » est toujours le produit d'un discours qui, pour des raisons stratégiques internes à son économie, sélectionne seulement certains événements et certaines traditions, afin de rendre homogène la qualification d'un temps historique qui en vient ainsi à assumer les traits d'une époque-personnage) ; *2)* que les « méta-récits » de la modernité tardive ne se structurent pas à partir du « vide » d'une transformation sans mémoire, car au contraire ils héritent des dispositions (peut-être aussi des automatismes) appartenant aux méta-récits qui les ont précédés (par exemple, quand on parle de l'unification européenne comme d'un fait *nécessité* par les lois mêmes de l'Histoire, ou quand la réalité du marché est vécue comme une nécessité qui a *intériorisé* certains schémas dynamiques appartenant au temps historique de la tradition moderne).

On peut alors reformuler le deuxième point mentionné ci-dessus, en se demandant si le « fait » du monde *en lui même* ne constitue pas déjà une façon d'endiguer la menace du nihilisme [1].

Saisi dans la suite des ses configurations époquales, c'est-à-dire dans la succession des *a priori* qui lui assignent à chaque fois un visage précis – et donc comme champ d'apparitions et de possibilités déterminées –, le monde est une puissante réserve d'effets de sens sur lesquels se recentrent, après chaque transformation, *temps*, *discours* et *actions*. La présence simultanée du « monde » et du nihilisme est certes possible, mais seulement comme suspension momentanée de la « pesanteur » du monde, comme épuisement conjoncturel des récits qui en fondent la stabilité, la cohérence et la nécessité intersubjectives – prémisse de son nouveau *devenir monde*. « Momentanée » et « conjoncturel » : lorsqu'on songe aux effets engendrés sur la production globale et locale du sens (un « sens » évidemment qui n'a rien d'originaire) par la circularité existante entre le *devenir monde du monde* et l'impossibilité de nous soustraire à ces gestes contingents (mais vécus comme nécessaires) qui définissent notre *être* au monde à travers une certaine *pratique* du monde. Cette même pratique par laquelle le monde gagne, jausqu'à un certain point, la certitude de ses significations, comme référent stable d'une sémantique.

Rien n'autorise à confondre ce discours avec celui des différents « conceptions du monde » se succédant historiquement, car rien ici ne conduit à postuler l'existence d'un monde toujours déjà donné à partir duquel s'exerceraient ces diverses conceptions. *Notre présupposé est au contraire celui de l'impossibilité d'opérer une dissociation entre « monde » et « époque », c'est à dire l'impossibilité de concevoir, d'un côté, l'époque comme articulation d'une syntaxe de l'expérience spécifique et, de l'autre, le monde comme ce qui s'expose à cette syntaxe pour se redéfinir incessamment à la lumière des ses règles.* Rien là-dedans comme un monde (le Monde) qui malgré la conservation d'une identité de

1. Je retrouve dans *Le sens du monde* (Paris, Galilée, 1993) de J.-L. Nancy une position pour certains aspects très proche de l'idée, ici seulement esquissée, du rapport entre *a)* figures du sens et *b)* monde comme effet d'une certaine *praxis du monde*. Plus difficile à comprendre me semble, au contraire, l'observation du passage « historique »entre expérience de l'*avoir* sens du monde et expérience de l'*être* sens du monde (cf. *ibid.*, p. 19). Puisque du point de vue de la *praxis* (en tant qu'ensemble *donné* de pratiques humaines institutrices de monde), même à l'époque passée du redoublement transcendant du réel (comme rapport avec l'altérité d'un « autre monde » et d'un autre « auteur du monde »), lorsque le monde *avait* donc un sens (par ce rapport « avec de l'autre »), un tel monde aussi pouvait *être* le sens – et précisément le sens immanent à cette praticabilité du monde qui permettait de s'orienter sur ce qu'on a nommé le redoublement du monde – cette façon « historique » d'*avoir* un sens. Et ceci exactement comme à l'heure actuelle de la dite absence du sens, à l'heure actuelle d'un monde qui « *n'a plus* de sens » tout en *étant* le sens.

fond se plierait au jeu des ses investissements époquals, comme s'il existait quelque part un support matériel toujours identique à soi même que les différentes cultures se limiteraient alors seulement à resymboliser à partir de la diversité de leurs propres codes. Non, ce n'est pas le même monde celui qui se représente dans ces différents investissements. Le point devient plus clair si, à titre d'exemple, l'on regarde de près la catégorie qui a servi à définir le passage du Moyen Age à l'époque moderne, celle de la sécularisation en tant que mondanisation. Quelle signification doit-on assigner au « monde » lorsqu'il arrive de souligner le caractère *séculier* de l'époque moderne ? Assurément non pas la signification d'un monde qui se redécouvre à raison de ce caractère. En quel sens est-il alors possible d'identifier le Moderne par un processus de reconquête *mondanisante* ayant pour objet un tel « monde » ?

Assurément non pas dans le sens d'une reconquête qui nous aurait permis de regagner un substrat mondain temporairement éclipsé. La *mondanité* n'établit pas une proximité au monde plus grande que celle fixée par la *transcendance* médiévale, étant donné que, dans leurs systèmes respectifs, tant l'une que l'autre sont ce qui a contribué à délimiter la raison et la nécessité d'un ensemble de pratiques elles-mêmes institutrices de mondes. « Pratiques » qui ne peuvent pas être jugées en relation au taux plus ou moins élevé de leur matérialité, car la matérialité est au fond le caractère qui permet de distinguer dans les deux cas un certain nombre de modalités concrètes de vie formatrices de mondes. Autrement dit, dans les deux cas un monde se configure à partir d'un dire et d'un faire quotidiens qui reflètent une praticabilité matérielle spécifique du monde, tout autant qu'elles instituent un monde dans son identité irréductible.

Le moment est arrivé maintenant d'expliciter la notion d'*a priori* telle que nous l'avons rencontrée dans ce texte, et de montrer pourquoi dorénavant nous lui préférerons celle de *Gestalt*. Après quoi, nous illustrerons les deux *figures* du monde qui, avec le plus de détermination, semblent vouloir s'approprier l'instance d'universalité de l'Histoire de la tradition métaphysique moderne. Alors, finalement, le thème de la fin de l'Histoire pourra acquérir son contenu positif et sa légitimation. Une légitimation, bien entendue, qui ne doit pas être confondue avec la question de la légitimité de ce qui fait suite à cette fin.

Parmi les discussions suscitées par la critique faite par K. Löwith de la perspective ontologico-existentielle de Heidegger (l'analytique de l'existence comme ontologie incapable de rendre compte de l'être naturel en nous et en dehors de nous), j'en choisis une particulièrement apte à nous introduire dans le thème. La critique est bien connue, et s'organise autour de l'opposition entre l'*être* et la *nature* comprise au sens du *kosmos* naturel des anciennes.

S'il est vrai, comme l'avait dit Löwith lui-même dans un essai sur Weber et Marx, que c'est toujours à travers une certaine lumière que le monde se laisse saisir (ainsi la « lumière » de la mondanité, comme résultante d'un processus de rationalisation, pour le monde moderne ; la « lumière » de la certitude religieuse du salut ou la foi dans la révélation, pour le monde du Moyen Age, etc.), pourquoi ne pas comprendre aussi le *kosmos* comme ce à la lumière de quoi l'étant a pu être perçu ? Voilà alors que la *Natur*, qui chez Löwith s'impose comme le présupposé même de l'existence humaine, sa limite et son fond jamais complètement objectivable, devient ainsi seulement une des formes ou des figures à travers lesquelles le monde s'est donné à l'expérience. Et alors pour quelles raisons, au lieu de reconduire l'être au *kosmos* ou au Dieu, ne pas l'identifier à cette même lumière dans laquelle le monde nous est « historiquement » présenté ?

L'*être*, donc, comme ce qui ouvre au monde, comme ce qui permet d'exhiber un monde à l'intérieur d'une praticabilité spécifique du monde, mais qui ne se laisse reconduire à aucune de ces formes ou figures (*kosmos*, création, mondanité, etc.) qui réalisent à chaque fois le devenir monde du monde. Or, afin de définir ces dernières, et pour en souligner la fonction fondatrice, E. Nolte – l'auteur auquel je me suis référé dans ces lignes – emploie la notion kantienne d'*a priori*. Et c'est à ce point, une fois établie la relation existant entre être et *a priori*, que la question heideggerienne de l'histoire de l'être peut être entendue, comme nous invite à le faire E. Nolte, dans les termes d'une histoire des *a priori* fondant le monde dans son ouverture.

Quant à moi, je ne désire absolument pas rouvrir ici la question de savoir jusqu'à quel point cette histoire remet indirectement en jeu le sujet transcendantal des philosophies de l'histoire modernes. Il est déjà suffisant de souligner, indépendamment du problème de l'être et de son rapport au monde, qu'avec « *a priori* » nous entendons donc toutes ces modalités de présentation à vocation totalisante qui permettent de qualifier le monde sous *une* certaine lumière, c'est-à-dire à travers une *forme/figure* précise : ce qui nous autorise à conclure qu'il n'y a pas monde humain en dehors de ses *configurations*.

*À chaque institution configurative du monde correspond donc une expérience du monde particulière, une appréhension pratico-cognitive qui, par son activité même, circonscrit un monde comme le monde tout court.*

Or, vu le lien que nous avons établi ici entre articulation « iconologique » du monde et phénomène du monde (comme produit d'un devenir qui ne présuppose aucun avant *originaire* du monde, le monde en deçà de sa « mondanisation », mais seulement d'autres *devenir monde du monde* antérieurs), il devrait être clair pourquoi nous parlerons désormais de *Gestalt* plutôt que d'*a priori*.

La question est alors de voir quelle forme spécifique de l'historicité vient à correspondre à la *Gestalt* ou plutôt, comme nous le dirons, aux *Gestalten* qui ont pris aujourd'hui la relève de la *figure/forme* de l'Histoire. Non sans préciser, encore une fois, que l'historicité propre à la façon dont actuellement il nous est donné de réaliser notre rapport au monde se voit confrontée à l'expérience de l'élaboration du deuil de l'Histoire. J'assume donc comme point de départ les transformations d'une historicité qui à partir d'un certain moment a fait l'expérience de l'expropriation de l'Histoire – plus concrètement : qui ne peut plus compter sur la construction d'un temps humain capable de lui montrer le chemin de son mouvement d'universalisation.

On a déjà anticipé que les deux *Gestalten* auxquelles nous confions la tâche d'articuler, même de façon conflictuelle, l'expérience de l'historicité post-métaphysique, sont celles du marché et de la nature. Certes, marché et nature ont toujours établi entre eux un certain rapport. Toutefois ce qui doit nous intéresser maintenant est le fait qu'aujourd'hui ces deux instances commencent à assumer un rôle qui ne se laisse plus organiser symboliquement à l'intérieur de la temporalité de l'Histoire propre aux ontologies traditionnelles. Plutôt que de se présenter comme des simples moyens pour assurer au monde la forme qui lui conviendrait le mieux en tant que monde historique, marché et nature deviennent aujourd'hui les formes même du monde, les principaux moyens dont il nous est donné d'expérimenter le réel dans sa nécessité « aveugle ». La transition de la *Gestalt* de l'Histoire aux *Gestalten* du marché et de la nature, ou mieux la possibilité de saisir un tel passage de témoin, nous est donnée par la transformation que l'un et l'autre font subir à la notion d'universalité. De plus : leur respective prétention à l'universalité devrait permettre de nous faire comprendre pourquoi chacun d'eux retraduit à sa façon les idéalités de la vieille métaphysique de l'Histoire. S'il y a donc un sens où l'on peut vraiment dire que l'Histoire est « allée finir » dans le marché, il y en a un où l'on peut aussi dire qu'elle est « allée finir » dans la nature, et c'est quand cette dernière, symétriquement au marché et en opposition à lui, se substitue à l'Histoire en tant qu'horizon apte à dévoiler la signification profonde du monde humain – *vérité* de nos destins et *raison* profonde de nos vies.

Quant au marché, il est clair que sa relation à l'Histoire, au sens où nous l'avons dit, se montre par le biais des actuelles tendances marchandes à la globalisation et à l'unification des systèmes productifs. Ici nous nous trouvons vis-à-vis d'un événement qui revendique une nécessité similaire à la nécessité propre à l'histoire-processus héritée des Lumières. Une « nécessité » que déjà Marx dans l'*Idéologie allemande* avait opposée à l'Histoire universelle de la philosophie spéculative.

Le recours à Marx, juste à ce point du discours, doit être précisé. Attendu que ses analyses sur la circulation élargie des marchandises et sur le *Weltmarkt* comme forme qui structure la production capitaliste ne sont pas à confondre avec la signification que l'événement de la mondialisation du marché assume à l'intérieur de sa théorie de l'Histoire[1].

Bien distinguer ces deux parties, ou mieux désincorporer la première du cadre interprétatif de la seconde, c'est la seule façon de saisir le rapport entre le déclin de l'universalité de l'Histoire et l'expansion cosmopolite de la production, *sans prêter à cette modalité productive une dimension du temps qui soit autre que celle engendrée par son efficacité même*. Ce qui signifie éviter de placer le plan de la production au niveau d'un processus qui reproduit la figure impérative de la « grande » Histoire. Cette même figure qui, précisément à travers l'élargissement supranational du circuit des échanges, avait permis à Marx d'établir un lien inséparable entre la révolution bourgeoise-capitaliste et la révolution communiste.

Soulignons alors plutôt ce point de la lecture marxienne : le marché mondial est bien plus que ce qui donne au système capitaliste sa structure matérielle en tant que support de la circulation des marchandises, il est aussi surtout la modalité par laquelle l'Histoire de la philosophie spéculative (Hegel) est traduite dans une expérience empirique qui implique indifféremment l'existence des individus. Ainsi, l'Histoire universelle non seulement cesse de se présenter comme le schéma qui permet de signifier à chaque fois le devenir, mais elle ne se présente aussi plus comme ce qui originairement et de toujours qualifie le temps intersubjectif. Parce que c'est au contraire l'évolution des rapports sociaux, dans lesquels le dit temps se concrétise, qui conduit pour la première fois dans l'histoire de l'humanité au plan de l'Histoire universelle.

L'Histoire universelle a donc sa propre histoire, une histoire que Marx tient rigoureusement en deçà de la nécessité idéaliste de transcender, selon

1. Cf. K. Marx, *Thèses sur Feuerbach,* in F. Engels, *Ludwig Feuerbach et la fin de la philosophie classique allemande*, tr. fr., Paris, 1945 ; *Id., L'idéologie allemande*, tr. fr., Paris, 1982 ; *Id., Théorie de la plus value*, tr. fr. Paris, 1984 ; K. Marx/F. Engels, *Manifeste communiste*, tr. fr. Paris, 1953 ; K. Marx, *Les manuscrits de 1844*, in F. Engels, *La première critique de l'économie politique*, tr. fr. Paris, 1973.

la logique d'un finalisme aprioristique, le cadre empirique des événements, leur « base réelle ». Au lieu donc d'être l'origine de l'histoire empirique, elle en est au contraire une conséquence qui, précisément, a trouvé sa condition de possibilité dans la mondialisation induite par le mode de production capitaliste. La seule histoire universelle qui se laisse reconstruire empiriquement est de ce fait l'histoire que la création du marché mondial a rendue possible, selon un chemin qui subordonne la venue d'une figure du temps à l'affirmation d'une modalité de l'espace géographique, en passant ainsi d'une universalité à une autre universalité. Ce qui pour Marx est aussi la seule façon d'assurer à l'Histoire universelle un pendant empirique.

La mondialisation du marché issue de la révolution bourgeoise produit des conditions « physiques » d'universalité capables de redessiner les systèmes d'interaction des différentes sociétés. *Mais la question que nous devons affronter a ce propos est radicalement différente de celle posée par Marx, s'il est vrai que le déclin du temps de l'Histoire, tel qu'il est constatable de nos jours, est un phénomène qui prive le « présent de la production » de sa dimension dialectique, en lui ôtant donc aussi toute possibilité de se présenter comme un possible élément de libération.* Nous ne disposons que d'une modalité du temps – et c'est tout ce qu'offre « notre » présent – repliée sur une forme particulière de la praxis productive. Ainsi, ce qui devait être le support décisif d'un conflit apte à transformer le temps en un processus d'historification – le marché mondial – devient seulement encore l'espace sur lequel se stabilise une temporalité qui ne semble plus avoir d'autre histoire sinon celle de la reproduction, voire l'intensification, de sa propre identité.

C'est à partir de ce point de vue qu'il nous est alors permis d'assumer le marché mondial comme une *Gestalt*, puisque c'est par les logiques qu'il a su déployer au niveau représentatif de nos possibilités d'insertion dans l'espace social qu'un monde se présente à nous dans ses lignes principales comme le monde, le seul monde praticable avec des chances de succès.

Et s'il est vrai que l'Histoire est *finie* dans la mesure où l'on voit que, dans sa version récente, le *Weltmarkt* au lieu de constituer la *finalité* de l'Histoire, incarne l'horizon lui ayant confisqué sa prétention à l'universalité, il est tout autant vrai que ce qu'aujourd'hui la sociologie appelle le capital immatériel ou autoréférentiel des économies de marché ne reste pas indifférent à une telle transposition.

Si d'un côté, le marché « remplace » l'Histoire, d'un autre côté c'est le capital, dans sa forme tardive, qui se substitue à l'utopie que les ontologies historiques modernes ont intériorisée en travaillant de façon immanente l'eschatologie chrétienne.

Pourtant, cette fois-ci, c'est la concrétisation d'une forme d'utopie qui réagit à l'égard du monde et des ses conditionnements par un processus d'extériorisation autoréférentiel. Par une action, donc, qui renonce à se situer non seulement dans la transcendance, comme jadis déjà l'utopie historique, mais aussi dans l'avenir, à savoir dans le temps à venir du futur historique – selon ce modèle bien connu, et critiqué par L. Strauss, pour lequel l'époque moderne transforme *réel* et *idéal* en deux moments successifs d'un même et unique horizon appelé « Histoire ». Une utopie qui, dans son pouvoir socialement structurant, s'atteint au *nunc* du présent accéléré du marché, sans néanmoins respecter le *hic* des lieux dont celui-ci se traduit concrètement. Une utopie au négatif qui se centre sur le présent, tout en le fermant sur Soi-même et sa vitesse, sur un présent disposant du futur seulement comme accroissement des ses logiques reproductives, interdisant tout expérience du temps comme « étant en possibilité », « *experimentum mundi* » – et où le passé constitue toujours seulement une réalité à devancer. Rien donc qui puisse s'accorder au « passé irrédent » de E. Bloch[1]. Et aussi, rien qui puisse être comparé au pouvoir d'ouverture (quant aux chances révolutionnaires) et de fracture (quant au *continuum* temporel) propre à la *Jetztzeit* des thèses de W. Benjamin sur le concept d'Histoire[2].

Ainsi saisi, le capital devient cette nouvelle forme de domination qui, avant de pouvoir se mondialiser, doit, de fait, se démondaniser, fuir la lourde « mondanité » territoriale des anciens lieux physiques du pouvoir. Non pas, alors, le capital des circuits interétatiques traditionnels, mais au contraire le *capital utopique* (au sens littéraire de *ou-tópos*) du mercantilisme financier universel, qui se reproduit sur leur négation, et en général sur l'oblitération de tout conditionnement régional. C'est précisément à ce niveau que l'on peut constater la fracture de cette solidarité « granitique » entre pouvoir politique et logique du capital, que l'école de Francfort pouvait encore mettre au centre de ses analyses sur la totalité sociale. Ce qui ne signifie absolument pas nier la stricte nécessité *positiviste* de l'articulation du réel engendrée par cette modalité du capital : « utopique » désigne uniquement l'absence de *topoi* comme horizon « transmondain » d'où découle la dite nécessité avec son pouvoir contraignant.

Il y a donc au moins un sens où l'on peut dire que la mondialisation, telle que nous l'observons aujourd'hui, constitue une sécularisation de la mondanisation. Une sécularisation au deuxième degré caractérisée par

1. Cf. E. Bloch, *Experimentum mundi*, tr, fr., Paris, 1981 ; *Id.*, *Le Principe Espérance*, tr. fr., Paris, 1976.

2. Cf. W. Benjamin, *Über den Begriff der Geschichte*, in *Gesammelte Schriften*, I, Frankfurt am Main, Suhrkamp, 1961.

l'irrésistible substitution à l'articulation *politique* du pouvoir d'une nouvelle articulation *financière* qui cherche à tout prix à faire abstraction des lieux de son exercice. Et cela selon un trajet qui – si l'on se tient au schéma de la sécularisation – est passé du retour (politique) *au* monde à l'actuelle disponibilité (marchande) *du* monde, par un pouvoir qui, dans un premier temps, s'abstrait du monde pour mieux, ensuite, y revenir et le traverser dans toutes ses directions possibles, le plus vite possible.

Il nous reste maintenant à conclure avec une question laissée ouverte.

Par quel moyen la *Gestalt* de la nature interagit-elle avec le cadre esquissé ici ?

*Riposte : par le moyen d'une modalité de la praxis pour laquelle l'opposition entre nature et marché forme l'objet d'une double polarisation.* Ce qui signifie que « Monde-nature » et « Marché-monde » (deux formules [1] qui veulent souligner sans équivoque, et en sa modalité actuelle, le phénomène du *devenir monde du monde*, sous l'aspect, respectivement, de la « terre » et de l'« économique »), ne sont pas les deux opposés d'une dialectique qui appartient premièrement au « réel ». Puisque, au contraire, elles découlent d'une organisation de la praxis (et là nous mesurons toute la distance nous séparant sur ce point de la notion marxiste de praxis comme négation de la facticité historique) qui doit avant tout se dialectiser en elle-même pour pouvoir ensuite s'aplatir sur un « réel » quelconque. Reste qu'à présent, l'irréductibilité des ces deux figures se décompose dans des comportements certes contradictoires, mais se laissant encore agir de façon alterne par un même sujet, sans donc donner lieu à cette fracture qui obligerait à une nouvelle « option » de la subjectivité.

Jusqu'à quand ? C'est la question qui surgit spontanément lorsqu'on prête attention au fait que, d'un point de vue ontologique, cette irréductibilité n'a rien d'apocalyptique, sinon la vocation à la totalité de chaque *Gestalt*.

Il y a là un engagement qui concerne de très près la forme actuelle de notre historicité, et qui permet aussi d'attribuer des figures concrètes à l'idée d'une dialectique propre à la conscience contemporaine [2]. Par

1. Les deux locutions sont évidemment construites en symétrie avec celle de « monde-histoire ».

2. À la suite d'une lecture du concept d'universalité chez Hegel, M. Theunissen dans son *Réalisation de soi et universalité. Pour une critique de la conscience actuelle* (tr. fr., Paris, Le Cerf, 1977) pose la question du diagnostic de notre époque dans les termes suivants : « [...] je tente de repérer la contradiction qui caractérise qualitativement et quantitativement la conscience actuellement dominante dans le monde occidental [...] » (p. 66). La contradiction se jouerait autour de l'opposition entre ce que l'A., toujours à la suite de Hegel, appelle « l'inconnu, que les hommes cherchent aujourd'hui de manière non consciente, et la vie qui leur est aujourd'hui offerte et permise » (p. 77). Nous pouvons reconnaître dans ce deuxième pôle de l'opposition ce que nous avons nommé *Gestalt* du marché, et dans le premier

contre, il est douteux que l'ouverture sur ce qu'on a appelé « naturalisation de l'histoire » (la *Gestalt* de la nature) se laisse encore penser dans les termes philosophiques de la conciliation entre sujet et monde.

Qu'aujourd'hui se dessine une certaine tendance à faire dériver l'opposition marché/nature d'un nouvel enchantement de cette dernière, ne suffit pas à saturer toutes les significations possibles de l'opposition. Comment alors imaginer à ce sujet un travail de resymbolisation à l'abri de cette dérive ?

Fabio MERLINI

l'aspiration à une nouvelle articulation du rapport sujet/monde, dominé par la « renaturalisation » de ce dernier – même si pour l'A. la contradiction concerne, d'un côté, l'articulation entre « pouvoir politique » et « pouvoir économique » au sein de l'« État établi » (p. 79) et, de l'autre côté, la « vie communautaire » (comme caractérisation de la « spécificité de ce qui est aujourd'hui recherché » (p. 85)). Or par rapport à ces deux caractérisations, la deuxième seule rencontre, l'un des deux pôles de l'opposition par laquelle on a essayé de définir l'historicité sans histoire de la conscience contemporaine – c'est à dire le pôle « naturel ». En effet à la page 93 nous pouvons lire : « [...] la nature en dehors de nous participe à une vie communautaire s'ouvrant à l'universalité, dans la mesure en tout cas où le rapport avec la nature consiste à retrouver en elle le partenaire qui avait été repoussé par sa dégradation en objet de domination ». Quant à la première caractérisation, et à son accord avec notre premier pôle, l'économique, le discours change, puisque dans la situation actuelle, comme j'ai essayé de le montrer, la question de « la vie offerte » doit être située à un autre niveau que celui de l'autocontradiction d'un État qui a converti les fins « qu'il devait servir, selon la conception libérale et démocratique, [...] en fin en soi qu'il veut être pour lui-même » (p. 77). Je placerais alors plutôt mon discours, s'il faut en faire une question de « fin », dans le cadre des théories sur la fin de l'État.

# INDEX

## TABLE DES MATIÈRES

ACHEVÉ D'IMPRIMER
EN NOVEMBRE 1998
PAR L'IMPRIMERIE
DE LA MANUTENTION
A MAYENNE
N° 425-98

Dépôt légal : 4e trimestre 1998